LOVE TRIP GUIDE
26 DREAM TRIPS & ADVENTURES

恋愛とはふたりで愚かになることだ。
― ポール・ヴァレリー ―

一緒に泣いた時に、初めて、
お互いがどんなに愛し合っているのかが分かる。
― エミール・デシャン ―

はじめに

愛する人との自由な旅。
人生の中で、これにまさる幸せな時間は、あまりないでしょ。

楽園、秘境、絶景、神秘、刺激、至福、冒険、驚異、ロマン…
愛する人と、ふたりきりで、夢のような別世界へ行ってみたいあなたへ。

世界を遊び続けている僕ら旅仲間の総力を挙げて、最高のガイドを創ってみました。
若いカップルから、熟年の老夫婦まで、愛し合うふたりならば、
年齢・趣味を問わず楽しめるであろう、極上のデート旅を集めてあります。

もちろん、旅の予算の内訳から、旅の手配の方法、交通手段、現地での注意点などまで、実際に旅をするうえで必要な情報も、しっかり網羅。

まずは、お気に入りの場所で、このガイドをパラパラめくりながら、ふたりでワクワクドキドキの時間を過ごしてみることから始めてみては？

とりあえず、うちも、夫婦でそうする予定です。
愛する人と自由な人生を。

LOVE＆FREE!

A-Works代表　高橋歩

目次
contents

01
憧れの水上コテージをリーズナブルに堪能する旅

インド洋に浮かぶ珊瑚礁の島、モルディブへ。10万円台で、憧れの1島1リゾートの水上コテージに宿泊!

Love Trip Guide: 01　PAGE 024　 モルディブ
MALDIVES

02
夢のような船で秘境へいく旅

ふたりで秘境を巡る大冒険! 豪華客船に乗り込み、地球の生命が溢れるアマゾン川へ!
大自然のパワーを授かるネイチャートリップ。

Love Trip Guide: 02　PAGE 034　 ペルー
PERU

03
美しく輝く別世界への旅

漆黒の闇の中、手をつないで待つ、自然の奇跡オーロラ&すべてが氷で創られた、世界で最も冷たく美しいアイスホテルで心を暖め合おう!

Love Trip Guide: 03　PAGE 044　 スウェーデン
SWEDEN

地球でデート！

Love Trip Guide: 04　PAGE **054**

04 ♡ 野生の楽園でロマンを感じる旅

**野生の王国で究極のセレブ体験！
サバンナのド真ん中で超極上のロッジステイ＆サファリ！**

 　ケニア＆タンザニア
KENYA&TANZANIA

Love Trip Guide: 05　PAGE **064**

05 ♡ 史上最大の洋上の楽園を堪能する旅

えっ!?　1日1万円〜？　遊園地、映画館、カジノ、スパ、プール、円形劇場… すべてが詰まった海に浮かぶ街、史上最大の豪華客船でカリブ海クルーズ！

カリブ海
CARIBBEAN SEA

Love Trip Guide: 06　PAGE **074**

06 ♡ 最強のマイナスイオンを浴びる旅

山歩きが大好きなふたり必見！　世界一空気がおいしいタスマニア島で、極楽マウンテン・リゾートを拠点に楽しむ、トレッキングトリップ！

　オーストラリア
AUSTRALIA

Love Trip Guide: 07　PAGE **084**

07 ♡ 中世へタイムスリップする大人の旅

中世の街にタイムスリップ！　手をつないでヨーロッパの古い街並みをゆく、大人の街散歩。チェコで麗しのロマンチックトリップ！

　チェコ
CZECH REPUBLIC

Love Trip Guide: 08　PAGE **094**

08 ♡ 究極の空間を求め木の上へ行く旅

大好きな人と、木の上へ。 誰にも邪魔されない究極の空間を満喫！ 自然×北欧デザインが融合した「ツリーホテル」へ！

　スウェーデン
SWEDEN

contents

Love Trip Guide: 09　PAGE 104

09 人と地球に優しい旅

誰も行けなかった秘島に誕生した、人にも地球にも優しい究極のエコリゾートへ！世界最先端の楽園で最高峰の「超快適」を堪能しよう！

 タイ
THAILAND

Love Trip Guide: 10　PAGE 114

10 風を感じるロマン溢れる旅

大航海時代へタイムスリップ！
夢とロマンがたっぷり詰まった冒険船「帆船」で、紺碧のエーゲ海に浮かぶ島々を巡る旅！

 ギリシャ&トルコ
GREECE&TURKEY

Love Trip Guide: 11　PAGE 124

11 手つかずの秘境を駆け巡る旅

誰も知らないオーストラリアの大秘境へ！
4WDで荒野を駆け巡り、大自然、野生動物、満天の星空に出逢うオフロードトリップ！

 オーストラリア
AUSTRALIA

Love Trip Guide: 12　PAGE 134

12 都会と田舎を味わい尽くす旅

憧れのイタリア人になっちゃう!?
ローマ、フィレンツェでプチ移住&田舎暮らし体験！
暮らすからこそ味わえる本物のローマの休日を！

 イタリア
ITALY

Love Trip Guide: 13　PAGE 144

13 極上の大人の隠れ家をゆく旅

別次元の「碧」が広がる、世界最高峰のビーチリゾート・モーリシャスへ！世界中のセレブを虜にする神秘の孤島で、大人の空間を満喫する贅沢トリップ！

 モーリシャス
MAURITIUS

地球でデート！

Love Trip Guide: 14　PAGE 154

14　♡風になる旅

バイクにまたがり、まだ見ぬ絶景を求めヨーロッパをゆく。ふたりで5カ国の大地を駆け抜ける、超贅沢ツーリング！

ヨーロッパ
EUROPE

Love Trip Guide: 15　PAGE 164

15　♡別世界へワープするダイナミック旅

大自然を愛するふたりへ！
世界最古の砂漠＆雷鳴響く水煙の滝＆広大なサバンナで、地球のダイナミックさを満喫！

アフリカ南部
SOUTHERN AFRICA

Love Trip Guide: 16　PAGE 174

16　♡本当の贅沢に出逢う旅

本当の贅沢ってなんだろう？
高級ホテルでは物足りないふたりに贈る、
タヒチの無人島で過ごす至極のネイチャーライフ！

 タヒチ
TAHITI

Love Trip Guide: 17　PAGE 184

17　♡カナダの水路を自由に放浪する旅

夢のプライベートクルージング！
水上を走る家「ハウスボート」を、自由に操縦し、
カナダ最長の水路を、快適に放浪しよう！

 カナダ
CANADA

Love Trip Guide: 18　PAGE 194

18　♡ローカルに溶け込むディープな旅

メジャーな観光に飽きてしまったふたりへ。
深緑に覆われた神秘の島、バリの奥地を突き進み、
隠された魅力に出逢うディープな旅！

 インドネシア
INDONESIA

contents

19 本当の幸せを探す旅

唯一無二の空気を持つ、ヒマラヤが生んだ奇跡の国へ。「幸福の国ブータン」で、雄大な自然を感じ、素朴な人々の笑顔に触れ、本当の幸せを探す旅。

Love Trip Guide: 19　PAGE 204

 ブータン
BHUTAN

20 鉄道のロマンを堪能する旅

走る5つ星ホテル!?　世界一の豪華列車「ブルートレイン」で、アフリカ大陸最南端へ。極上のワイン片手に、雄大なる大地を駆け抜ける旅!

Love Trip Guide: 20　PAGE 214

 南アフリカ
SOUTH AFRICA

21 魂を揺さぶる、ダイナミックな旅

パワー溢れる楽園、ハワイ島! 世界最高の星空から、ドルフィンスイムまで、ダイナミックな大自然で、魂を揺さぶる最強デートを楽しもう!

Love Trip Guide: 21　PAGE 224

 アメリカ・ハワイ
USA・HAWAII

22 至高のホスピタリティーに触れる旅

大切な人とこの世の極楽へ!
神秘の静寂と伝説のホスピタリティーで、人生観を一変させる「アマン」の魔法。

Love Trip Guide: 22　PAGE 234

 タイ
THAILAND

23 ひとつの国をまるごと味わう旅

大都会、大自然、ビーチ、高地、湾内クルーズ、世界遺産…。南北1,800kmを駆け巡りベトナムを縦断!

Love Trip Guide: 23　PAGE 244

 ベトナム
VIETNAM

地球でデート！

Love Trip Guide: 24　PAGE **254**

24 ♡一本道をひた走る旅

広大なアメリカ大陸を、動く家「キャンピングカー」で駆け巡る。運転、料理、下調べ、あらゆる作業を二人三脚でやり遂げて突き進むロードトリップ！

 **アメリカ**
USA

Love Trip Guide: 25　PAGE **264**

25 ♡癒しの和を堪能する旅

日本に生まれてよかった！ 世界に誇る日本の伝統文化をふたりでおもいっきり満喫！ 飛騨高山の大人の隠れ家で過ごす贅沢な週末トリップ。

日本
JAPAN

Love Trip Guide: 26　PAGE **274**

26 ♡大富豪気分を味わう旅

アナタがビッグになったら連れてって♡ 世界最強の一生モノ！ カリブ海の夢のプライベートアイランドを貸し切って、ふたりっきりの大富豪体験。

イギリス領ヴァージン諸島
BRITISH VIRGIN ISLAND

Travel Information:　PAGE **285**

旅が大好きなふたりは海外で愛を誓おう！
憧れの海外ウェディング特集

Travel Information:　PAGE **293**

「地球でデート！」ツカえる旅情報ノート

- ☺ まずは、これが基本！ 航空券を安く買うためのテクニック集
- ☺ 若さを活かせ！ 学生・若者限定のお得な割引情報
- ☺ ツカえる旅情報はここで！ 旅の準備に使えるリンク集
- ☺ 挨拶と笑顔があれば大丈夫！ 世界8言語の挨拶集

地球でデート！
LOVE TRIP GUIDE
編集：A-Works

01

TRIP: 1 /『憧れの水上コテージをリーズナブルに堪能する旅』

モルディブ
MALDIVES

★ MALDIVES

インド洋に浮かぶ珊瑚礁の島、モルディブへ。10万円台で、憧れの1島1リゾートの水上コテージに宿泊！ 美しき楽園で味わう極上の休日。

キレイな海と白い砂浜が好き。そして憧れの快適で気持ちいい水上コテージに泊まって、ダイビングをおもいっきり楽しみたい！ そんなふたりにオススメなのが、多くのモルディブジャンキーを魅了し続けているリゾート島「ココア・アイランド」。ホテルの極上ホスピタリティーで極楽気分！ 最高のダイビングを味わえば気分爽快！ なんといっても海に浮かぶ水上コテージが非日常感たっぷりで雰囲気抜群！ どこを歩いても、泳いでも出逢うは美しい青。しかも10万円台で行ける！ さぁ、とびっきりの南国リゾートにダイブしよう。

TRIP POINT
旅のポイント

- ☺ 1島1リゾートが生み出す、極楽生活
- ☺ プライベート感、たっぷりの水上コテージ
- ☺ 透き通る海で極上ダイビング
- ☺ 幻想的な砂の道、砂州を歩く

Grand Blue
~素晴らしき青の世界へ~

真珠の首飾りの一粒、ココア・アイランドへ

珊瑚礁の島々が、輪を描くように連なる国モルディブ。そのことから「島々の花輪」とも「真珠の首飾り」とも称されている。インド洋に浮かぶ約1,200もの島々から構成されるこの国で定着しているのが1島1リゾート。その名の通り、1つの島に1つのリゾートしかなく、ゆっくりとした滞在ができることで人気が高い。しかしそんな天国のような場所では金額も上がってしまうのが世の常。だけど、諦めるのは早い。なんと10万円台から行ける極上の水上コテージがあるのだ。それは南マーレ環礁に浮かぶ1周15分ほどの小さな島「ココア・アイランド」。珊瑚礁、ヤシの木、ハイビスカスに囲まれた、とっても気持ちのいいリゾートだ。

モルディブの首都マーレには、深夜に着くことがほとんど。マーレの空港は国際空港といっても、ごちゃごちゃしておらず、南国のゆっくりとした空気が漂っていて清々しい。入国審査を終わらせて空港を出ると、そこからはスピードボートで移動だ。漆黒の海の上に広がる闇。それを水飛沫と共に切り裂きながら45分ほど走っていくと、横一列に並び点灯する温かい光が目に映る。そう、それが今回の目的地ココア・アイランド。遅い時間にも関わらず、スタッフが笑顔満点で、ウェルカム・ドリンクと共に出迎えてくれる。その笑顔で移動の疲れもどこかへ行ってしまうだろう。この嬉しいスタッフのおもてなし&サービスは、まだまだ序の口。ここは33の客室に対し、従業員100人以上でサービスを提供する、極上のホスピタリティーを誇るリゾートなのだ。

抜群のロケーションに浮かぶ、極上コテージ!

早速部屋に向かうと、島から沖に向かって、細長い桟橋がかかっている。そこに木の葉のようにいくつもの水上コテージが繋がっている。一見、船の様にも見える形なのだが、動くわけではない。ゲストがワクワク感いっぱいに楽しめるよう、客室をモルディブの伝統的な船「ドーニ」に模したという演出なのだ。

室内にも期待を膨らませ、一歩部屋の中に入ると、洗練された空間が広がっている。部屋全体は白を基調としながらも、家具はダークブラウンでまとめ、とても落ち着いた雰囲気。高く抜けた天井にはファンがまわり、開放感が溢れていて、まさしくリゾート!アメニティの数々にもこだわりがあり、天然アロマの香りに、女性は思わずうっとりしてしまうだろう。テラスに向かってみると、もう海が目の前に!さらにテラスには階段がかけられていて、そのまま海にダイブできるようになっている。とにかく驚きのロケーションだ。

こんなに海の近くで、穏やかな波の音を聞きながら寝るなんて、なかなかできない経験。ワクワクで寝付けないかもしれないが、輝く朝日を見るため、早いところ休もう。

自由に海を満喫するココアの休日

翌朝目を覚ましましたら、まずはテラスに行ってみよう。昨晩の漆黒の海とはうってかわって、鮮やかな南国色の海と美しい朝焼けが目前に広がっている。「本当に、来てよかった！」という心地よい感動ですっかりと目を覚ます。さあ、ふたりで過ごす最高の1日を始めよう。
朝食をとった後の過ごし方は、ふたりの自由。ビーチやプール、コテージでのんびりも気持ちがいい。それに、シュノーケリングに、アイランドホッピング（近くの島々を巡るもの）、サウナ、スパ体験も面白い。でも、せっかくのモルディブ。挑戦したいのは、やっぱりダイビングだ。便利なことに、リゾート内にダイビングセンターもあるという好条件。ウェットスーツのレンタルをはじめとした、ダイブグッズのレンタルもあるし、インストラクターもいるので安心だ。それにこの島はゲストの人数が少ないため、プライベート感たっぷりでダイビングを楽しめるのも嬉しいところ。
ボートに乗り込み、走ること15分。ダイブポイントに到着。ヒンヤリとしたレギュレータを口に含み、水中メガネを装着。意を決し、海へダイブ！ そこは色とりどりの熱帯魚が、悠々と泳ぐ天然の水族館。目の前に広がる驚きの光景に、言葉を失うだろう。さあ、ボンベを背負って水中の大冒険へ行ってみよう！

神秘の道「砂州」をゆく

念願のダイビングを終えたら、干潮時の砂浜に行ってみよう。満潮時には見えない、幻想的な白い砂の道「砂州」が、そこには広がっている。長く続く砂州を歩いていると、左右から不思議な音が聴こえてくる。海に突き出る形で現れる砂の道には、波が左右から押し寄せては引いていく。これが音の正体だ。波の二重奏の中、手を繋ぎながら歩いてみる。それは、まるで映画のワンシーンのよう。クサイ台詞もこの時ばかりはご愛嬌。いつもは面と向かって言えないことも、ここでなら、上手く言えるかも!?

一夜はぜひ、ビーチでディナーを

お腹がすいたら、そろそろレストランへ。嬉しいことに、アジア系の創作料理も多い。食事はどれもこれも美味しいが、ここでのオススメはロマンチックディナー！ ふかふかの白砂ビーチにふたり専用のテーブル。周りにはランプの明かりと波の音。ふたりだけの特別な時間を、最高に演出してくれる。星空の下で味わう極上のディナーを堪能しよう！

ゆったりとした自由時間を

せっかくの旅、あれもしたい、これもしたい。アクティビティやスパなど、リゾートを余すことなく動きたくなるだろう。でも旅行中の数時間でいいから、ビーチやテラスでゆっくりしてみよう。日本だと、どうしても「解放された自由な時間」を作りづらい。だけどここではすべてが自由。だからこそ、あえて動きを止めて、空を仰ぎ、海を見渡し、目一杯深呼吸しておこう。旅が終わっても、ふたりでまた頑張れる力が、きっと湧いてくる。

travel information:

旅の予算 / Budget

総予算 18万円〜

※3泊5日／成田発着のツアー代金（一部食費、空港税、燃油追加代金など除く）

日本発着ツアー代金の目安　18万円〜　　　　　　　　　　　　総予算内訳

＊成田〜マーレ往復航空券、マーレ〜ココア間スピードボート往復、ココア・アイランド3泊、食事（朝3回）などが含まれたパッケージツアーの金額。

旅のシーズン / Best Season

常夏の楽園なので、特に時期は選ばないが、シーズンは乾期（11〜4月）、雨期（5〜10月）に一応分かれている。ただ、最近のモルディブはあまり乾期、雨期がはっきりしていない。乾期でも雨が降ったり、雨期でも晴れたりしている。それでも雨期の方が1泊1室の料金が2万円前後安めに設定されているので、費用をぐっと押さえることができる場合も。予定と予算の兼ね合いで決めよう。

行き方 / How to get there

スリランカ航空は、成田からマーレまで月曜日、木曜日のみ直行便で運行している。しかしながら、復路は直行便はなく、コロンボ乗り継ぎとなる。他にはシンガポールで乗り継ぐのが一般的。マーレについてからはスピードボートに乗るだけなのでいたって簡単だ。

旅の手配 / Arranging the trip

飛行機からホテルまで、個人で予約することができるが、旅行会社のパッケージプランで行く方が安くなる場合が多い。パッケージの相談は下記の［エス・ティー・ワールド］が経験豊富で頼りになるのでオススメだ。

- ［ココア・アイランド　予約先］MAIL: res@cocoaisland.como.bz
- ［エス・ティー・ワールド］www.stworld.jp

参考ツアー　「感動的な砂州に浮かぶ全室水上コテージリゾート」

宿泊 / Accommodation

- **ココア・アイランド**
Cocoa Island　　www.cocoaisland.como.bz/
部屋のカテゴリーはドーニ・スイート、ドーニ・ロフト・スイート、ロフト・ヴィラ、ワン・ベッドルーム・ヴィラ、コモ・ヴィラと5つある。上記サイトから写真、説明を見ることができるので、お気に入りのカテゴリーを決めよう。

旅のヒント
Hints for the trip

- ハネムーナーならば、結婚を証明できる婚姻届受理証明書の持参、そしてドーニ・ロフト・スイート以上の部屋に4泊以上宿泊すると、嬉しい特典がある。あくまでホテルが提供するものなので予告なしに変更する場合があるが、これまでの例ではワインボトル1本、フルーツ、リゾートからのギフトなど。
- せっかく美しい水中に行くのだから、防水カメラは準備しておきたいところ。
- ダイビングは免許を持っていない人でも2時間の講習を受けたら、体験ダイビングが出来る。また日数があれば、現地で免許取得も可能。
- ダイビングをとにかく満喫したい人は、免許を出発前に取っておいて、現地ですぐにダイブできた方が時間を短縮して楽しめるからオススメだ。

スケジュール例
Example Itinerary

1日目▶成田発～モルディブへ　【ココア・アイランド泊】
2日目▶終日フリー　【ココア・アイランド泊】
3日目▶終日フリー　【ココア・アイランド泊】
4日目▶AMフリー　PMマーレ発～コロンボ乗り継ぎ～成田へ　【機内泊】
5日目▶成田着

周辺情報
One more love trip

かつてはセイロンと呼ばれた国スリランカ。香り高いセイロンティーの生産地と聞けば、「あ～」と思う人も多いはず。帰路の乗り継ぎ地をコロンボにして、スリランカでの滞在を付け足してみてはどう？ 日帰りであれば、中心都市のコロンボ市内へ。安くて質のいい陶器などの雑貨屋めぐりがオススメ！ 宿泊できるなら、コロンボから車で約3時間の世界遺産のシギリヤロックへ。かつては宮殿がおかれていた巨大な一枚岩の上。当時の営みを今でも垣間みることができる。そして、なんといっても岩の上からの360度ビューは最高の一言だ。さらに時間がとれれば、コロンボから車で約3時間半の古都キャンディもオススメ！ お釈迦様の「歯」が安置されている仏歯寺（ぶっじ）が、最大の見所となっている聖地で、ふたりの愛を誓ってみてはどうだろう？

02

TRIP: 2 / 『夢のような船で秘境を巡る旅』

ペルー
PERU

**ふたりで秘境を巡る大冒険！
豪華客船に乗り込み、地球の生命が溢れる
アマゾン川へ！ 大自然のパワーを授かるネ
イチャートリップ。**

大秘境ジャングルを潤す流域面積世界最大アマゾン川を、全室スイートの小型豪華客船で巡る旅！ 川の上流はアンデス山脈の奥地から始まり、主要な支流を含めると長さはなんと5万km（ちなみに地球一周でも4万km）！ 多くの冒険家を魅了してきたこの川で、育まれた無数の生命。過酷な環境を快適にしてくれる船、あたりを包む深い緑、たくましく生きる動物達との遭遇、幻のピンクドルフィンとの出逢い…信じられない程の巨大なスケールをもったこの川で触れる生命の息吹。
知られざるアマゾン源流地域の大自然をふたりで巡り、地球の鼓動を感じよう！

TRIP POINT 旅のポイント

- 秘境アマゾン川を豪華客船でクルージング
- ジャングルで出逢う貴重な動植物
- 幻のピンクドルフィンに出逢うチャンス
- 先住の民に出逢う

Embrace yourself in the Amazon
〜秘境アマゾンで極上ライフ〜

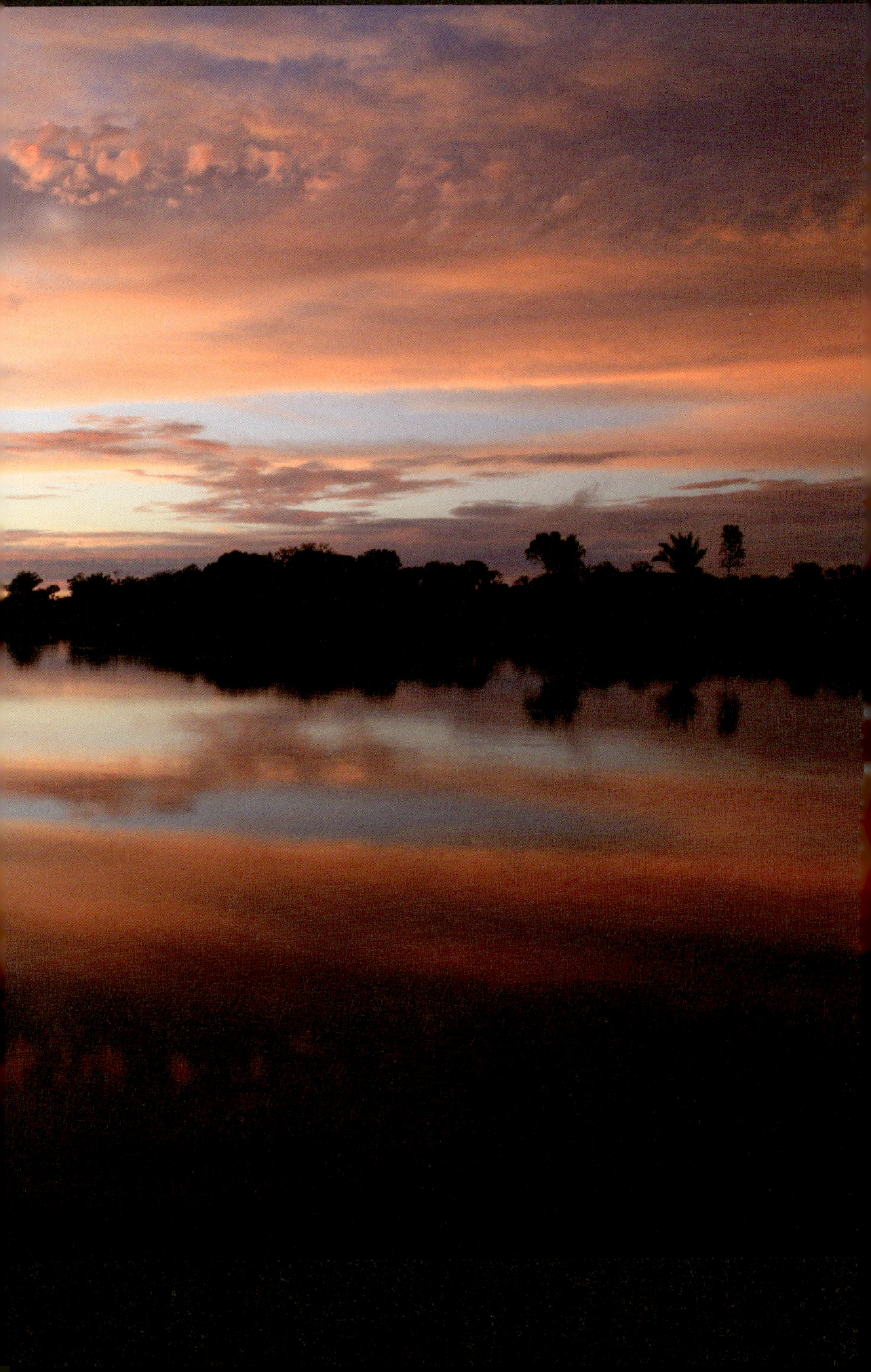

陸路では行くことが不可能!? 辺境の地に築かれた街「イキトス」へ

ペルーと言えばマチュピチュ遺跡、ナスカの地上絵、チチカカ湖が思い浮かぶが、実は国土の半分がアマゾン川上流のジャングル。首都リマから飛行機に乗ってアンデス山脈を越えると、眼下には鬱蒼とした森と縦横無尽にくねくね走る茶色い川。そう、これが南米9カ国に広がるアマゾンの熱帯雨林=ジャングル、そしてこの森に生命力を与える世界最大のアマゾン川なのだ。大量の二酸化炭素を吸収し、酸素を排出することから「地球の肺」とも呼ばれているアマゾン。ここが、この旅のステージになる。

旅の拠点は、密林の中にあるイキトス。ここは、以前は小さな村だったが、天然ゴム産業の発展で、大きな都市へと変貌した。同時に「陸路で行くことができない世界最大の街」になったのだ。驚くほど小さな空港に降り立つと、熱帯特有の湿った暖かい空気に迎えられる。荷物を受け取り、クルーズ乗船客専用の送迎車に乗り込んだら、大秘境は目前だ。

アマゾンに誕生した初の豪華客船の魅力

この旅の最大の目的は3泊4日のアマゾンクルーズ。アマゾン川の支流であるマラニョン川とウカヤリ川、パカヤ・サミリア国立保護区などを5ツ星ホテルにも負けず劣らぬ豪華船「アクア号」で巡るのだ。その船の部屋数はわずか12部屋!しかもそのすべてがスイートルーム。室内には、リビングはもちろん、2つのキングサイズのベッドが備わっている。熱いシャワーにアンデスの大自然で育ったペルーコットン100%のベッドカバーも完備し、居住性は完璧。アマゾン川を見渡す大きな窓も嬉しいポイント。

船内のレストランでは、豪華で美味しい食事も食べられるし、バーラウンジもある。まさしく「居心地いい空間」が、ジャングルのド真ん中に連れて行ってくれるのだ。だからジャングルは怖い!という彼女も安心だ。

このクルーズにはさらに素敵な魅力がある。それは地元出身の人をクルーとして雇用したり、村の子どもたちへ文房具をプレゼントしたり、寄港の際に船医が村人を診察するなど、地域をとても大切にしているところ。また、プラスチックなどのゴミを川へ捨てないよう徹底し、船内で使用した水も汚水処理タンクで浄水した後に川に戻す。もちろんエンジンも低燃費で、食料安全保障に従った食料を使用する…この船旅は、まさに理想的なエコツーリズムなのだ。

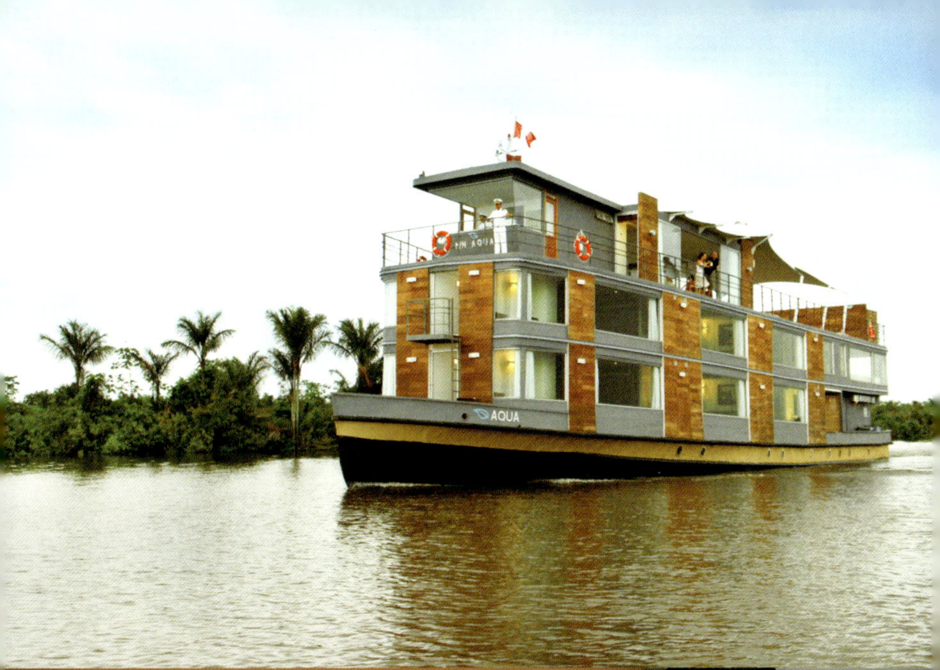
AQUA

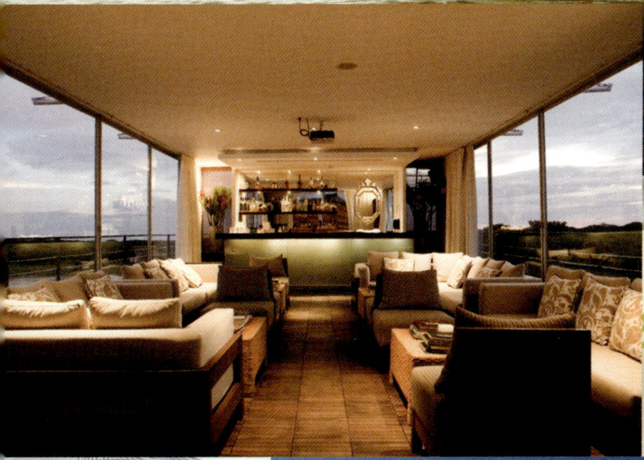

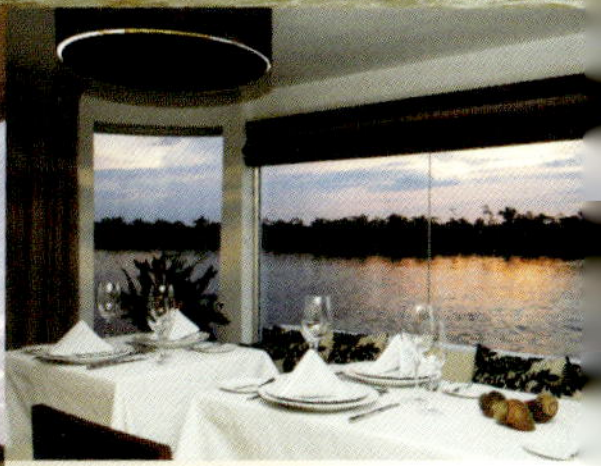

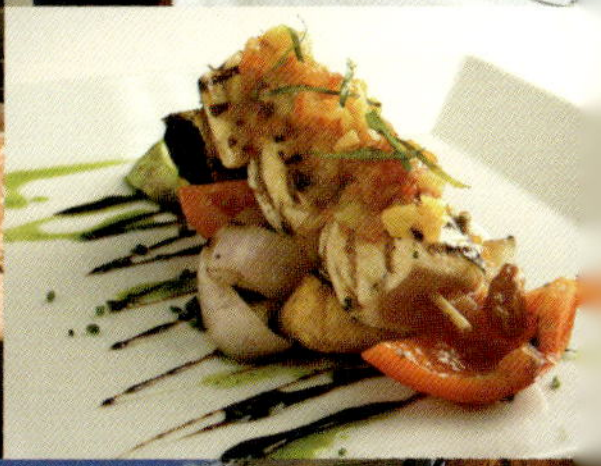

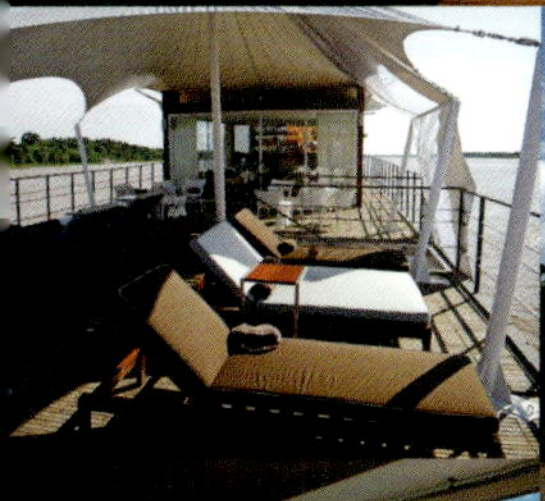

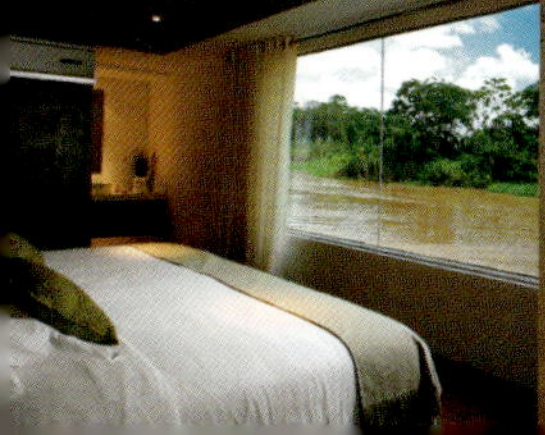

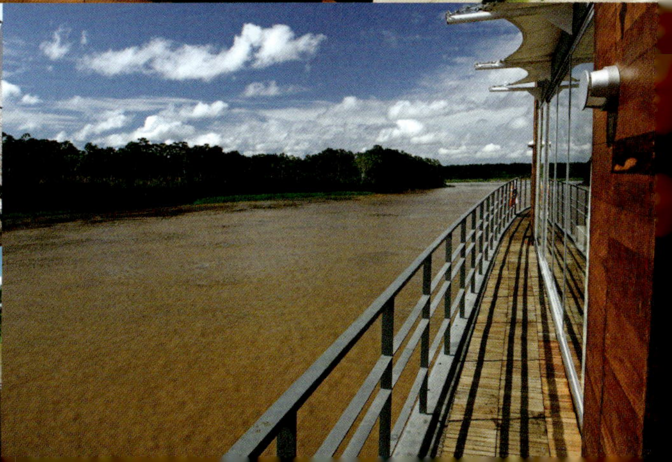

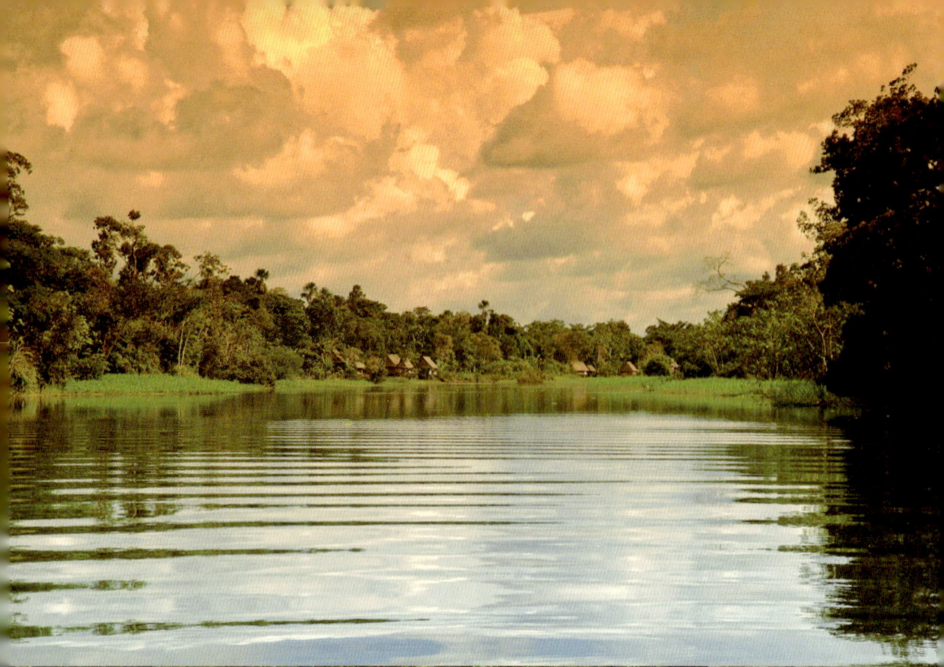

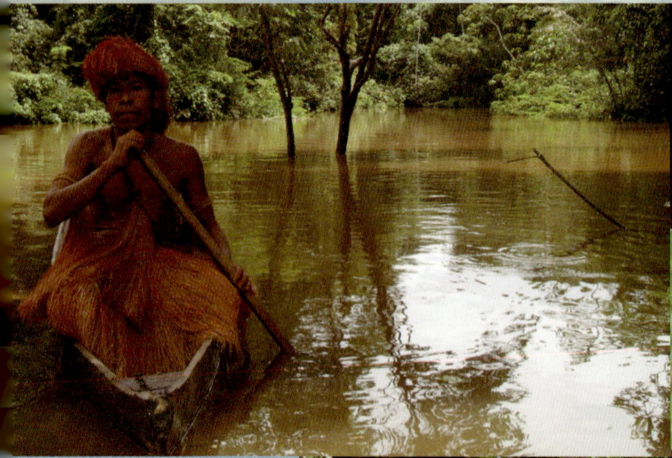

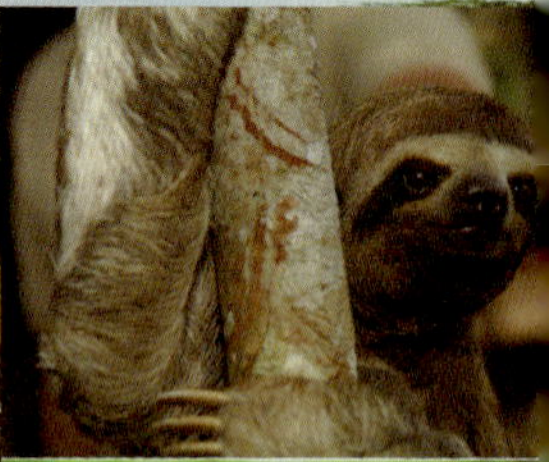

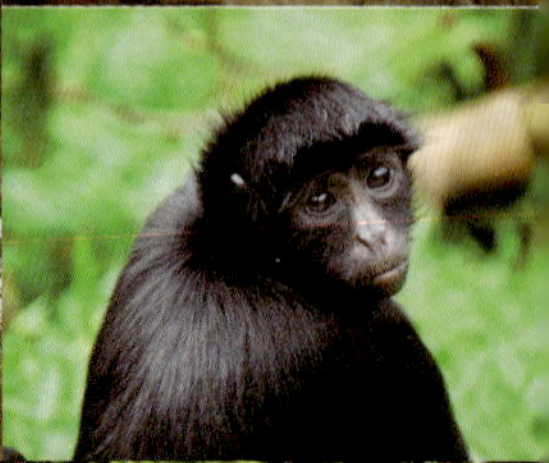

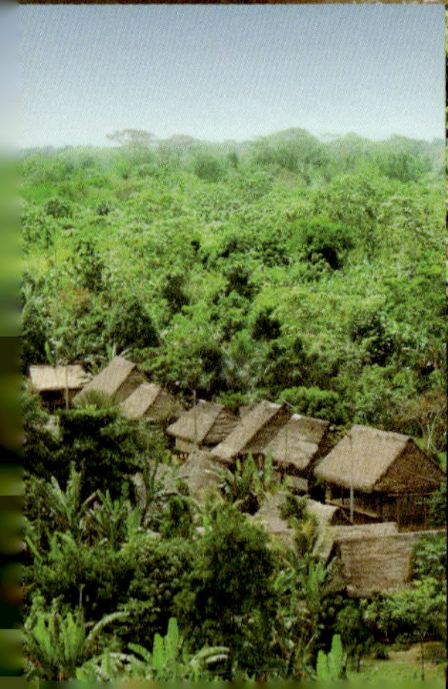

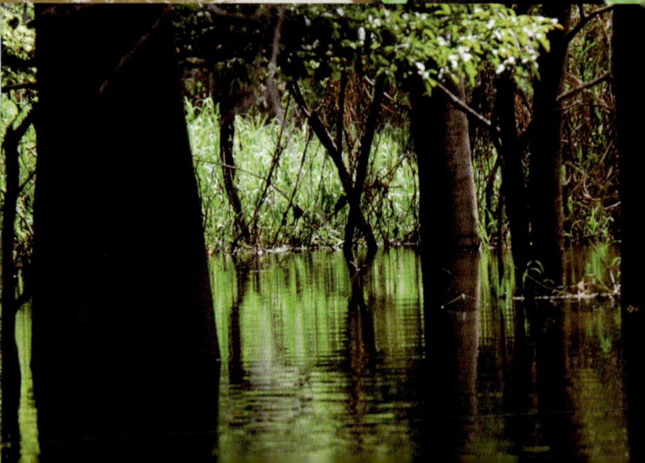

これぞ大秘境！ 数々の動植物に出逢えるジャングルの奥地へ！

平穏な水面から昇る強烈な太陽。朝、鳥の声で目を覚ますと、原色のオウムや、大きな水鳥が船のまわりで羽ばたいている。自分がアマゾンにいることを実感するひとときだ。クルーズでは1日2〜3回、小型ボートで探険に行くことができる。アマゾンのすべての動植物を熟知しているガイドと共に、細い支流へ入っていけば、圧倒的な水と植物の世界が広がる。大きな蝶が舞い、猿が木上を通り過ぎ、ワニのしっぽが水を打つ。ゆっくりのんびりなナマケモノも、世界一大きな蛇アナコンダだって見れちゃうかも。川の色も、支流によってガラリと変わるので面白い。船上から釣り糸を垂らせば、釣れるのは肉食で有名なピラニア。鋭い歯に怯えながら一喜一憂したら、動物保護区へ。幻のピンクドルフィンやマナティ、ジャガーなんかとも出逢える可能性も！ そして、上陸し、ジャングルへと足を踏み入れてみよう。鬱蒼とした森を進むと、目の前に現れる巨木。今にも動き出しそうな奇妙な根っこが待ち構えている。子どもが乗れちゃうくらいの大きな葉っぱの大オニバスや極彩色の花々…。生命力溢れる生き物たちを間近に見て、大自然のパワーを授かろう！

古来よりアマゾンで暮らす人々…先住民「コカマ族」との交流

この地に古来より住み続ける先住民と呼ばれる人々。ジャングルを愛し、アマゾン川を愛し、芋を掘り、魚や動物の狩猟採集をして生きてきた。その先住の民「コカマ族」の村を訪問し、交流もできちゃうのだ。大人たちとダンスを踊り、子どもたちと微笑み合えば、きっとすぐ仲良くなれる。彼らは具合が悪くなれば、森で薬草を取り、精霊を信仰し、シャーマンが治療や祈祷をする。生活は質素だが、大地と川の恵みを活かし、心豊かに暮らしている。現在は近代化も進み、彼らの生活も変わってきているが、自然を愛する気持ちは変わってはいない。彼らと同じ時間を過ごせば、自然と共に生きる大切さを知ることができるだろう。

酸素を大量に放出してくれるジャングルは、まだ無限に広がっているように見える。しかし、南米大陸の森は、森林破壊と気候変動で2030年までに最大60％消滅し、世界各地に影響を及ぼすという警告も出ている。このクルーズ船は、先住民のように自然を愛し、細心の注意を払って、人間とアマゾンの新しい関係を築いている。船上のデッキで、真っ暗な森と、満天の星空を眺めながら、この生命溢れるアマゾンを感じ、未来について語らい合うのもふたり旅だからこそ。大自然と快適な船。この旅で確実にふたりはネイチャーラバーになるだろう。

travel information:

旅の予算
Budget

総予算 43万円〜
※5泊7日／成田からの往復航空券、宿泊費込み（現地交通費、一部食費除く）

総予算内訳

- **航空券の目安　21万円〜**
  *成田〜ヒューストン乗り継ぎ〜リマ（コンチネンタル航空／エコノミークラス往復）＝16〜24万円
  *リマ〜イキトス（ラン航空／エコノミークラス往復）＝5〜6万円
- **リマのホテル代金の目安　1泊2万円〜**
- **イキトスのホテル代金の目安　1泊1万8000円〜**
  *リマは4つ星、イキトスは5つ星ホテルに宿泊した場合。
  ※1部屋（2名利用）の料金、総予算には1名分を計上。
- **クルーズ代金の目安　3泊20万円〜**
  *アクア号、スイート船室料金。
  ※1部屋（2名利用）の1人料金。

旅のシーズン
Best Season

アマゾン川には大きく分けて、水位の高いハイウォーターシーズンと低いローウォーターシーズンがある。ハイは12〜5月、その他はローだ。どちらも雨は降るし、きれいなので、一年中の訪問が可能だ。しかしどちらかといえば、蚊が減り、動物に出逢える確率が上がるハイがオススメ。

行き方
How to get there

日本からペルーへの直行便はない。アメリカかカナダの都市で乗り継ぎ、ペルーの首都リマへ。そこから国内線でイキトスへ入るのが一般的だ。空港から船の乗船地までは車で20分ほど。なお、リマからイキトスへ船もあるが、2〜3日かかるので、あまりオススメはしません…。

旅の手配
Arranging the trip

本書で紹介したアクア号の旅を個人で手配することも可能だが、英語サイトのみということと、日本には情報が少ないので難しい。しかし、世界中の秘境に佇む極上リゾートを取り扱う旅行会社「Journey in Style」が取り扱いを始めた。事前の情報収集や旅の手配ができ、心強い存在だ。まずは気軽に下記サイトから相談してみよう。

- [Journey in Style] www.journeyinstyle.jp
- [Aqua Expeditions] www.aquaexpeditions.com

宿泊 Accommodation

リマ、イキトス共にホテルはいくつもあるが、快適に過ごすことができる下記がオススメ。もちろん当日予約は避け、事前に手配しておこう。

📩 リマのオススメホテル
Ramada Costa Del Sol Lima Airport www.costadelsolperu.com
リマの空港ターミナルすぐにあるホテル。もちろん徒歩で行くことができる。空港到着は夜になることが多く、翌日は国内線に搭乗するため、とても便利だ。もちろん室内も清潔感があり、一晩の滞在では充分な設備がある。

📩 イキトスのオススメホテル
El Dorado Plaza Hotel www.grupo-dorado.com
イキトスの空港から約7kmの距離にあり、街中へのアクセスも良好なホテル。プールやバーなどの設備があるし、空港送迎もあるのが嬉しい。また、客室は清潔感があり、モダンな内装になっている。

旅のヒント Hints for the trip

☺ 本書ではアクア号を紹介したが、2011年4月に32名乗りのアリア号が誕生した。基本コンセプトは同じなので、どちらも素晴らしい。時期や好みに合わせて選ぼう。
☺ アクア号の料金には船上での食事をはじめ、アルコール以外のドリンク、クルーズ中のアクティビティ、空港までの送迎が含まれている（アクア号オススメの飛行機のみ）。
☺ 乗船するには年齢制限があり、21歳以上となっている。20歳以下の人は保護者同伴となるので、注意しよう。
☺ 上陸するときに靴が濡れてしまったり、雨が降ってきた場合には、アクア号から長靴やカッパの貸し出しがあるので便利。特に長靴は大きいので持参する必要はないが、カッパは好みがあるし、軽いので持って行く方がベター。
☺ 客船とはいっても、この船は毎晩ドレスアップをする必要はない。カジュアルな服装でOK。
☺ 行き先は大自然。虫除け、虫さされ薬は必須アイテム。

スケジュール例 Example Itinerary

1日目▶ 成田発〜ヒューストン乗り継ぎ〜リマへ 【リマのホテル泊】
2日目▶ AMリマ発〜イキトスへ アクア号乗船 【船内泊】
3日目▶ AMジャングルクルーズ PMジャングルウォーク 【船内泊】
4日目▶ AMジャングルウォーク PMピラニア釣り 【船内泊】
5日目▶ AMパカヤ・サミリア国立保護区ボートサファリ PM村を訪問 【イキトスのホテル泊】
6日目▶ AMイキトス発〜ヒューストン乗り継ぎ〜成田へ 【機内泊】
7日目▶ AM成田着

+α 周辺情報 One more love trip

ペルーに来たなら、やっぱりインカの遺跡マチュピチュは見ておきたい。標高2,000mにあることから「空中庭園」と呼ばれている。まだ陽も昇らぬ早朝に出発し、段々白んでくる幻想的な山々を眺めながら歩を進めれば、太陽の門を抜けた瞬間にダイナミックな遺跡が眼下に広がる！ 真っ青な空と、真っ白な雲の下、悠久の時を超えて、太陽を神としたインカ帝国に思いを馳せる。マチュピチュは未だ謎も多く、景色も絶景なため、今も世界中の旅人を魅了して止まない。

03 TRIP: 3 /『美しく輝く別世界への旅』
🇸🇪 スウェーデン
SWEDEN

寒くも美しい凛とした別世界への旅！ 漆黒の闇の中、手をつないで待つ、自然の奇跡オーロラ＆すべてが氷で創られた、世界で最も冷たく美しいアイスホテルで心を暖め合おう!

オーロラ。それは、誰もが「一生に一度は見てみたい!」と憧れる夢の自然現象。その夢を叶えたいふたりにオススメの場所が、スウェーデン北部の町キルナだ。ここは、世界で最もオーロラ鑑賞率が高い所と言われている。世界中からオーロラハンターが集まるこの町で、奇跡の輝きを待ちながら、ふたりの時間をじっくりと味わおう。もちろん、オーロラに出逢った瞬間の興奮は、生涯の宝物になるはずだ。そして最後の夜は、すべてが氷で作られた神秘のアイスホテルに宿泊！ 美しく光る−5℃の部屋で、ふたり手を取り合いながら至福のロマンチックナイトを体験しよう。

TRIP POINT 旅のポイント
- 😊 奇跡のオーロラ
- 😊 北極圏での凛としたふたりの時間
- 😊 先住民訪問＆犬ぞり体験などの北極圏アクティビティ
- 😊 すべて氷で作られたホテル

Freezing but warm together
〜極寒、でもふたりでいたら温かい〜

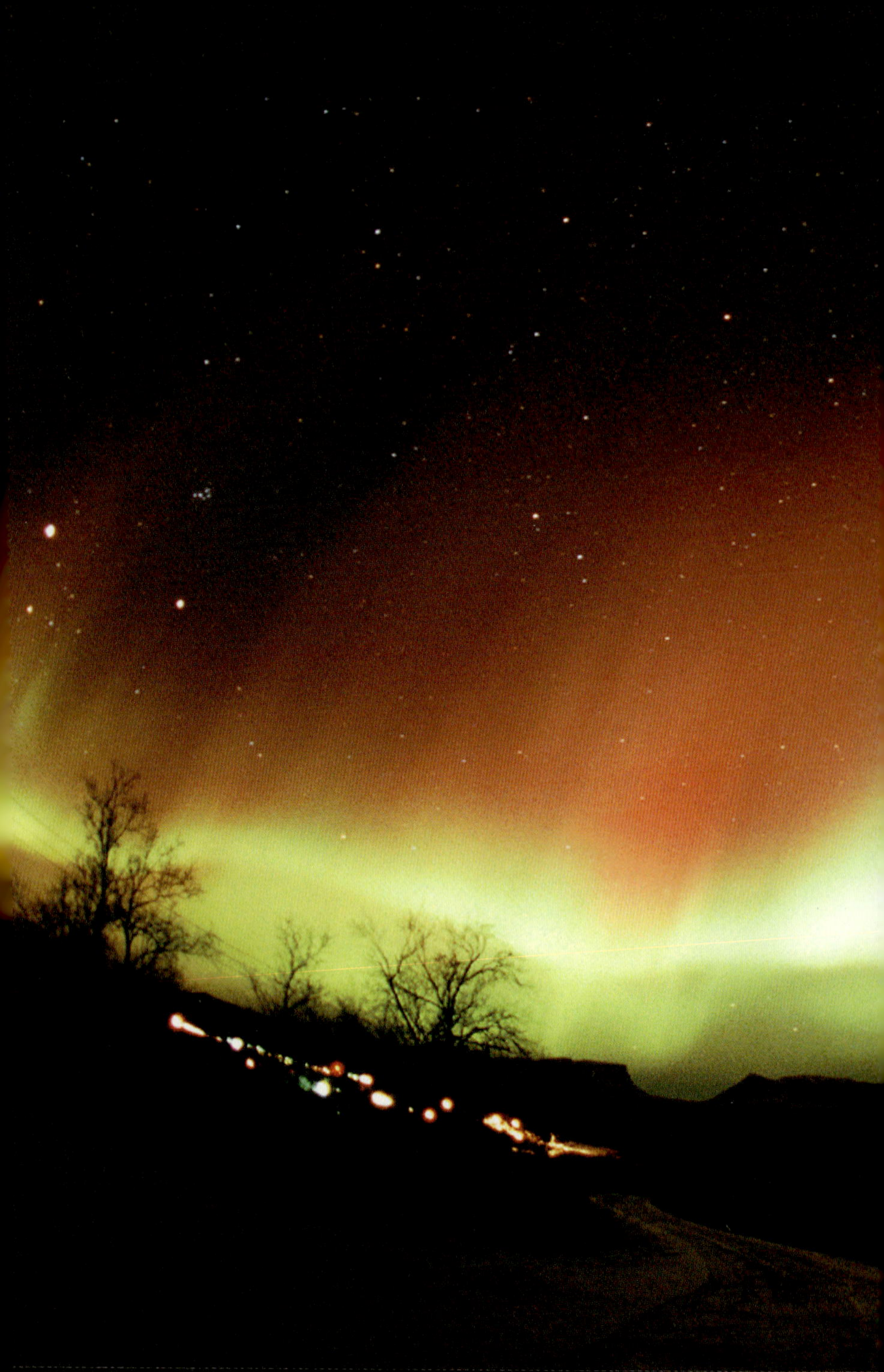

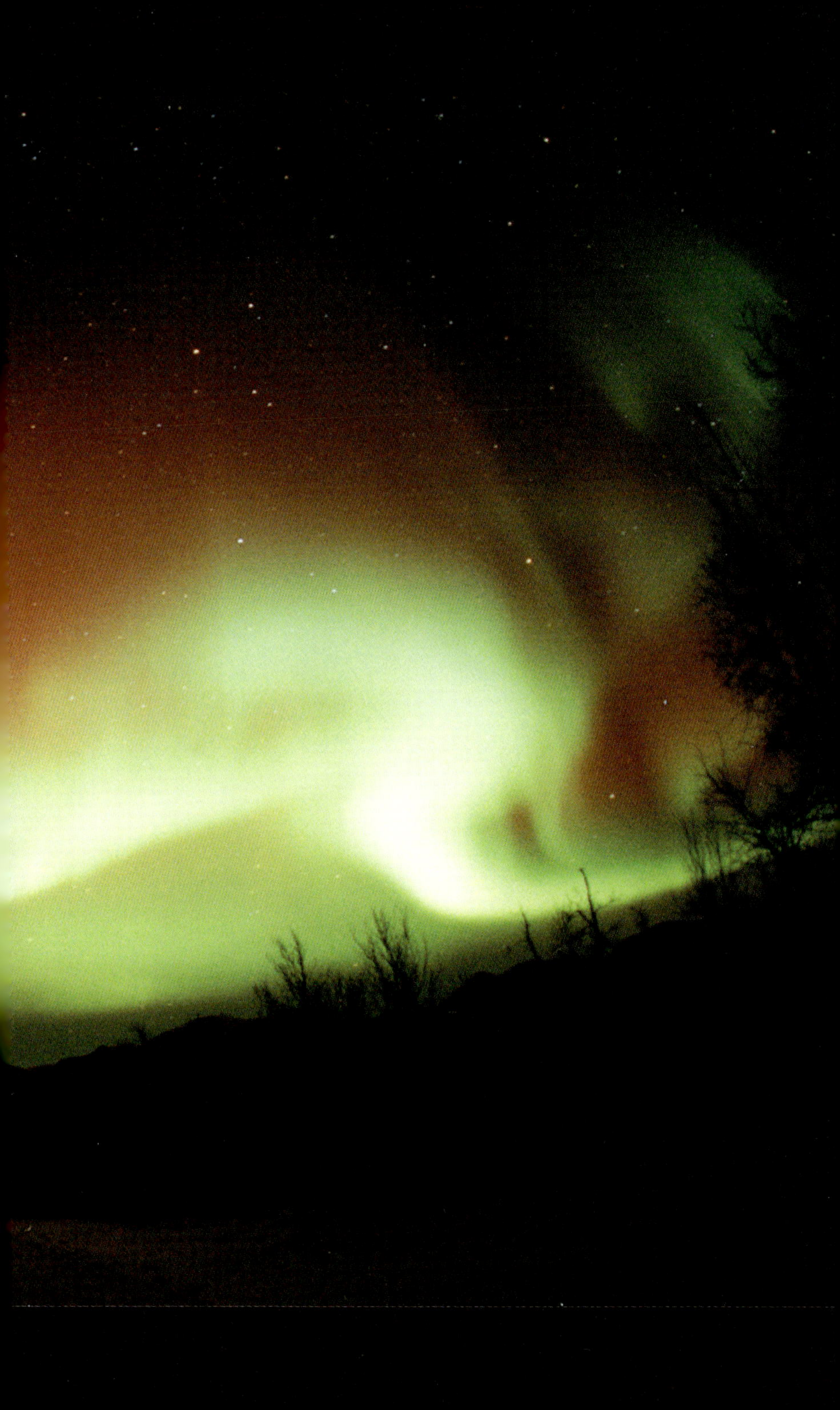

神秘の北極圏へ！

キルナの空港の小さなターミナルを一歩出ると、冷たくも澄んだ美しい空気が全身を包む。ここは北緯67度。そう、既に神秘の北極圏に足を踏み入れちゃっているのだ。おしっこ凍るかな？とか、バナナで釘打ってみたくない？などの馬鹿話もほどほどに、まずは、多くのプロオーロラ写真家たち御用達のリパン・ホテルへ。ここは、暖かい部屋の中にいながらもオーロラ鑑賞ができるガラス張りの「オーロラウェイティングルーム」があり、さらに北側は、灯りも少なく視界が開けているので「オーロラ劇場」と称されるほど、鑑賞に適したホテルなのだ。

チェックインしたら、これから出逢う美しい景色やこの地に暮らす人々、そして極上のオーロラに、ふたりで想いを馳せながら、夜に備えてどんどんテンションを上げていこう！

自然の奇跡オーロラと出逢う！

そもそもオーロラは1年中、そして日中にも、実は出現している。ただ肉眼では、漆黒の闇に染まらなければ綺麗なオーロラは見ることができないのだ。だから、しっかりと空が暗くなる冬の時期、12〜3月の満月ではない時（満月は明るすぎ！）が鑑賞には最適。絶対とは言えないが、ベストシーズンに訪れたなら、高確率で神様はふたりに微笑んでくれるだろう。

日も暮れてくると、待ちに待った念願のオーロラ鑑賞がスタート！ …とはいってもそんなにすぐには出てきてくれない。そこは気持ちをゆったりと構えて、漆黒の闇夜を見上げ続けよう。実はこの待ち時間こそが、ふたり旅の醍醐味とも言える。周囲は何の音も聞こえない暗闇の大地だから、お互いのこと、将来のこと、日常では照れくさくて語れないことも自然に話せちゃう。凛とした空気に包まれながら、時折、「まだかなぁ。ちょっと寒いね」なんて言いながら、手を握り合えば、愛が深まるに違いない。

ふたりで話に盛り上がっていると、なんの前触れもなく突如として空が輝きはじめる。漆黒の夜空を漂いながら、緑、白、青、赤、ピンクなどに色調が変化していく。その揺れ光るカーテンはまぎれもなく神様からの贈り物。言葉も出ないほどの美しさに見とれていると、いつの間にか神秘の光は、ふたりを優しく柔らかく包んでくれている。

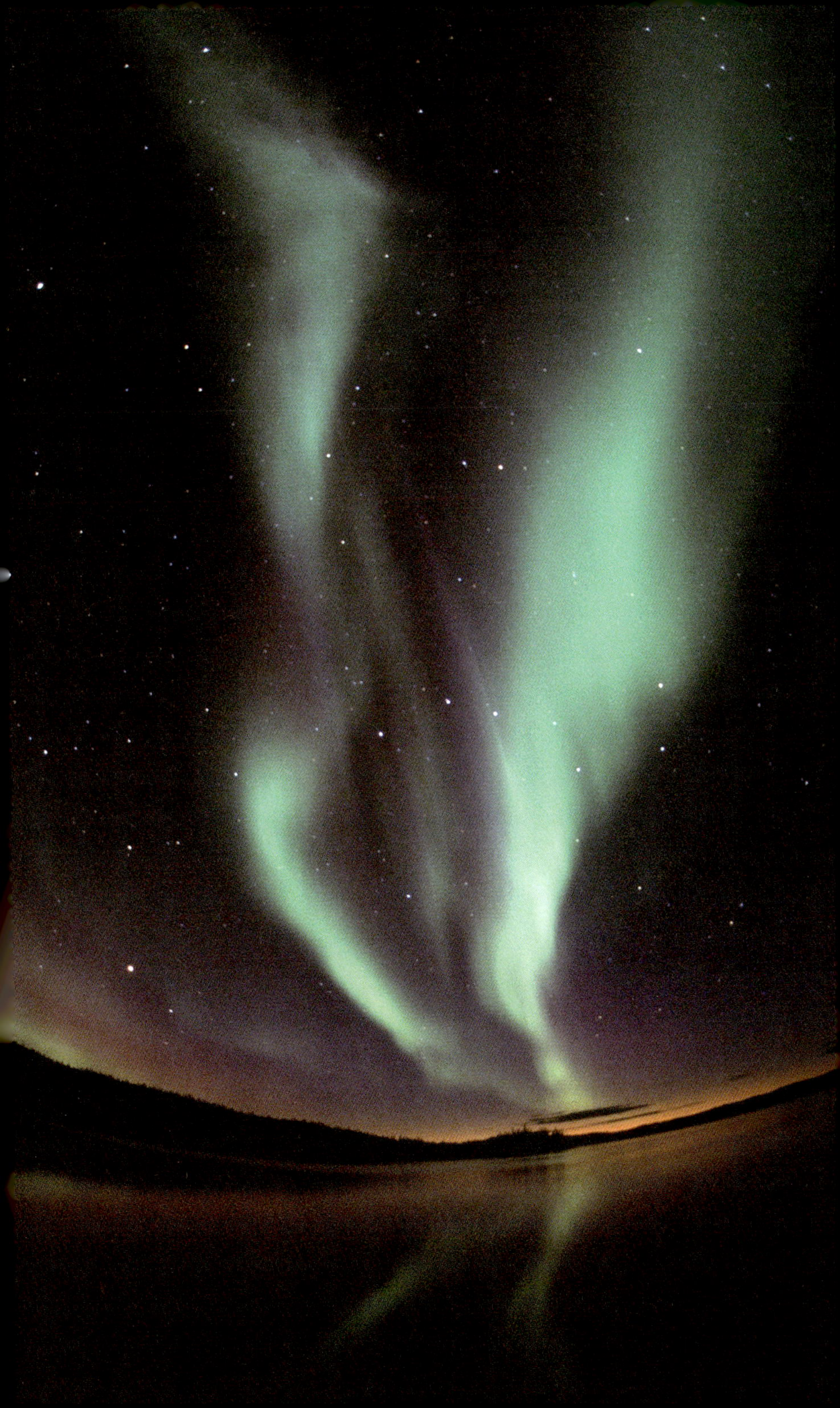

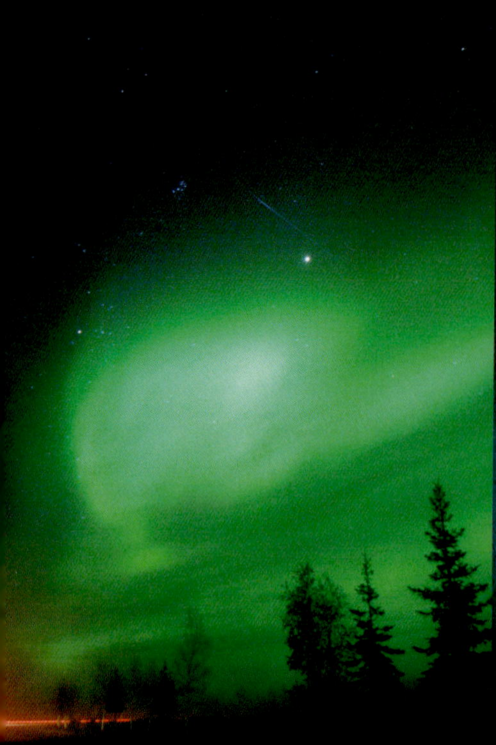
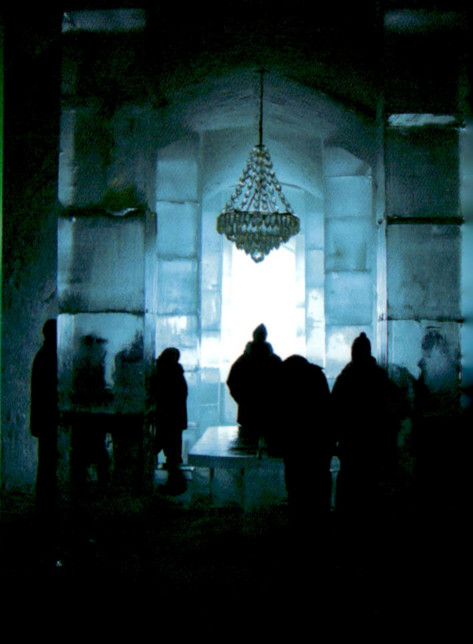
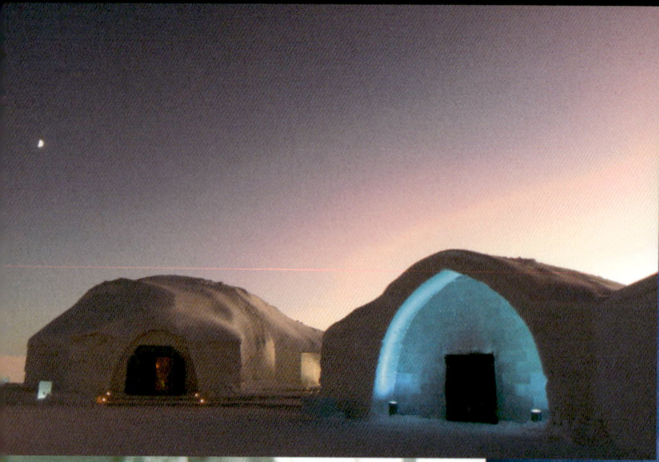
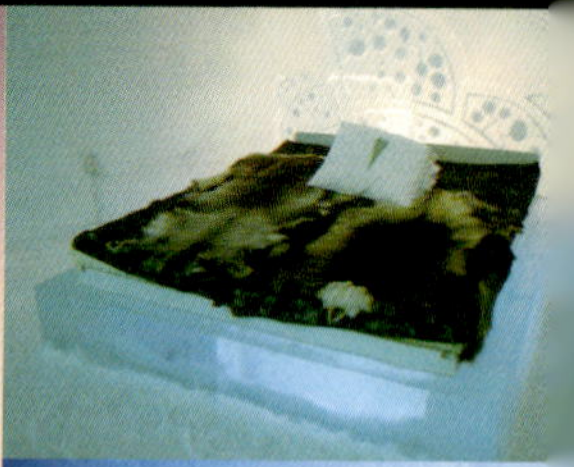
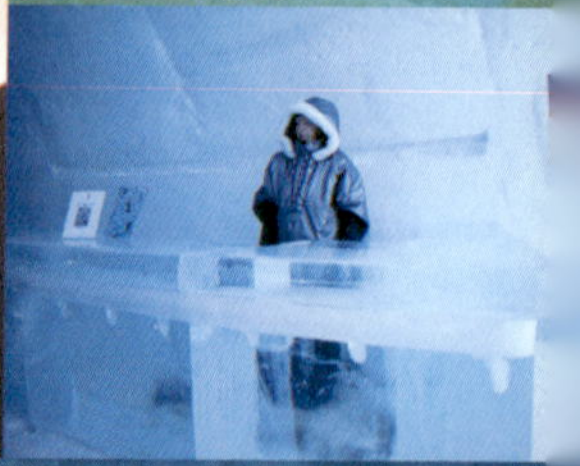
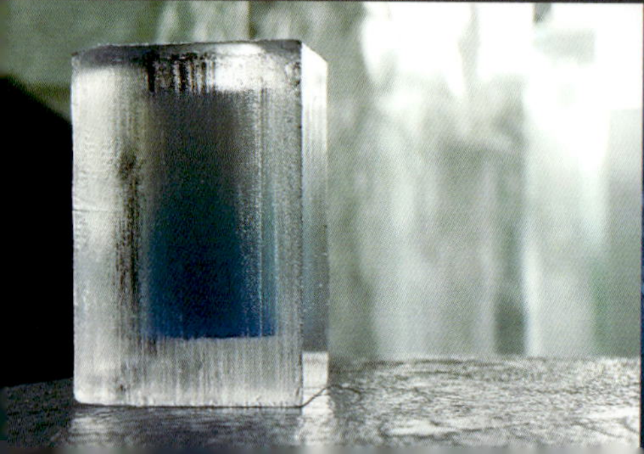

オーロラだけじゃない北極圏の魅力

地球の果てといっても過言ではない僻地、北極圏。せっかくここまできたのだから、夜のオーロラ鑑賞以外の時間も、とびっきりのアクティビティを楽しんでみよう！　まずはノーランストーグ鉄道。雪化粧された山々を抱えるアビスコ国立公園や、隣国ノルウェーのフィヨルドなど、ラップランドの雄大な大自然の景色を、車窓から次々と堪能することができる。そして、古来よりラップランド地方で営みを続けてきた、先住民サーメ族のテント訪問。文化体験やサーメ伝統料理、トナカイとの触れ合いも。更には雪で白く染まった木々の間を疾走していく犬ぞり体験など、楽しみは盛りだくさんだ。

「朝から晩まで出歩くのはちょっとしんどい…」というふたりには、キルナの町散策がオススメ。色とりどりに立ち並ぶ家や、お洒落な北欧デザインショップやお土産屋、サーメ民芸品ショップなど、目を奪われる物がたくさん！　ちょっと歩き疲れたら、カフェやレストランで一休み。白い吐息と共に、北極圏散歩を楽しもう。

ぜーんぶ氷で作られた、青く輝くホテルへ！

最後の夜は、キルナ近郊にある町ユッカスヤルヴィへ！　お目当ては神秘のアイスホテル。ここは、部屋はもちろん、教会やバーまで、すべて氷で作られているのだ。毎年冬に作られ、春の訪れと共に壊されてしまう一冬一宿。建築の材料となる天然度100%の氷は、ヨーロッパで透明度が最も高いといわれるトルネ川から切り出されたもの。その氷に淡い光がコラボレーションして、ホテル中がロマンチックで満たされているのだ。特にオススメなのはアイスバー。氷で作られたグラスに注がれる鮮やかなカクテルを傾け、愛を語り合おう。

ホテルの外は氷点下20℃、室内は氷点下5℃…。なんだか室内が暖かそうに見えるが、それでも氷点下の世界。そんなところで本当に寝られるの？と若干の不安を抱きながら部屋に入ると、目に入るのは氷のベッドの上にトナカイの皮。ん？　これは無理じゃないか？…と思ってしまうが、そこはご安心あれ。氷点下15℃までなら超快適に寝られる寝袋があるので、寒さは感じない。普通のインナーを着ているだけで大丈夫！　翌朝は、氷が作る凛とした空気をたっぷり吸いながら目覚めて、神秘の極寒ホテルに別れを告げよう。

北欧でウィンドウショッピング！

帰路のお楽しみは、なんといっても北欧ショッピング。オススメは、スウェーデンの首都ストックホルムだ。飛行機の乗り継ぎ時間にもよるが、できれば1泊してゆっくりとまわってみたいところ。町を散策していると、そこら中にかわいらしく温もりのある品々が溢れている。世界的にも有名な北欧ブランドをはじめ、魅力的な商品がたくさんある。きっとふたりで使う一生ものが見つかるはずだ。それを見る度に、寒かったけど、心は芯から温まったこの旅が思い出されるだろう。

travel information:

旅の予算 / Budget

総予算 20万円〜
※5泊7日／成田発着のツアー代金（一部食費除く）、アイスホテル宿泊費込み

総予算内訳

日本発着ツアー代金の目安　18〜22万円
＊成田〜ヨーロッパ1都市乗り継ぎ〜ストックホルム往復航空券、ストックホルム〜キルナ往復航空券、宿泊5泊、食事（朝5回）、オーロラ鑑賞が含まれたパッケージツアーの金額

アイスホテル宿泊追加代金の目安　3万9千円〜
＊1部屋料金（2名利用）の料金、総予算には1名分を計上。

旅のシーズン / Best Season

オーロラ観測には11〜4月にかけてがベストシーズンとされている。アイスホテルは、12月下旬頃に完成するので、12月下旬〜4月の満月ではない日がオススメ。オーロラは気分屋なので、3、4回はオーロラ鑑賞チャンスを作れる日程にしよう。

行き方 / How to get there

日本からオーロラ鑑賞地のキルナへは、デンマークのコペンハーゲン、スウェーデンの1都市を乗り継いでいくのが一般的。成田〜コペンハーゲンはスカンジナビア航空の直行便があり、最短時間で到着できる。キルナ空港からホテルまではタクシーや旅行会社の送迎などを利用して移動しよう。

旅の手配 / Arranging the trip

北欧は物価が高く、個人手配の旅ではかなり割高になってしまうので、多くの旅行を取り扱う専門旅行会社でツアーを手配した方が、安く、安心して旅を楽しめるだろう。
本書でオススメするのは、7万人以上をオーロラツアーに送り出している「フィンツアー」。シーズン中はキルナに日本人係員を配置し、長年の経験と知識を用いてそれぞれのニーズに合わせた極北旅行を提案している。本書で紹介した、各種の遊びや宿泊施設は、すべてここで手配できる。また、帰路のストックホルムでの滞在等の相談も気軽にできる。

[フィンツアー] www.nordic.co.jp/
参考ツアー　「キルナ・ステイとストックホルム7日間」

宿泊
Accommodation

キルナのホテル
Camp Ripan　　www.ripan.se/en/
天井がガラス張りのオーロラ待機室があり、キルナで最もオーロラ鑑賞に適したホテル。いくつかのカテゴリーの部屋があるが、スタンダードクラスで十分快適。

ユッカスヤルヴィのホテル
Ice Hotel　　www.icehotel.com/
冬期のみ出現する氷と雪でできたホテル。照明に照らされた透き通る氷の世界が広がる。大きく分けると3つのカテゴリーの部屋がある。部屋ごとにデザインが異なり、氷の彫刻が楽しめるアート・スイート、氷でできたアイス・ルーム、壁は雪で作られベッドが氷のスノー・ルーム。周りを氷に囲まれた方が魅力あるので、スイートまたはアイス・ルームがオススメ。氷点下での睡眠に加え、氷の芸術を味わいたい人はスイートへどうぞ。1部屋1人あたりの宿泊費の目安は時期にもよるが、スノー・ルームが3万9千円～、アイス・ルームが4万9千円、アート・スイート5万9千円～。

旅のヒント
Hints for the trip

- 防寒具必須の旅! 日本でいう厚手のスキーウェア、防寒靴、毛糸の靴下など、全身を氷点下の気温と風から守るグッズを揃えよう。希望者には1日4千5百円で防寒具一式をレンタルするというオプションもあり（フィンツアーの場合）。
- デンマークから日本への帰国便で、運がよければ北側の窓からオーロラが見えるかも! 本当の最後のチャンス。旅行会社によっては、そういうリクエストを航空会社に伝えてくれる場合があるので聞いてみよう（ただし、航空会社の事情によって予告なく変更になる場合もある）。
- オーロラの光は、目に見えている以上に弱いため、写真撮影はそんなに簡単ではない。どうしても写真に収めたいなら、しっかり準備して行こう。高感度で、シャッターをずっと開けておくバルブ機能があるカメラ、または15秒以上の長時間シャッターが切れるカメラが必要だ。自分のカメラで撮影可能かどうか確認しておこう。また3脚は必須アイテムなのでお忘れなく。オススメしている「フィンツアー」のサイト「オーロラFAQ」内に写真撮影のアドバイスが記載されているので、興味がある人は確認を。

スケジュール例
Example Itinerary

1日目▶成田発～ヨーロッパ2都市乗り継ぎ～キルナ着　オーロラ鑑賞　【ホテル泊】
2日目▶終日フリーまたはオプショナルツアー　オーロラ鑑賞　【ホテル泊】
3日目▶終日フリーまたはオプショナルツアー　オーロラ鑑賞　【アイスホテル泊】
4日目▶キルナ発～ストックホルムへ　【ホテル泊】
5日目▶終日フリーまたはオプショナルツアー　【ホテル泊】
6日目▶ストックホルム発～ヨーロッパ1都市乗り継ぎ～成田へ　【機内泊】
7日目▶成田着

周辺情報
One more love trip

飛行機を調整して北欧の中でも魅力的な都市のひとつ、デンマークのコペンハーゲン滞在はどうだろう? ここは人魚姫やマッチ売りの少女、みにくいアヒルの子などを生んだ、童話作家アンデルセンゆかりの地。おとぎの国と称されている。王宮や人魚姫の像などをはじめ、観光ポイントも盛りだくさん。そして街中には、デパートや大型ショッピングモール、デザイン、アンティークショップなどなどバラエティに富んだ店が所狭しとならんでいるが、そこは北欧。ごちゃごちゃした雰囲気もなく洗練されとても美しい。オススメは東西を通る歩行者天国ストロイエ。ここを歩いて、アマリエンボー宮殿の衛兵交代式を眺めたり、雰囲気抜群のカフェで休憩したり。北欧の大都会をふたりで散歩する素敵な1日を。

04

TRIP: 4 /『野生の楽園でロマンを感じる旅』

ケニア&タンザニア
KENYA&TANZANIA

野生の王国で究極のセレブ体験！サバンナのド真ん中で超極上のロッジステイ&サファリ！あまたのロマンを詰め込んだアフリカントリップ！

世界最強の野生動物の王国ケニア。数々の動物を間近に見ることができるのが最大の魅力。特殊な改造を施したサファリカーに乗り込み、動物を「発見」する探検旅行。埃まみれ、汗まみれでサバンナを大疾走。その旅のスタイルは、朝夕は動物、夜はロッジで汗を流すだけ…。と、ちょっと過酷っぽい。そんなイメージを打破する超極上ロッジがケニアにあるんです！　星空に包まれて眠る「スターベッド」から、ビクトリアスタイルの「優雅なお風呂」まで、衝撃の連続。旅の締めくくりには、タンザニアのザンジバルで透き通る海もたっぷりと堪能。サバンナ×ビーチ、超贅沢×超快適なラグジュアリーアドベンチャーへ！

TRIP POINT 旅のポイント

- ☺ 星空に包まれるベッドで眠る
- ☺ サバンナのド真ん中で、極上のお風呂に浸かる
- ☺ 大自然に生きる野生動物に出逢う
- ☺ インド洋の透き通る海でゆっくり過ごす

Wild meets Luxury
～大自然 × ラグジュアリー～

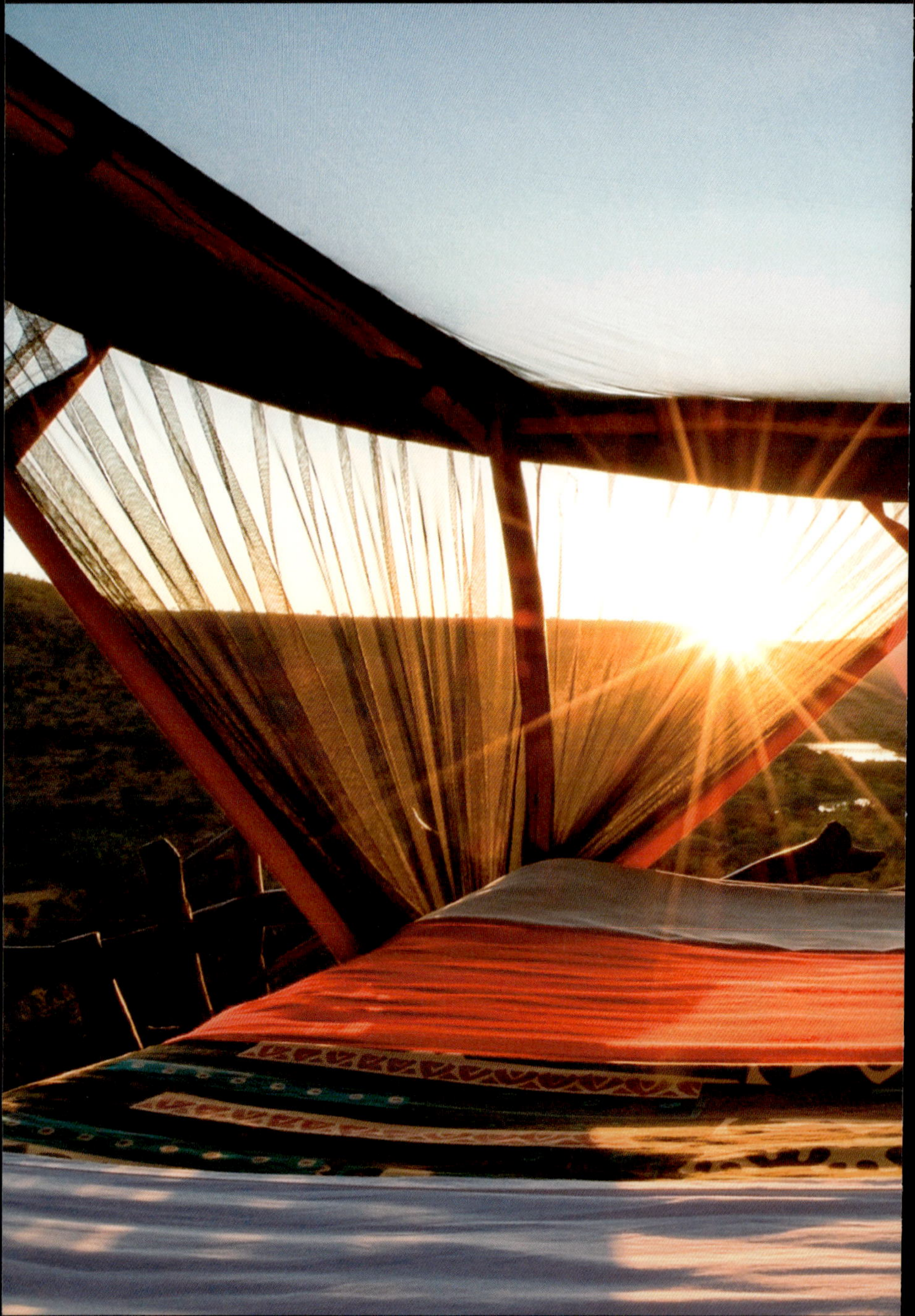

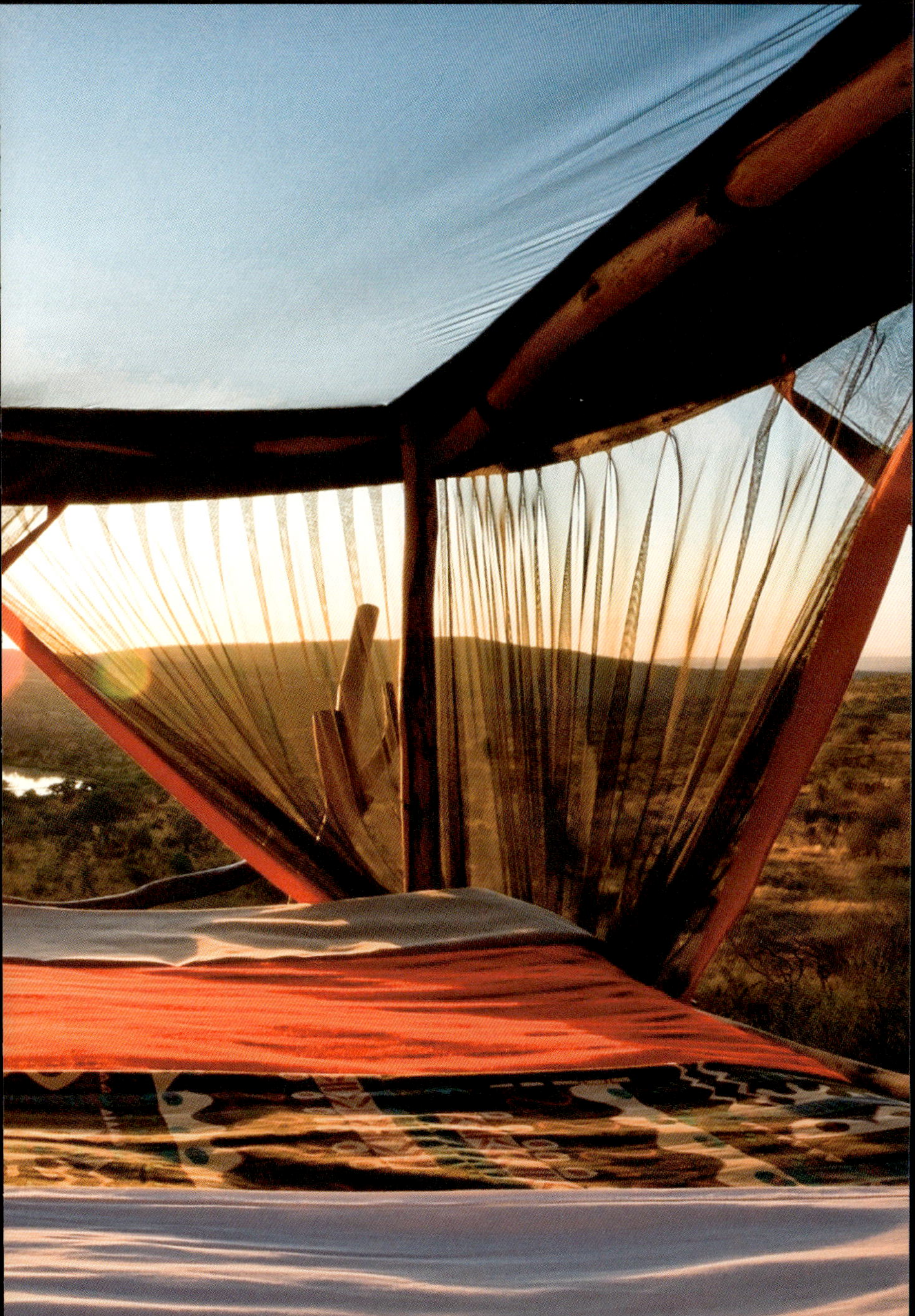

アフリカの玄関口、ナイロビへ

この旅のメインステージとなるのは北ケニアと南ケニア。この国のちょうど中央には赤道が通っているので、まさに地球の南北を行く旅となる。ケニアの首都ナイロビの空港に降り立つと、アフリカ特有の暑さが…と思いきや、予想を裏切る涼しい風が吹き、爽やか。実はここは標高約1,600mの高地。思っていたよりもずっと快適だ。今日は長旅の疲れを癒す日。数々の野生動物、アフリカの大地に暮らす人々、そして極上の宿との出逢いに想いを馳せ、眠りにつこう。

極上ロッジで、星空に包まれるベッドで眠る

翌日、国内線で北ケニアのライキピア空港へ。到着したら、ロッジの専用車に乗り込み、極上ロマンチックロッジ「ロイサバ」へ移動だ。道中、ちらほらと小動物達が目に入ってくる。これからの動物たちとの出逢いに、心が弾む。だけど、今は昼。大型動物たちは昼寝の時間だ。サファリは朝と夕方に行うのが一般的なので、気持ちを抑え、まずはロッジにチェックイン。早速、敷地内を見渡してみると、プールやジャグジー、スパ、テニスコート、そしてマウントケニアの大パノラマが広がっている。部屋の中にはすべて手作りの温もりある調度品、そして開放感抜群の大きな窓！ 広大なサバンナのド真ん中にいることを、忘れてしまうほど、快適な空間だ。

しかしこれだけでは終わらない。極め付きは、メインロッジから20分、標高1,600mにある、「スターベッド」だ。それは、星空を観賞しやすいように屋外に設置され、窓も天井もない驚きのベッド。朝晩は冷え込むサバンナでも、心地よく眠れるよう、ふかふかのベッドに羽毛布団。そして虫対策のネットももちろん完備している。

日が沈む頃、ベッドに寝転び、空を眺めていると、どこからともなく輝きはじめる満天の星空。そして、あたりから聞こえてくる動物の雄叫び。横を見れば、どこまでも広がるアフリカの大地。過酷な大自然の中で、こんな贅沢な時間があるだろうか。まさにセレブ！ これぞ、新しいケニアの楽しみ方だ。

このロッジでは、ビッグ5と呼ばれるライオン、ゾウ、ヒョウ、バッファロー、サイなどの野生動物に出逢えるサファリ体験はもちろん、ボートで川を下るラフティング、釣り、乗馬、ラクダ乗り体験など、アクティビティもたくさん用意されている。世界にも類を見ない、極上の宿を拠点として、最高の北ケニアトリップを味わおう！

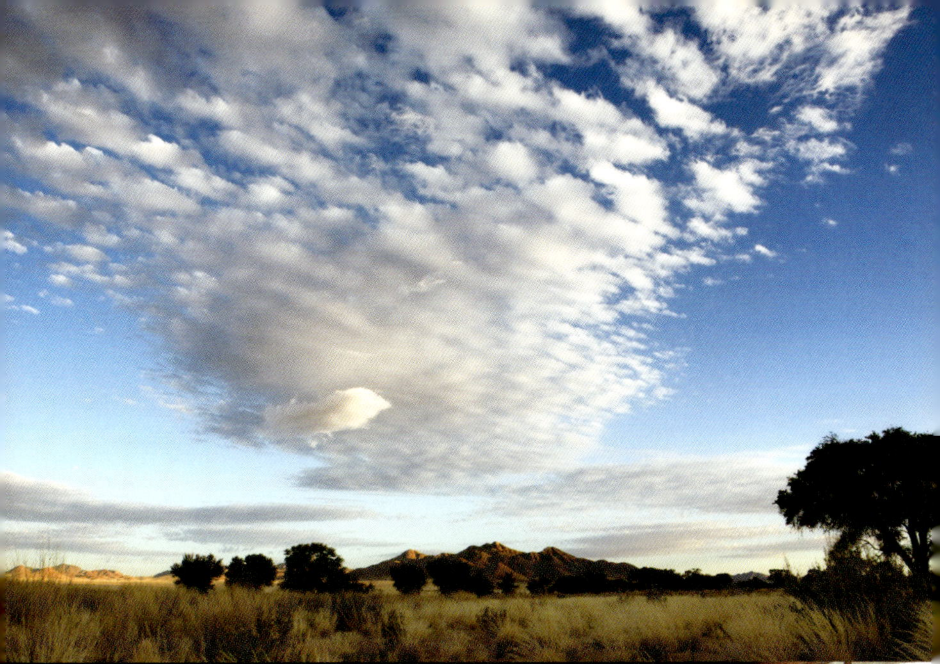
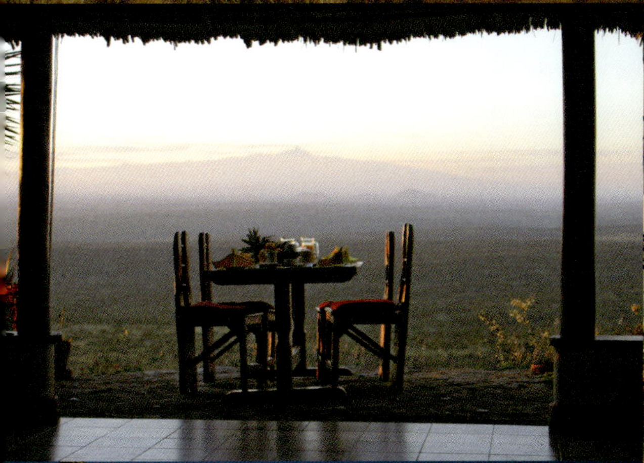
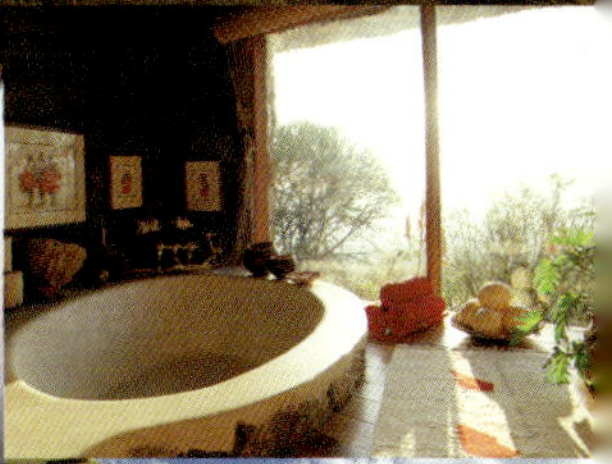
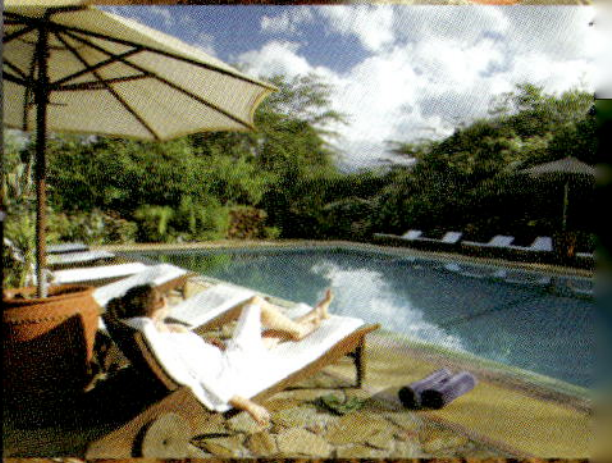
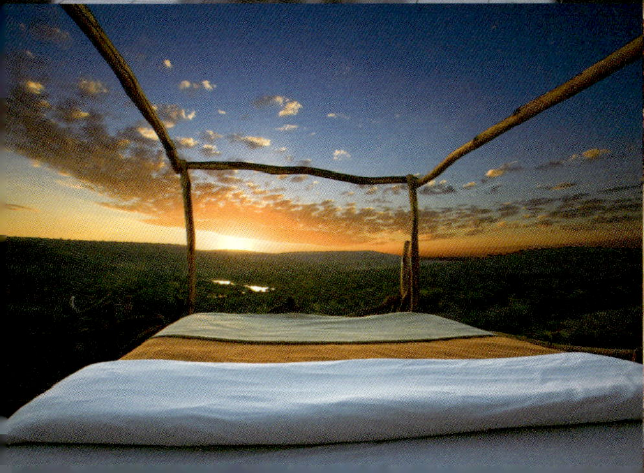
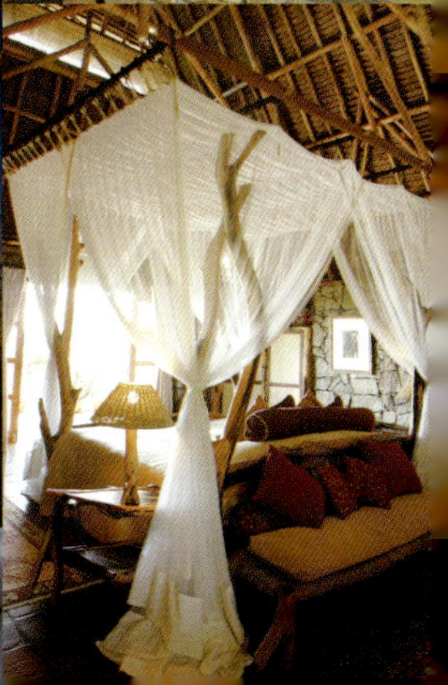

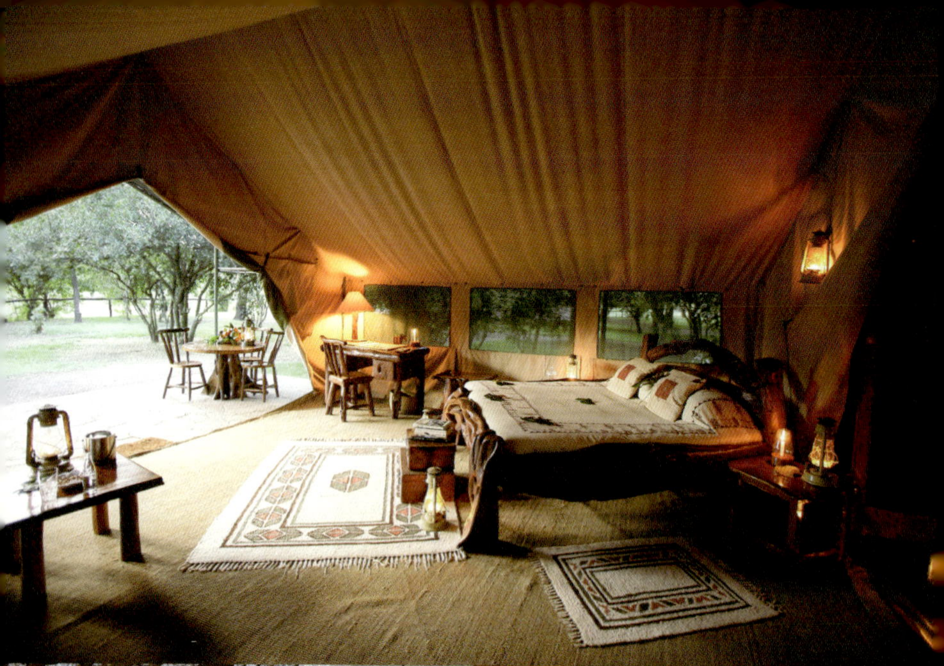
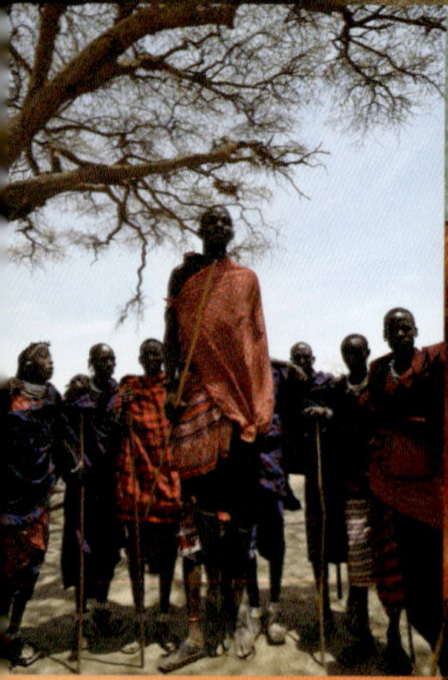
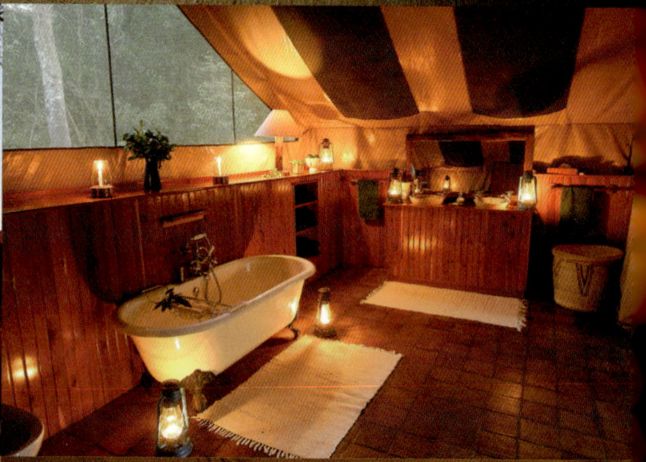
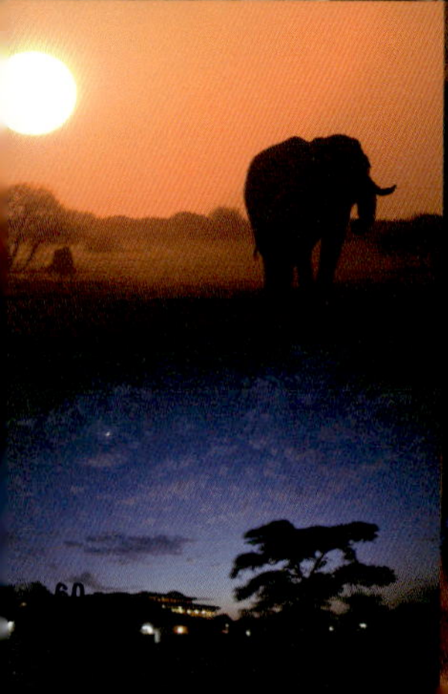
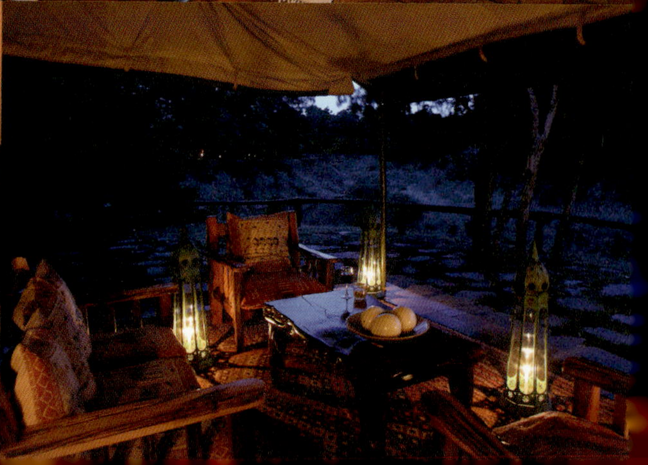

サザンケニアの優雅なお風呂で、極楽気分に

至福のロマンチックナイト&北ケニアトリップを過ごしたら、次は赤道を越え南ケニアへ。目指すは、動物天国と称されるマサイマラ国立保護区。多種多様な動物が暮らすことで有名な、この保護区内に、もうひとつの極上ロマンチックロッジ「ガバナーズ・イルモラン」がある。マラ川に沿って建てられた10張りのテントから構成されているこのロッジ。ビクトリアスタイルの優雅なお風呂にはじまり、古いオリーブの木から作られたスーパーキングサイズのベッド、川に面した展望抜群のウッドデッキ、室内の調度品の数々…すべてが上質で品格が高い。ウッドデッキから眼下に流れる川を眺めていると、時折カバやワニ、バッファローと出逢えるサプライズも。食事はベテランシェフが腕を振るう、インターナショナル料理を屋外レストランで楽しめる。

このロッジで一番の至福の時間。それは優雅なお風呂！広大なサバンナを疾走し、埃まみれになった体をゆったりと湯船に沈める。大自然のど真ん中というありえないロケーションの中で入るお風呂は本当に格別だ。

このロッジ、もちろんアクティビティも充実。マサイマラの大地を疾走するサファリ体験、マサイ村訪問、ウォーキングサファリ、熱気球サファリなど、過ごし方はふたり次第。北から南までケニアを縦断して、究極のサファリ体験を満喫しよう！

美しいビーチリゾート、ザンジバルで旅を締めくくろう!

ケニアを出国し、タンザニアのザンジバルへ。アフリカ大陸の沖合40kmに浮かぶこの島は、古来より貿易の拠点として栄えた場所で、歴史情緒溢れる町並みが残っている。もちろん、町中散策も楽しいが、ここでは美しいビーチリゾートを紹介したい。それは島の東海岸、ミチャンヴィビーチ沿いに立地している高級リゾート、ブリージーズ。見渡す限り続く遠浅の青い海、細かくサラサラとした白い砂浜のビーチ、風に揺られるヤシの木々…。そしてホテルスタッフの粋な心遣いが、ふたりのリラックスタイムを極上のものへと導いてくれる。

穏やかなビーチサイドで、トロピカルジュースを片手にのんびり過ごしながら、ロマン溢れるこの旅を振り返ってみよう。きっとふたりの愛が、今まで以上に深まっていることを感じるはずだ。

travel information:

旅の予算 Budget

総予算 65万円〜
※7泊10日／成田からの往復航空券、宿泊費込み（一部現地交通費、一部食費除く）

総予算内訳

📛 **日本発着ツアー代金の目安　65万〜**
*成田〜ドバイ乗り継ぎ〜ナイロビ片道、ナイロビ〜ロイサバ往復、ナイロビ〜マサイマラ往復、ナイロビ〜ザンジバル片道、ザンジバル〜ダルエスサラーム片道、ダルエスサラーム〜ドバイ乗り継ぎ〜成田片道航空券、ナイロビホテル1泊、ロイサバロッジ2泊、マサイマラロッジ2泊、ザンジバルホテル2泊、現地係員などが含まれたパッケージツアーの金額。

旅のシーズン Best Season

1年中訪問は可能だが、6〜7月と10〜11月頃に、マサイマラ、セレンゲティ間でヌーの大移動が見られるチャンスがある。できればこのシーズンに！

行き方 How to get there

日本からアフリカの玄関口、ナイロビへは、中東もしくは香港やバンコクを乗り継ぎして行くのが一般的。今のところ一番楽な方法は成田空港または関空発のドバイ乗り継ぎ。

旅の手配 Arranging the trip

サファリを巡るには車両、運転手、宿泊、公園の入園許可と様々な手配が必要となるので、よほど時間的に余裕がある人以外は、現地についてから、自分で手配するという方法は現実的ではない。あらかじめ日本を出る前に段取りを組んでおきたい。オススメの旅行会社は毎年多くの人をアフリカに案内している「道祖神」。本書で案内している内容から、ここを変更したいなどの希望があれば、気軽に相談してみよう。

🌐 [道祖神] www.dososhin.com/

参考ツアー　「ケニア&ザンジバル　Luxury Trip　10日間」

宿泊 Accommodation

📛 北ケニアのホテル
Loibasa Wilderness　　www.loisaba.com
サービス、クオリティーの高さはもちろんだけど、スターベッドによって特に注目を集めているロッジ。ロイサバの中にはロッジ、プライベートハウス、コテージといくつかのタイプがあるが、本書ではロッジタイプを紹介した。

📛 南ケニアのホテル
Governor's IL Moran Camp　　www.governorscamp.com
ケニアに多数あるキャンプの中でも群を抜いてサービス、クオリティー、評判が高い「ガバナーズ・キャンプ」。その中にガバナーズ、リトル・ガバナーズ、ガバナーズ・イルモラン、ガバナーズ・プライベート・キャンプがあるが、本書ではガバナーズ・イルモランを紹介した。

📛 ザンジバルのホテル
Breezes Beach & Spa Zanzibar　　www.breezes-zanzibar.com/index1.html
スタンダード、デラックス、スイートと3つのタイプがある。スタンダードはガーデンビューなので、オーシャンビューまたはできるだけ海に近くという人はデラックス、またはスイートに宿泊しよう。

旅のヒント
Hints for the trip

- 双眼鏡はサファリで必須アイテム！ 写真にこだわりたいなら望遠レンズを。
- ほとんどの場合、サファリカーには冷房がついていない。走行中は窓を開けて走ったりするので、土埃対策としてサングラスやマスクなどを持って行くと便利。
- サファリドライブ中にちょっと小腹が空いても、そこはサバンナのド真ん中。お店は皆無なので「カロリーメイト」などの、気軽に食べられるものを持って行くといい。
- 虫除けグッズは必須！ 現地製よりも日本製の方がよく効くので、あらかじめ買っておこう。ただし、圧縮型のスプレーは飛行機に持ち込めないのでそれ以外のものにしよう。また夜用に蚊取り線香を持って行くのもオススメ。
- 本書では超極上のロッジステイとして案内したが、宿をもっとリーズナブルなものに変更すれば予算はもっと押さえられる。もう少しリーズナブルにサファリ体験がしたい、という人は旅行会社に相談してみよう。

スケジュール例
Example Itinerary

- 1日目 ▶ 成田発〜ドバイへ 【機内泊】
- 2日目 ▶ ドバイ発〜ナイロビへ 着後ホテルへ 【ホテル泊】
- 3日目 ▶ AMナイロビ発〜ライキピアへ PMサファリ体験 【ロイサバ泊】
- 4日目 ▶ サファリ体験2回、又はオプショナルツアー 【ロイサバ泊】】
- 5日目 ▶ ライキピア発〜ナイロビ乗り継ぎ〜マサイマラへ 【ガバナーズ・イルモラン泊】
- 6日目 ▶ サファリ体験3回、又はオプショナルツアー 【ガバナーズ・イルモラン泊】
- 7日目 ▶ AMマサイマラ発〜ナイロビへ PMナイロビ発〜ザンジバルへ 【ブリージーズ泊】
- 8日目 ▶ 終日フリー 【ブリージーズ泊】
- 9日目 ▶ AMフリー PMザンジバル発〜ダルエスサラーム乗り継ぎ〜ドバイへ 【空港内待機】
- 10日目 ▶ ドバイ発〜成田へ

周辺情報
One more love trip

せっかくドバイで乗り継ぐのだから、ここでも時間が許す限りふたりの時間を楽しもう！ ポイントはやはり宿。ドバイでは高級ホテルが続々とオープンしている。中でも、エッフェル塔よりも高い321mの高さを誇る7つ星ホテル「バージュ・アル・アラブ」、同じく7つ星のヤシの木 (パーム) を模した人工島に建つ「アトランティス・ザ・パーム」がオススメ。これらは世界中のセレブも泊まりたいと願う、超豪華ホテル。他にも高級ホテルが目白押しなので、お気に入りのひとつを見つけてみよう。そして、世界有数の観光地だけあって、屋外でのアクティビティも充実。砂漠を四輪駆動車で巡るデザートサファリをはじめ、サンドボード (スノーボードの砂バージョン)、ダウ船クルーズなど盛りだくさん。時間と予算次第だが、ロマンチックな思い出をさらにひとつ追加してみては？

TRIP: 5 / 『史上最大の洋上の楽園を堪能する旅』

05 カリブ海
CARIBBEAN SEA

えっ!? 1日1万円～? 遊園地、映画館、カジノ、スパ、プール、円形劇場… すべてが詰まった海に浮かぶ街、史上最大の豪華客船でカリブ海クルーズ!

「船旅」と聞くと、高額で上品な紳士淑女やおじいちゃん&おばあちゃん向けの、のんびり旅でしょ、と思っているそこのあなた! いやいや、そんな事はないのです。世の中には、リーズナブルで多種多様なアクティビティが溢れる刺激的な船旅があるんです! その中でも特にオススメしたいのが、全長360m、22万トンもある地球史上最大の豪華客船。船内はホテル+遊園地+劇場+公園をミックスしたような、なんでもありの超空間! もはや船というレベルを超えて、街のようなものだ。しかもなんと、1日1万円から滞在可能! そんな衝撃の最強船に乗って、エメラルドグリーンに輝くカリブ海を舞台に、遊びまくろう!

TRIP POINT 旅のポイント
- 美しいカリブ海を船で満喫
- 史上最大客船に出現した街を闊歩する
- 多種多様な至極の船内エンターテイメントを味わう
- 複数の国を一度に訪問できる贅沢

To a Floating city
～海に浮かぶ「街」へ～

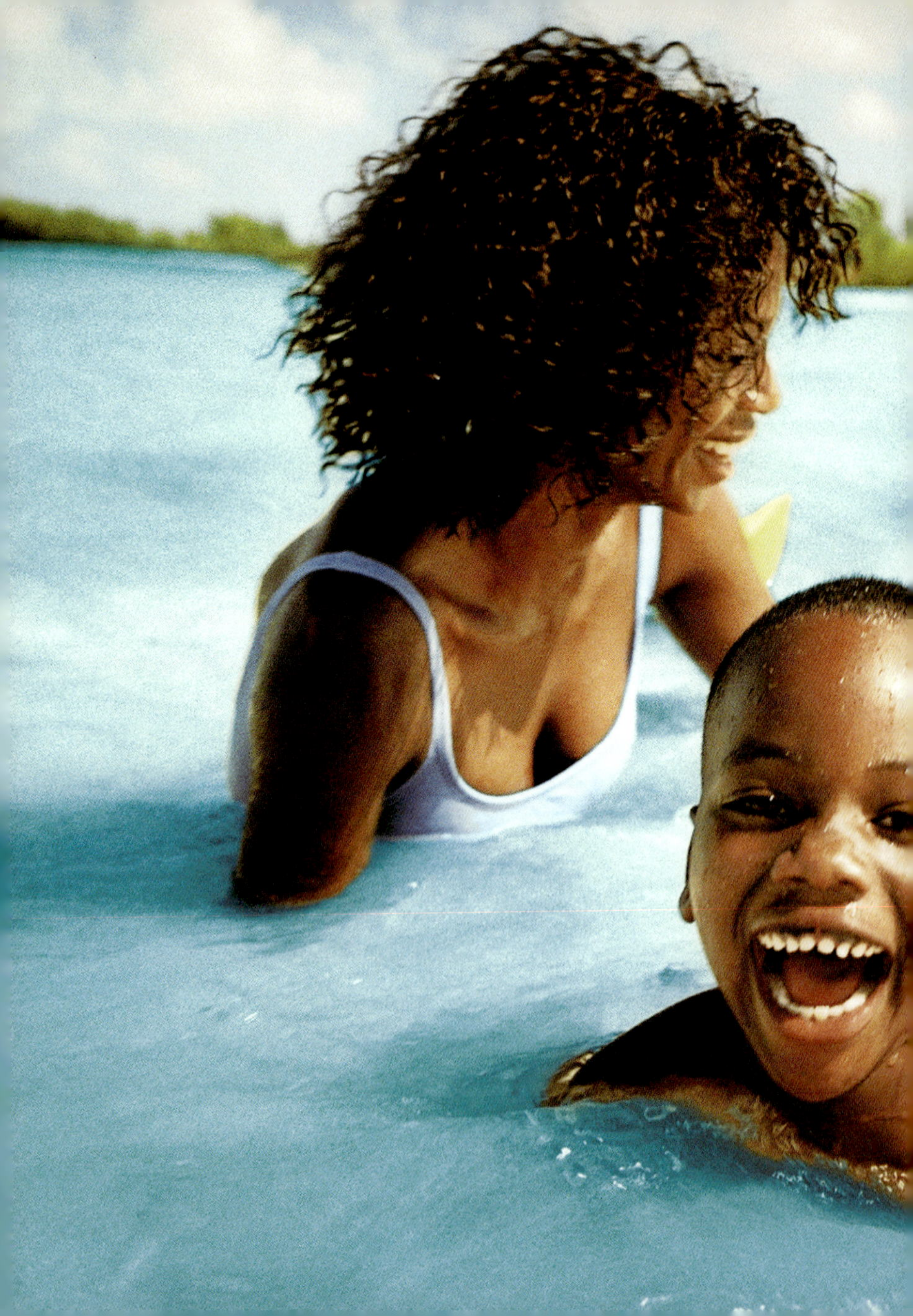

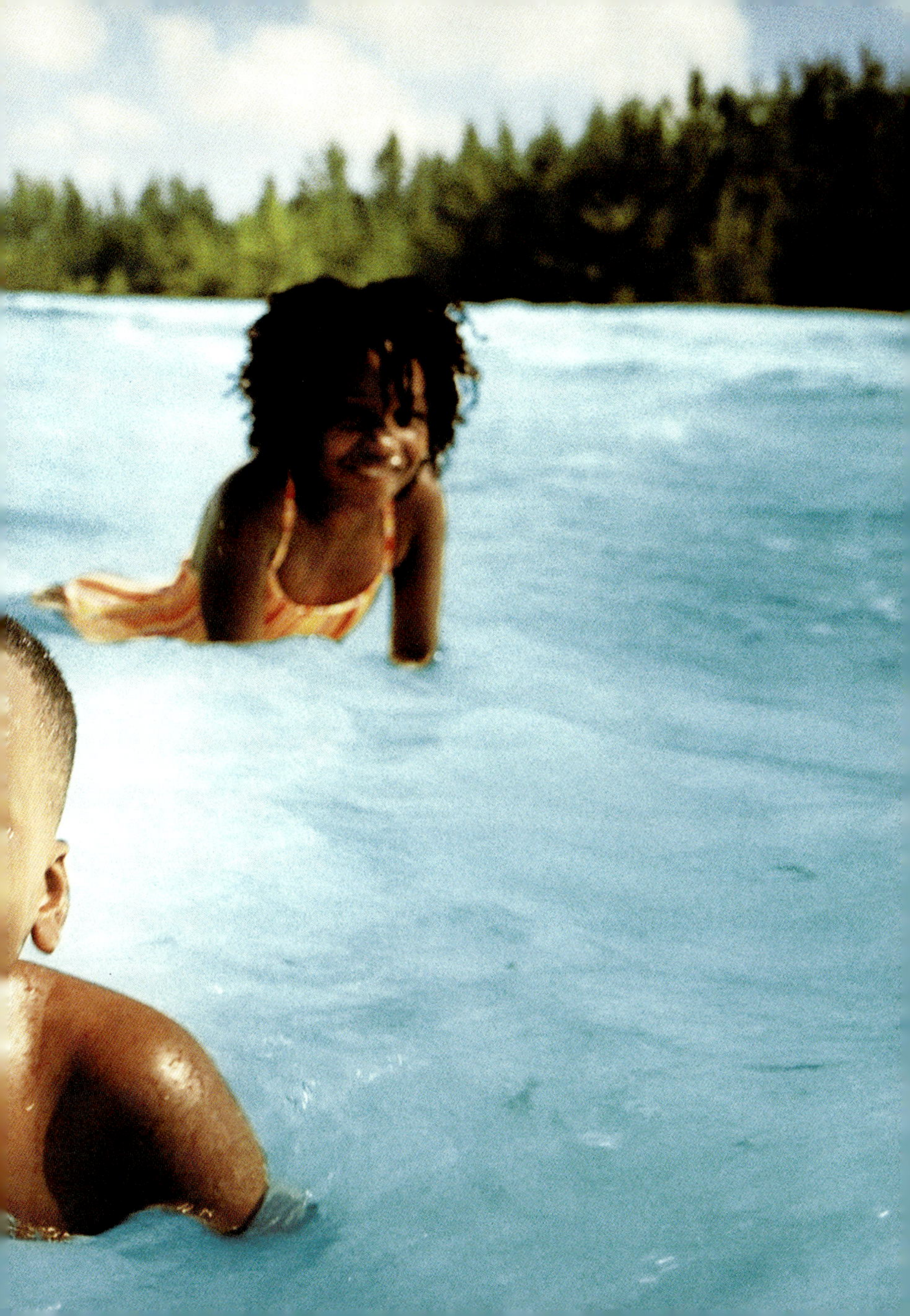

Trip: 05 CARIBBEAN SEA／カリブ海

世界一の楽園密集地域・カリブ海をクルーズ!

南北アメリカ大陸のちょうど中央に位置するカリブ海。かつては映画『パイレーツ・オブ・カリビアン』によって描かれたように、海賊の舞台であったが、今では世界中から最高の休日を求める観光客が訪れる極上のリゾート密集エリアとなっている。魅力はなんといっても、年中温暖な気候(平均26℃前後)、エメラルドグリーンの美しい海と真っ白に輝くビーチ、そしてのんびりとした時間の流れの中で暮らす温かい人々…。そう、ここはまさに楽園。

そんなカリブ海を満喫するのにオススメなのが、豪華客船でのクルーズ旅! 理由はいくつもあるけど、なんといってもまずはラクチンということ。乗船してしまえば、船内で遊んでいるだけでいろんなところに行けちゃうし、重いトランクを運ぶ必要もない。船内は退屈なんじゃないかって? いやいや、退屈するどころか、時間がいくらあっても足りないくらいのエンターテイメントとアクティビティが溢れているのだ。しかも高級ホテル並の快適な部屋&一流シェフが作るおいしい食事が待っている。その船の名は「オアシス・オブ・ザ・シーズ」。一体どんな船なのか… さぁ、「海に浮かぶオアシス」に乗って、カリブの冒険に出航しよう!

地球史上最大の客船に乗り込む!

日本から飛行機を乗り継いで、フロリダのゴールド・コーストの真ん中に位置する港町フォート・ローダデールに到着。1泊して少し休んだら、いよいよ船が停泊する港へ向かおう。港に近づくと、巨大な街のようなものが目に入る。なんだ、あれ? さらに近づくと、それが海に浮かんでいることに気づくだろう。そう、その巨大な物体こそが、今回の旅でお世話になる地球史上最大の客船「オアシス・オブ・ザ・シーズ」だ。衝撃

Trip: 05 CARIBBEAN SEA／カリブ海

の巨体！　開いた口が塞がらない。それもそのはず、全長は、倒した東京タワーよりも長い360m、高さは20階建てマンションを超える65m…　想像を遥かに超える大きさなのだ。

仰天しながらチェックインすると、各寄港地での乗下船時の身分証明書となる「シーパスカード」というものが発行される。このカードは、お財布代わりでもある。船内での支払は、すべてこのカード1枚でOKだ。

船内に乗り込んでも、まだまだ衝撃は続く。この船のコンセプトは「洋上に浮かぶ街」。ただの豪華客船とはまるで違う空間が、そこには広がっている。セントラルパークと呼ばれる色彩豊かな花々が咲き乱れる公園をはじめ、世代別に楽しめる4つのプールにジャグジー、さらにはメリーゴーランドがまわる遊園地まである。そして突如として、人がしがみつく壁が現れる。ここではロッククライミングが楽しめるのだ。その他にも大波プールでのサーフィン、ミニゴルフ、船内中央の吹き抜けを、ワイヤーを伝って一気に滑り抜ける鳥人体験・ジップライン…などなど、スポーツ好きにはたまらないアクティビティが盛りだくさんだ。

他にも、水がテーマの円形劇場「アクアシアター」では飛び込みショー、噴水ショー、水中バレエ、豪華に飾られた1380席の大型劇場「シアター」では本格ブロードウェイミュージカル、アイススケートショー、パレード、手品、アクロバットなどの華麗なショーが満載！　もう、ワクワクセンサーが反応しっぱなしで、寝る間も惜しいくらい。もちろん、ふたりっきりで夕陽を眺めながら頬を染めたり、オープンデッキに寝転んでゆっくり本を読んだり、水平線を眺めながらおしゃべりしたり、ゆるりと流れる時間を楽しむのも、洋上ならではの醍醐味！　遊び方、楽しみ方は人それぞれ。それこそが「クルーズ」なのだ！

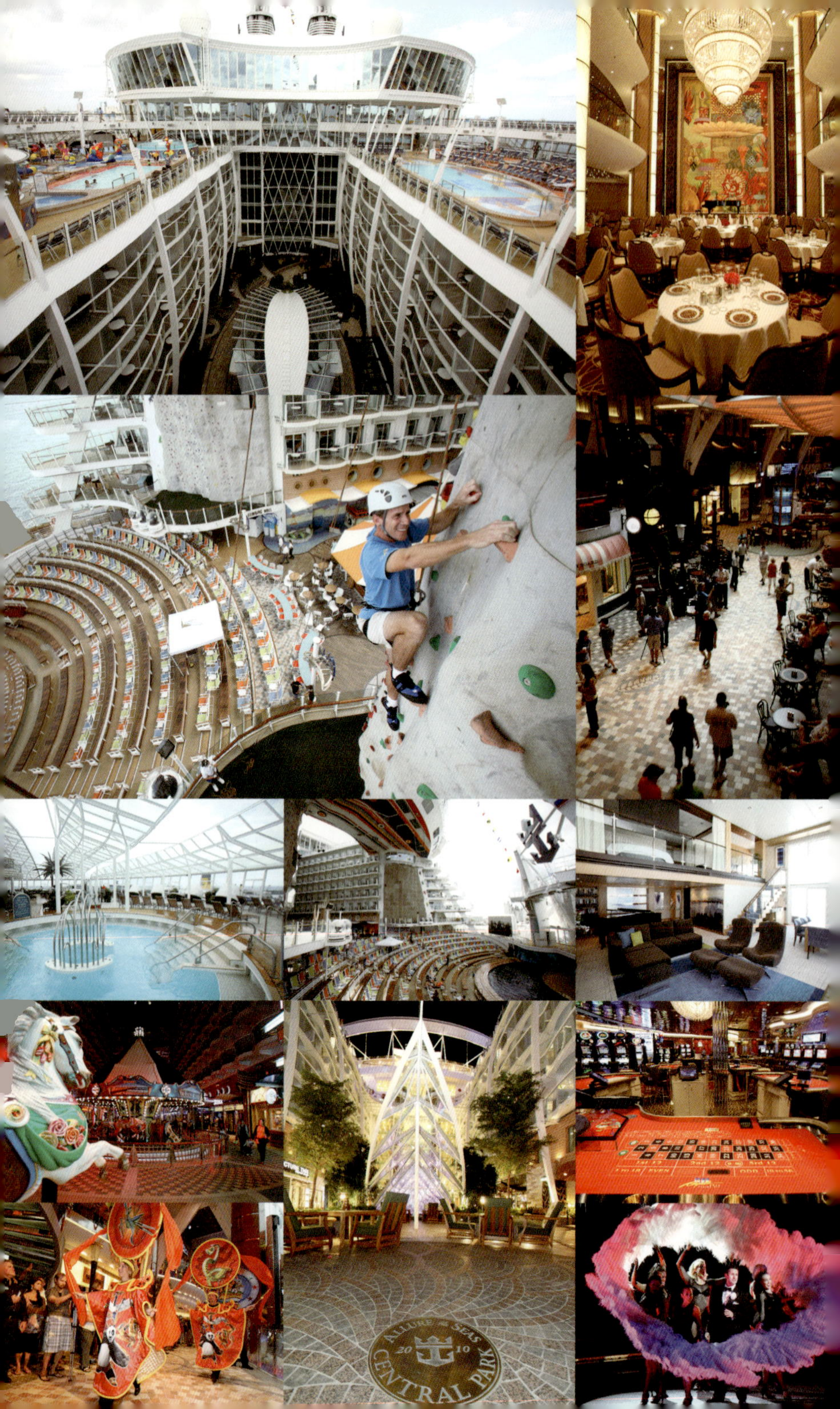
ALLURE SEAS
20 10
CENTRAL PARK

極上のクルーズライフ!

クルーズ中に寝泊まりする客室には、テレビ、電話、金庫、化粧台、クローゼット、エアコン、アメニティ、ドライヤー、ミニ冷蔵庫などを完備し、清潔感に満ち溢れていて、思わずにんまりご満悦。リーズナブルに1日1万円から滞在可能だが、せっかくのふたり旅、ここはちょっと背伸びして、なるべくグレードの高い部屋をセレクトしたいところ。最も高級なロイヤルロフトスイートは、2階建て構造で、グランドピアノまで置いてあるというから驚きだ。

気になる食事も心配無用！ 船内には無料で食べられるメインダイニングをはじめ、若干の追加料金で利用できるイタリアン、メキシカン、ステーキ、日本食など、多種多様のレストランが全部で16種類！ ふたりっきりで食事したければ、客室に食事を届けてくれるルームサービスも24時間利用可能。他にもジャズバーや、パブ、シャンパンバー、アイスクリームパーラー、そしてスタバまであるのだ。

船内だけじゃない、クルーズの魅力!

クルーズの魅力はなんといっても、楽しみながら移動できること。つまり、船に乗っている数日間で、いろいろな国を訪れ、味わえるわけだ。「オアシス・オブ・ザ・シーズ」を運行するロイヤル・カリビアン・インターナショナル社では、様々なコースが用意されているが、ここではスタンダードなカリブ海コースをちょっとご紹介！

まずは大人の雰囲気漂う美しいマリーナ、ヤシの木が揺れる白いビーチを抱くマイアミ北部の町、フォート・ローダデールをゆっくりと出航。西インド諸島のイスパニョーラ島西部を占めるハイチのラバディへ寄港。ここには乗船客専用プライベート半島があり、民族舞踊、バーベキューランチなどを楽しむことができる。ラバディを出港し、次に向かうのは、ボブ・マーリーを輩出したレゲエ発祥の地、ジャマイカのファルマスへ。ここでは階段のように流れ落ちる滝を登っていくアトラクションや、豊かな森に囲まれた川をイカダで下るワイルドツアーなどが楽しめる。ラスタグッズの購入、ラム酒に舌鼓を打つのも忘れずに。そして、最後は世界屈指の透明度を誇るカリブ海に浮かぶ宝石、メキシコのコスメル島へ。海水浴やダイビング、マヤ遺跡散策など、思う存分に楽しもう。

以上がスタンダードコースのイメージだが、他にも魅力的なコースが多く用意されている。ふたりで豪華クルーズ船に乗り込み、美しい自然が広がるカリブの国々と、エメラルドグリーンの海を、心ゆくまで堪能しよう！

travel information:

旅の予算 / Budget

総予算 22万円〜

※9泊11日／成田からの往復航空券、宿泊費込み（現地交通費、一部食費除く）

総予算内訳

航空券の目安　12万円〜
*成田〜シカゴ乗り継ぎ〜フォート・ローダデール（ユナイテッド航空／エコノミークラス往復）＝12〜18万円

フォート・ローダーデールのホテル代金の目安　1泊1万円〜
*1部屋（2名利用）の料金、総予算には1名分を計上。

クルーズ代金の目安　7泊9万円〜
*アリュール／オアシス・オブ・ザ・シーズ、バルコニー付きの船室料金を参考。
※1部屋（2名利用）の1人料金。

旅のシーズン / Best Season

常夏の楽園ともいわれるように基本は一年中OK！ただ、8〜10月頃はハリケーンが発生しやすいシーズンとなるため、避けた方が無難。

行き方 / How to get there

成田からクルーズ発着地であるフォート・ローダデールまでは、米国1都市を乗り継ぐことになる。空港からはタクシーやバスで行くのが一般的だが、事前に旅行社に送迎を依頼しておくこともできる。

旅の手配 / Arranging the trip

往復の航空券、クルーズの客室、クルーズ前後のホテル等は、オンラインで個人手配可能。またクルーズを取り扱っている旅行会社なら大抵オアシス・オブ・ザ・シーズは取り扱っている。ホテル、航空券セットや添乗員付きのツアーも販売しているが、ネットで個人で取得するよりは割高になる。

[ロイヤル・カリビアン・インターナショナル] www.royalcaribbean.jp
参考ツアー　「西カリブ海クルーズ」

*上記オンラインサイトで申し込む人向けの相談、問い合わせは以下でも受け付けている。

[（株）ミキ・ツーリスト　みゅうインフォメーションセンター]
www.myu-info.jp　TEL 03-5404-8811

宿泊 / Accommodation

クルーズの出航前日にはフォート・ローダデールに入り、前泊することをオススメする。下船後も1泊し、町を散策するのも楽しい。

フォート・ローダデールのオススメホテル

Hilton Fort Lauderdale Marina　www.fortlauderdalemarinahotel.com
出航地となるフォート・ローダデール港に近いため、クルーズ前後の宿泊に最適なホテル。空港、ビーチ、町からも近いので、なにかと便利だ。シンプルながらも洗練された上品な客室も快適な滞在を約束してくれる。金額も比較的リーズナブルなのが嬉しい。

旅のヒント
Hints for the trip

☺ 本書では2009年に就航した「オアシス・オブ・ザ・シーズ」を紹介したが、2010年に同型の「アリュール・オブ・ザ・シーズ」も就航している。どちらも同じ内容、サービスなので、時期に合わせて船を決めよう。

☺ クルーズ代金は変動料金制となっているため、予約時期によって上下する。いつが一番安いかは予約状況によって変わるので、まずはサイト等で調べてみよう。

☺ クルーズの申し込みは早く動けばその分、おトクに。出発間際になると直前料金で安く出てくる場合もあるが、限られた休日で旅をプランするなら、事前に予約することをオススメする。

☺ 船内への持ち込み荷物は200ポンド(約90kg)まで。個数の制限もなくかなり余裕だが、往復で利用する飛行機にも重量制限があるので、注意しよう。

☺ 利用するクルーズによってキャンセル料発生の規則が異なるので、万が一キャンセルする場合に備えてきちんと確認しておこう。

☺ この船の船室カテゴリーはなんと20以上! 船の内側にあるため、外の景色は見えないけどリーズナブルな船室から窓付き、バルコニー付き、風呂付きなどいろいろある。カテゴリーによって料金が異なるので、出発前にお気に入りの船室を決めておこう。

☺ 7泊のクルーズだと2回ほどフォーマルディナーがあるので、男性はダークスーツ、女性はドレッシーなワンピースやイブニングドレスなどを持参しよう。

☺ 基本的にカリブの国では米ドルがそのまま利用できる。船上では円から米ドルへの両替はできないので、あらかじめ日本で両替しておこう。

スケジュール例
Example Itinerary

1日目▶ 成田発〜米国1都市乗り継ぎ〜フォート・ローダデール(米国)へ 着後ホテルへ 【ホテル泊】
2日目▶ クルーズにチェックイン PMフォート・ローダデール(米国)出航 【船内泊】
3日目▶ 終日クルージング 【船内泊】
4日目▶ AMラバディ(ハイチ)入港 PMラバディ出港 【船内泊】
5日目▶ AMファルマス(ジャマイカ)入港 PMファルマス出港 【船内泊】
6日目▶ 終日クルージング 【船内泊】
7日目▶ AMコスメル(メキシコ)入港 PMコスメル出港 【船内泊】
8日目▶ 終日クルージング 【船内泊】
9日目▶ フォート・ローダデール帰航 ホテルへ 【ホテル泊】
10日目▶ AM空港へ マイアミ発〜 米国1都市乗り継ぎ〜成田へ 【機内泊】
11日目▶ 成田着

周辺情報
One more love trip

ロマンチックなふたりにオススメなのが、カリブ海で最も愛らしい島エルーセラ島・ハーバーアイランド! きらきら輝く薄ピンク色のきめ細やかな砂が広がるビーチ「ピンクサンドビーチ」が有名だ。この薄いピンクとエメラルドグリーンに染まる海とのコントラスト、そして色とりどりのパステルカラーに彩られた町の家々が、ロマンチックな雰囲気を醸し出し、また違ったカリブの魅力を教えてくれるだろう。フォート・ローダデール空港からバハマの首都ナッソーまで飛行機で1時間、ナッソーからフェリーで約2時間ほどで行くことができる。

06

TRIP: 6 /『最強のマイナスイオンを浴びる旅』

オーストラリア
AUSTRALIA

山歩きが大好きなふたり必見!
世界一空気がおいしいタスマニア島で、極楽マウンテン・リゾートを拠点に楽しむ、トレッキングトリップ!

オーストラリア南東部に浮かぶタスマニア。この島は、全体の約20%もが世界遺産に登録されるなど、太古からの貴重な自然が多く残り、「雨水をそのまま飲むことができる」といわれるほど美しい空気が満ちている。そんなタスマニア島の一角に、トレッキングの聖地として知られているクレイドル・マウンテンがある。その山の麓、豊かな自然に囲まれたマウンテン・リゾート「クレイドル・マウンテン・ロッジ」を拠点に、極上トレッキング&スパを味わう至福の癒し旅。街の喧噪から離れ、世界一の空気に包まれながら、そして、最強のマイナスイオンを浴びながら、ふたりだけの最高のリラックスタイムを過ごそう。

TRIP POINT 旅のポイント

- 世界一の空気&最強マイナスイオンに包まれる
- 大自然の中でのトレッキング
- 太古の原生林に囲まれたロマンティックなマウンテン・リゾート
- 「魔女の宅急便」のキキのパン屋

To Clean your mind and body
～心も体もキレイになろう～

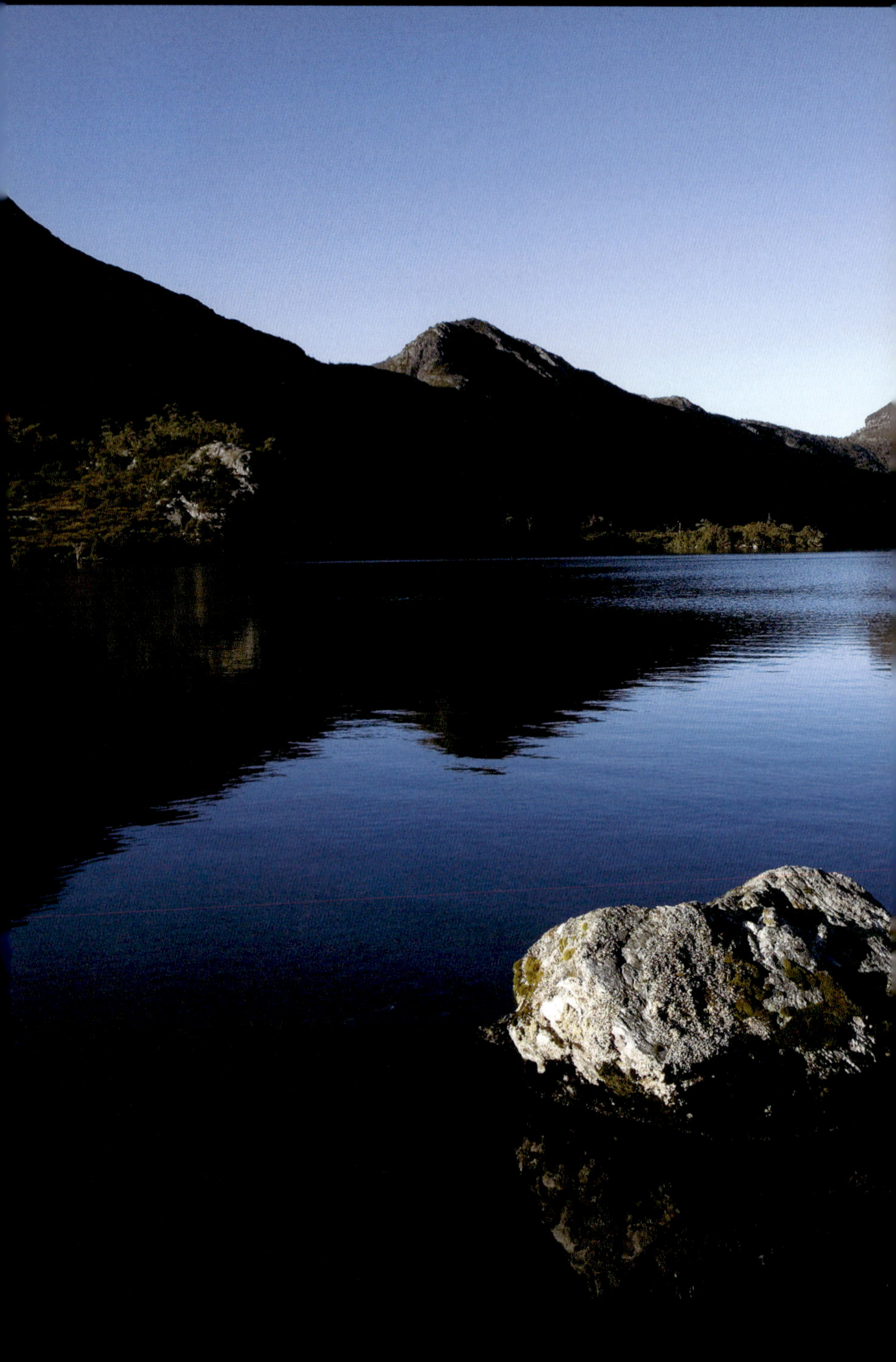

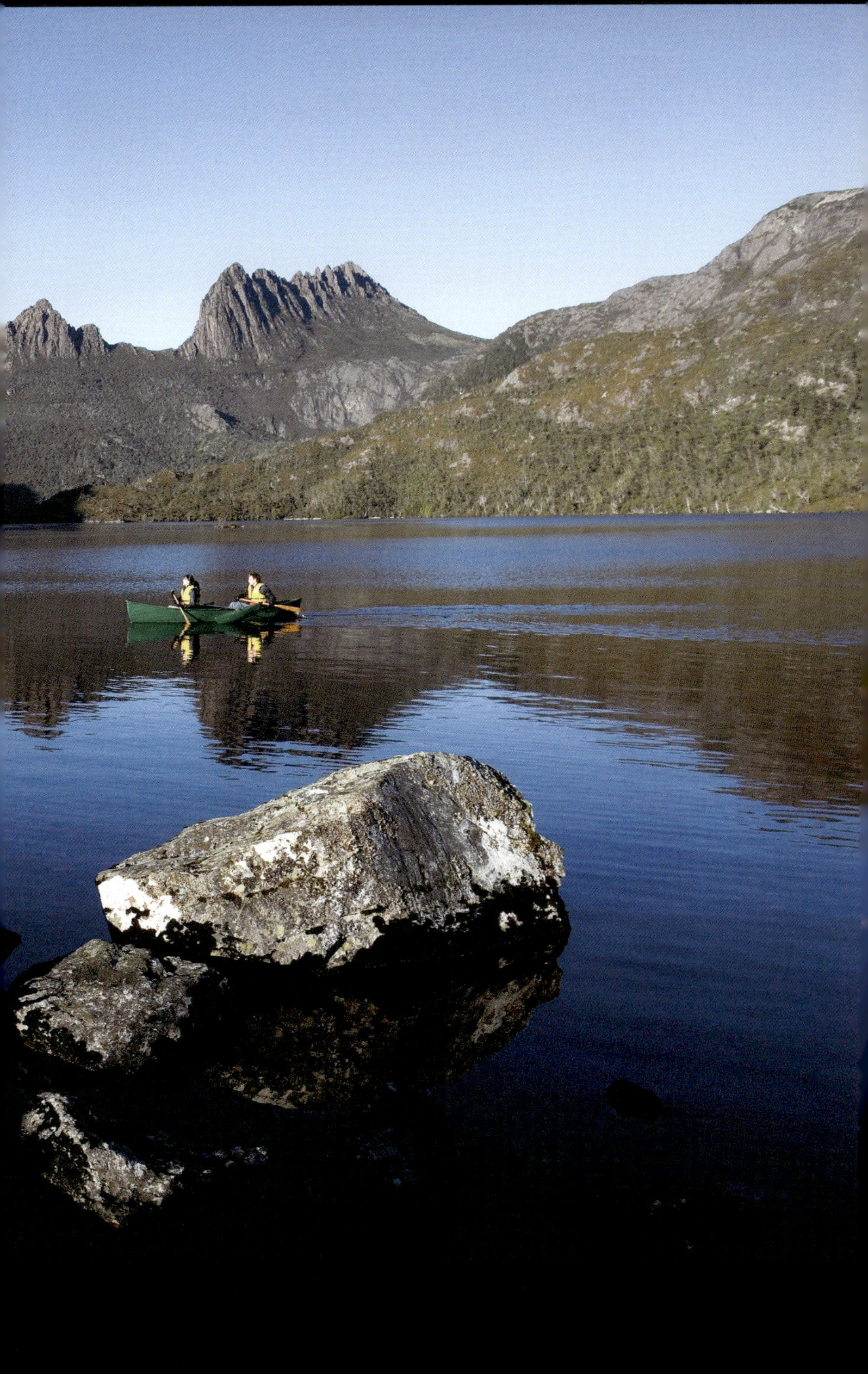

地球の芸術品、クレイドル・マウンテンへ

いくつもの湖が点在し、1,500m級の山々が連なるタスマニア随一の景勝地クレイドル・マウンテン、セント・クレア湖国立公園。世界遺産「タスマニア原生地域」を構成するこの公園の中でも、氷河によって削られてできたこの山は、地球の芸術品といわれるほど群を抜いて美しく、毎年多くの旅人が訪れている。

今回の旅の拠点となるのは、その公園にあるクレイドル・マウンテン・ロッジ。タスマニア北部の都市ロンセストンから２時間半ほど車を走らせると、あたりは太古より引き継がれてきた原生林に包まれる。そこにひっそりと佇む木造のお洒落なロッジ。レセプションとレストランがメインの棟になっていて、客室は周りの緑の中に数部屋ずつ自然と調和して佇んでいる。きっとここに泊まるだけで、日々のストレスが抜けていくことを実感するだろう。

世界中のトレッカー憧れの道をゆこう

このロッジの周辺には、長短20以上もの幅広いトレッキングコースがあり、初級者から上級者まで楽しむことができるのだ。しかもロッジから少し歩けば、そこはもうトレッキングルートのスタート地点！ トレッキングの聖地として世界中からトレッカーが集まってくるのもうなずける。

まずはトレッキングルートの中でも気軽に挑戦できるダブ湖一周、約２時間のコースを歩いてみよう。どこまでも続く整備された美しいルートを進んでいくと、左右にはウォンバットの棲家となる木々が生い茂ったブッシュが迎えてくれる。時折訪れるアップ＆ダウンに息を弾ませながら歩みを進めると、目に映る山々と湖は少しずつ表情を変化させていく。途中で、ウォンバット、ワラビー、ハリモグラ、カモノハシ、ポッサム、カンガルーなどの野生動物たちに続々と出逢うこともできるかも。ところどころ現れる大小の名もなき滝、また、木々に付着した様々な種類の苔や生き生きと色づく高原植物に触れるのも、最高に気持ちがいい。

トレッキングコースによって、見えるもの、感じるものは様々。時間と体力と相談しながら、自由に楽しんでほしい。ふたりで歩幅を合わせて、感動を共有しながら歩くトレッキング。世界一おいしい空気をたくさん吸って、最強のマイナスイオンを浴びて、心身ともにリフレッシュしよう。

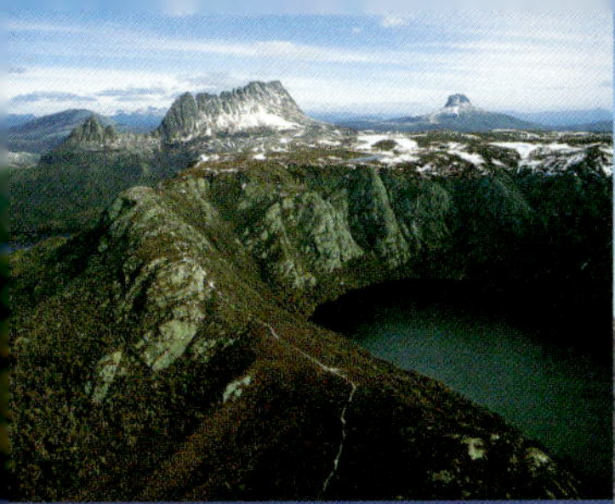
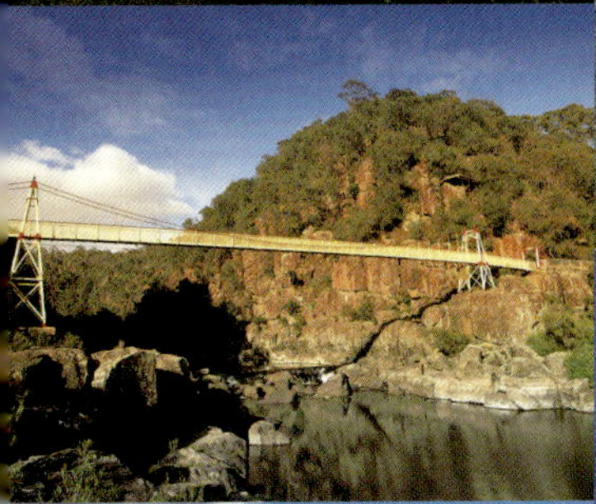
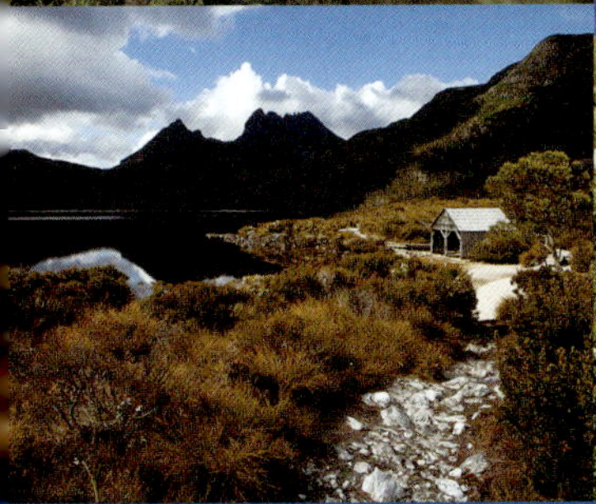
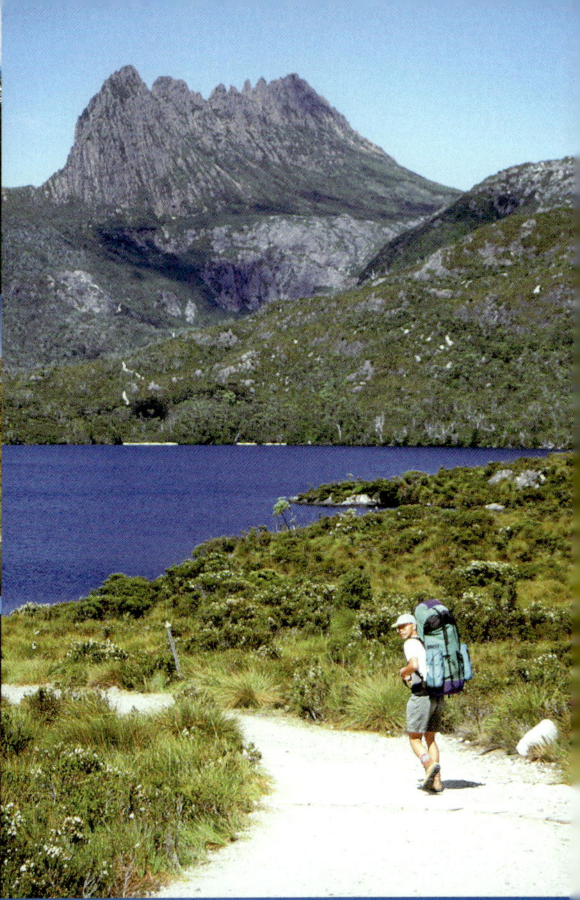
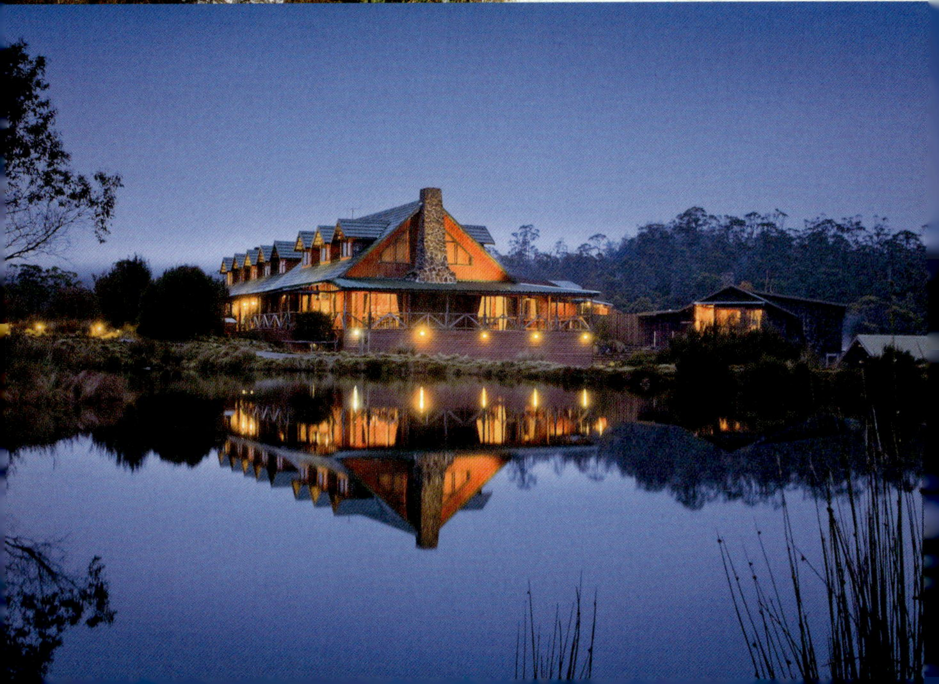

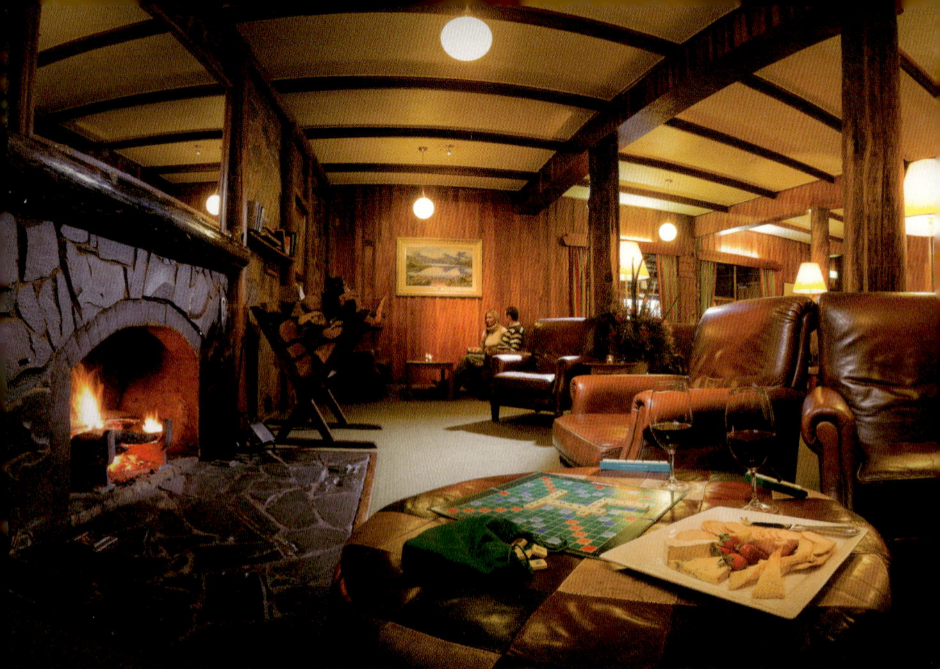
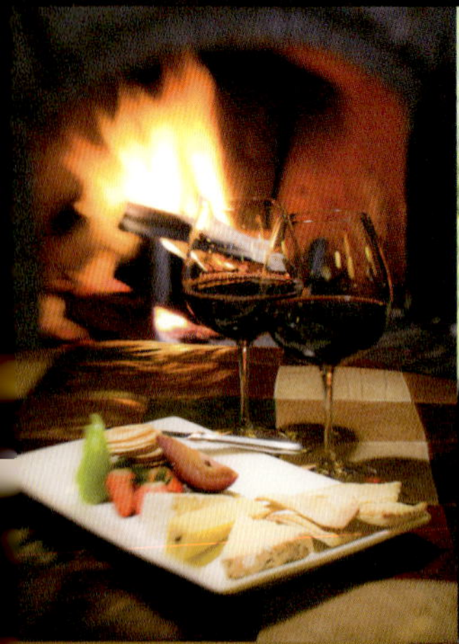
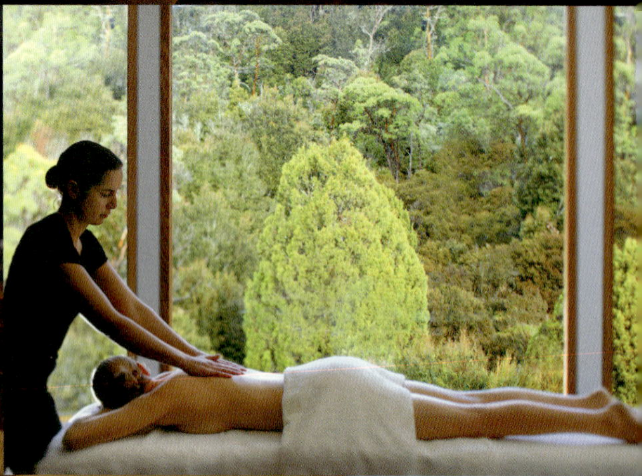
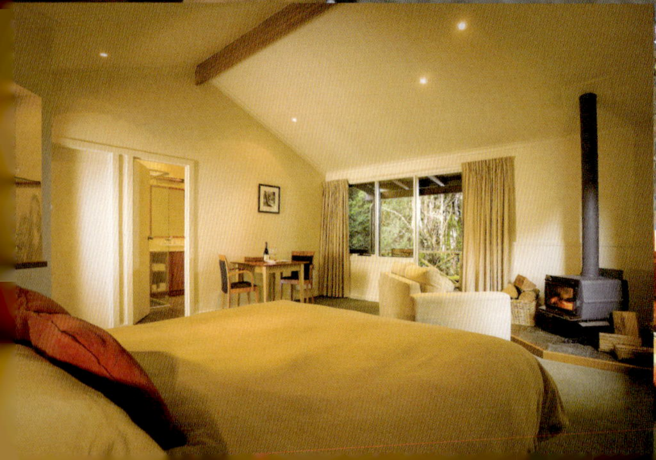
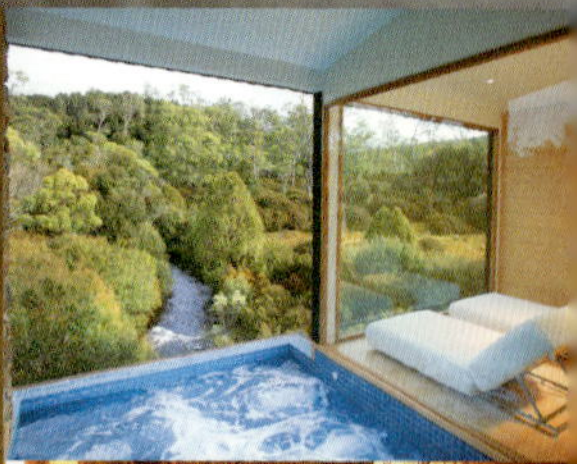
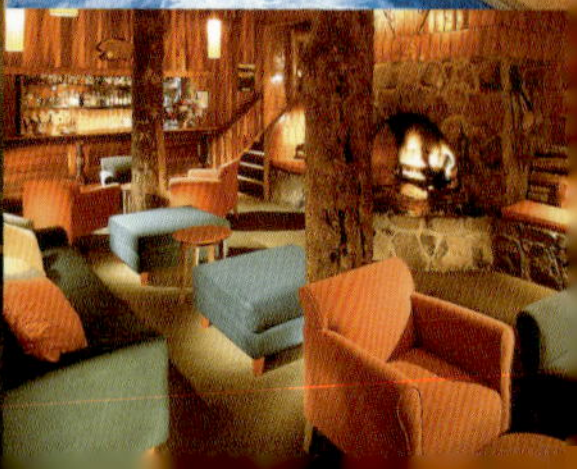

極楽マウンテン・リゾートで至福のひとときを

気持ちいい汗をかいたら、ロッジで腹ごしらえを。コースメニューを頼めるレストラン、軽食もとれるバーはどちらも趣きのある作りで、温かい空気が満ち溢れている。他のゲストと目が合って軽く挨拶もかわしながら、本日のオススメ料理を聞いて注文してみよう。トレッキング話などに花が咲いている頃に、海と山の新鮮な幸が鮮やかに盛られた絶品の料理が目の前に現れる。ほとんど調味料が必要ないほど、素材本来の旨味が濃厚なタスマニア料理を、ゆっくりと時間をかけて味わおう。

食事を終え、名産のタスマニアワインを暖炉のあるバーで傾けていると、いつのまにかそこは映画のワンシーンのようにロマンチックな雰囲気に！ 暖炉の優しい炎がふたりのムードを盛り上げてくれる。

このロッジではトレッキング以外にも楽しみは盛りだくさん。マウンテンバイクサイクリング、フライフィッシング、夜行性動物観察ツアー、ワイン&チーズのテイスティングツアー、乗馬、四輪バイク体験や、ヘリコプター遊覧。夏場は急流下り、冬場はソリなども楽しめる。こんな盛りだくさんなアクティビティの中でも、一番のオススメは、なんといってもスパ。太古の原生林を臨む大きな窓付きのスパルームで受けるマッサージは、まさに極楽。最高の癒しタイムとなるだろう。

自然の温かみ、そして日常から離れた極上の癒し体験。このロッジで過ごす数日間が、ふたりにとって永遠の記憶として刻まれ、思い出す度に温かい気持ちになれるはずだ。

もっとタスマニアの魅力にせまろう！

ロッジをチェックアウトしたら、他にもまだまだあるタスマニア島の魅力溢れるスポットに行ってみよう。クレイドル・マウンテンから車で4時間半ほど走ると、州都ホバートに到着する。ここは19世紀初頭の植民地時代に建てられた歴史情緒溢れるイギリスの田舎風建造物がコンパクトに立ち並び、散歩するのにちょうどいい。港沿いのサマランカ・プレイスと呼ばれる捕鯨全盛時代の倉庫群も見応えがあるので、オススメだ。

ゆっくりと歴史に身を浸したら、翌日はロンセストンを目指そう。その途中にある、ホバートとロンセストンを繋ぐミッドランド・ハイウェイ沿いにある「ロス・ビレッジ・ベーカリー」は特に日本人に大人気のスポット！ 映画「魔女の宅急便」のパン屋、そして主人公キキが下宿していたものとそっくりな部屋があるのだ。オーナーの粋な計らいで、部屋の名前は、なんとキキズルーム（Kiki's room）と名付けられている。もちろんパンも美味しいし、宿泊も可能なので、ジブリファンならば、ぜひ足を運びたいところだ。最後はロンセストンまでのドライブを楽しみながら、タスマニアの景色を目に焼き付けよう。

未来へ受け継いでいかなければならない美しい大自然が溢れる、ハート型の島、タスマニア。帰る頃にはきっとふたりも、来る前よりグンと優しい表情になってるはず！

旅の予算
Budget

総予算 18万円～
※5泊8日／成田からの往復航空券、宿泊費込み（ガソリン代、一部食費除く）

総予算内訳

- 航空券の目安　11～19万円
  * 成田～シドニー（カンタス航空又はジェットスター航空／エコノミークラス往復）＝9～14万円
  * シドニー～ロンセストン（ジェットスター航空／エコノミークラス往復）＝2～5万円
- ロンセストンのホテル代金の目安　1泊2万円～
- クレイドル・マウンテン・ロッジ代金の目安　1泊3万円～
- ホバートのホテル代金の目安　1泊2万円～
  ※1部屋（2名利用）の料金、総予算には1名分を計上。
- レンタカー　1日5千円～
  ※総予算には6日分を2人で割った1万5千円を計上。

旅のシーズン
Best Season

南半球が夏になる12月中旬～2月中旬がベストシーズン。もちろん春秋冬の時期も違った美しさを見せるが、緑色づく夏の方が天候がよく人気が高い。

行き方
How to get there

成田からロンセストンまではシドニーで乗り継ぐのが一番楽。他の都市だと、もう1都市乗り継ぎ地が増えてしまう。ロンセストンの空港からは、レンタカーでクレイドル・マウンテンを目指すのが一般的。もちろんレンタカー以外にも送迎車を手配したり、公共交通機関を利用したりというのもできる。レンタカー以外で行く場合は旅行会社に相談してみよう。

旅の手配
Arranging the trip

飛行機からホテルまで、個人で予約する方が安くあがる。タスマニア到着後からの移動手段や宿泊予約は、出発前に確定させておくのがオススメ。レンタカーは「Hertz」が日本語でも予約できるので便利だ。色々と不安もあるし、相談しながらふたりにとってのベストプランを作りたい場合は、旅行会社で手配をお願いするのも便利。
本書でオススメする旅行会社は世界中の秘境に佇む極上リゾートを扱う「Journey in Style」。

- [Journey in Style] www.journeyinstyle.jp
- [Hertz] www.hertz.com/

宿泊 Accommodation

ロンセストンのオススメホテル
Peppers Seaport Hotel, Launceston　www.peppers.com.au/seaport/
ウォーターフロントに面した清潔感あふれるホテル。周辺にはカフェやレストランなどが立ち並ぶ、船の形を模したオシャレなホテル。

クレイドル・マウンテン、セント・クレア湖国立公園のホテル
Cradle Mountain Lodge　www.cradlemountainlodge.com.au/
いくつかのカテゴリーの部屋があるので、予算で決めよう。特に希望がなければ、スタンダードクラスで十分。

ホバートのオススメホテル
The Henry Jones Art Hotel　www.thehenryjones.com/
ウォーターフロントに位置し、世界的にも高評価を得ているアートホテル。歴史ある建造物を改装したこのホテルは屋内もとても清潔でレトロモダンな雰囲気が漂う。

旅のヒント Hints for the trip

- 夏でもクレイドル・マウンテン、セント・クレア湖国立公園は、朝晩冷え込むので、厚手の防寒具が必要。
- 歩くことがメインとなるので、両手を空けることができるようリュックサックを持って行こう。また歩きやすいトレッキング・シューズは必須アイテム。
- スパ体験時などに必要となることがあるので、水着を持参しよう。
- 雨が降る事が多い土地なので、雨具（歩くのでカッパがオススメ）を持参しよう。
- クレイドル・マウンテン・ロッジに３泊以上宿泊する場合は、宿泊費が15％割引になるので、長期滞在もオススメだ。

スケジュール例 Example Itinerary

- 1日目 ▶ 成田発〜シドニーへ 【機内泊】
- 2日目 ▶ シドニー発〜ロンセストン着　ホテルへ 【ロンセストン泊】
- 3日目 ▶ AM　ロンセストンからクレイドルマウンテンロッジへ 【クレイドル・マウンテン・ロッジ泊】
- 4日目 ▶ 終日　クレイドルマウンテンロッジ滞在 【クレイドル・マウンテン・ロッジ泊】
- 5日目 ▶ AM　クレイドルマウンテンロッジからホバートへ　PM　ホバート散策 【ホバート泊】
- 6日目 ▶ AM　ホバートからロンセストンへ 【ロンセストン泊】
- 7日目 ▶ ロンセストン発〜シドニー乗り継ぎ〜成田へ 【機内泊】
- 8日目 ▶ 成田着

周辺情報 One more love trip

旅の帰路は南半球を代表するグローバル都市シドニーに立ち寄ってみよう。シドニーのシンボルとされるハーバーブリッジや世界遺産のオペラハウスなどをはじめ、輝くビーチに賑やかなショッピング街、おしゃれなレストラン……少し足を伸ばせば世界遺産のブルーマウンテンへも行けちゃう、港に面した盛りだくさんの街。そして世界３大美港のひとつとして数えられているほど港の景観が美しいところでもあるのだ。ふたりにオススメなのはディナークルーズ。その至極の夜景を楽しみながら、フレッシュな海の幸を使った絶品ディナーとオーストラリアワインで最高の夕食を！　そしてライトアップされたオペラハウスを臨むシャングリラホテルに宿泊しふたりで最高の夜を過ごしてみよう！

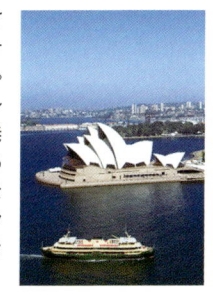

07

TRIP: 7 / 『中世へタイムスリップする大人の旅』

チェコ
CZECH REPUBLIC

中世の街にタイムスリップ！
手をつないでヨーロッパの古い街並みをゆく、大人の街散歩。チェコで麗しのロマンチックトリップ！

「ヨーロッパを旅する！」とてもロマンチックな響き。だけど、物価が高く、どうしても旅予算が上がってしまい、腰が引けてしまう悲しい現実…。でもやっぱりテレビで見るような古い西洋の街並みや、ロマンチックなディナーをふたりで楽しみたい！ そんなふたりにオススメなのはチェコ！ 中世の空気が漂い、まるでタイムスリップしてしまったかのよう。そしてイギリス人がわざわざ呑むために飛んでくるほど、物価が安いのも魅力。見所満点の首都プラハをはじめ中世の雰囲気を色濃く残す街チェスキー・クルムロフへも！ 予算を少なくヨーロッパを味わいたいふたりへの、リーズナブル＆ロマンチックトリップ！

TRIP POINT 旅のポイント
- ロマンチックなヨーロッパの街を歩く
- 気軽に行けるリーズナブルトリップ
- 歴史溢れる中世の趣に触れ、タイムスリップ
- 現地に息づくエピソードを訪ねる

Time slip to the Middle ages
～ふたりで中世にタイムスリップ～

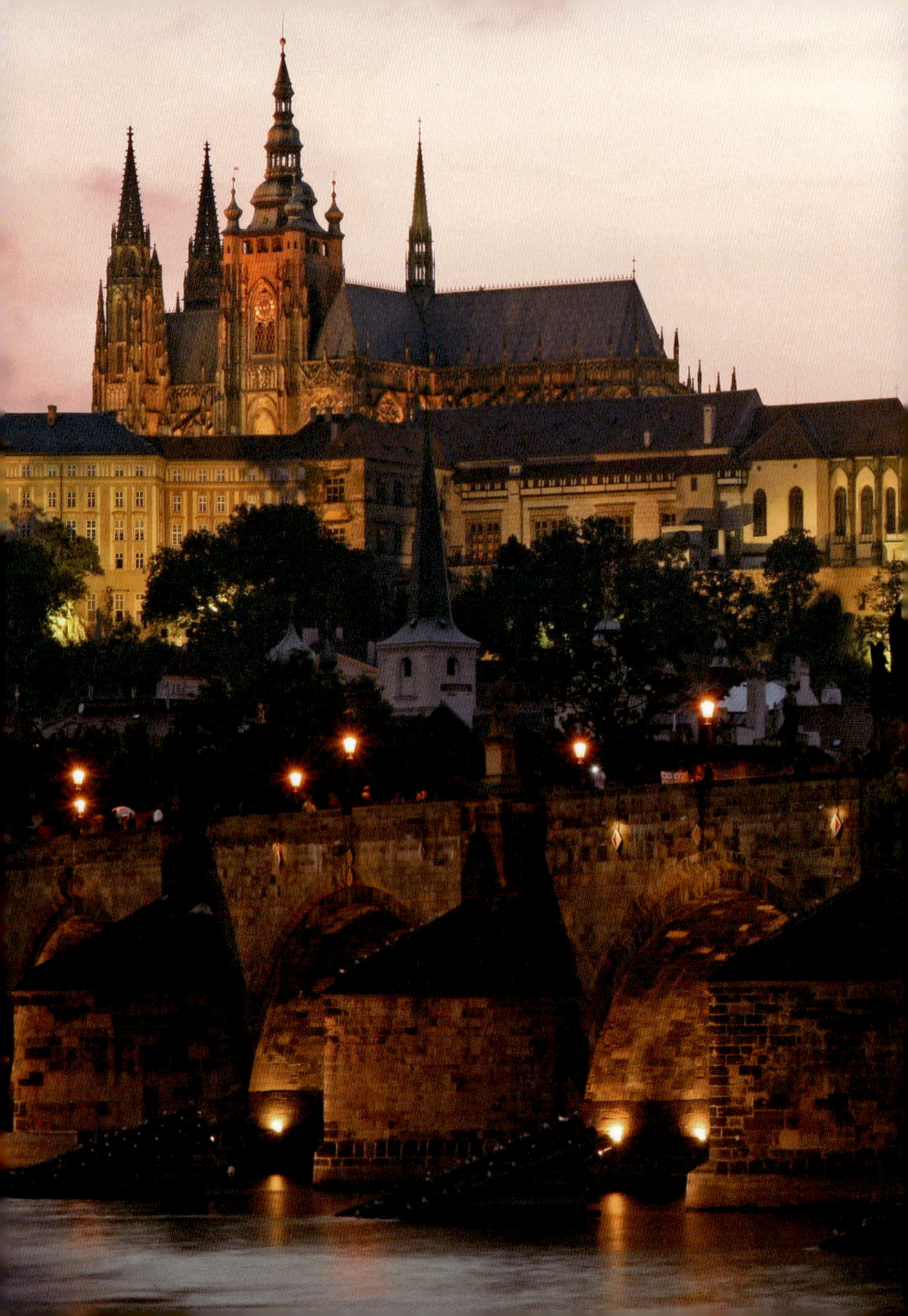

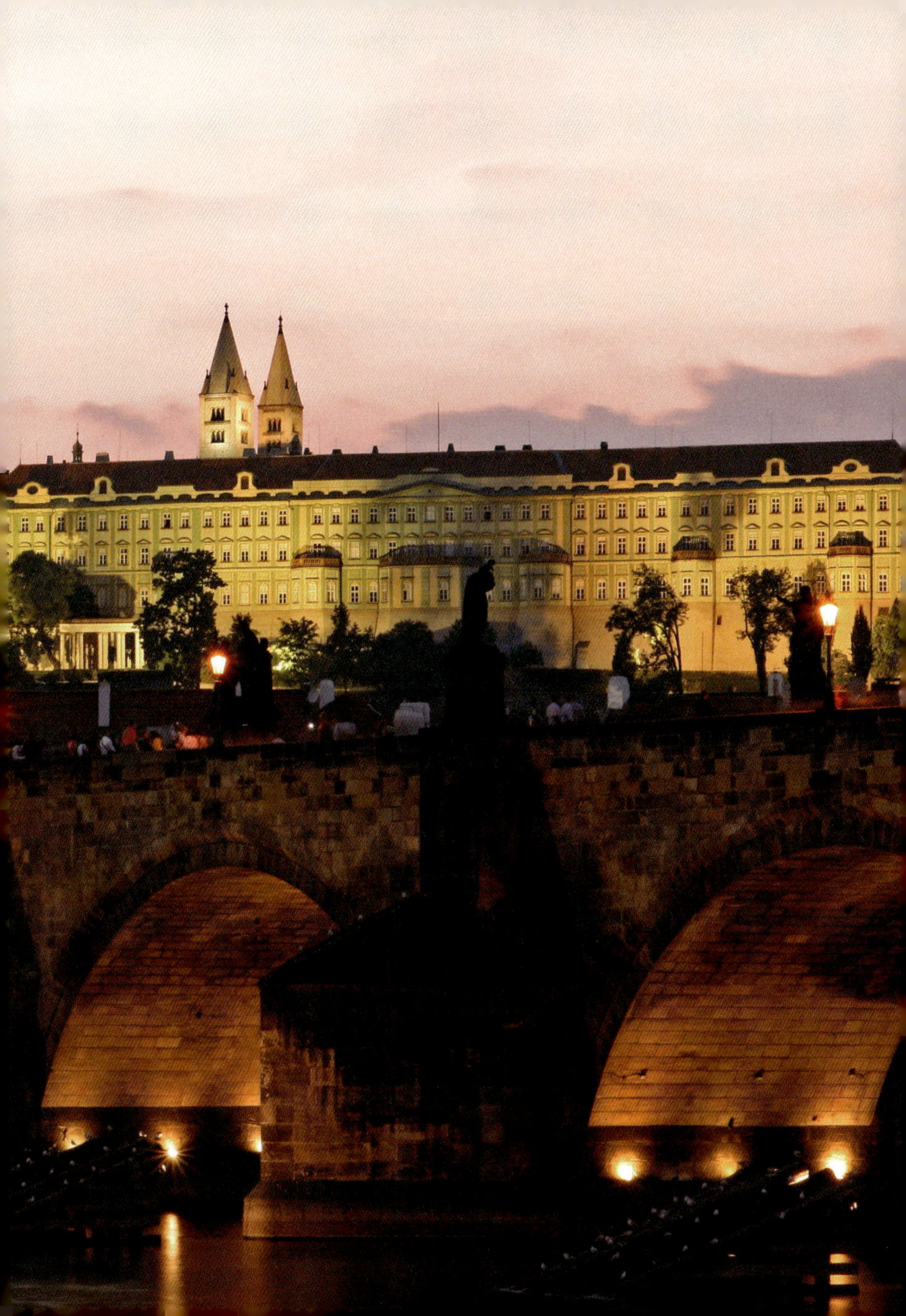

世界有数のロマンチックな街「プラハ」へ!

チェコの首都プラハ。黄金の都、北のローマ、百塔の街、建築博物館などプラハに捧げられた言葉は数知れず。それもそのはず。プラハにはロマネスク、ゴシック、ルネッサンス、バロック、アールヌーヴォーからモダンまで、本当に多くの美しい歴史的建築物が残されているのだ。ヨーロッパ中どこを探しても、ここほど古い街並みを残し、ロマンチックな雰囲気が充満している街は他にはない。あるチェコ人は言った。「チェコ人は常に恋をしていたいんだよ。恋愛は自分たちのスピリットの一部だからね」と。ロマンチックな街に住むと、自然とロマンチストになってしまうのだろうか? その謎を解きに、世界遺産に登録された美しい街プラハへ! さあ、ふたりで手をつないで出発しよう。

先人たちも闊歩した石畳を歩こう!

早速、プラハの街に繰り出そう! 左右に現れる街並みは、まるで建築物の博物館に迷い込んだのかと錯覚してしまうほどだ。世界で最も大きく古い城「プラハ城」にはじまり、その城下町マラーストラナ地区、プラハ最古のカレル橋、活気溢れる旧市街まで多くの散歩ポイントがある。先人たちが闊歩したこの街は、ほとんどが歴史情緒溢れる石畳。ここを歩いているだけで、まるでタイムスリップして中世の貴族になった気分に。散歩の行き先は、どのスポットも素晴らしいが、絶対に外せないのはプラハ城! 名実共にプラハのシンボルとなっているこの城は、ブルタバ川沿いにそびえ立ち、街を行き交う人々の目を奪い続けている。中でも聖ヴィート教会の色彩豊かなステンドグラスは、息を呑む美しさ。そして、夕暮れ時は、城自体が紅く染まり、夜には淡いオレンジ色に染まる。まるで別世界…。このロマンチックな城、本当に必見だ。

プラハで歩き疲れたら、カフェでゆっくりするのもオススメ。コーヒーカップを片手に、あたりを見渡せば、広がる中世の光景。そして、店の雰囲気から、メニュー、グラスやお皿まで、すべてのものからヨーロッパを感じ、気持ちいい空気がふたりを包む。

にぎやかな場所に行きたい時は、ホスポダに行ってみよう。ホスポダとはビアホールの意味で、イギリス人もびっくりの安くておいしいビールが揃う「ビール天国」だ。一説には80種類以上もあるといわれるビール。この機会にふたりのお気に入りの一杯を見つけてみては? ホスポダならではの地元料理を肴に、中世の雰囲気に溶け込もう。

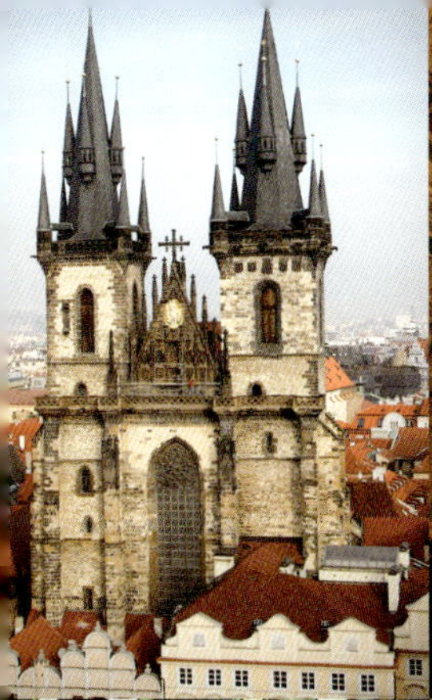
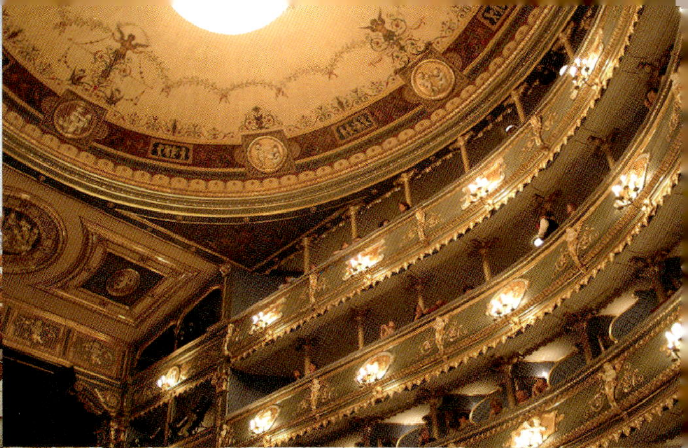
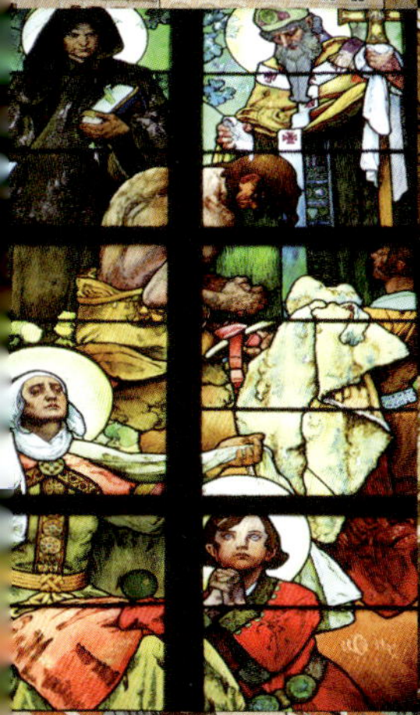
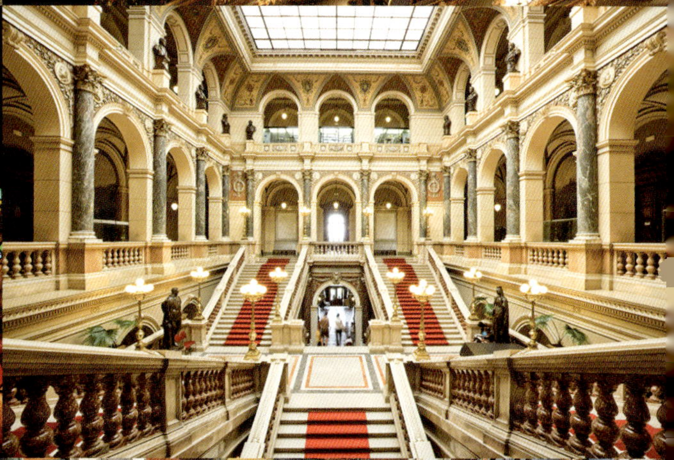
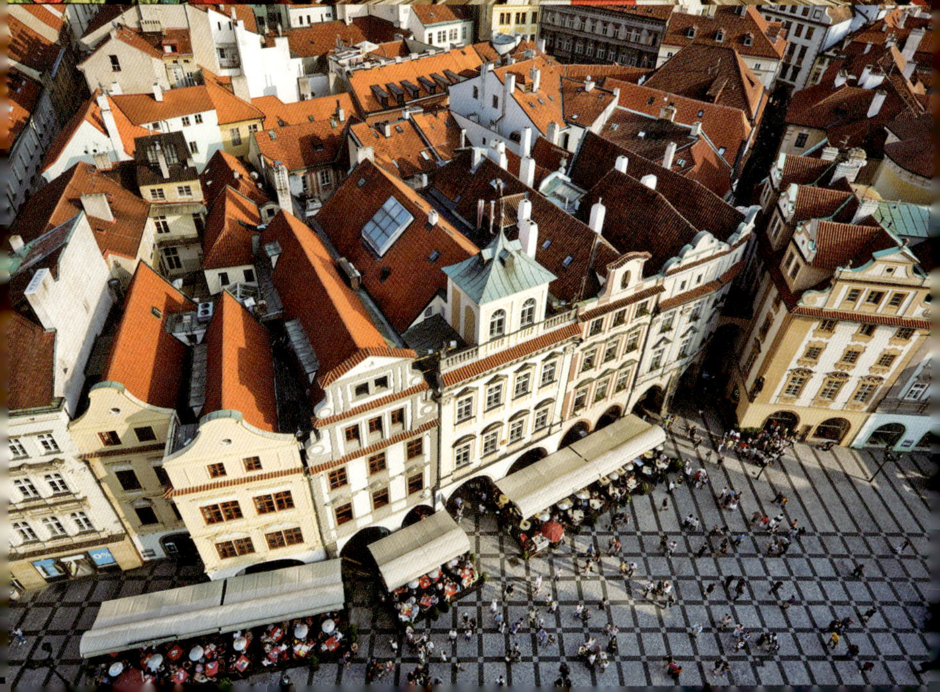

ふたりにオススメのロマンチックエピソード巡り

プラハの街には、ロマンチックなエピソードが溢れている。中でも有名なものをご紹介！せっかくのふたり旅。ちょっと照れちゃうかもしれないけど、全部行ってみよう。

まずは、30体もの聖人像が立ち並ぶ、ヨーロッパに現存する最古の橋、カレル橋。中でも人気の聖人像は、ヤン・ネポムツキー像（Jan・Nepomucky）だ。像の台座にある「レリーフ」に触れると幸運が訪れると言われている。ふたりのこれからの幸運を祈って、いざタッチ！

次は、プラハ城から歩いていける、緑に囲まれたペトシーンの丘へ。そこにはプラハの美しい街を一望できる展望台や公園がある。見晴らしももちろんだが、ここにはある素敵な伝説が。それは、「公園の桜の木の下で、5月1日にキスをすると、ふたりの愛は永遠に続く…」というもの。5月1日というのはチェコの有名な詩人カレル・ヒネック・マーハが恋について書いた詩「Maj（5月の意）」に由来するそう。その日に合わせるのは難しいと思うので、他の日でもOKにしちゃいましょう。ちなみに展望台に行く場合は斜面が多いのでケーブルカーに乗っていくのがオススメ。

最後は南京錠スポットをご紹介。プラハには、恋人たちが愛を誓い、南京錠をつけるスポットがある。マラーストラナ地区のすぐ近くのカンパ広場（Na Kampe）から、ベルコプシェヴォルスケー・ナーミェスティ（Velkoprevorské namestií）という地域へ向かう途中にある小さな橋。その橋に大小様々な南京錠が所狭しとつけられているのだ。愛を誓いながら鍵をかければ、永遠に一緒に過ごすことができると言われている。ふたりで、遠くこのプラハの地で、永遠の愛をロックしてみては？

チェコを代表する古都チェスキー・クルムロフ

プラハからバスで約3時間。そこにプラハと同等、いやそれ以上に、中世の空気が今も残り続ける街がある。それが世界遺産の街チェスキー・クルムロフだ。あたりは深い緑に覆われ、S字型に流れるブルタバ川に沿って作られた家々の、オレンジの屋根と淡い壁の色のコントラストは実に見事。どこを歩いても、フォトジェニックな光景に出逢えるのもこの街の魅力。「チェコに来たならば、絶対に行かなければならない」と、この地に来た旅人が口を揃えるのも納得だ。この街のシンボルになっているチェスキー・クルムロフ城やブルタバ川など、いわゆる観光スポットだけなら、半日もあれば簡単にまわることができる。それだけ聞くと日帰りでもよさそうに聞こえるが、1泊することを強くオススメする。この古い街の最大の楽しみは、なんと言っても一朝一夕では作ることができない雰囲気を味わうことだから。ふたりで一緒にタイムスリップする旅へ。旅行という名のタイムマシンに乗って、さあ、行こう！

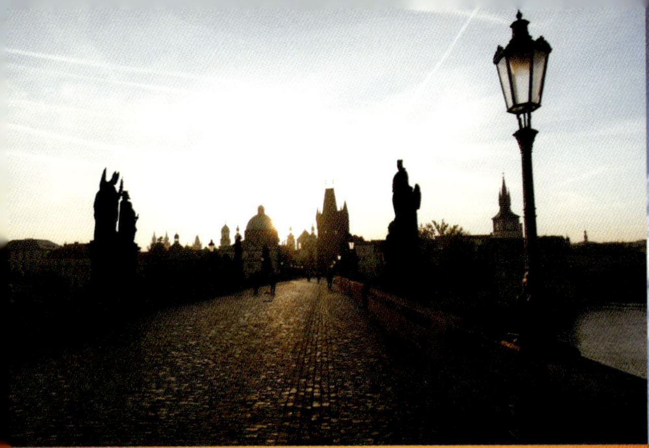
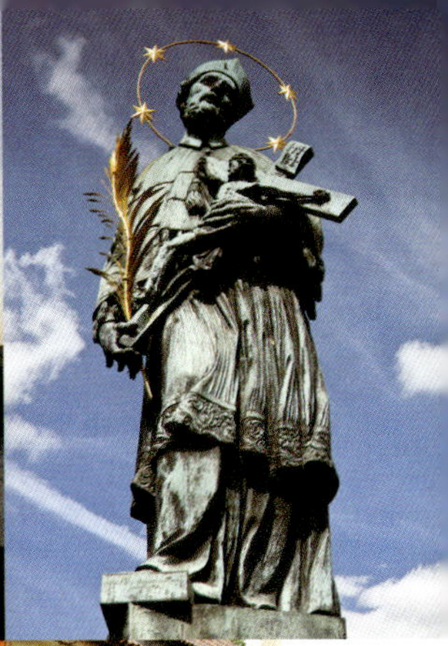
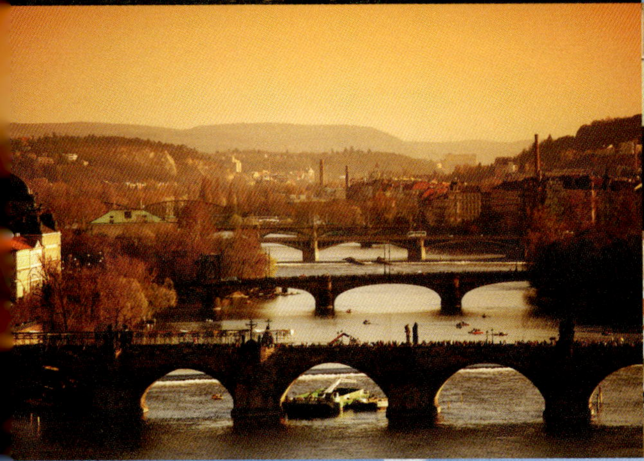
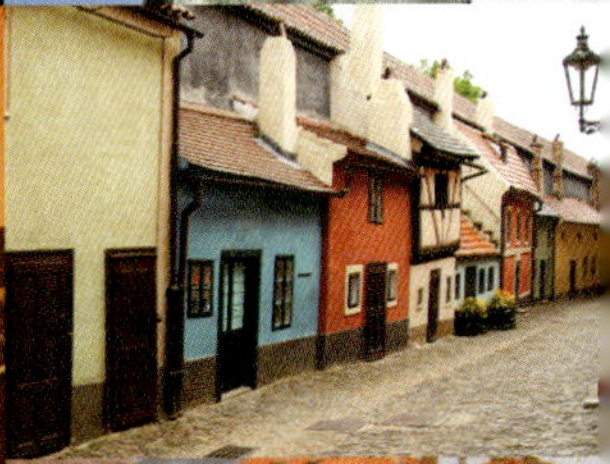
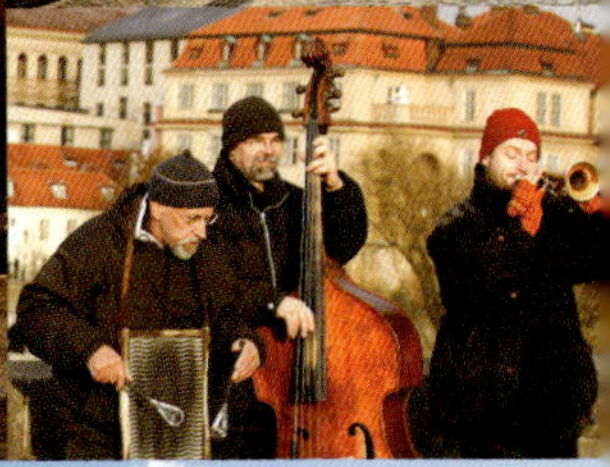
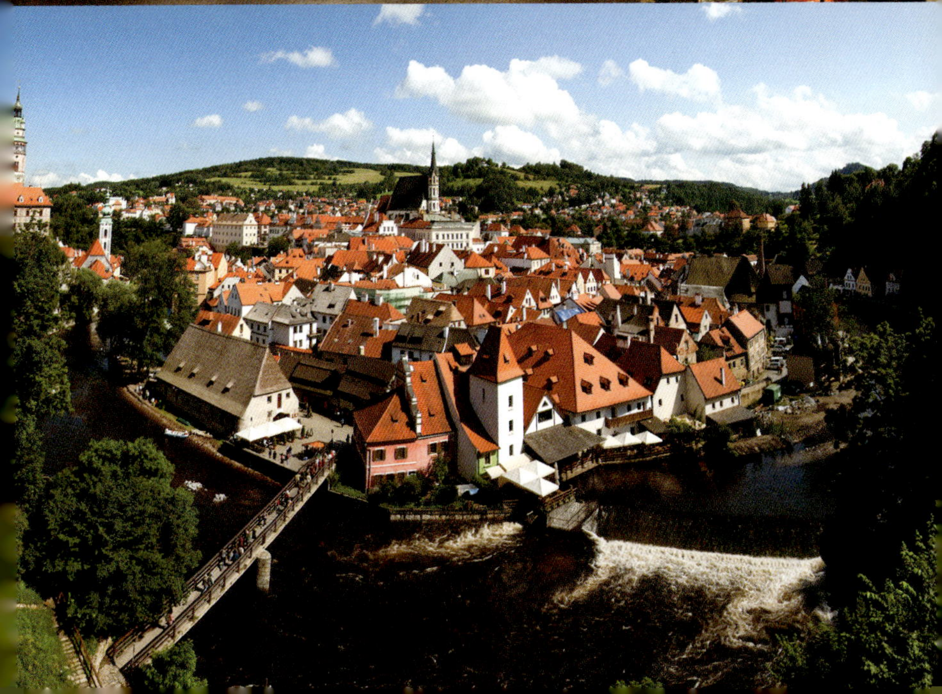

旅の予算
Budget

総予算 16万円〜
※5泊7日／成田からの往復航空券、宿泊費込み（現地交通費、一部食費除く）

総予算内訳

- 航空券の目安　13〜18万円
  *成田〜フランクフルト乗り継ぎ〜プラハ（ルフトハンザ航空／エコノミークラス往復）＝13〜18万円
- プラハのホテル代金の目安　1泊9千円〜
- チェスキー・クルムロフのホテル代金の目安　1泊1万1千円〜
  *それぞれ4つ星ホテルに宿泊した場合。
  ※1部屋（2名利用）の料金、総予算には1名分を計上。
- 国内での移動の目安（バス）　3千円〜
  *プラハ〜チェスキークルムロフの往復バス料金＝3千円〜

旅のシーズン
Best Season

1年を通して楽しめる街ではあるが、日が長くなり開放的な雰囲気を味わえる春、夏のハイシーズンに訪れるのがオススメ。冬（11〜2月）はかなり冷え込む。だが、冬は冬で雪景色や、赤茶色の家の煙突から白く立ち昇る湯気、観光客の少ないカレル橋、静かなブルタバ川などを眺めることができる。冬のヨーロッパらしい風情ある景色を求める人は、寒いけど冬もいいだろう。

行き方
How to get there

日本からチェコへは直行便がないため、1都市を乗り継ぐことになる。ヨーロッパの都市やアジアであれば韓国などで乗り換えるのが一般的。

旅の手配
Arranging the trip

ハイシーズンは観光客で混み合う。その為、ホテル、車両などは、あらかじめ日本を出る前に手配をしておきたい。オススメの旅行会社は[FW Prague]。現地専門で旅行を取り扱っているので知識が豊富だ。ホームページは英語だが、問い合わせは日本語でOKなので、質問や手配の依頼等あれば気軽にメールしてみよう。

- [FW Prague] www.fwprague.com

*日本語でのお問い合わせは…

- MAIL：fwprague@gmail.com　電話：090-5404-5492

宿泊
Accommodation

料金も安価なホステルから高級な5つ星ホテル、ブティックホテルからビジネスホテルまでと様々。予算や好みに合わせて予約をしよう。

プラハのオススメホテル

The Augustin　www.theaugustine.com
マラーストラナ地区に位置する5つ星ホテル。歴史ある建物の中はモダンな造りとなっていて、プラハ城にも歩いて行ける。

Cerna Liska　www.cernaliska.cz
旧市街広場の天文時計の真後ろに位置する4つ星ホテル。ホテル内の建築も各時代の名残を感じることができる。

Hotel Hastal Prague Old Town　www.hotelhastalprague.com
旧市街広場から徒歩5分に位置する3つ星ホテル。レストランやバーなどが並ぶ通りに面しているので、散策の拠点に便利だ。

チェスキー・クルムロフのオススメホテル

Hotel Bellevue　www.bellevuehotelkrumlov.cz/en
旧市街とマッチするオレンジ色の屋根が、街と溶け込みとてもいい雰囲気のホテル。部屋は広めで清潔だ。チェスキー・クルムロフのすぐ近くという立地も嬉しいところ。

旅のヒント
Hints for the trip

- 観光地はスリも多いため、盗難や置き引きなどに注意。
- ほとんどの道は石畳。基本は徒歩での移動となるので、歩きやすい靴で行こう。また、ヒールは石の間に挟まってしまうことがあるので、避けた方が無難。
- 流しのタクシーはボラれる可能性が高いので、タクシーに乗る場合は無線で呼んでもらうこと。

スケジュール例
Example Itinerary

1日目▶成田発～フランクフルト乗り継ぎ～プラハへ 【プラハのホテル泊】
2日目▶終日フリー 【プラハのホテル泊】
3日目▶終日フリー 【プラハのホテル泊】
4日目▶AMプラハ発～チェスキー・クルムロフへ 【チェスキー・クルムロフのホテル泊】
5日目▶AMフリー　PMチェスキー・クルムロフ発～プラハへ【プラハのホテル泊】
6日目▶AM空港へ　プラハ発～フランクフルト乗り継ぎ～成田へ 【機内泊】
7日目▶成田着

周辺情報
One more love trip

プラハをはじめ、珠玉の古都が盛りだくさんの中欧。それぞれの国が小さいので、陸路で簡単に移動できる。ぜひ、他の国にも足を伸ばしてみよう。まずは、プラハから車で4時間のオーストリアのウィーン。モーツァルト、ベートーベンなど歴史的音楽家を輩出した芸術溢れる華麗なる都だ。特にハプスブルグ家の夏の離宮「シェーンブルン宮殿」と「ウィーン歴史地区」は必見だ。そしてウィーンから電車で3時間行けるハンガリーのブダペスト。ドナウの真珠とも称され、夜景の美しさは世界一とも。「漁夫の砦」、「くさり橋」などの必見ポイントから、日本人の大好きな温泉もある美しき街。日本発着のツアーでは中欧を巡るものもあるので、+αする場合は効率よくまわれるよう事前に調査しておこう。

TRIP: 8 / 『究極の空間を求め、木の上へ行く旅』

08 🇸🇪 スウェーデン
SWEDEN

大好きな人と、木の上へ。
誰にも邪魔されない究極の空間を満喫！
自然×北欧デザインが融合した「ツリーホテル」へ！

光や水、そして空気と同じように、あたり前にデザインが存在している北欧。心温まる北欧デザインは今、急速に世界中に広まり、家具や雑貨のみならず数々の建築にも及んでいる。中でもスウェーデンに誕生した「ツリーホテル」は衝撃的。鳥の巣！ UFO！ 箱！ 透明！…などなど、様々なテーマと心地よさを同居させる、摩訶不思議な客室がそこにはある。自然に溶け込み、北欧の優しさが溢れる世界最先端のホテルへ。さぁ、ふたりで、木の上にある究極の愛の巣へ飛び立とう！

TRIP POINT 旅のポイント
- 北欧の森林に満ち溢れる美しい空気
- 木の上にある究極の空間をふたりきりで堪能
- 世界最先端の北欧デザインに触れる
- 自然を舞台にアクティビティを満喫

Design meets Nature
～デザインと自然の融合地へ～

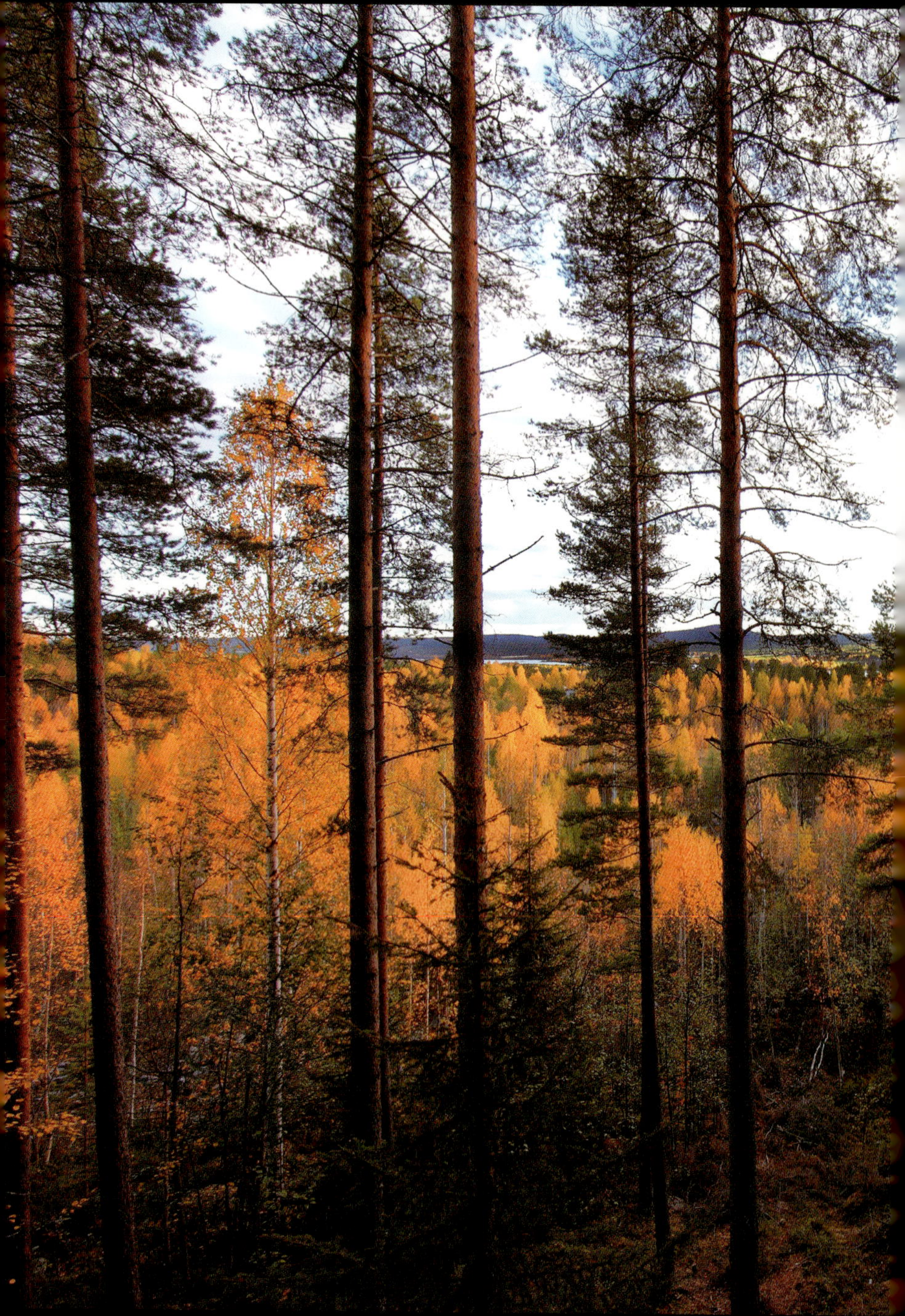

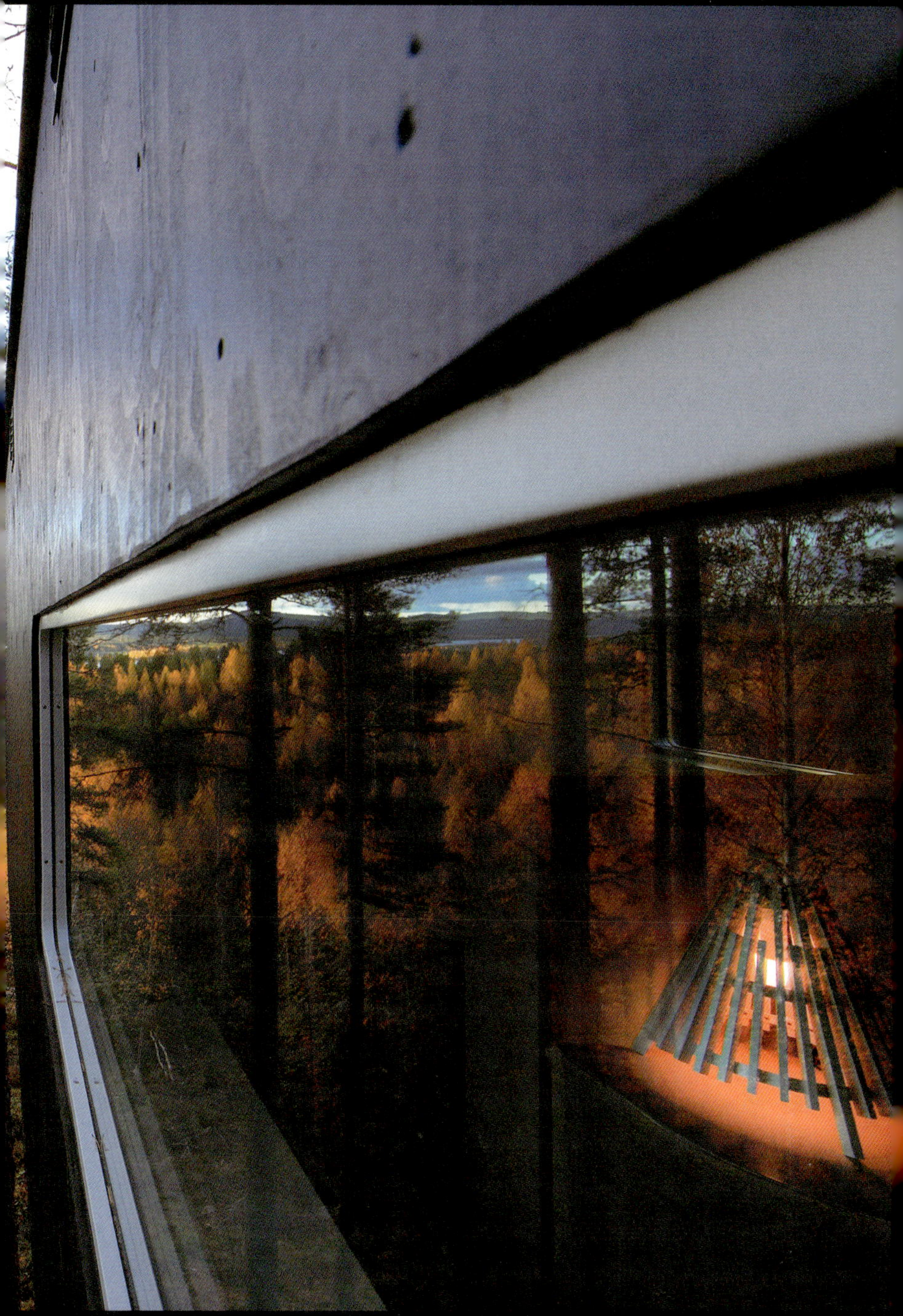

寒くも温もり溢れるデザイン王国北欧へ

一年の多くを雪に閉ざされ、厳しい生活環境を強いられる北欧。その中で、共に過ごす家族や友人、恋人…愛する人を大切にする気持ちが源となって生まれる、斬新だけれど、どこか心温まる北欧デザイン。生活に違和感なく溶け込み、使えば使うほどいい表情になっていく。そんな愛情から生まれた家具に雑貨の数々。触れているだけで心地よくなる物が溢れる北欧に、斬新かつ衝撃的なホテルが生まれた。その名もツリーホテル！通常はツリーハウスという名で木の上に建てられるのが一般的だけど、それをなんと北欧デザインを融合させ「ホテル」にしちゃったのだ。冒険心くすぐるツリーハウスに、ホテルの快適さ、そしてエコ要素を加えた、人にも地球にも優しい宙に浮く愛の巣！ふたりきりの究極の空間に滞在すれば、愛が深まること間違いなし。さあ、ワクワク心をくすぐる世界最先端の冒険ホテルへ行ってみよう。

いよいよツリーホテルにご対面！

北極圏から南へ約60kmの位置にあるスウェーデン北部の街ルレオ。空港も備わるこの街が、ツリーホテルへ行く際の拠点となる。そこから北西に向け車で約1時間走ればツリーホテルのあるハラッズ村に到着だ。まずはブリッタスゲストハウスというホテルへ。というのも、ツリーホテルはそれぞれが独立した部屋となっているため、チェックイン機能やレストランなどは持ち合わせていないのだ。そのため、チェックインや食事などは、すべてこのホテルで行うことになる。チェックイン手続きをして、施設の紹介を聞いたら、いよいよツリーホテルへ。ツリーホテルまでは歩いて5分。森に足を一歩踏み入れると、澄み切った空気と鳥のさえずりが出迎えてくれる。土や小枝を踏みしめる音が妙に心地いい。しばらくすると突如として現れる奇想天外な人工物。そう、これこそがツリーホテルだ。

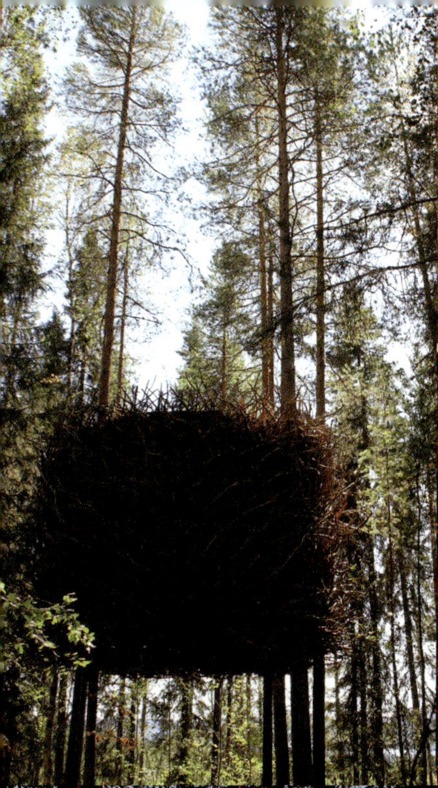
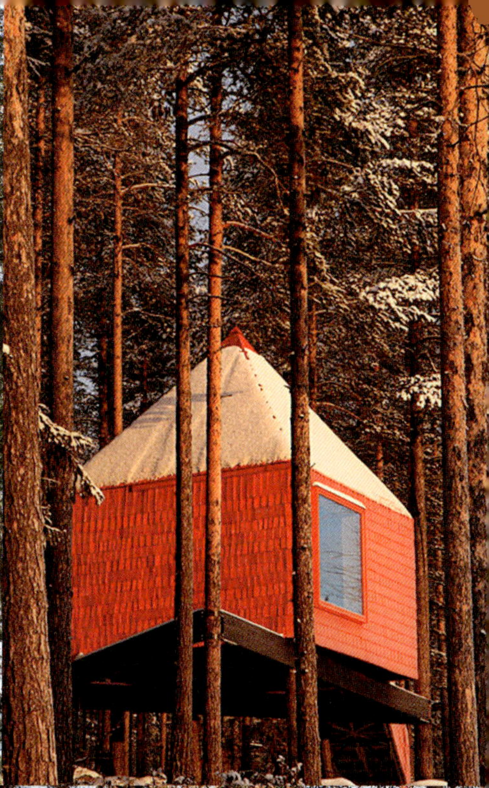
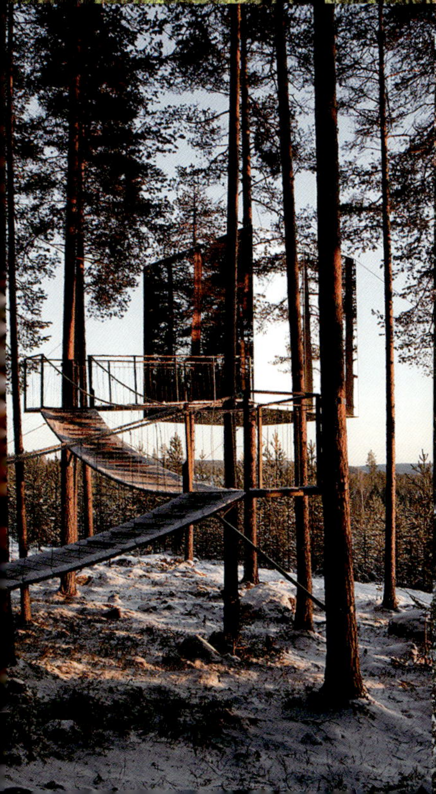
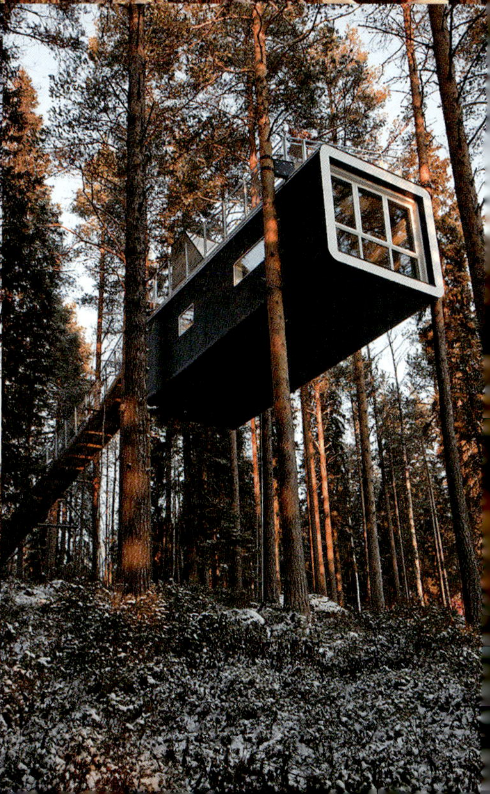

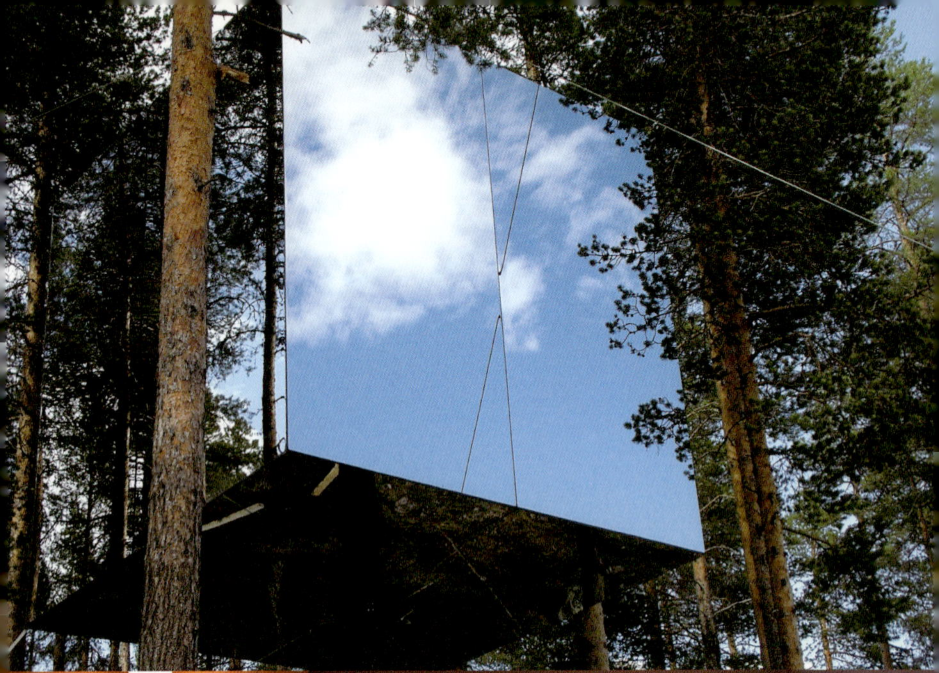
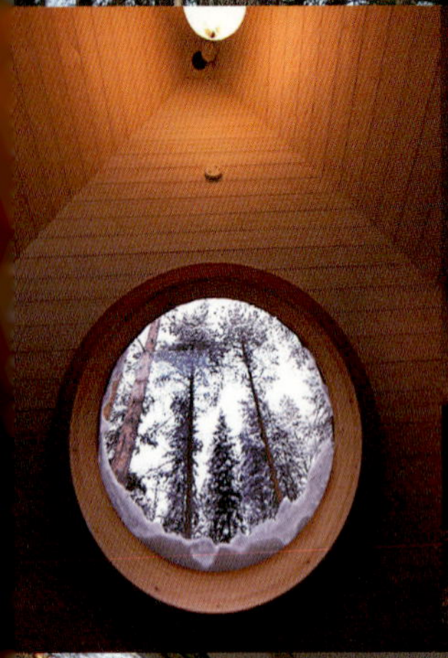
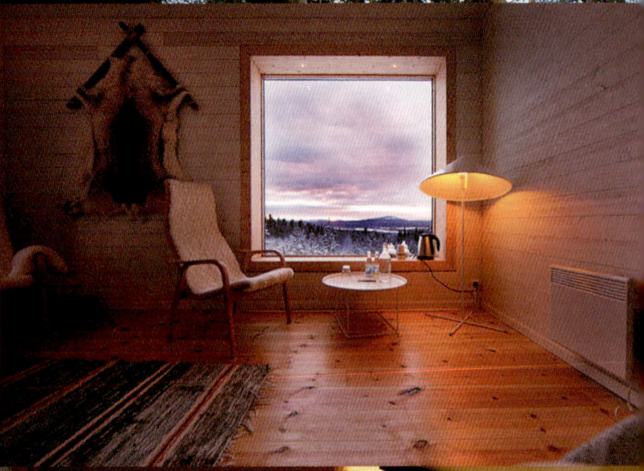
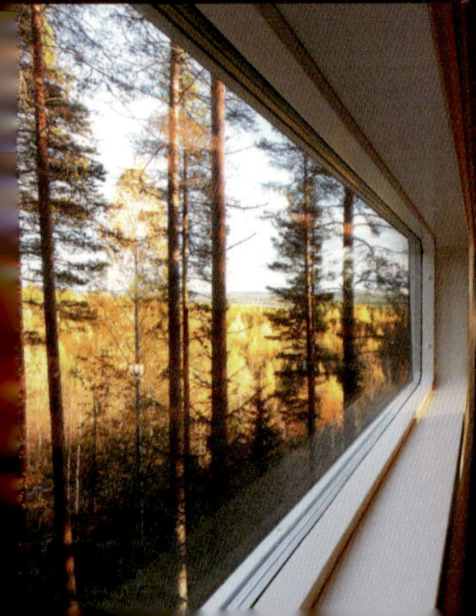
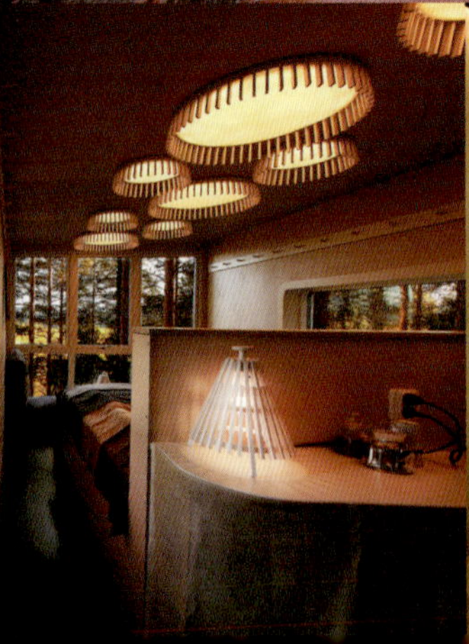
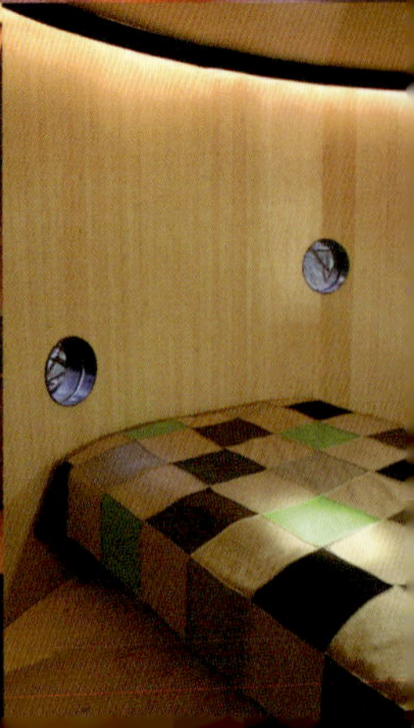

木の上の究極空間へ!

小枝を密集させて作る、鳥の巣の外観を模した「バードネスト」、臨むは広大な針葉樹の海「ブルーコーン」、ルレ川の渓谷の素晴らしい眺めを堪能できる箱型の「キャビン」、周囲の景観に溶け込み存在を消す、鏡張りの「ミラーキューブ」、少年の憧れを形にした宇宙船「UFO」…などなど、5つの個性溢れる部屋。どれもこれも室内は最先端の北欧モダンデザイン。ベッドや照明などすべてに作り手の温もりを感じる。外観からのイメージとはまったく異なり、そのコントラストは見事という他ない。それに、周囲の環境への配慮も素晴らしい。例えばミラーキューブ。ただの鏡張りにすると、野鳥が衝突して怪我をしてしまう恐れがある。そこで鳥だけに可視できる赤外線フィルムを張ることによって、衝突を回避しながらも透明に見える鏡張りにできているのだ。このような「周囲の自然への配慮も怠らない」のが、北欧デザインの象徴でもあるのだ。

そんなホテルの中でオススメの部屋は?と誰もが思うだろう。ただ、これに関してはもう本当に人それぞれの好み次第。ふたりで写真を見ながら相談して、決めてください。ちなみにツリーホテルの発表では、2015年までにさらに24もの新しい部屋作りを計画中とのこと。順次オープンするので、ふたりが行くときにはもっと選択肢が増えているかも!?

1年中遊び尽くせるフィールド「ツリーホテル」!

すべて木の上にあるので、最初はちょっぴり恐怖感があるかも。だけど、快適な室内から美しい景色を見ていると、すぐにそんなことも忘れてしまう。でも、部屋だけで満足してはいけない。すぐ近くには、木の上に浮かぶ極楽ツリーサウナがあるし、夏秋にはカヤックや乗馬、サイクリング、冬春には雪上散策やアイスフィッシングも楽しめる。それに、一年を通して先住民サーミ族文化体験などもできるのだ。

飛行機で降り立ったルレオ近郊にも、必見ポイントがある。ガンメルスタードの教会街と呼ばれるそれは、石造りの教会を中心に400以上もの家屋が密集して立ち並んでいる街。これだけ多くの家屋を密集させた理由…それは広大な教区にちらばる信者が、遠方から礼拝する際に、日帰りではなく1泊できるようにという配慮からだそう。世界遺産にも登録されたこの街で、歴史に触れるのもオススメ。

せっかくここまできたのだから、宿泊もアクティビティも欲張って遊び尽くそう。

北欧デザインを満喫!

ツリーホテルやアクティビティを満喫したら、次はスウェーデンの首都ストックホルムへ。14の島から構成されるこの街は、水の都とも呼ばれ、北欧最大の都市だけに見所も多い。しかし、北欧デザインに触れる旅なら、やっぱりショッピングは外せない。ガムラスタンと呼ばれる旧市街の南のソーデルマルム地区へ行けば、雑貨にはじまり、家具や服など、北欧デザインが溢れている。愛情がたっぷり詰め込まれた物をGETして、それを日本で使えば、旅が思い起こされ、きっと温かな気持ちになるはず。

travel information:

旅の予算 / Budget

総予算 24万円〜

※5泊7日／成田からの往復航空券、宿泊費込み（現地交通費、一部食費除く）

総予算内訳

- **航空券の目安　17万円**
  *成田〜コペンハーゲン、ストックホルム乗り継ぎ〜ルレオ（スカンジナビア航空／エコノミークラス往復）＝17〜25万円
- **ルレオのホテル代金の目安　1泊8千円〜**
- **ツリーホテル代金の目安　1泊4万7千円〜**
- **ストックホルムのホテル代金の目安　1泊1万7千円〜**

*ルレオは4つ星、ストックホルムは5つ星ホテルに宿泊した場合。すべて1部屋（2名利用）の料金、総予算には1名分を計上。

旅のシーズン / Best Season

冬のアクティビティもあるぐらいなので、1年を通して行くことができるが、中でも暖かくも空気がカラっとしていて快適に過ごせる6〜8月がオススメ。日照時間が長いのも嬉しいところ。

行き方 / How to get there

日本からスウェーデン北部の街ルレオへは、デンマークのコペンハーゲン、スウェーデンのストックホルムを乗り継いでいくのが一般的。成田〜コペンハーゲンはスカンジナビア航空の直行便があり、最短時間で到着できる。ルレオ空港周辺で1泊したら、タクシー、旅行会社の送迎またはレンタカーなどを利用して移動しよう。ルレオからツリーホテルまでは車で1時間ほど。

旅の手配 / Arranging the trip

飛行機やホテルは個人でも手配しやすいが、ポイントはルレオでの移動手段。慣れないレンタカーよりも旅行会社の送迎や、タクシーを利用した方が安心だ。ただし、金額は上がってしまうので、注意が必要（タクシーは往復4万円弱ほど…）。

本書でオススメするのは、希望スケジュールを決め、それを元に旅行会社に相談。まとめて手配してもらうより、自分たちで一部を手配した方が安くなる場合もあるし、またその逆もある。相談先としては、北欧が大得意の「フィンツアー」がいいだろう。

- [フィンツアー] www.nordic.co.jp

宿泊
Accommodation

ルレオのオススメホテル
Elite Stadshotellet, Lulea　www.elite.se/eng/node/714

ルレオ中心部に位置するこのホテルは、ルレオ空港から4kmほど。シャトルバスで行くことができる。ガンメルスタードの教会街までは8.8kmと、観光するにも拠点としてふさわしい。外観は歴史ある重厚な感じだが、中はとても快適でモダンなもの。

ハラッズ村のホテル
Tree Hotel　www.treehotel.se

ホテルは部屋によって大きな差がないのが普通だが、ツリーホテルは部屋それぞれが個性的。どの部屋にするかはとても重要。上記サイトから部屋の写真を見ることができるので、事前に決めてから申し込みをしよう。

ストックホルムのオススメホテル
Grand Hotel Stockholm　www.grandhotel.se

ストックホルム宮殿や歴史情緒溢れる旧市街に面した抜群の立地にある５つ星ホテル。歴代のノーベル賞受賞者やその家族達も宿泊している。アメニティーは英国王室御用達の高級ブランド、モルトンブラウンを使用。街中散策に気軽に行ける立地が嬉しい。

旅のヒント
Hints for the trip

- 夏に訪れる場合も、北極圏間近だけあって冷え込むので、防寒具を持っていこう。
- スウェーデンでレンタカーを借りる場合は、国際免許、日本の免許、クレジットカードが基本的に必要。ルレオからツリーホテルまでレンタカーで行く場合には必ず持参しよう。
- せっかく木の上で鳥気分を味わうのだから、双眼鏡を持っていこう。
- 北欧に行くのだから、ショッピングも楽しみ。日本で購入するよりも安く買えることが多いので、北欧雑貨のサイトなどでどんな商品やブランドがあるのか事前に予習しておこう。

スケジュール例
Example Itinerary

- １日目▶ 成田発〜コペンハーゲン、ストックホルム乗り継ぎ〜ルレオ　【ホテル泊】
- ２日目▶ AM ハラッズ村へ　ツリーホテルチェックイン　【ツリーホテル泊】
- ３日目▶ 終日フリー　【ツリーホテル泊】
- ４日目▶ AM フリー　PM ルレオ発〜ストックホルム　【ホテル泊】
- ５日目▶ 終日フリー　【ホテル泊】
- ６日目▶ AM ストックホルム発〜コペンハーゲン乗り継ぎ〜成田へ　【機内泊】
- ７日目▶ 成田着

+α 周辺情報
One more love trip

飛行機を調整して北欧の中でも魅力的な都市のひとつ、デンマークのコペンハーゲン滞在はどうだろう？ ここは人魚姫やマッチ売りの少女、みにくいアヒルの子などを生んだ、童話作家アンデルセンゆかりの地。おとぎの国と称されている。王宮や人魚姫の像などをはじめ、観光ポイントも盛りだくさん。そして街中には、デパートや大型ショッピングモール、デザイン、アンティークショップなどなどバラエティに富んだ店が所狭しとならんでいるが、そこは北欧。ごちゃごちゃした雰囲気もなく洗練されとても美しい。オススメは東西を通る歩行者天国ストロイエ。ここを歩いて、アマリエンボー宮殿の衛兵交代式を眺めたり、雰囲気抜群のカフェで休憩したり。北欧の大都会をふたりで散歩する素敵な１日を。

TRIP: 9 / 『人と地球に優しい旅』

09 🇹🇭 タイ
THAILAND

誰も行けなかった秘島に誕生した、人にも地球にも優しい究極のエコリゾートへ！世界最先端の楽園で最高峰の「超快適」を堪能しよう！

太古からの姿をそのままに残す、タイ・クッド島。生い茂る熱帯雨林に、透明度抜群の海。開発という言葉から縁遠く、手つかずの自然がそのまま残る秘島。ここに最強のエコリゾート「ソネバ・キリ」は建てられた。環境への負荷を最小限に、でも訪れるゲストには至福の時間を提供すること。両立することの難しいこの2点を見事に融合させた、世界でも類を見ない極上リゾートだ。さぁ、世界最先端のリゾートの姿を感じに、そしてあなたの望むすべてが揃った極楽空間へ。驚きと発見に満ちあふれた「秘境×ラグジュアリー」体験を！

TRIP POINT 旅のポイント

- 😊 タイの手つかずの大自然
- 😊 プライベートセスナでしかアクセスできない秘境
- 😊 高級リゾートならではの空間、サービス
- 😊 木の上でふたりっきりで食べるツリーポッドランチ
- 😊 煌めく海と真っ白な砂浜

Luxury meets Ecology
～ラグジュアリーとエコの融合～

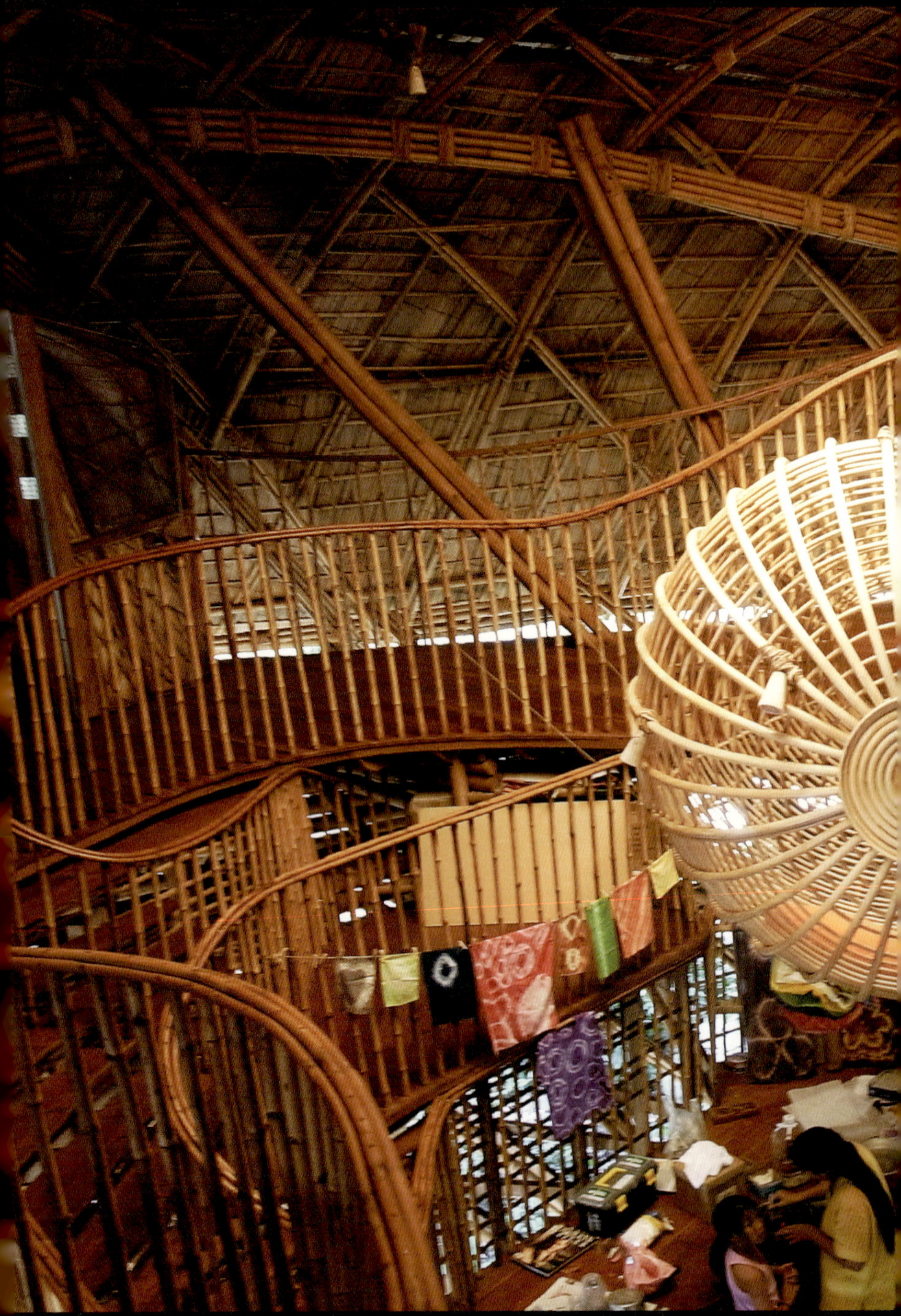

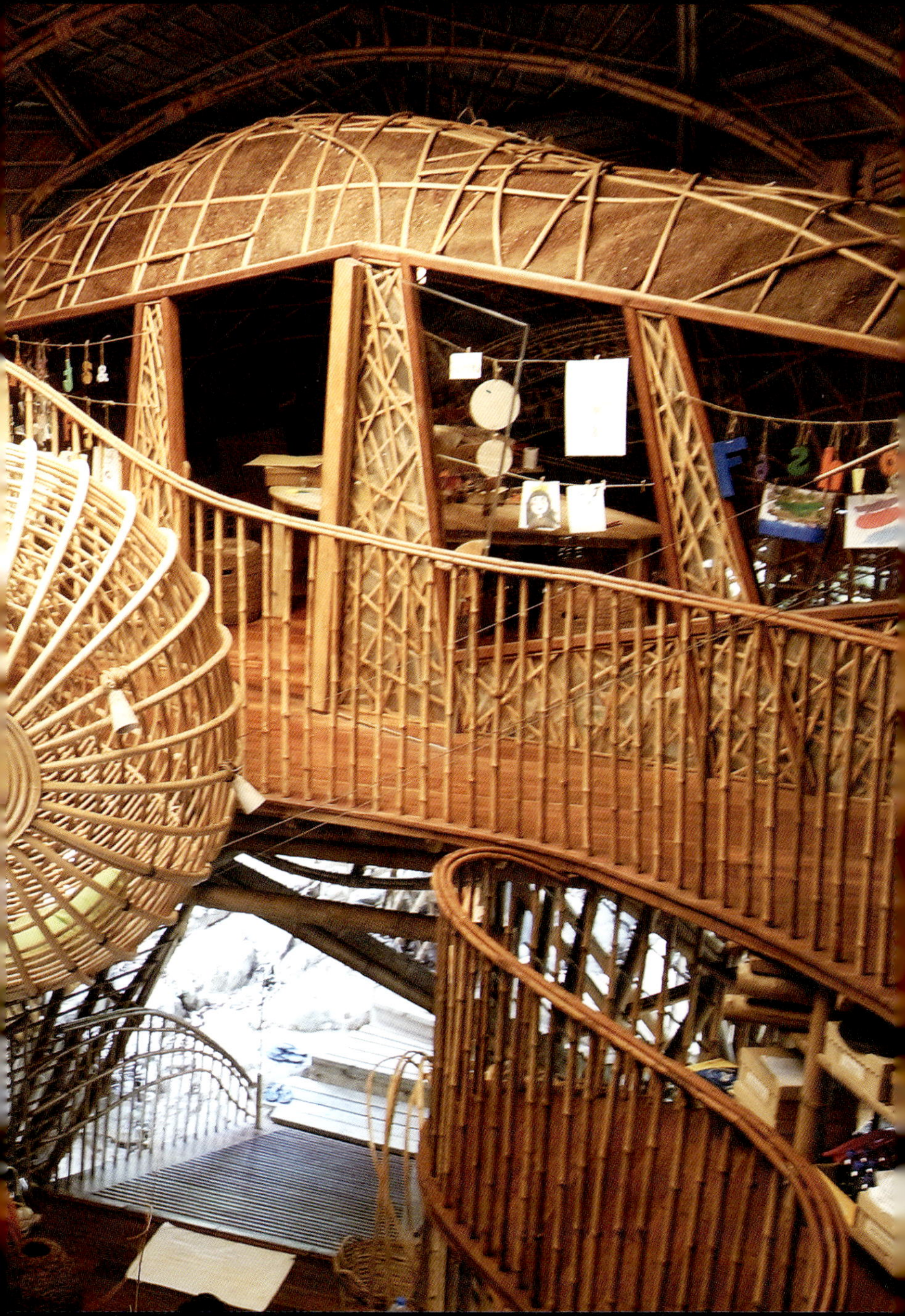

手つかずの自然が残るタイの秘境、クッド島へ

世界的に有名なリゾートグループ「シックス・センシズ」が、タイの秘島にオープンしたリゾート「ソネバ・キリ」。普通のリゾートだと、大きめの国内空港に降り立ち、それから陸路で向かうが、ここはそんなアクセスすらも常識を逸脱している。何とこのリゾート、バンコク空港からプライベートセスナで専用空港に向かい、そこからスピードボートに乗って行く形でしか訪れることができない。というのも、リゾートが佇むクッド島はタイの東部カンボジア国境の近くにあり、周辺は今もほとんど開発がされておらず、一般的な交通手段が存在していないからだ。そんな立地条件もあり、太古からの大自然は、手つかずのまま残っているのだ。

空港からスピードボートで揺られていると、黄色いマストのような、テントスタイルの建物が森の中から見え隠れしてくる。ゆっくりと桟橋に着岸すれば、「ようこそ!」と陽気な笑顔で支配人が出迎えてくれる。

地球上で最も環境に配慮したリゾート

「ソネバ・キリ」を経営するリゾートグループは、未来に向けて、いかに環境に負担をかけず、その上で、どこまでゲストに快適に過ごしてもらえるかを徹底して考え抜いている。例えばこのリゾートで使われる水はすべて雨水。飲み水までも雨水を濾過して提供しているし、使用済み水もリサイクルして畑で使うという徹底ぶり。電力は漏電を最小限に抑える地下電線で供給し、生ゴミもすべて堆肥化して畑で活用している。リゾート全体に広がる自然植物の造園も、そして建物もほとんど地元の資材で作られている。

こんなエコな話を聞くと、どうしても不便そうに感じてしまうが、ここはその概念も覆す。写真からも分かるように、施設は超快適そのもの。センスの行き届いた建物に温かい木の温もり、心地よいオープンエアの空間。自然とできる限り密着、同化しながら、同時に「超快適!」と驚いてしまうほどの安らぎ。これこそがラグジュアリーとエコロジーが融合した時に生まれる、新たな価値というものだろうか。ここにしかない空気を、ぜひ味わってほしい。

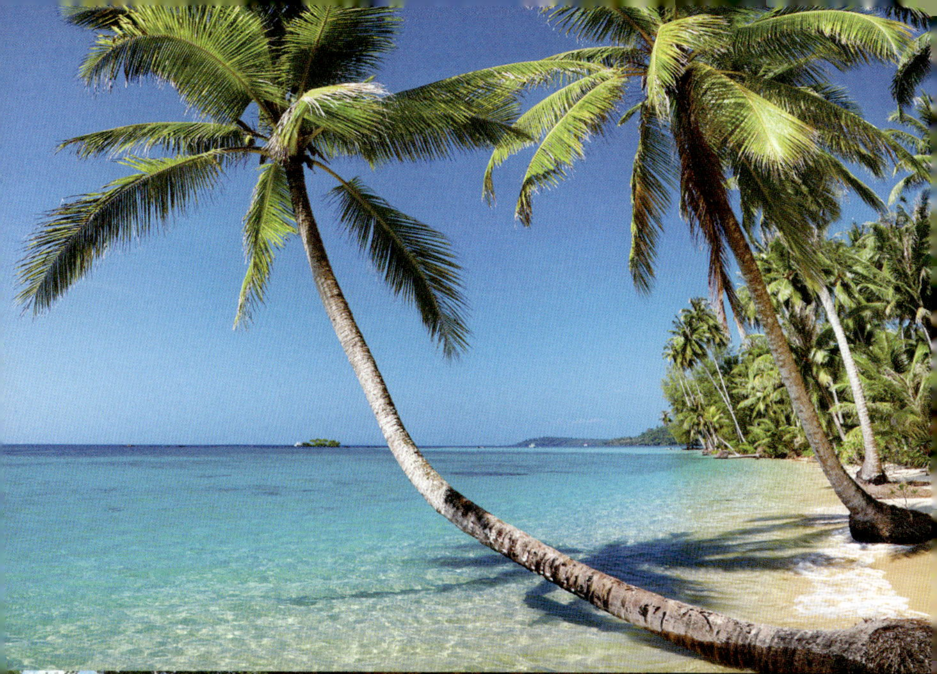
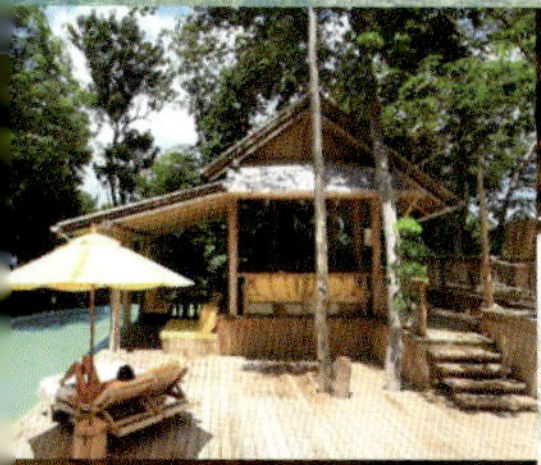
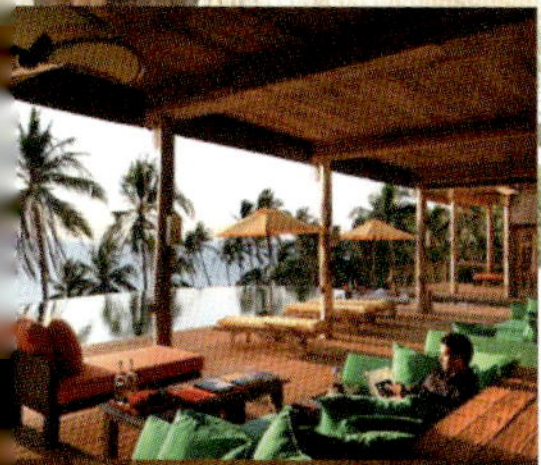
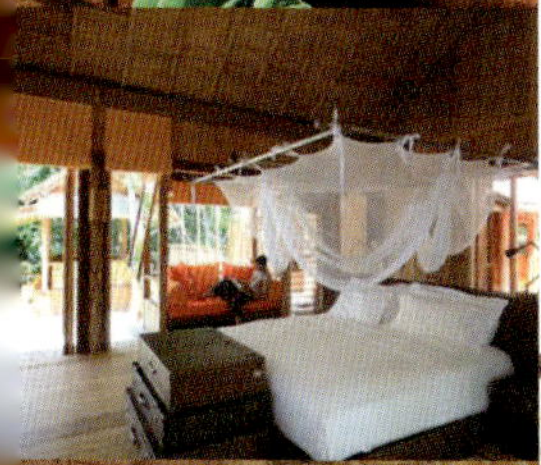
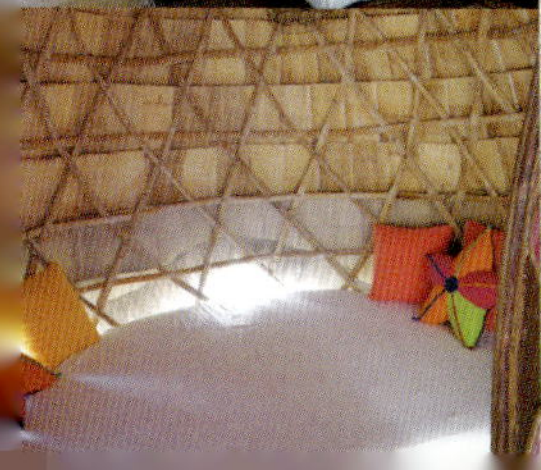
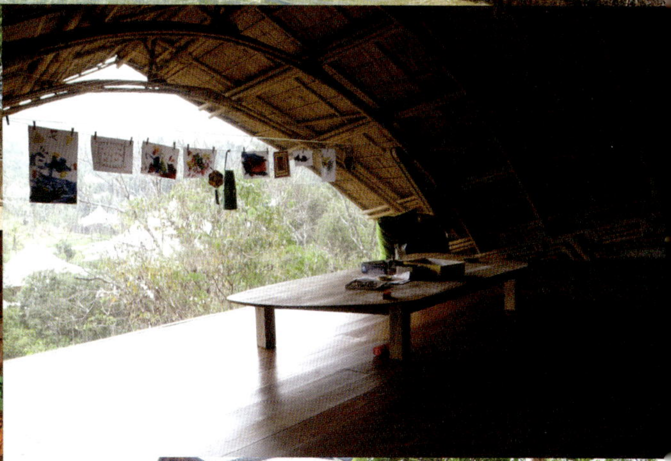
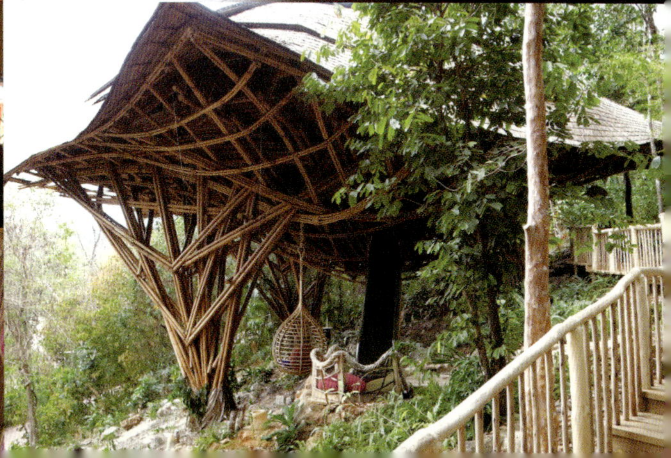

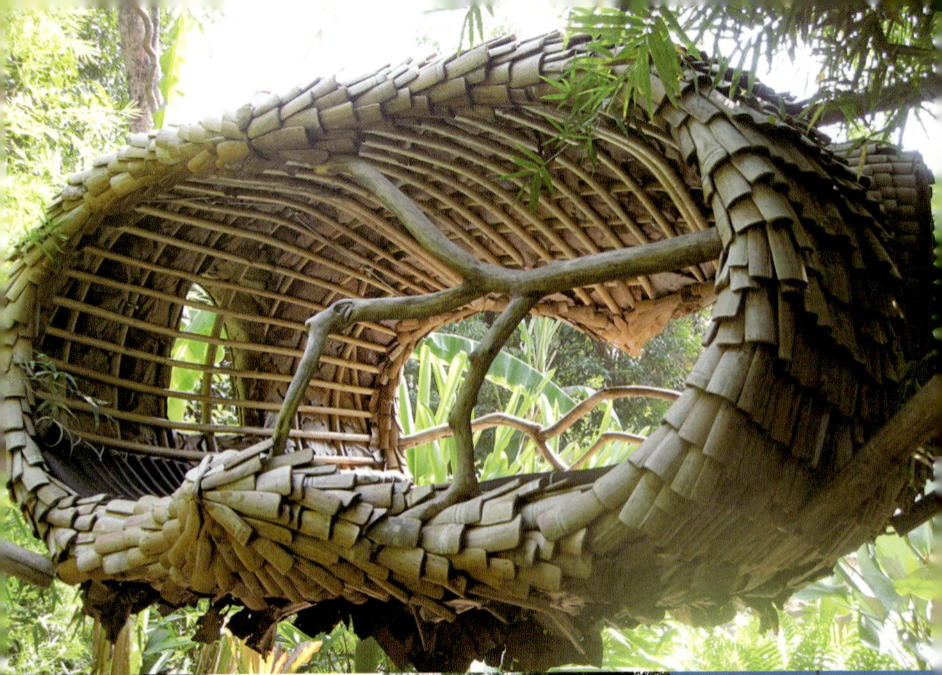

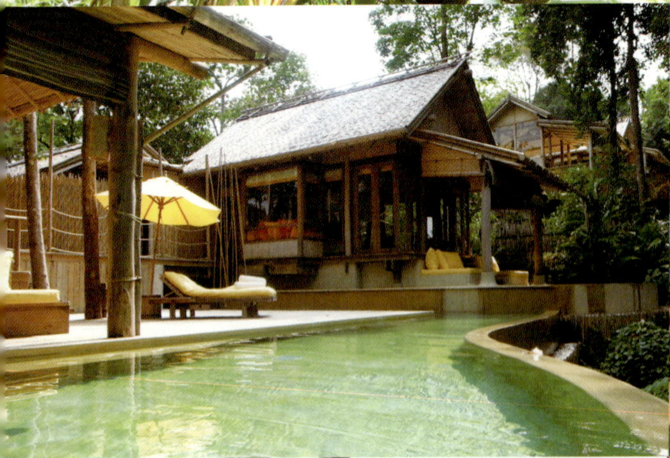

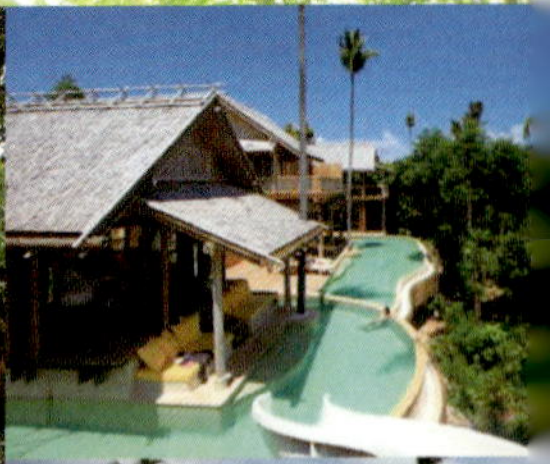

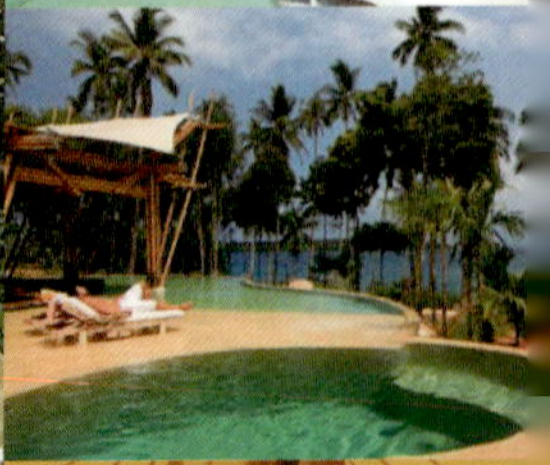

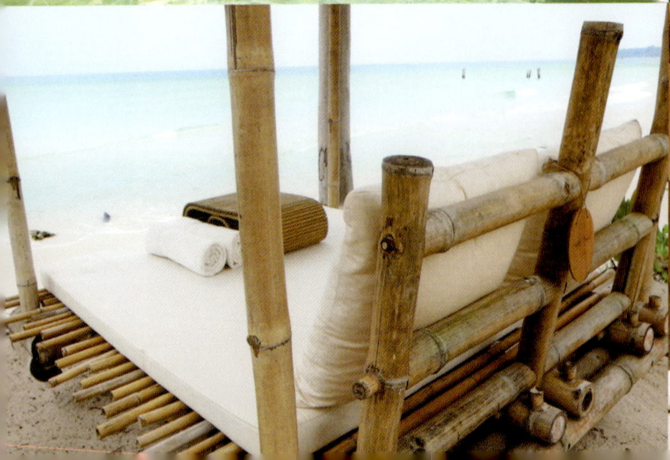

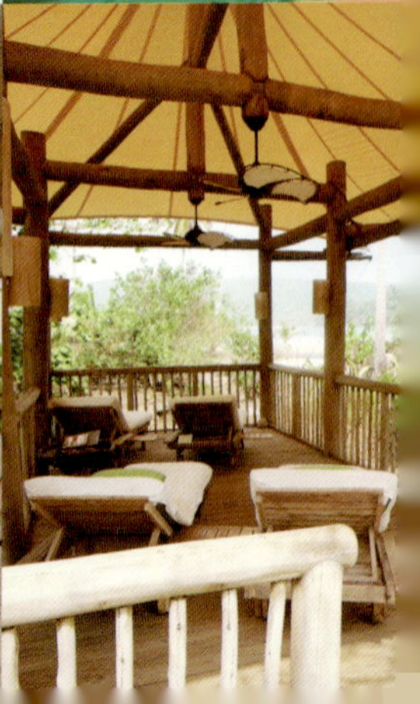

ヴィラは快適そのもの、最高のプライベート空間

桟橋で滞在中の一切のお世話をしてくれるバトラーと合流したら、電動カートに乗ってヴィラへ。そう、ここにはフロントもロビーもない。チェックイン、チェックアウトを自分のヴィラ内で行うのはもちろん、食事の手配やアクティビティの手配も、すべてバトラーへの直通携帯電話で済ませられる素敵なスタイルだ。

ヴィラは海沿いと山沿い合わせて、わずか29棟。いくつかのカテゴリーがあるが、最も小さなヴィラでも総面積400㎡以上という大きさ！ プライベートプールに庭、寝室棟、屋内・屋外にシャワーや着替え室など、すべてがヴィラの敷地内にレイアウトされている。敷地は竹の塀と周囲の植物に囲まれていて、プライベート感も満点！ この部屋で何をするか。それはもうおふたりだけの世界…

食事はもちろん美味でオーガニック！

メインダイニングからビーチ沿いのカフェ、海を見下ろすレストラン「ザ・ビュー」など、毎日様々な場所で食事が楽しめる。どのレストランも食材すべてがオーガニック。さらに地元の食材にこだわっているので、新鮮そのものだ。また敷地内に大きな菜園があり、「できるだけお客様に提供する野菜は、無農薬で自分たちが育てたものを提供したい」と、日々食材作りにも精を出しているという徹底ぶり。10数種類あるアイスクリームだって、すべてオーガニック！ 海で日焼けした後の、まろやかで食材の香りが漂うアイスクリームは最高の贅沢だ。

そして、ふたりでぜひ試したいのが、「ダイニング・ポッド」体験！ 木の上に括り付けられたテーブルで、海を眺めながら食べるランチ。ここでしかできない、なんとも貴重な体験だ。

目一杯遊べるアクティビティも満載！

せっかくの休日だから、目一杯遊び倒したい。そんな期待にもこの島は応えてくれる。広いプライベートビーチに行けば一通りのマリンレジャーは用意されているし、手つかずの自然を散策する散歩ツアー、マウンテンバイキングなど、日中の遊びは多種多様。夜には、常設されている天体望遠鏡で星空鑑賞も楽しめる。

最後にぜひ見て欲しいのが、「ザ・デン」と呼ばれるマンタエイを模して造られた巨大な竹建築。ここはソネバ・キリ自慢のキッズスペース。すべて竹で作られ、中は幾層もの回廊になっていて、子どもの冒険心をかき立てる最高の空間。「子どもができたらまた来てね！」とリゾートに言われている様な気に思わずなっちゃう!?

travel information:

旅の予算 / Budget

総予算 39万円～

※4泊6日／成田発着のパッケージ料金（一部食費除く）

総予算内訳

🛫 **日本発着パッケージ代金の目安　39万円～**
＊成田～バンコク往復航空券、バンコク～ソネバ・キリ往復航空券、バンコクのホテル1泊、バンコク空港からホテル往復の送迎、ソネバ・キリ3泊が含まれたパッケージの金額

旅のシーズン / Best Season

クッド島の乾期は12～3月で雨期が7～9月。乾期及びその前後が料金は高めに設定されるのに対して、雨期はかなり割引になっていることがある。オススメの時期は雨期と乾期の合間で、割引が発生しているが晴れ間も望める季節。

行き方 / How to get there

成田からバンコクまでは数多くの航空会社の飛行機が飛んでいる。成田発のフライトは、多くの場合、プライベートセスナの最終便に間に合わないので、バンコクでの前泊が必要になる。翌日、バンコク空港のリゾート行き専用カウンターでチェックイン。プライベートセスナ機に乗り込み1時間の空の旅。到着後、スピードボートで数分走れば、秘境クッド島に到着。

旅の手配 / Arranging the trip

飛行機、宿共に自分で手配することも可能。でも金額の高い旅行なので、現地に熟知しているスタッフがいる旅行会社に問い合わせる方が安心。またシーズンや打ち出しているキャンペーンによって個人で手配するよりおトクなケースも。
本書でオススメするのは、海外のラグジュアリーリゾートを専門に取り扱い、豊富な知識と経験を持つ、マゼラン・リゾーツ。あなたのベストパッケージを提案してもらおう。

ℹ️ [マゼラン・リゾーツ] www.magellanresorts.com/

宿泊 / Accommodation

🛎 **バンコクのオススメホテル**
Four Seasons Bangkok　www.fourseasons.com/jp/bangkok/
世界でも有数のサービスを誇るフォーシーズンズホテル。大都会バンコクの中にあっても、そのサービスのきめ細やかさや、快適な客室は常に高い評価を受けている。

🛎 **クッド島のリゾートホテル**
Soneva Kiri　www.sixsenses.com/Soneva-Kiri/
部屋には海側、丘側など数種類のクラスがあるが、一番安い部屋でも十分度肝を抜かされることは確実です。

旅のヒント
Hints for the trip

- 高級リゾートとは言え、ソネバ・キリの滞在のコンセプトは「No Shoes, No News」(日常から離れ、裸足でくつろいで)。気軽な服装で裸足も大歓迎!
- ヴィラ内にプライベートプール、そしてリゾートのプライベートビーチもあるので、泳ぎたい人はいくらでも! 水着は2着持っていってもいいかも。
- 晴れていると日差し、紫外線が強いので、日焼け止めとサングラスは持参しよう。
- ヴィラやビーチ沿いでのんびりする時間がたっぷりあるので、読みたかった本や映画をぜひ。映画の貸し出しもあるが、字幕は付いていないので注意。

スケジュール例
Example Itinerary

1日目▶ 成田発〜バンコク着　ホテルへ　【バンコクのホテル泊】
2日目▶ AM　バンコク発〜ソネバ・キリ着　【ソネバ・キリ泊】
3日目▶ 終日ソネバ・キリ滞在　【ソネバ・キリ泊】
4日目▶ 終日ソネバ・キリ滞在　【ソネバ・キリ泊】
5日目▶ PM　ソネバ・キリ発〜バンコク乗り継ぎ〜成田へ　【機内泊】
6日目▶ 成田着

周辺情報
One more love trip

手頃なのは、やはり前後に立ち寄るバンコク。東南アジア随一の大都会での屋台巡りやチャプラヤー河観光など、タイならではの体験ができる。さらにゴージャスな+αを目指すなら、ソネバ・キリからプライベートヘリコプターでカンボジアのアンコールワットへ。料金もビックリなオプショナルツアーだが、とびっきりの想い出になるはず。

10

TRIP: 10 /『風を感じるロマン溢れる旅』

ギリシャ&トルコ
GREECE&TURKEY

大航海時代へタイムスリップ！
夢とロマンがたっぷり詰まった冒険船「帆船」
で、紺碧のエーゲ海に浮かぶ島々を巡る旅！

ハイテク化が進む現代、あえて、夢とロマンが詰まった帆船に乗って旅に出よう！
帆船の最大の魅力は、帆を操り、風を受け、自由自在に進んでいくこと。木製の舵輪、
そして青空に映える真っ白な帆が、大航海時代へとタイムスリップさせてくれる。
そんなロマン満載の船で、大小合わせて約2,500もの島々がひしめく「エーゲ海」
を突き進む。ふたりを待っているのは、白い宝石ミコノス島などの魅力的な島々から、
遺跡、船首から臨む輝く夕陽まで…。
さぁ、帆を広げ大海原へ出航しよう！

TRIP POINT
旅のポイント

- 😊 夢とロマンが詰まった帆船の旅
- 😊 紺碧のエーゲ海に浮かぶ島で、海遊び
- 😊 世界遺産の宝庫で歴史探索
- 😊 船上ならではのアクティビティを満喫

Sail the wind
～風を切って進もう～

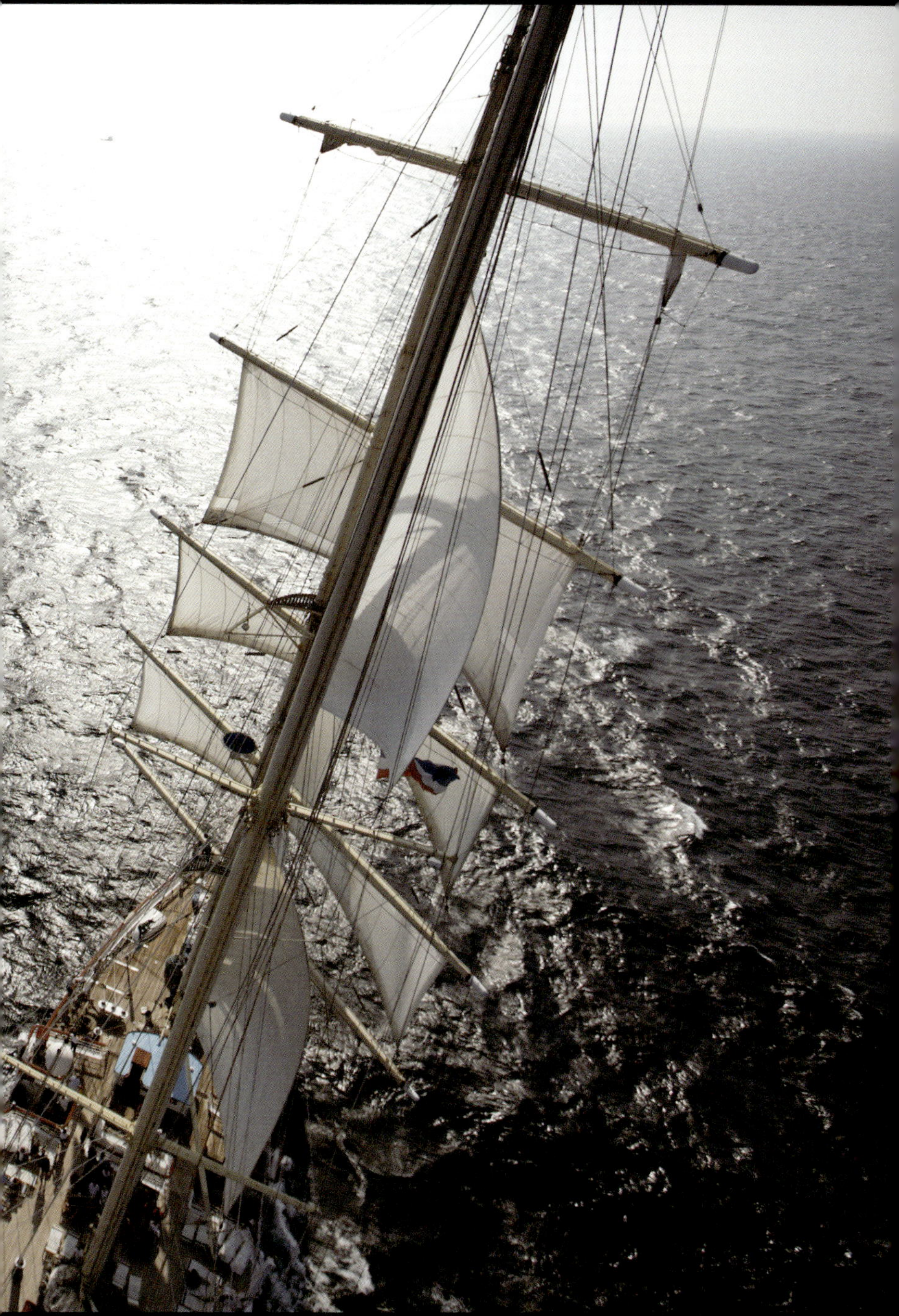

ヨーロッパ文化発祥の地、魅惑のギリシャへ

日本を出発し、地中海きっての港湾都市アテネへ。この街は数千年の歴史を持ち、神話と生活が混じり合うギリシャの首都。せっかくなのでこの街を楽しんでから、帆船の旅へと出航しよう。ホテルで1泊して休んだら、翌日はアテネ観光へ。まずは街のシンボル「アクロポリスの丘」へ。すべてが大理石で創られた階段を上り、丘の頂上へ。そこには最も有名な世界遺産と言っても過言ではない「パルテノン神殿」が悠久の歴史を纏い佇んでいる。紀元前から現在までのアテネを見守ってきたこの神殿から街並みを一望していると、古代ギリシャの喧噪が聞こえてくるようだ。遙かなる歴史に想いを馳せたら、腹ごしらえに。オススメはアテネから車で30分ほどのミクロリマノという町。数々の船が停泊するこの小さな港町には、マリーナを見渡せる素敵なカフェやレストランが軒を連ねている。これから向かう大海原の風を感じながら、新鮮な海の幸を堪能しよう。

旅の相棒、美しき帆船に乗船!

いよいよ大海原へ出航! 港に着くと、夢にまで見た帆船が迎えてくれる。真っ白の帆が青空に映えて輝き、航海への期待が高まる。エンジンで動く船が「最新」とするならば、帆船は「最古」とも言える。しかし、風という自然を動力としたこの船は、同時に地球に優しい「最先端」と呼べるものでもあるのだ。

それにしても、帆船の造形の美しさは、ため息が出るほど。シンプルに言えばカッコイイのだ。「この船で旅に出るんだな〜、だけど風で動くってなんだか不安…」という人も、そこはご安心を。船の中に入り、日に焼けた眩しい笑顔と逞しい二の腕を持つ、経験豊富なクルー(乗組員)に出逢えば、そんな不安も一掃される。チェックインを済ませしばらくすると、いよいよ出航の時。クルー達がテキパキとロープを操り、大きく広がっていく帆を眺めていると、同時にゆっくりと船は岸壁を離れていく。いよいよ偉大なる航海の始まりだ。

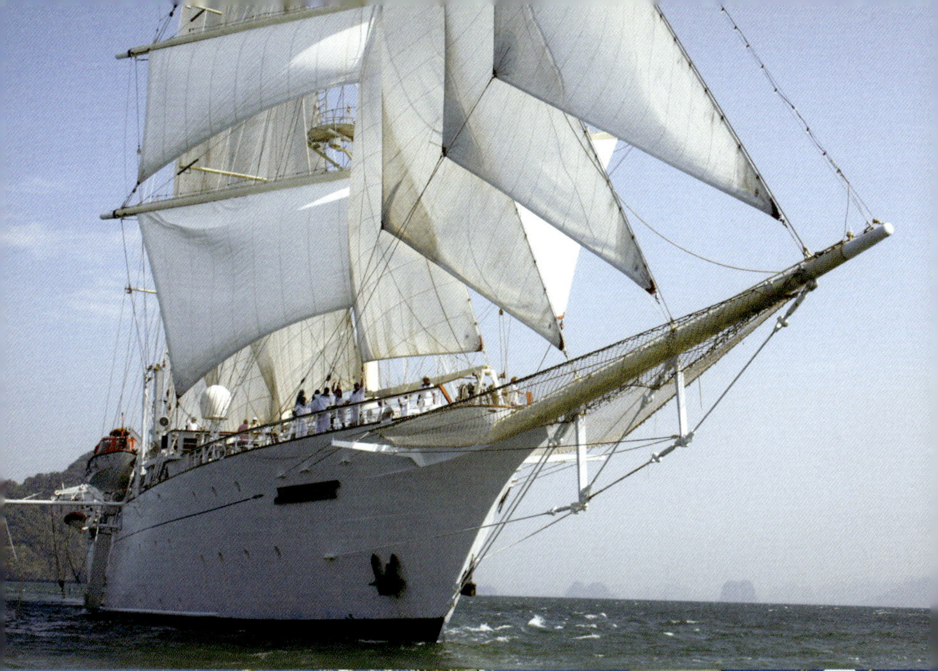
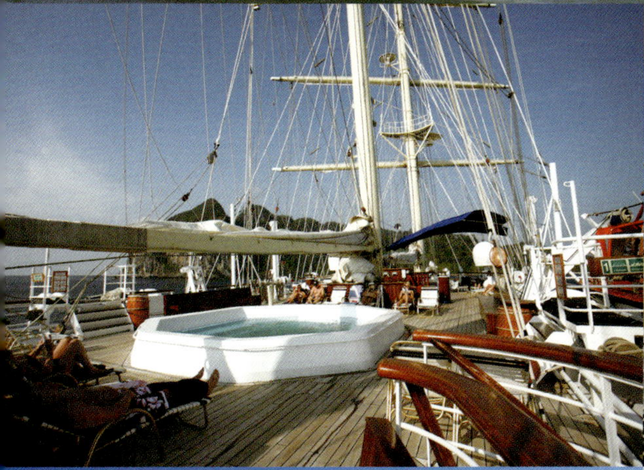
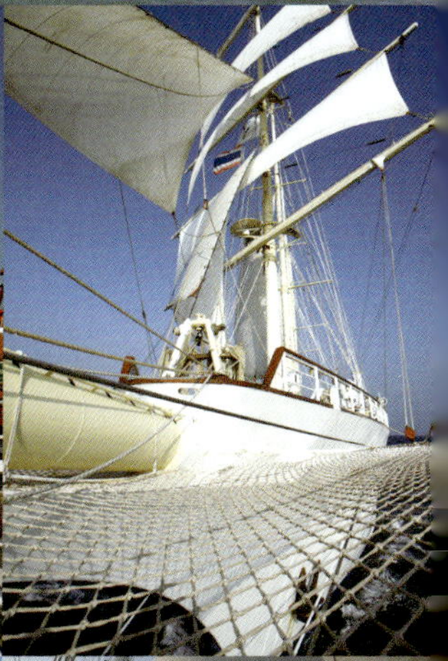
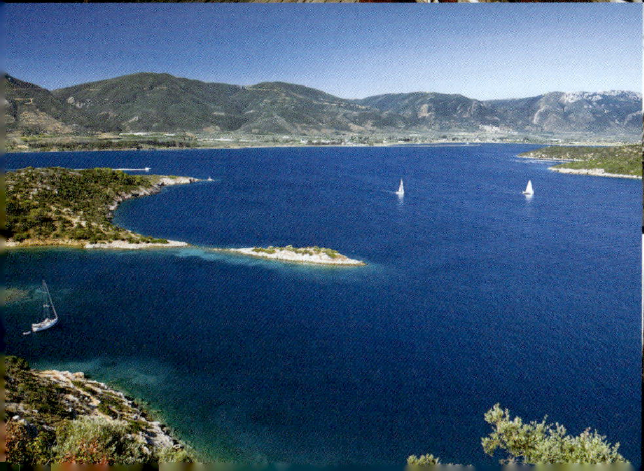
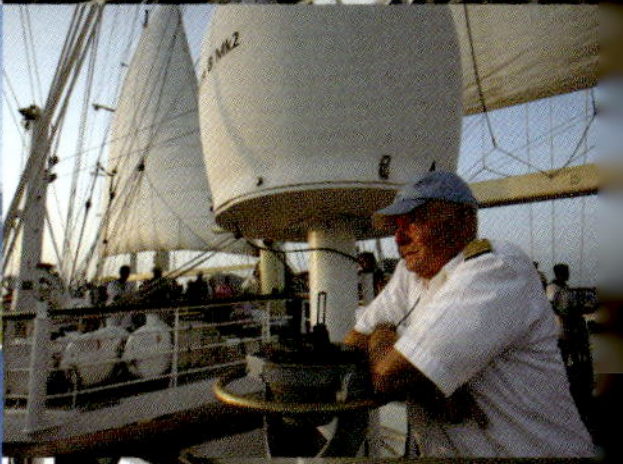
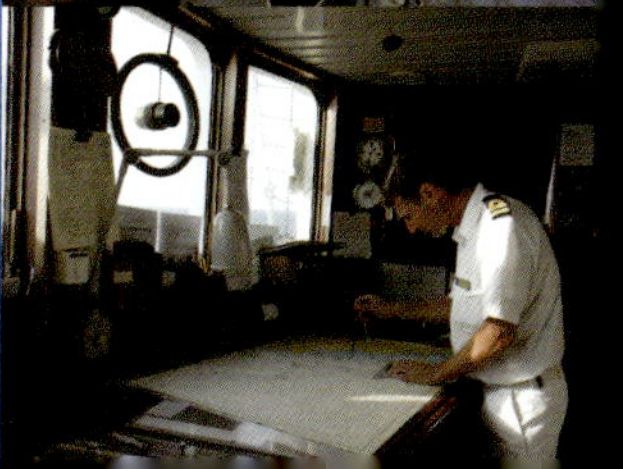

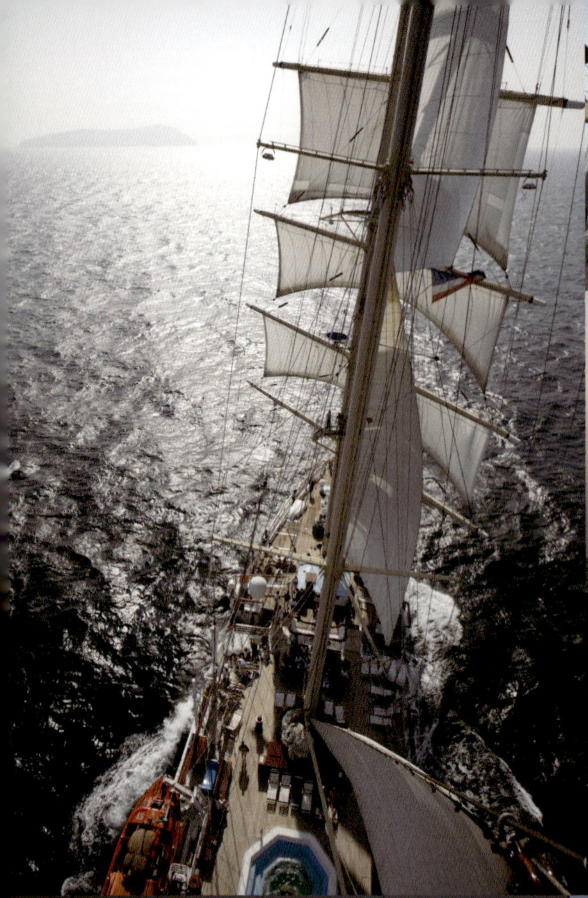
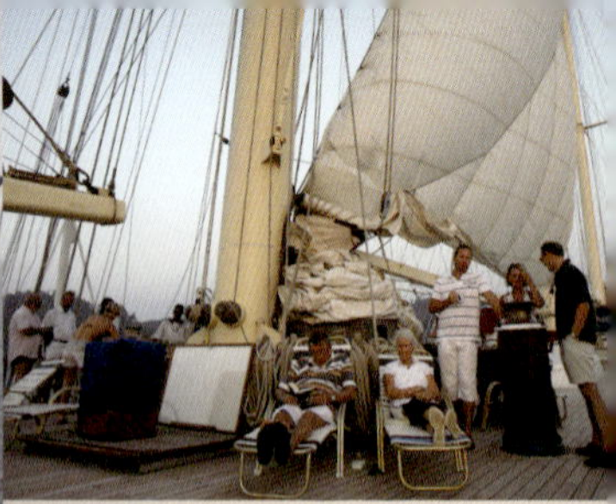
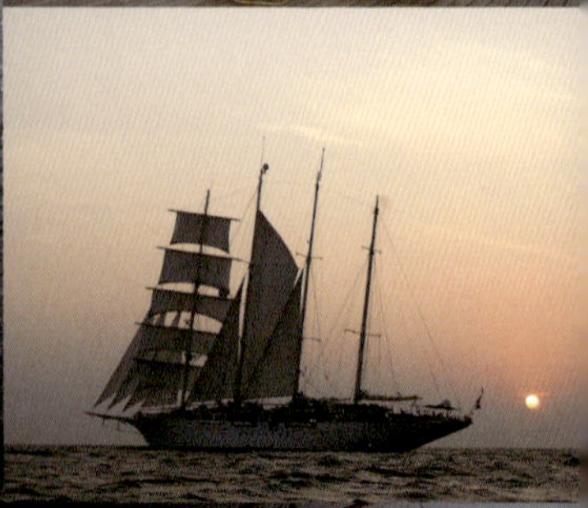
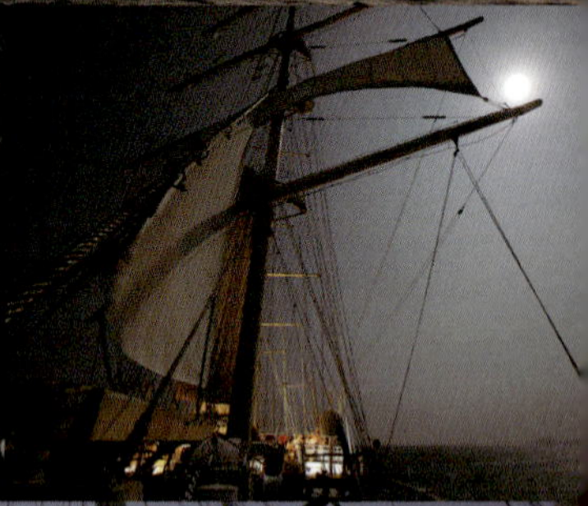
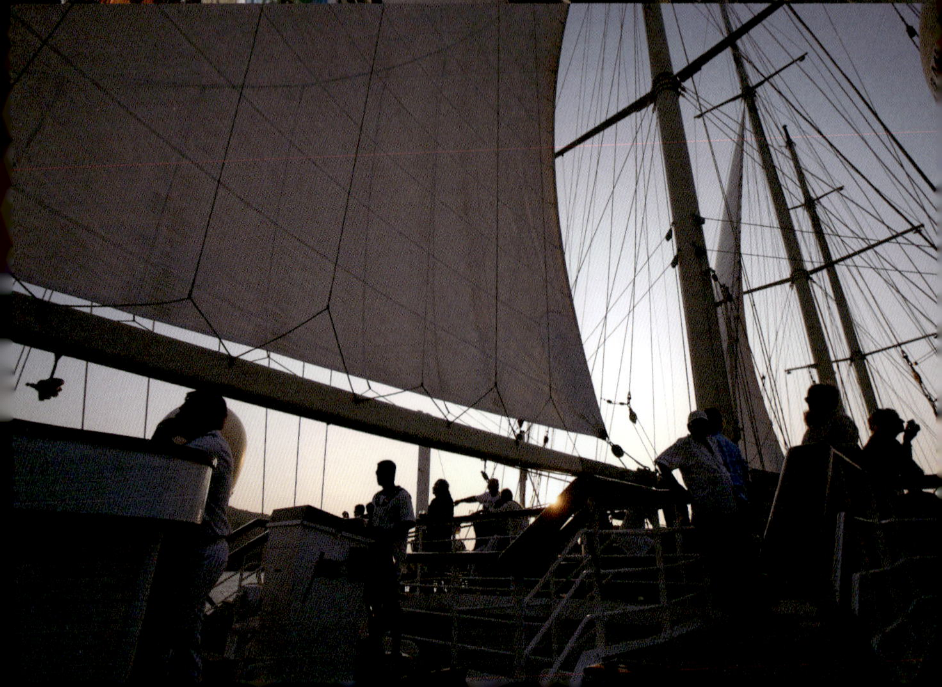

心地よい空間が広がる船内での生活

船旅といえば、移動手段である船での生活も楽しみのひとつ。この船は定員170名と少な目なので、ゲスト同士が友達になりやすい和気あいあいとした雰囲気が広がっている。船内の内装や調度品は、温もりのある木や真鍮で作られていて、品格を高めている。これらは古き良き時代の船旅を再現したもの。まるで大航海時代にタイムスリップしてしまったかのようだ。デッキに出てみると、幾重にも張り巡らされているロープ、大空に向かってそびえるマスト、力強く広がった帆が目に飛び込んでくる。さらに、小さいながらプールも！　船室も品格高くまとめられ、エアコンやシャワーも快適で設備にぬかりはない。食事も、気品溢れるレストランで楽しめるし、夜はバーで静かに飲むこともできる。

エンターテイメントも盛りだくさん

この船の上では様々なイベントも行われる。朝のエクササイズにはじまり、ランチパーティー、趣向を凝らしたゲーム、クルーによるエンターテイメントショー、帆船の航海術レクチャー、そして船員が実際に使用するロープ結びテクニックレクチャーまで。さらに絶対に外せないのが、自分たちが乗る船を動かすための帆の上げ下げ！　みんなで協力して船を動かすことに、ロマンを感じずにはいられない。最後にオススメなのが、マスト登り！　ビルの8階に相当するマストに、ハシゴを使って登れば、大海原に輝く帆船の全景と、蒼く広がるエーゲ海を見渡すことができる。登ってみた者にしか分からない極上の景色を、ぜひ満喫してほしい。

輝く紺碧の海に浮かぶ美しい島々へ

船はギリシャとトルコに挟まれた大小2,500もの島が浮かぶエーゲ海を航行していく。この海で、たくさんの文明が生まれ、国家が生まれ、人々が行き交った。何千年前の人々も同じ景色を見ていたのだろう。船はアテネからトルコのイスタンブールまで、6つの寄港地を巡っていく。「エーゲ海の真珠」と呼ばれるミコノス島から始まり、長く美しいビーチが続くコス島、聖人ヨハネがキリストから啓示を受けた洞窟があるパトモス島、ビザンチン建築の傑作といわれるネア・モニ修道院があるヒオス島、ギリシャ神話「トロイ遺跡」で有名なチャナッカレなど。ビーチでの海水浴やマリンスポーツ、街散策、世界遺産巡りまで、楽しみ方は様々だ。そして、左にヨーロッパ、右にアジアという文明の十字路ダーダネルス海峡を通過すると、ローマ帝国、オスマン帝国などの首都が置かれた歴史都市イスタンブールはすぐ目の前だ。いよいよこの旅も帆をたたむときが近づき、ゆっくりと接岸を始める…。

蘇る想い出の数々。船を導く風、波を読み、変える帆の角度と船の向き。おおらかな時の流れを楽しみ、潮騒に包まれて生きる人々との出逢い…。船旅の醍醐味がたっぷり詰まったこの大冒険は、ありきたりの旅とは、まったく違う魅力が溢れている。

travel information:

旅の予算 / Budget

総予算 34万円〜
※7泊8日／成田からの往復航空券、クルーズ代金込み（一部現地移動費、一部食費除く）

総予算内訳

航空券の目安　11万円〜
＊成田〜フランクフルト乗り継ぎ〜アテネ（ルフトハンザ航空／エコノミークラス往復）＝9〜14万円
＊イスタンブール〜アテネ　（トルコ航空／エコノミークラス片道）＝2〜4万円

アテネのホテル代金の目安　1泊1万6千円〜

イスタンブールのホテル代金の目安　1泊3万円〜
＊アテネは4つ星、イスタンブールは5つ星ホテルに宿泊した場合。
※1部屋（2名利用）の料金、総予算には1名分を計上。

クルーズ代金の目安　23万円〜
＊スターフライヤー、インサイドの船室料金を参考。
※1部屋（2名利用）の1人料金。

旅のシーズン / Best Season

5月後半から10月前半が良いシーズン。クルーズもこの時期が多い。天候が最も安定していて観光客が多いピークは7〜9月前半。冬の11〜3月はオフシーズンとなり、クルーズはこの時期、非常に少なくなる。

行き方 / How to get there

成田からアテネまでは直行便はないので、フランクフルトなどヨーロッパの主要都市での乗り継ぎが必要となる。アテネ空港から乗船地までは車で1時間ほど。荷物もあるので、地下鉄やバスで行くより、格段に楽なのでタクシーがオススメ。

旅の手配 / Arranging the trip

航空券、クルーズ共に個人で予約することが可能。ただし、クルーズの予約は英語サイトのみ。どちらもセットで販売している旅行会社もあるので、気軽に申し込みたい人は利用するといいだろう。また、本書で紹介した帆船の旅はスター・クリッパーズ社のスターフライヤー号。「メリディアン・ジャパン」が日本総代理店なので、申し込む場合は気軽に相談してみよう。しかし部屋に関しては種類が多いので必ず確認しておこう。コースや時期によっては日本人添乗員が同行する場合もあるので、併せて確認を。

[メリディアン ジャパン]　www.meridian-jp.com / MAIL: info@meridian-jp.com
[STAR CLIPPERS]　www.starclippers.com

宿泊 / Accommodation

アテネ、イスタンブール共に、ホテルは事前に手配しておこう。下記ホテルは交通の便がよく、また清潔で快適に過ごせるのでオススメ。

アテネのオススメホテル
Fresh Hotel, Athens　www.freshhotel.gr
アテネ中心部にあるデザインホテル。外観は華やかでカラフル、内装は白を基調としてスタイリッシュにまとめられている。プールやバー、サウナなどもあり、とてもきれいで高級感があるにも関わらず低料金なのが大きな魅力。

🏨 イスタンブールのオススメホテル

The Sofa Hotel www.freshhotel.gr

イスタンブールにはいくつものホテルがあるが、やはり旅の最後は快適なホテルがオススメ。街の中心まで車で約10分、高級ショッピング街のニシャンタシュという街にある。5つ星の中では料金が比較的リーズナブルなのが嬉しい。

旅のヒント
Hints for the trip

😊 クルーズの日程は毎年変わるし、また複数のルートがある。本書で紹介しているルートはスターフライヤー号でギリシャの島々とトルコを巡る8日間のもの。同じエーゲ海でもまた違った航路の帆船クルーズも設定されるので、都度サイトを見て日程を確認しよう。

😊 客船だけに部屋のランクが7つある。もちろん金額が上がるほど、窓が付いていたり、広くなったりと快適さは増す。予算との兼ね合いでどの部屋にするか決めよう。

😊 夏は日差しが強いので、帽子、サングラス、日焼け止めが必要。また昼夜の気温差が大きいので上着を用意しよう。

😊 ディナーやパーティー用に、少しフォーマルな服装も。また、船上にはプールもあるし、寄港地で泳げる機会もあるので水着も用意しよう。

😊 ギリシャ正教に関する場所や修道院を見学する時は、女性はスカート着用が原則。男性も短パンは避け長いズボンを。

😊 船上での支払いは、クレジットカードをベースにしたIDカードを使用するので、忘れずに携帯しよう。

😊 看護師も同乗しているけど、自分の常備薬も持参しよう。

😊 船上では船長立ち会いの船上ウェディングができる。それに誕生日&結婚記念日、ハネムーンのカップルにはフルーツバスケットとシャンパンがプレゼントされる。あてはまるものがあれば、事前に連絡しておこう。

スケジュール例
Example Itinerary

- 1日目 ▶ 成田発〜フランクフルト乗り継ぎ〜アテネ着 【ホテル泊】
- 2日目 ▶ アテネ発 【船上泊】
- 3日目 ▶ ミコノス島（ギリシャ）【船上泊】
- 4日目 ▶ コス島（ギリシャ）【船上泊】
- 5日目 ▶ パトモス島（ギリシャ）【船上泊】
- 6日目 ▶ ヒオス島（ギリシャ）【船上泊】
- 7日目 ▶ ディキリ（トルコ）【船上泊】
- 8日目 ▶ チャナッカレ（トルコ）【船上泊】
- 9日目 ▶ イスタンブール（トルコ）【ホテル泊】
- 10日目 ▶ イスタンブール発〜成田着

周辺情報
One more love trip

トルコは、西に向かえばヨーロッパ、東に向かえばアジア、北に向かえばロシア、南に向かえば中東と、ユーラシア大陸の交差点のような場所。そのトルコ観光でオススメなのが、やっぱりカッパドキア。100㎢の台地にキノコや煙突の形をした奇岩が林立し、まるで異世界に迷い込んでしまったよう。地下都市や博物館、国立公園など見所を巡るツアーもあるので参加したい。奇岩をくり抜いた穴が客室になっているホテルもあるので、薄暗くて、ほんのり暖かみのある明かりの中で疲れを癒そう。ここでは、気球に乗ることもできるので、旅の最後に空に浮かび、海・陸・空を制覇してみるのも素敵。

TRIP: 11 / 『手つかずの秘境を駆け巡る旅』
オーストラリア
AUSTRALIA

誰も知らないオーストラリアの大秘境へ！
4WDで荒野を駆け巡り、大自然、野生動物、
満天の星空に出逢うオフロードトリップ！

僻地、荒野…オーストラリアに点在する、このような大自然を指す言葉「アウトバック」。そう、秘境だ。その中のひとつ、南オーストラリアの「ガウラーレンジ国立公園」が、この旅の舞台。その過酷な大地に佇む極上キャンプを拠点に4WDで駆け巡る、魅惑のサファリ体験を楽しもう！縦横無尽に走り回るカンガルー、ウォンバット、エミューなどの野生動物や、地平線を覆う真っ白な大地、夜空に浮かぶ満天の星空ショーがふたりを待っている。海へと少し足を伸ばせば、イルカやアシカにも出逢える本当に贅沢な大冒険。ぜひ、お試しあれ！

TRIP POINT 旅のポイント
- 広大なアウトバックを4WDで疾走
- 豪華&快適キャンプ体験
- 神秘の白い大地に立つ
- 陸と海の野生動物に出逢う

Together to great nature
～ふたりで大自然へ～

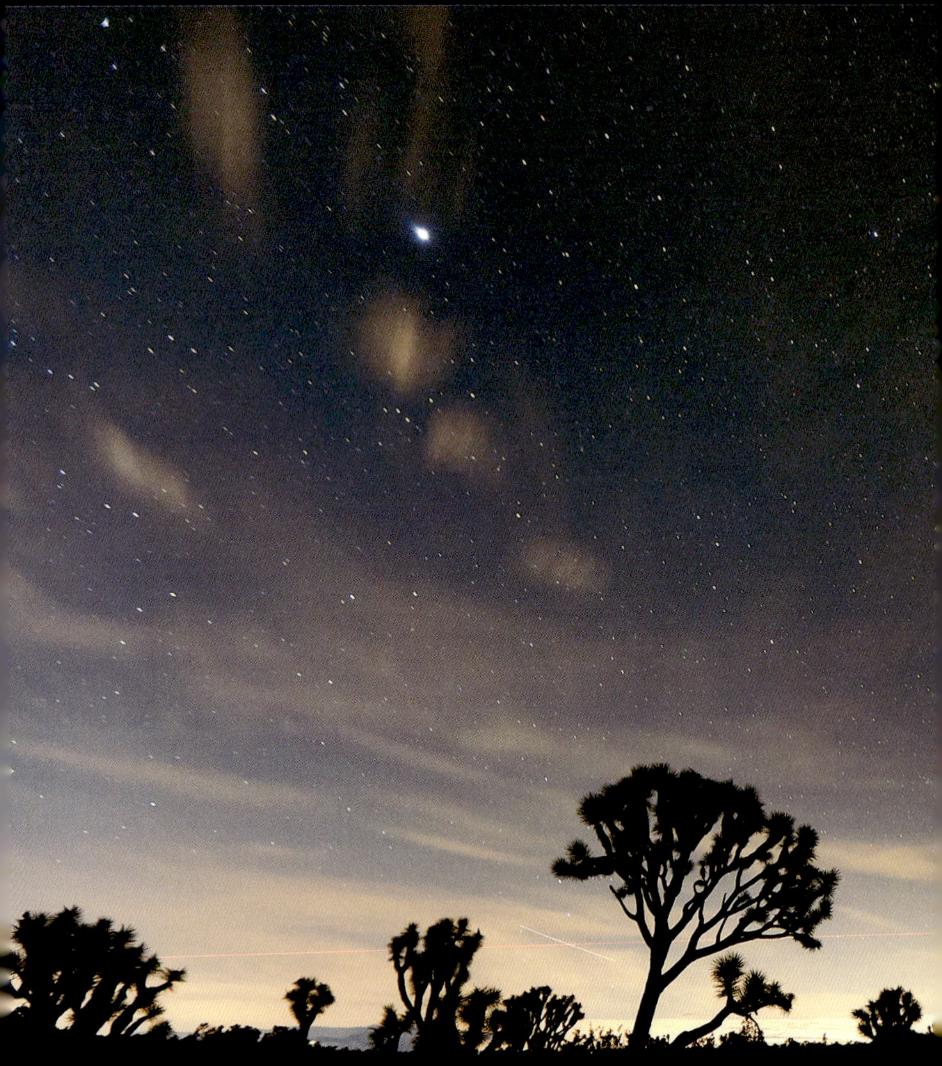

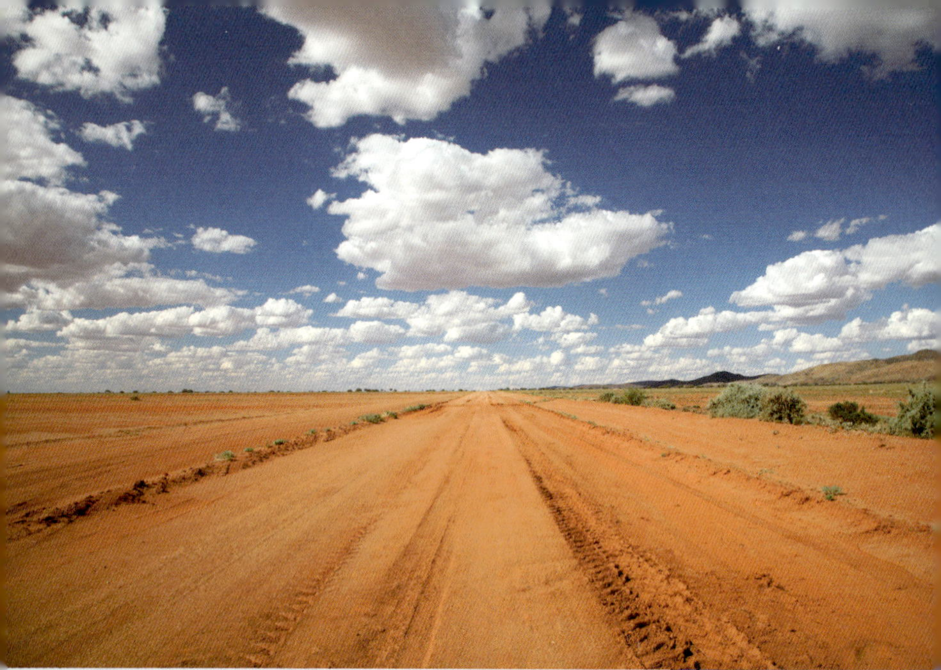

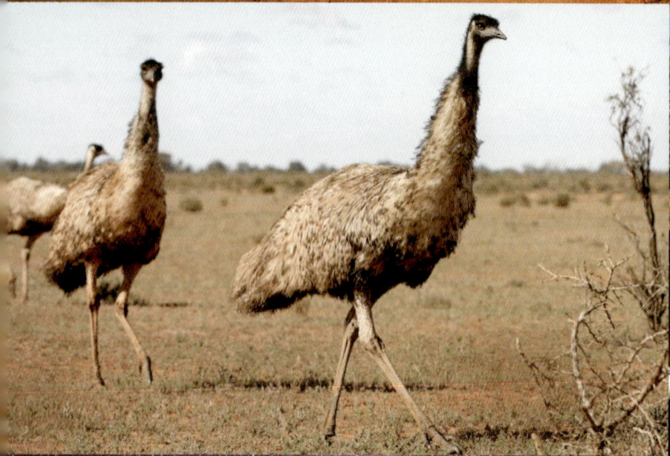

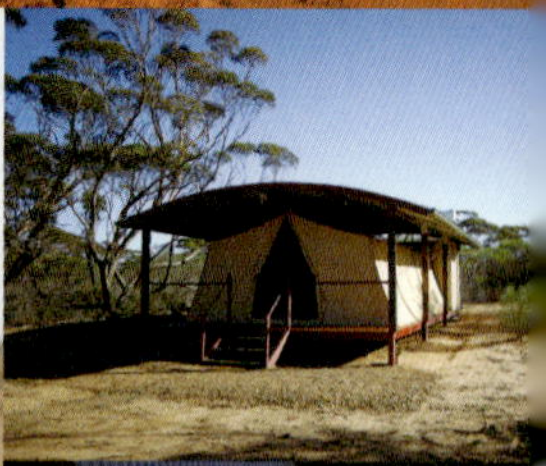

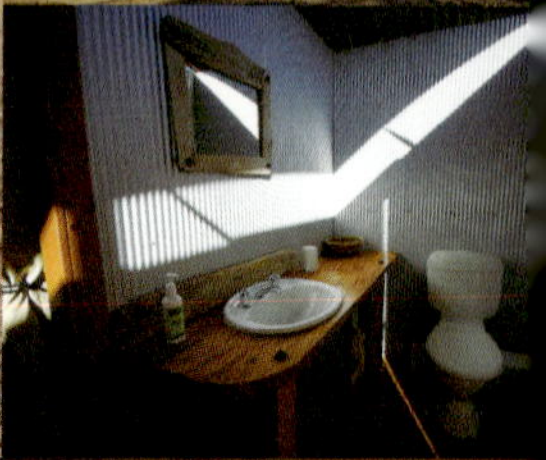

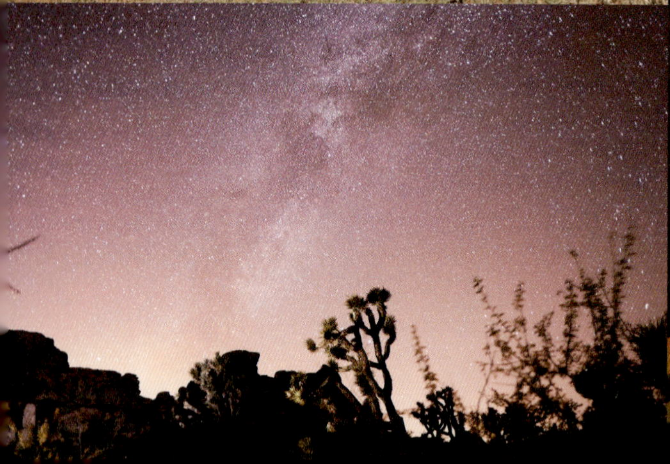

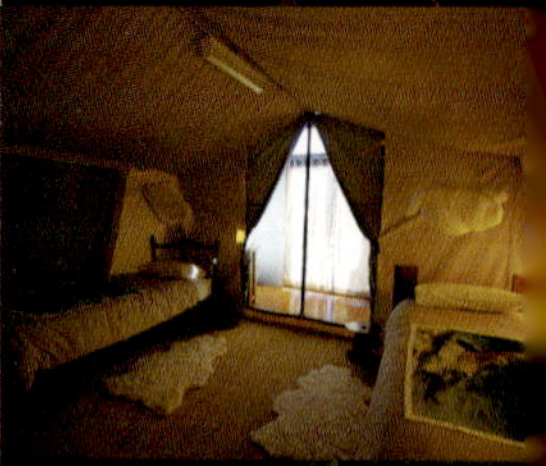

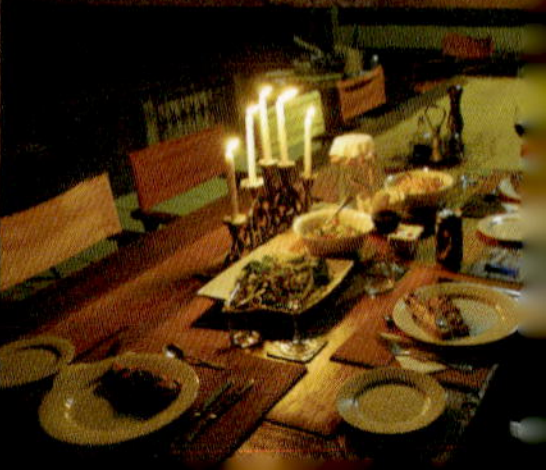

大自然に抱かれる、贅沢なアドベンチャー

南オーストラリア州南部、エアー半島の中央に位置する「ガウラーレンジ国立公園」。ここは自然の力によって創られた、壮大なスケールの生命圏。どこまでも続く赤茶色の果てしない大地は、地質学的にもとても貴重な存在で、生息する動植物と共に保護の対象ともなっていて、まさに大秘境。そんな広大な大地を、専用の四輪駆動車＝4WDで豪快に走り抜けよう！ 車を降り、大地に立つと「いったい、自分はどこにいるのだろう？」と不思議な感覚に陥る。それは、目の前を駆け巡る大型鳥類エミューやカンガルーの大群、そして手つかずの自然溢れる大地がそう思わせるのだろう。

ふたりをさらに盛り上げるのは、140種類以上もの色鮮やかな野鳥のさえずり。人のいない大地がこんなにも賑やかなものかと、その大音量の音楽隊には少々困惑してしまうほど。鳥たちが寝床へかえり、束の間の静寂に包まれる頃、あたりは神秘的な夕景に包まれる。境界線のない大地に沈むドデカイ太陽！ まさに自然の壮大なスケールを体感する瞬間だ。

夜の最大の楽しみは、貸切の天体ショー！ 手を伸ばせば届きそうなほど、間近に迫る夜空。そこに無数に煌めく星。吸い込まれそうなほどの迫力に、ついため息が漏れる。裸眼で鑑賞したら、次はこのキャンプにある望遠鏡で空を眺めてみよう。無数の星と共に、土星や木星までも見え、しかも天候次第では、普通のデジタルカメラでも撮影できてしまうというから驚きだ。大自然に抱かれる贅沢なひとときを、隣に寄り添う大切な人と分かち合おう。

豪華で快適なテントが、旅のベースキャンプ！

ガウラーレンジ国立公園の入口に建つ、「カンガルーナ・キャンプ」がこの旅の宿泊地。キャンプといえば、上品さとは対極にあるワイルドなものをイメージする。特にこの僻地であればなおさらだ。しかし、このキャンプはラグジュアリーさも持ち合わせた極上のもの。過酷な環境で、いかに快適に過ごせるかを考えぬいた末に、完成したこのテント。これはアウトバック・アーティストでもある、このキャンプのオーナー自身が建てたものなのだ。

そんなテントに足を踏み入れると、これまでのイメージを覆す、上質で快適な空間に驚く。一点ものの家具がセンスよく配置され、窓からは気持ちのよい陽光がたっぷりと降り注いでいる。もちろん、シャワー・トイレも完備されているので、女性も安心だ。

気になる食事はといえば、嬉しいことにこちらもオーナーの手づくり。オージービーフのステーキやこだわりのオーガニックサラダなど、心遣いに溢れた美味しいコース料理は、忘れられない想い出になるだろう。そして大自然に抱かれたディナーの後は、満天の星空の下でキャンプファイヤーを。赤々と揺らめく優しい炎を見つめながら、ワインを片手にこのアウトバックの魅力に酔いしれよう！

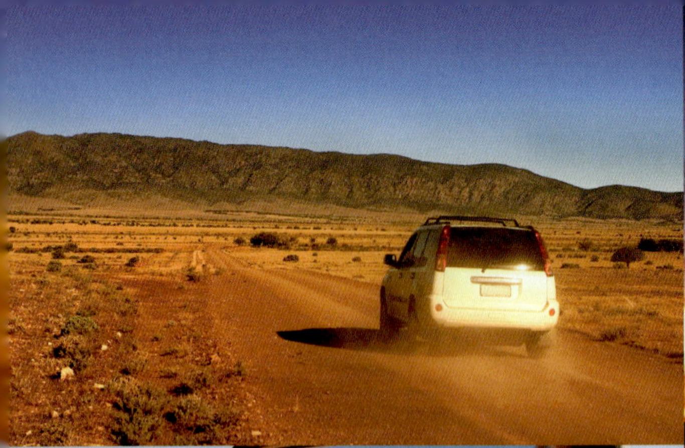
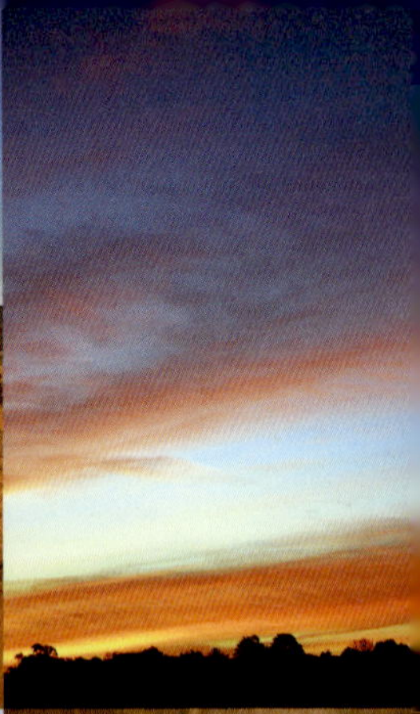
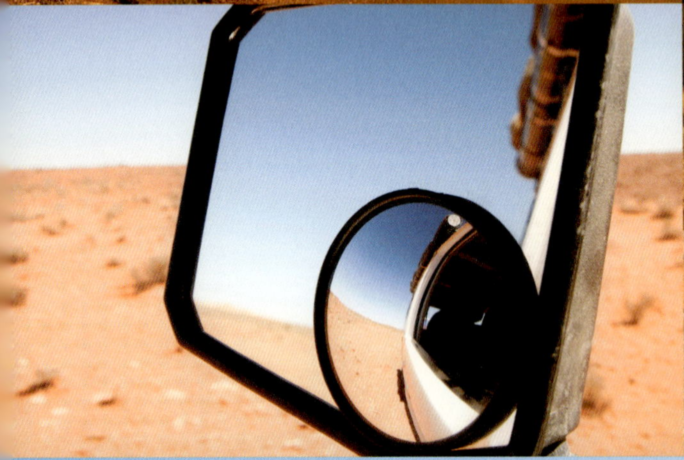
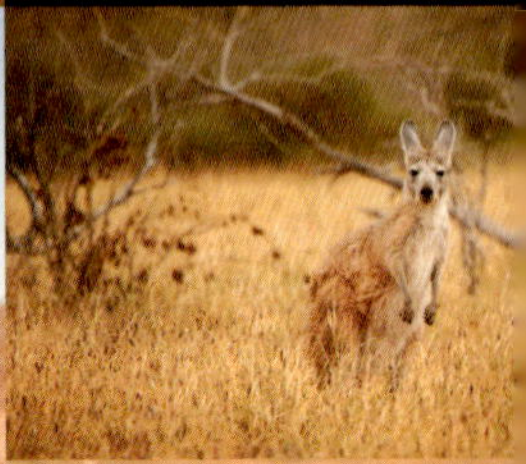
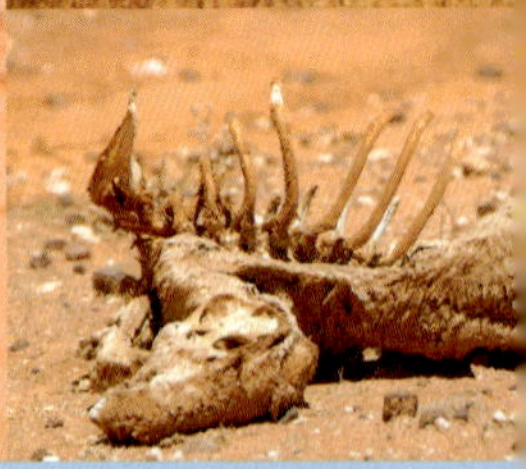
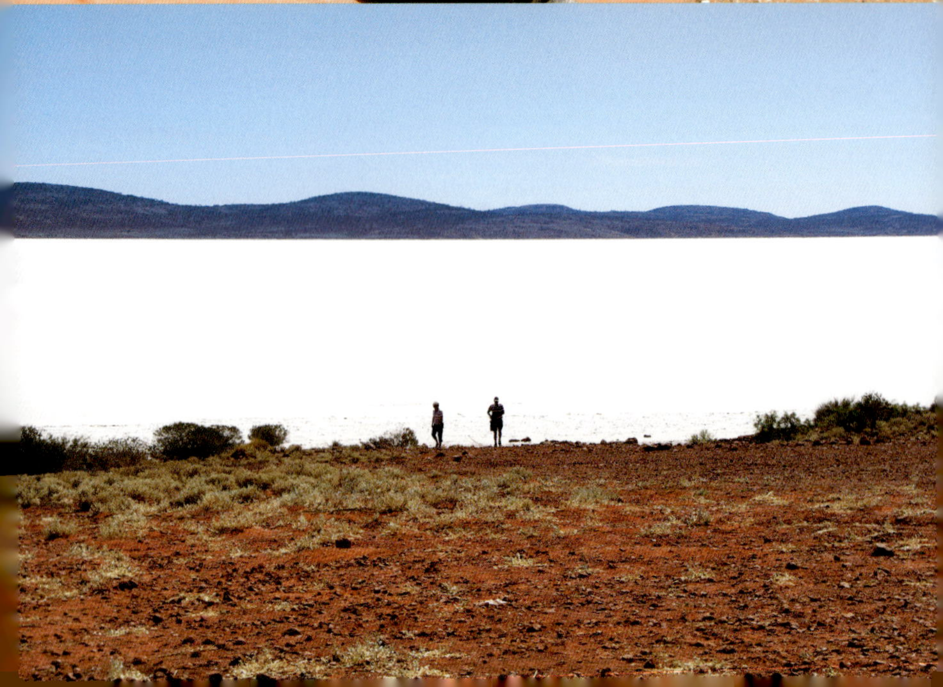

純白の大地で、永遠の愛を誓う

翌日は、ベースキャンプから車で1時間半ほど北上してみよう。すると突然、目の前に純白の世界が広がる。「こんな季節に雪?」と思わず目を疑う驚きの光景だ。その正体は、琵琶湖の6倍はあるという塩の湖「レイクゲイドナー(ゲイドナー湖)」。赤茶の大地、真っ青な空、そして地平線を覆うほどの真っ白な塩のコラボレーション。この世のものとは思えない、美しく幻想的な世界が広がっている。実はこの芸術、湖の水が干上がる乾季(11〜3月)にだけ生まれる奇跡。陽の光を受けキラキラと輝く純白の大地をふたりで歩く。そこはまるで神秘のバージンロード。大自然の奇跡の中で、永遠の愛を誓おう。

海でも大冒険!

アウトバックの魅力をたっぷり満喫した後は、海の冒険へ。舞台はガウラーレンジ国立公園から、車で3時間ほどの距離にあるベアード湾。ここは、アシカの大コロニー(群れ)があることでも有名な場所だ。到着すると、かわいいオーストラリアアシカたちが出迎えてくれる。嬉しい気持ちになったところで、小型船に乗り込み、クルージングスタート。しばらくすると、好奇心旺盛なバンドウイルカに船を取り囲まれる。船が作り出す波を遊び場に泳ぎまわるイルカたち。連れて帰りたくなるほど、かわいくてしょうがない。…となれば、もう一緒に泳ぐしかない。ウェットスーツを着込んだら、イルカたちの待つ海へとダイブ! 好奇心旺盛なイルカ、そしてアシカも、目が合うほどの距離まで大接近。興奮しながらも、その愛らしい瞳に、心を奪われること間違いなしだ。さぁ、海の友達をつくる大冒険に行ってみよう!

最後の夜は、アデレードで乾杯!

クルーズを終えると最寄りのセデューナから、美しく整備されたロマンチックな街並が続く、アデレードへ。美食の街としても有名なこの街には、オーストラリアの都市の中で最多の700軒を超えるレストランがある。最後の夜、オススメはなんといってもシーフード! 近海でとれた新鮮な魚介類を、惜しみなく使った料理は絶品。大自然を満喫し、ちょっぴり日焼けしたふたりでテーブルを囲もう。楽しい想い出と忘れられない自然の景色を胸に、オーストラリアワインで乾杯しよう!

travel information:

旅の予算 / Budget

総予算 35万円〜

※4泊7日／成田発着のツアー代金(一部食費、空港税など除く)

総予算内訳

🧳 **日本発着ツアー代金の目安　35万円〜**

＊成田〜シドニー乗り継ぎ〜アデレード往復航空券、アデレート〜ポートリンカーン片道航空券、セデューナ〜アデレード片道航空券、添乗員同行、カンガルーナ・キャンプ3泊、アデレードのホテル1泊、食事(朝4回、昼5回、夕4回)、アウトバックツアー、アデレード湾ツアーなどが含まれたパッケージツアーの金額。

旅のシーズン / Best Season

オススメはゲイドナー湖が干上がる、乾季(11〜3月)。海に入ることもできるのが、この時期。予定を調整して、このベストシーズンに訪れよう。

行き方 / How to get there

成田を出発し、シドニー、アデレードを乗り継いでポートリンカーンへ。行き先は「僻地・秘境」。そのため、2回乗り継ぎが必要になる。空港に着いたら、旅行会社の送迎車が待機している。それに乗り込めばガウラーレンジ国立公園に到着だ。

旅の手配 / Arranging the trip

アウトバックでのツアーは、個人では分かりにくいオフロードが続く。現地での4WD車手配も含め、ツアーでの予約をオススメする。本書で紹介したツアーを催行しているのが、「ism」。催行時期は年によって異なるので、早めに問い合わせをして予定を組もう。

ⓘ [ism] www.shogai-kando-australia.com

参考ツアー　「オーストラリア　大自然の旅7日間　本物のアウトバック　高級サファリキャンプ滞在で満点の星空と野生動物に逢う」

宿泊 / Accommodation

🏕 **ガウラーレンジ国立公園のキャンプ**

Kangaluna Camp　www.gawlerrangessafaris.com/kangaluna_camp.htm

僻地とラグジュアリーを融合させた、快適なキャンプ。もちろん周囲には商店などはない。アウトバックの大自然を堪能するには最適なところ。

旅のヒント
Hints for the trip

☺ サファリ散策などは歩くことが多いので、両手を空けられるリュックサックを持っていこう。また歩きやすい靴は必須アイテム。
☺ 乾期に訪れるなら、砂埃に注意しよう。カメラやビデオなどは砂埃に弱いので、ビニール袋など保護するものをお忘れなく。
☺ 夏でも水温が低くなることがあるので、海に入るときはウエットスーツの着用がオススメ。ツアーに参加すれば、ウエットスーツや、タオルなど必要な物はすべて無料でレンタルできる。

スケジュール例
Example Itinerary

1日目▶ 成田発〜シドニーへ 【機内泊】
2日目▶ シドニー発〜アデレード乗り継ぎ〜ポートリンカーンへ　ガウラーレンジ国立公園　サファリツアー 【カンガルーナ・キャンプ泊】
3日目▶ ガウラーレンジ国立公園　サファリツアー 【カンガルーナ・キャンプ泊】
4日目▶ ガウラーレンジ国立公園　ゲイドナー湖 【カンガルーナ・キャンプ泊】
5日目▶ AMベアード湾クルーズ　PMセデューナ発〜アデレードへ 【ホテル泊】
6日目▶ アデレード発〜シドニー乗り継ぎ〜成田へ 【機内泊】
7日目▶ 成田着

周辺情報
One more love trip

旅の帰路は南半球を代表するグローバル都市シドニーに立ち寄ってみよう。シドニーのシンボルとされるハーバーブリッジや世界遺産のオペラハウスなどをはじめ、輝くビーチに賑やかなショッピング街、おしゃれなレストラン……少し足を伸ばせば青く輝く世界遺産のブルーマウンテンへも行けちゃう港に面した、盛りだくさんの街。そして世界3大美港の一つとして数えられているほど港の景観が美しいところでもあるのだ。ふたりにオススメなのはディナークルーズ。その至極の夜景を楽しみながら、フレッシュな海の幸を使った絶品ディナーとオーストラリアワインで最高の夕食を！そしてライトアップされたオペラハウスを臨むシャングリラホテルに宿泊しふたりで最高の夜を過ごしてみよう！

12 イタリア ITALY

TRIP: 12 /『都会と田舎を味わい尽くす旅』

憧れのイタリア人になっちゃう⁉
ローマ、フィレンツェでプチ移住＆田舎暮らし体験！ 暮らすからこそ味わえる本物のローマの休日を！

誰もが憧れる、長靴の形をしたイタリア。かつてローマ帝国時代は「世界の中心」でもあっただけに、豊かな文化や遺跡、郷土料理に満ち溢れている。いざ行こうと思っても、パッケージ旅行だと、ありきたりでつまらない。せっかくふたりで行くんだから、ふたりならではのイタリアを体験したい。そして、できれば暮らしてみたい！ そんなあなたにオススメは、ズバリ個人手配！ ふたりの要望をすべて満たす旅を作ってしまおう。でも、全部自分で手配するのは、面倒だし、不安…。そんなときは気軽に旅行会社に頼っちゃえ。本書ではリーズナブルだけど楽しめる、オススメのモデルケースをご紹介。これを参考に、世界遺産の宝箱イタリアで、ふたり流のプチ移住体験を実現しちゃってください。

TRIP POINT 旅のポイント
- イタリアでプチ移住、街と田舎のどちらも味わう
- 極上のイタリア料理三昧！
- 短い日程でも列車や専用車を駆使して効率良く遊ぶ
- 家具付きアパート、ブティックホテル、アグリツーリズモ…宿にこだわる旅

A True Roman Holiday
～ふたりでローマの休日を～

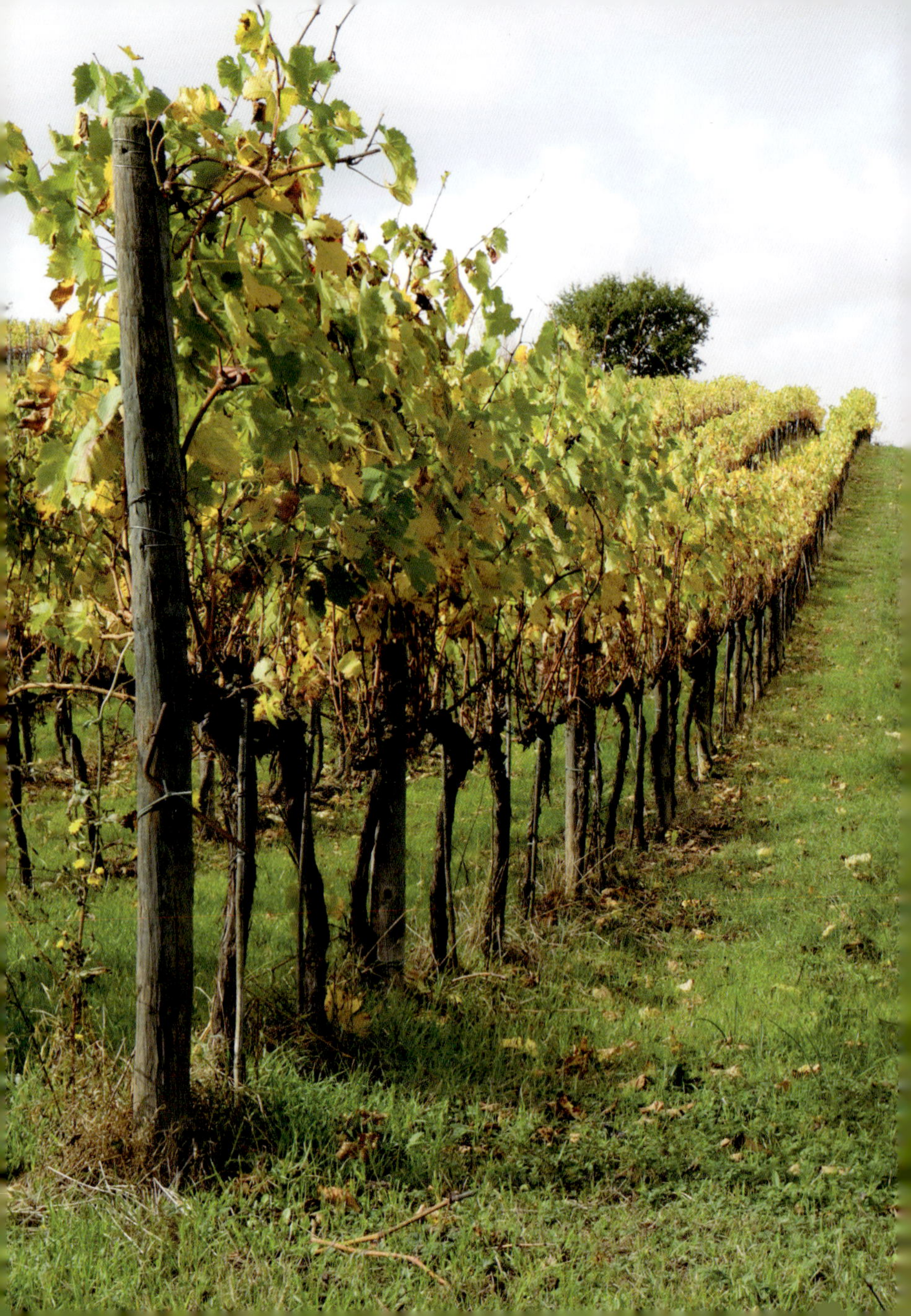

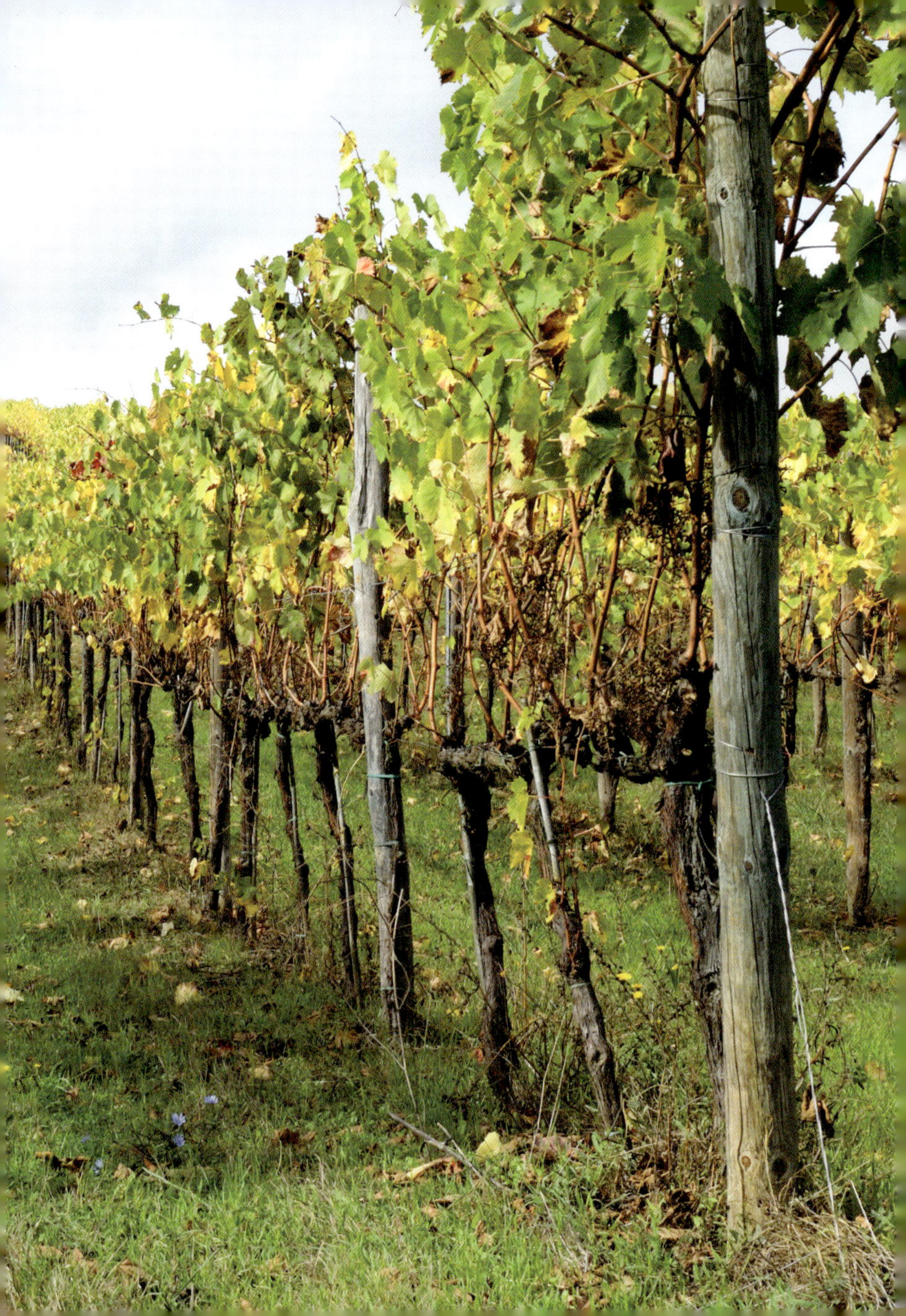

キッチン付きアパートで、ローマ暮らし！

空港に降り立ち、到着ロビーに進むと、あなたの名前を書いたサインを持っている陽気なドライバーが。慣れない街のスタートなので送迎をあらかじめ手配しておくと、心配の種も減るし、時間も効率的。空港から街中に入ってくると、テンションが一気に上がる。大都会なのに、たくさんの古い建物が並んでいて、なんとも言えないローマ独特の雰囲気に包まれる。ショッピングの中心地「スペイン広場」に着いたら、最初の宿はもう目の前。観光地ローマにはいくつものホテルがあるが、せっかくのふたり旅、キッチン設備も付いたアパルトマン（家具付きアパート）に泊まってみよう。ふたりでロマンチックなディナーに出かけるのもいいが、食材を買い込んで、ふたりで料理してみるのがオススメ。街中に入り込んで、スーパーマーケットでお買い物。迷いながら選んだ食材を、自分たちのアパートに持ち帰り、ふたりで仲良く料理…。まるで、この街で暮らしている感じがして、旅行とはまた違う感覚を味わえるはず！

感覚と嗅覚の導くままに、新しい発見を

もちろん街散策も楽しい。外せない見所としては、バチカン市国内のサン・ピエトロ大聖堂！ スイス人衛兵に守られるカトリックの中心は、世界でも類を見ない幻想的な雰囲気に包まれている。そしてお決まりはやっぱり、サンタ・マリア・イン・コスメディン教会にある「真実の口」。偽りのある人が手を口に入れるとそのまま切り落とされるか、抜けなくなると言われている。ふたりの愛が真実かどうか、やっぱり試しておかないと！…とまぁ、お決まりの観光スポット巡りや、ショッピングはもちろんだが、せっかくなので、自分の感覚と嗅覚だけを頼りに、気ままに散歩をしてみよう。ガイドブックに載っていない可愛らしいカフェや雑貨屋を見つけられたり、香ばしい匂いに誘われて絶品ピッツァに出逢えたり…。きっとローマが大好きになるはずだ。

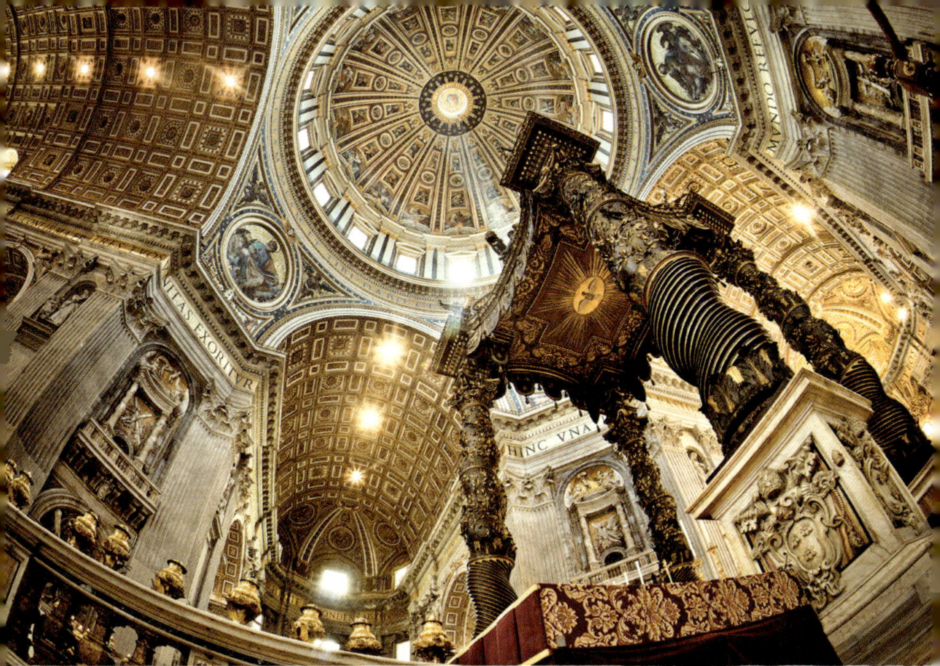
HINC VNA
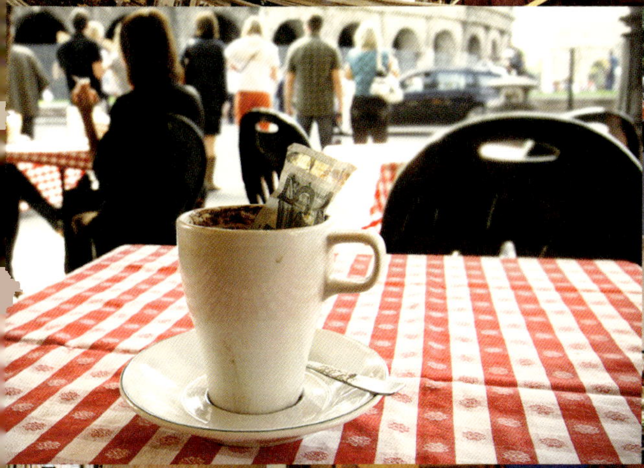
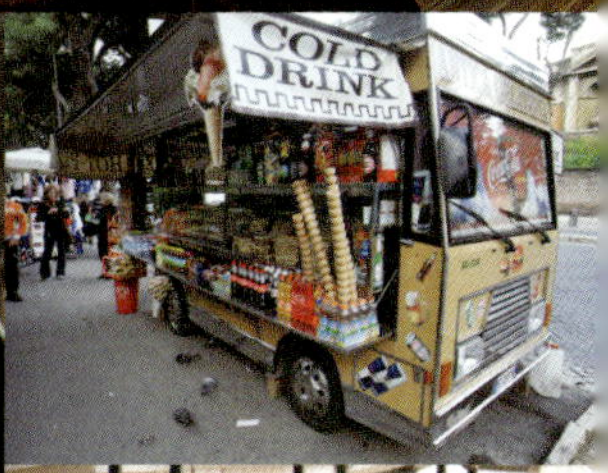
COLD DRINK
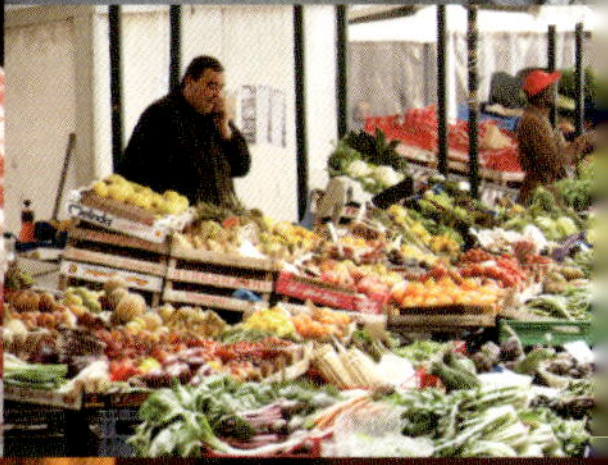
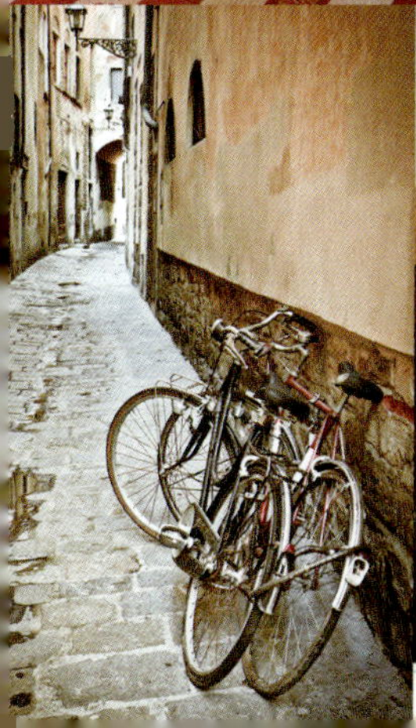
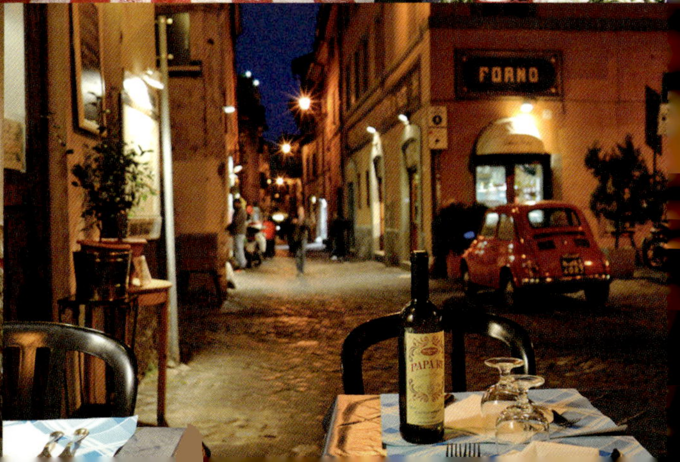
FORNO

農園付きの宿で、贅沢な時間と食事を満喫

都会を堪能したら、今度は田舎のイタリアへ。今やヨーロッパではひとつの旅行スタイルとして確立している、農園付きの宿「アグリツーリズモ」へ行ってみよう。優雅に専用車でローマ郊外の「イレ・ロイフ」へ。そこには、ローマとは打って変わって田園風景が広がる。豊かな自然と農園に囲まれ、澄んだ空気に包まれる。「田舎ステイ」をメインコンセプトにしているアグリツーリズモは、簡単に言えば、農家が経営する民宿。都会と違った田舎ならではの時間の流れと空気を楽しみながら、地産地消をベースとした地元の食材で作られる料理を味わうことができる。ここでは、とにかくふたりでのんびりしよう。庭に並ぶデッキチェアに寝そべったり、周囲を散歩したり、降り注ぐ地中海の太陽の下、プールでゆったり泳いだり…。またここには「ビューティーセンター」という施設があり、各種マッサージ、トルコ風呂、ハイドロマッサージプール等、身体をリフレッシュできるアクティビティも豊富に揃っているので、心ゆくまで、贅沢な時間を満喫しよう。

空が夕焼けに染まる頃には、お楽しみの夕食だ。庭とプールを見晴らすテラスに座って、採れたての新鮮野菜をふんだんに使ったイタリア料理を。お好みで「ガッツリ」イタリアンか、胃に優しい「ヘルシー」メニューのどちらかを選べる。夜は併設されているワインバーで、極上のイタリアワインを楽しもう。グラスで色々と飲み比べて、ふたり好みのワインを見つけてみるのも楽しい。

絵画？ 映画？ 非現実の世界に迷い込もう

翌日、午後の出発までゆったり時間を楽しんだら、お迎えの専用車で出発。いよいよ旅は後半へ。車でローマのメインターミナル、テルミニ駅に到着したら、ユーロスターの1等車に乗り込み一路、フィレンツェへ。ルネッサンス発祥の地として知られ、また数多くの芸術家を輩出してきたこの街は、景色すべてがひとつの絵画のごとく美しい。中世の頃の住居や教会が現存し、どこを散歩しても目を奪われる街並みばかりで、本当にロマンチック！ もちろんここも、宿にはこだわろう。とってもおしゃれなブティックホテル「JK Place」がオススメ。ツアーでは用意されることはない、こういった小さな宿に泊まれるのも個人旅行の大きな魅力だ。

そして、フィレンツェで必ず訪れたいのが、神の家＝ドゥオーモ「サンタ・マリア・デル・フィオーレ大聖堂」だ。威厳たっぷりにそびえ立つ外観にも感動するが、屋上から臨む景色が格別。眼下に広がるフィレンツェの街並みは、映画の中に迷い込んだのか、中世にタイムスリップしてしまったのか…と、非現実感に包まれるほど美しい。

ここで、物語の主人公さながらに、普段は照れくさくて言えない心の台詞を叫んで、旅の最高のクライマックスとしよう！

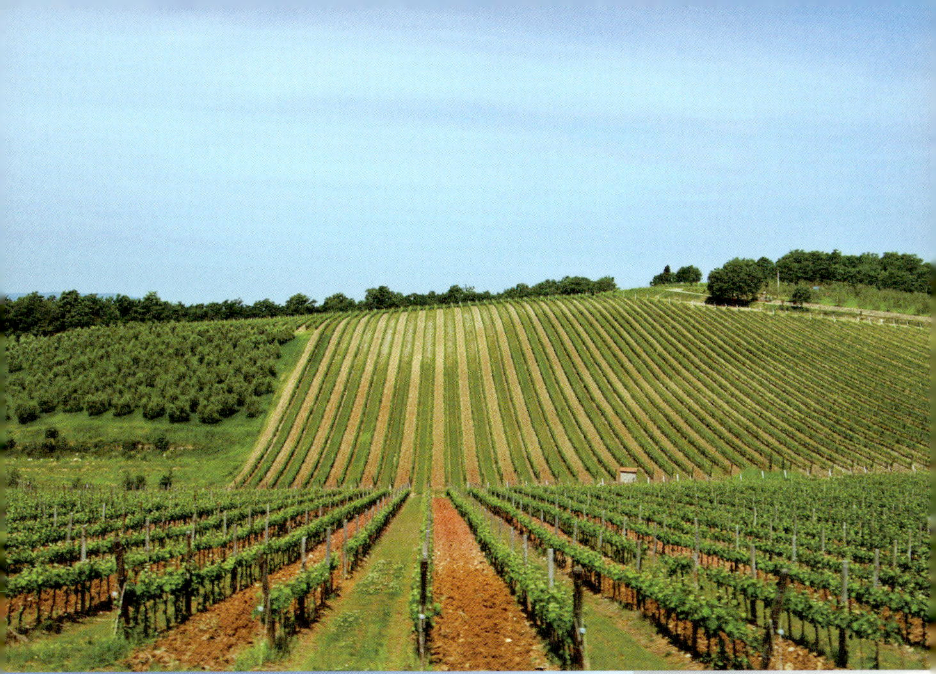
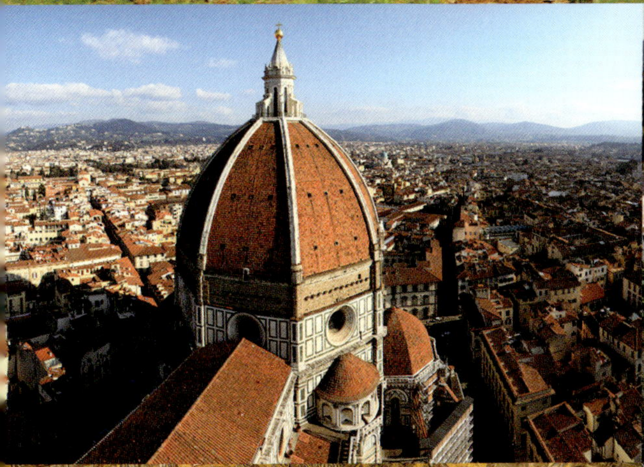
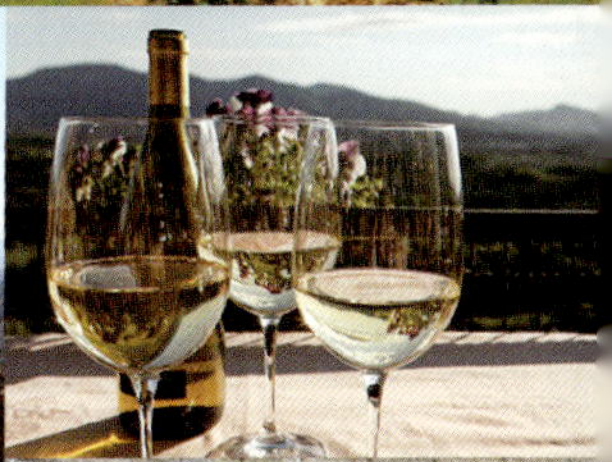
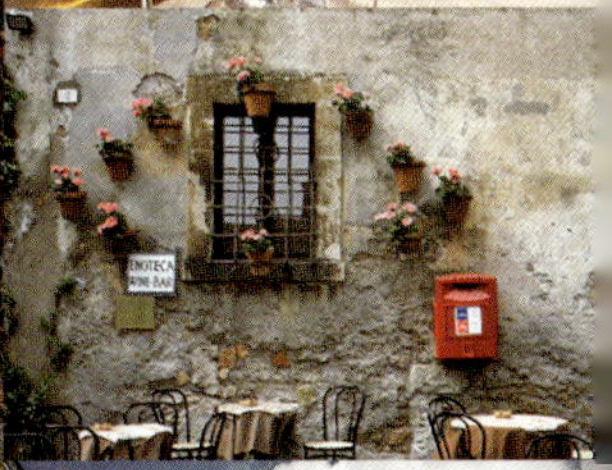
ENOTECA
WINE BAR
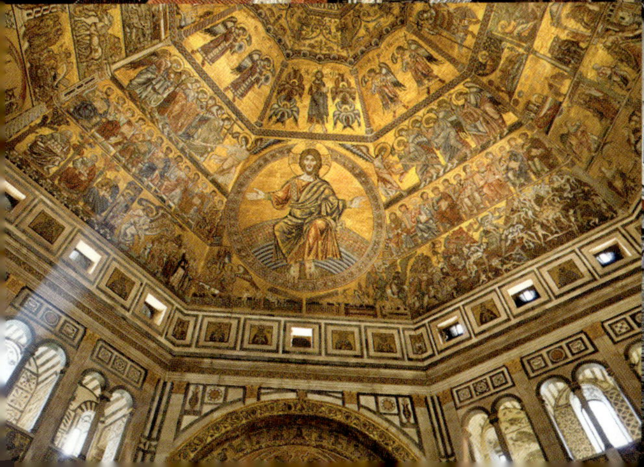
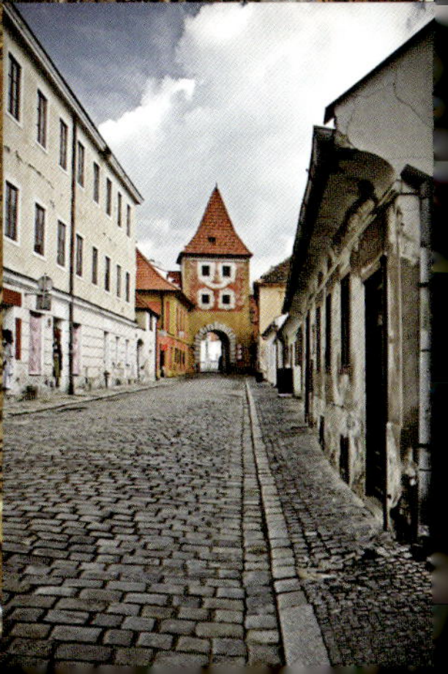

travel information:

旅の予算 / Budget

総予算 23万円〜
※5泊7日／成田からの往復航空券、交通費、宿泊費込み（一部交通費、一部食費除く）

総予算内訳

✈ 航空券の目安　9〜19万円
*成田〜ローマ（アリタリア航空／エコノミークラス往復）＝8〜14万円
*フィレンツェ〜ローマ（アリタリア航空／エコノミークラス往復）＝1〜5万円

🏨 下記を旅行会社に手配依頼した場合の代金の目安　14〜16万円
*ローマ空港〜市内ホテル専用送迎、ローマアパルトマン2泊、ローマ〜イル・ロイフ往復専用送迎車、イル・ロイフ1泊、ローマ〜フィレンツェ ユーロスター1等車片道、フィレンツェ2泊、フィレンツェ市内〜空港専用送迎

旅のシーズン / Best Season

1年を通して基本的には日本の四季と似た天候。7、8月は暑いのと12〜2月は寒いので、できれば避けたい。比較的涼しく、快適に観光ができるオススメシーズンは、3〜5月と10、11月頃。

行き方 / How to get there

成田からローマまではアリタリア航空のみが直行便を運行している。その他の航空会社だとアジアかヨーロッパ主要都市で最低1回は乗り継ぎが必要になる。不便とはいえ、直行便よりもかなり安い場合もあるので、両方調べた方が良い。

旅の手配 / Arranging the trip

日本からローマへの飛行機は、個人で購入しよう。フィレンツェ〜ローマの片道航空券は現地旅行会社に手配してもらった方が安上がり。効率よく、現地を巡るために、あらかじめ現地の旅行会社に送迎や宿泊の手配を依頼しておこう。本書でオススメの旅行会社は、イタリアで長年数多くの旅行者を受け入れている「Prestige Italia」。日本人スタッフもいるので、旅の手配は日本語で行える。準備期間も現地で何かあった時も安心。まずは予算と期間を決めて、相談してみよう。

ⓘ [PRESTIGE ITALIA S.R.L.] http://www.prestigeitalygold.it/
問い合わせ先　tomoko@italygoing.com

宿泊 Accommodation

ローマ、フィレンツェには無数にホテルがある。選択肢が多すぎて、なかなか難しいが、インターネットの口コミやホームページなどを見て決めていこう。本書は下記をオススメ。

ローマのホテル
International Domus www.internazionaledomus.com/
ショッピングの中心、スペイン広場からすぐのアパルトマン。部屋は1ベッドルームからスイートまで種類があるが、一番小さい部屋でも十分快適。

ローマ郊外のアグリツーリズモ
Ille-Roif www.ille-roif.it/
インテリアにとてもこだわっていて、全客室が違ったカラーでデザインされている。どの部屋もカップル向けに作られているので、ふたりで快適に滞在できる。

フィレンツェのホテル
JK Place www.jkplace.com/
フィレンツェ市内有数のブティックホテルとして、世界中の旅行雑誌に取り上げられている。ドゥオーモや街の主な観光名所が徒歩圏で、非常に便利な立地。

旅のヒント Hints for the trip

☺ 現地旅行会社の担当に色々と相談しながら手配を進めよう。相談する上で、期間や予算をまずは決めておいた方が話が進みやすい。
☺ 限られた日数での旅なので、宿泊・長距離移動など、旅の根幹部分はあらかじめ手配を依頼しよう。
☺ 個人手配ですべて専用車を手配すると割高に。長距離移動は列車やバス、近距離で自力で行けそうな場合はタクシーなどを活用して予算を下げよう。
☺ 少ない日数で移動も含むので、荷物はできるだけ少なめがいい。大抵の物は足りなくなったら現地で買うことが可能。

スケジュール例 Example Itinerary

1日目 ▶ 成田発～ローマ着　【Int'l Domus 泊】
2日目 ▶ 終日ローマ滞在　【Int'l Domus 泊】
3日目 ▶ PM専用車で「Ille-Roif」へ　【Ille-Roif 泊】
4日目 ▶ PM専用車でローマ駅へ　ユーロスターでフィレンツェへ　【JK Place 泊】
5日目 ▶ 終日フィレンツェ滞在　【JK Place 泊】
6日目 ▶ AM専用車でフィレンツェ空港へ　フィレンツェ発～ローマ乗り継ぎ～成田へ　【機内泊】
7日目 ▶ 成田着

周辺情報 One more love trip

せっかくのイタリア、まだまだ魅力的な街はたくさん！　地中海最大の島、イタリア南部のシチリア島に行けば、また都会のイタリアとはガラリと変わった雰囲気が。トマトやオリーブといった新鮮な食材の宝庫でもあるので、シチリア料理は絶品！　イタリア半島内でも水の都ベネチアも一度は訪れたい。またピッツァの本場ナポリと、その近郊の「青の洞窟」で有名なカプリ島も最高に気持ちいい地中海の雰囲気を味わえる。とにかく見所の尽きることがないイタリア。ふたりでじっくり調べて、行きたい場所を決めよう。

13 モーリシャス

TRIP: 13 /『極上の大人の隠れ家をゆく旅』

MAURITIUS

別次元の「碧」が広がる、世界最高峰のビーチリゾート・モーリシャスへ！ 世界中のセレブを虜にする神秘の孤島で、大人の空間を満喫する贅沢トリップ！

アフリカ南東沖に浮かぶ孤島モーリシャス。気品高く、極上の美しさから「インド洋の貴婦人」とも呼ばれている。日本ではあまり馴染みのない島国だが、ここは世界中のセレブ憧れの地。ハリウッドスターをはじめ、各界の大物も束の間の休日を過ごすビーチリゾートだ。そのため、休日をモーリシャスで過ごすというのはステイタスになるとも!? 息を呑むほどの碧い海と白砂に包まれたこの楽園には、もちろん一流のリゾートが点在。中でもオススメは、ラグジュアリーリゾート「ワン&オンリー ル・サンジェラン」。ここを拠点に大人の休日を満喫しよう。

TRIP POINT 旅のポイント
- 世界最高峰のビーチリゾートを堪能
- ミシュランが認めた極上のレストランでの食事
- モーリシャスの豊かな自然
- 世界一とも呼び声の高いビーチ「イル・オ・セルフ」へ

First Class Resort
〜大人のためのリゾート〜

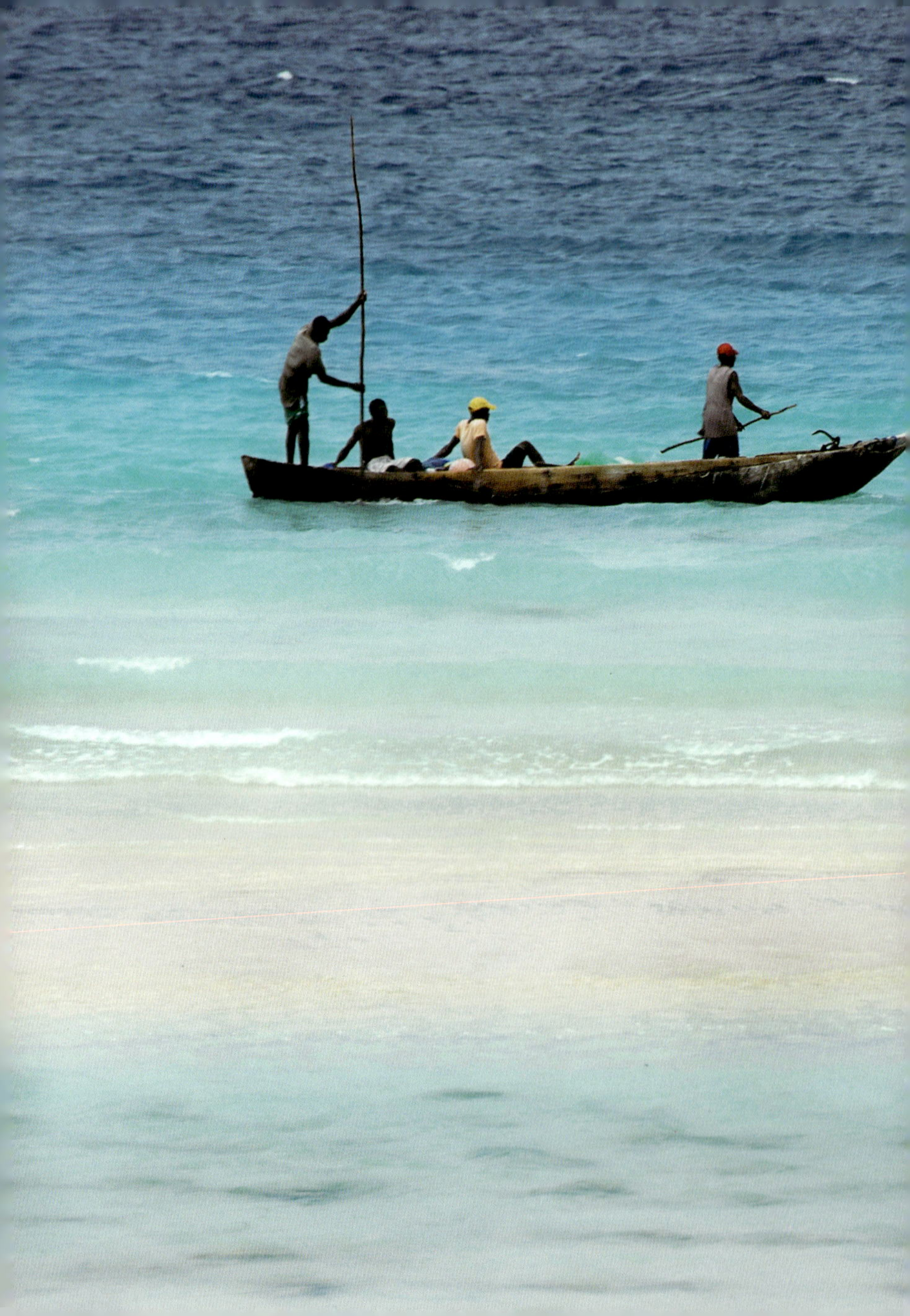

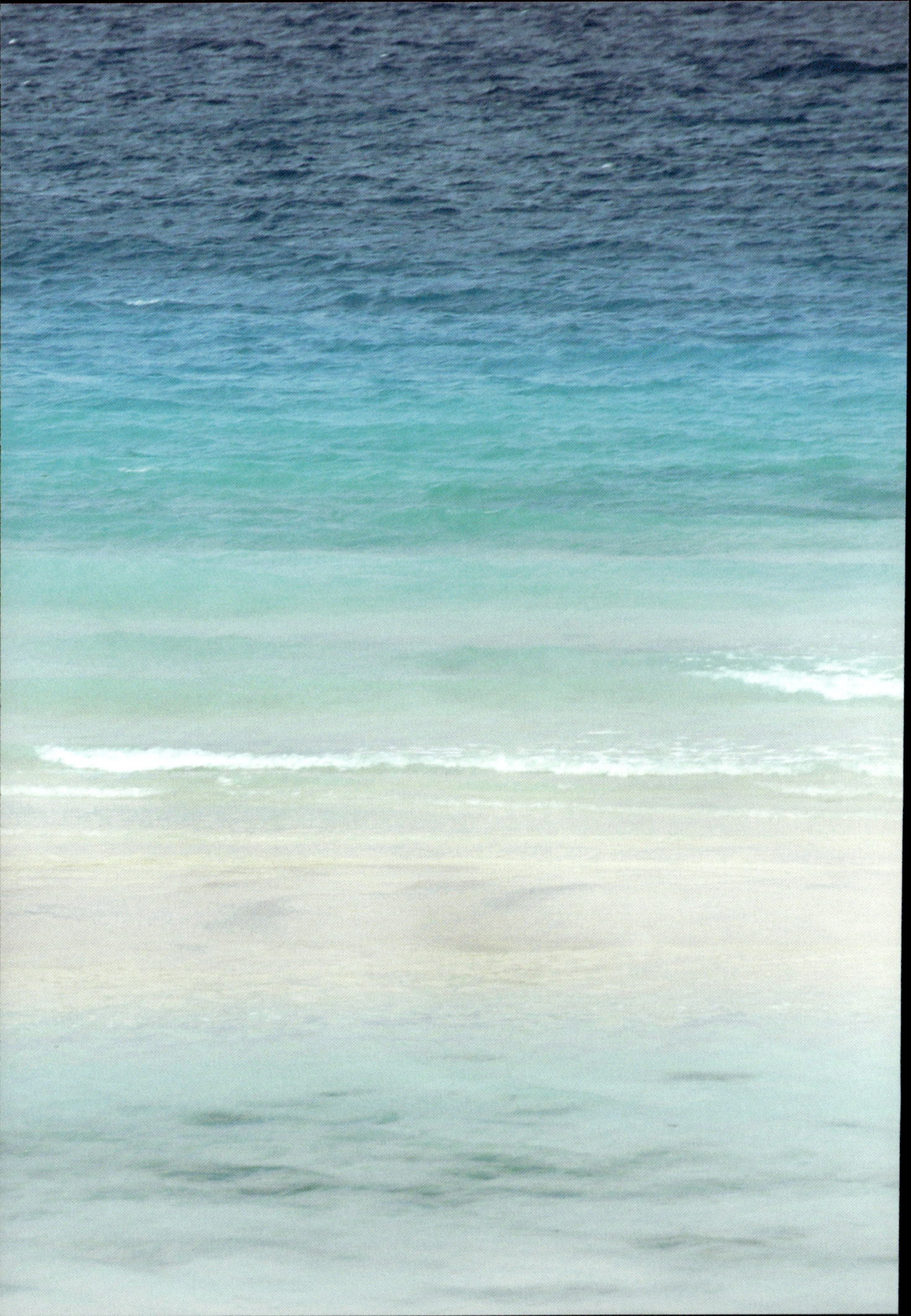

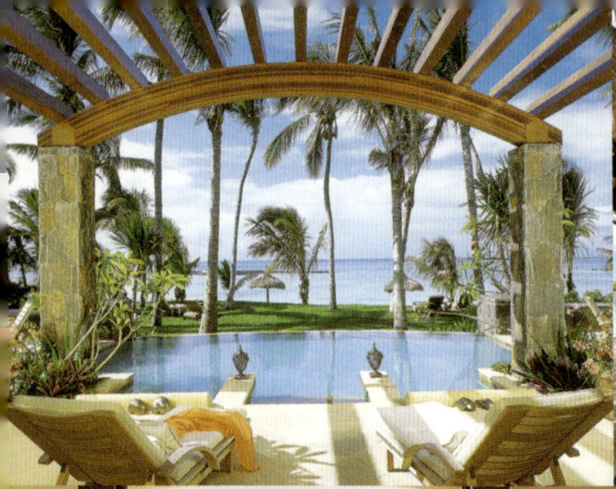
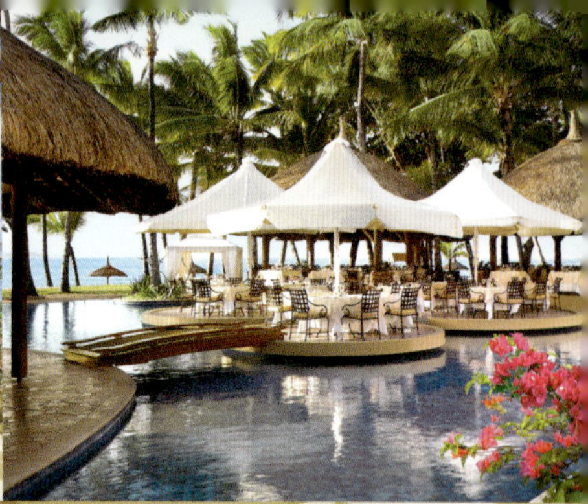
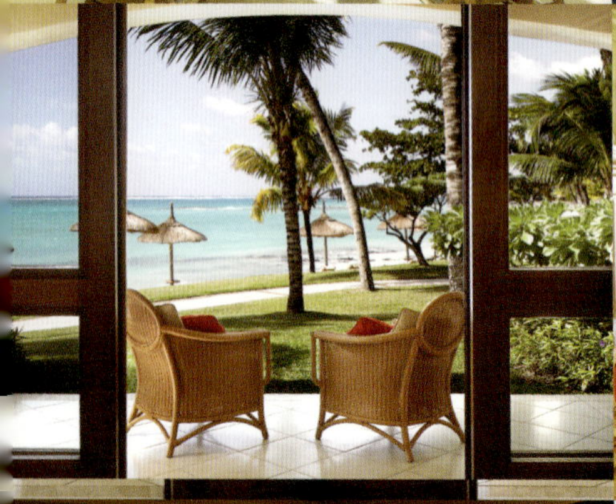
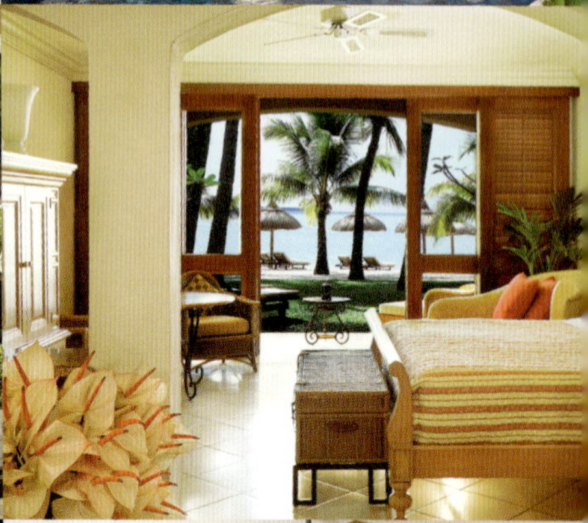
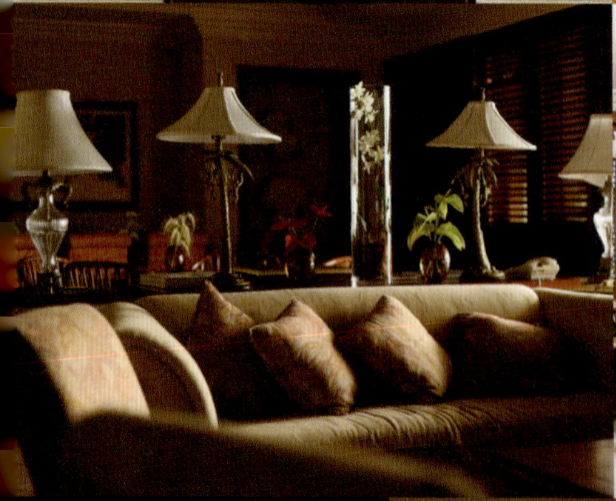
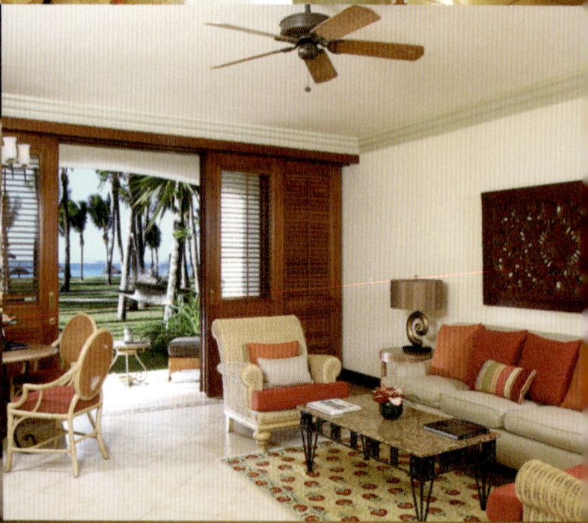
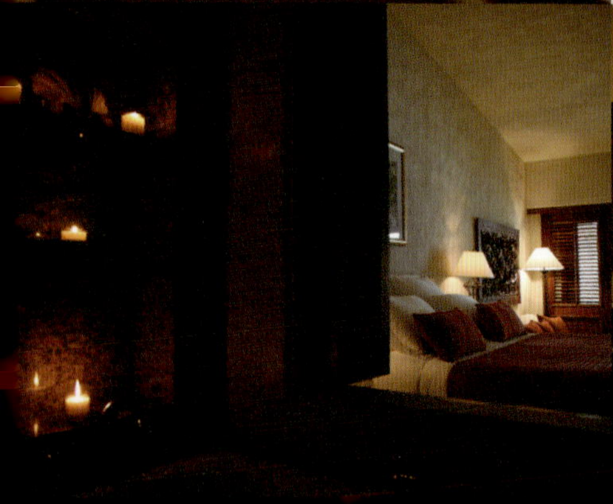
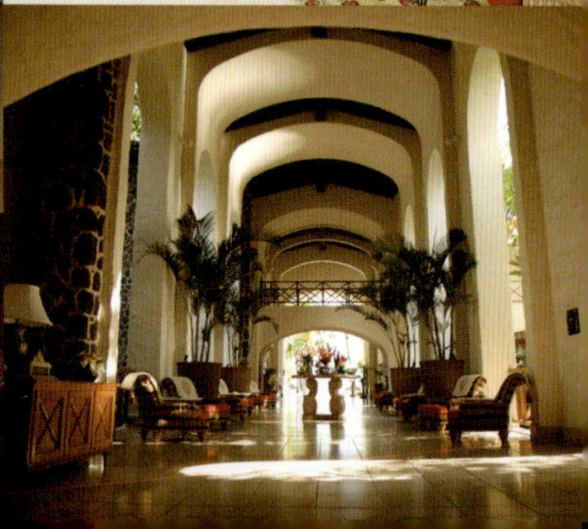

別次元のビーチリゾート、最高の空間へ

いわゆる普通のビーチリゾートじゃなくて、最高にきれいな海があって、泊まるところもとろけるほど快適で、食事も美味しい…ちょっと背伸びしてでもそんな所に行きたい！…そんな欲張りなふたりは、ぜひ、モーリシャスへ！

ある旅人は言った。「世界中を旅しながら、いろんな海を見てきたけど、モーリシャスの海の色は別次元だよね。俺は世界一だと思うよ」と。そんな世界最高峰のビーチリゾートで、"すべてのものから解放される究極の至福の時間"を味わってほしい。

オススメしたいのは、「ワン&オンリー ル・サンジェラン」。それは、各国の王室やハリウッドスターをはじめとする、厳しい審美眼をもった人たちをも唸らせる世界最高レベルのリゾート。超一流のサービスと格式高く充実した設備、さらにスタッフの心遣いに溢れたホスピタリティーが一際輝く。しかも、絶好のロケーション！ 海に突き出した砂州に位置し、三方をラグーンに囲まれた最高の空間だ。

ホテルに到着すると、ロングコートを纏ったドアマンが丁寧に出迎えてくれる。そしてフランジパニの甘く優しい香りが漂う、幻想的なロビーに足を一歩踏み入れる。その途端、一気に日常から解き放たれる。すぐ先には、目がくらむほどに真っ碧なインド洋が広がる。否が応でもこれからのリゾートライフにふたりの胸は高鳴っていく。

天才シェフプロデュースの美食を堪能！

ル・サンジェランの魅力のひとつが、なんといっても食事。史上最年少でミシュランの3つ星を獲得した「アラン・デュカス」プロデュースのレストラン"スプーン・デ・ジル"がホテル内にあるのだ。

優雅な空間で生み出される、モーリシャスの食材を活かした斬新なフレンチは、一口ほおばるごとに思わず笑みがこぼれる美味しさ。次々に登場するのは、スパイスやフルーツをアレンジした独創的でサプライズに満ちた美食が続く。そして、常駐のソムリエが、料理に合ったワインをセレクトしくれる。いつもよりドレスアップして、美食と美酒、そしてロマンチックな夜に酔いしれよう。

さらにこのホテルには、インド人で初めてミシュランの星を獲得した名シェフ「ヴィネート・バティア」が手がけるレストラン"ラ・ソイ"もある。正統派インド料理が自慢のこのレストラン。絶品料理と共に、オープンキッチンで繰り広げられる料理ショーと、美しいラグーンが同時に楽しめるのだ。1箇所の滞在で、趣向の異なるふたつのレストランの美食が堪能できる。これもまさに贅沢なリゾートライフだからこその楽しみだ。

ゆったりと流れる贅沢なモーリシャス時間

モーリシャス最大の魅力は、なんといっても極上のビーチ。眩いほどの鮮やかなブルーの海と、果てしなく続く美しすぎる白砂。ここでの、マリンアクティビティはもちろん楽しい。だけど、ビーチに寝そべって何もしないという贅沢な時間を過ごすのが一番のオススメ。誰からも何からも急かされない、ただただゆったりと流れるモーリシャスでの時間…。そんな日常から解き放たれた空間で、究極のリラックスタイムを過ごそう。
プライベートビーチ以外にも、無料のゴルフコースや熟練のセラピストによる極楽スパ、トロピカルガーデンにテニスコートもある。どれも期待を裏切らないものなので、ちょっと覗いてみるだけでも面白い。そして、インド洋がゆっくりと紅い夕暮れに染まる頃、1日で最もロマンチックな時間が訪れる。エレガントな装いに身を包んだゲストたちが、次々とカクテルを片手に屋外へ集まってくる。インド洋に映える夕景を楽しむひととき。ちょっとだけ背伸びしたこの贅沢な時間は、生涯忘れられない想い出となるだろう。

奇跡のビーチ、不思議な大地、ライオンと散歩…別世界での極上タイム

快適すぎてずーっとホテルにいたくなってしまうが、モーリシャスの他の地域へも足を伸ばしてみよう。絶対に外せないのが「イル・オ・セルフ」。東海岸の沖合にある島で、ホテルのビーチとはまた違った別世界の「碧」い海が広がっている。美しすぎるビーチと海は、まさに自然の奇跡。燦々と照る太陽、その光が反射して輝く海。神様からの贈り物とも言われるこのビーチで、ふたりでのんびり…。至福の最強マリンアクティビティだ。
ホテルのある島に戻ったら、のどかなサトウキビ畑や切り立った山々の絶景を横目に、島の南西にある不思議な大地「シャマレル」へ。森の中に突如現れる草木のないこの大地は、赤、赤紫、オレンジ、茶、黄土色…など、七色に彩られた自然の芸術作品。しっとりと心に響く幻想的な風景を観賞しよう。そして次は北部へ。そこにあるのは、11万坪の広大な敷地に珍しい植物が集められた「パンプルムース植物園」。子どもが乗っても沈まないというほど、巨大なアマゾン産の大オニバスの葉がいくつも池に浮かぶ様は必見だ。最後にはカゼラ・ネイチャー&レジャー・パークでの「ウォーク・ウィズ・ライオン」。百獣の王ライオンと一緒に森や草原を散歩できる、実にスリリングで刺激的な体験ができる。リゾートライフとは対照的な、エキサイティングな時間を楽しめるのもモーリシャスの魅力だ。最高級、最高峰など、ここを形容する言葉は数知れないが、ふたり体験する世界の「本物」。別世界での極上タイムを、こころゆくまで楽しもう。

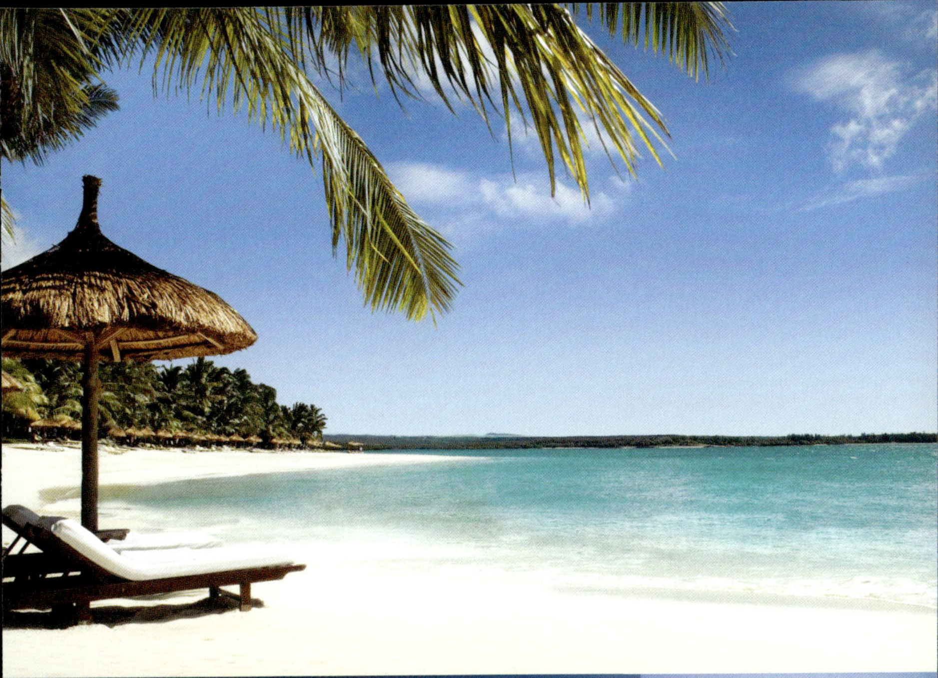
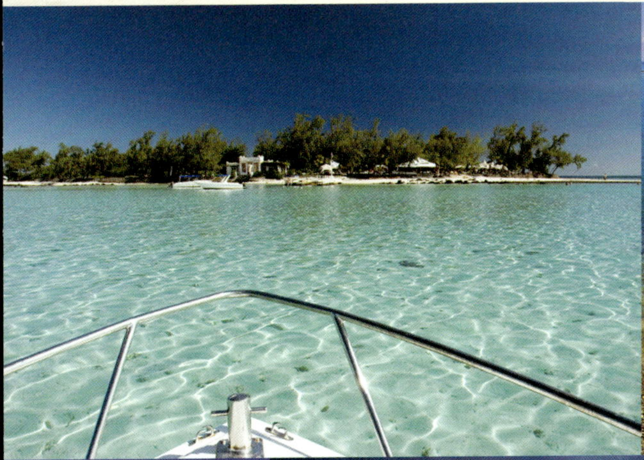
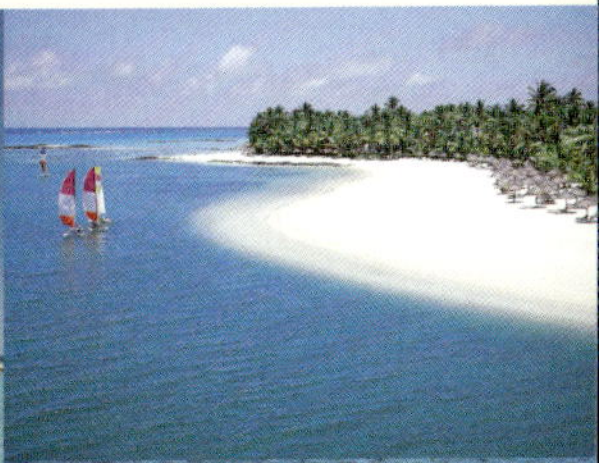
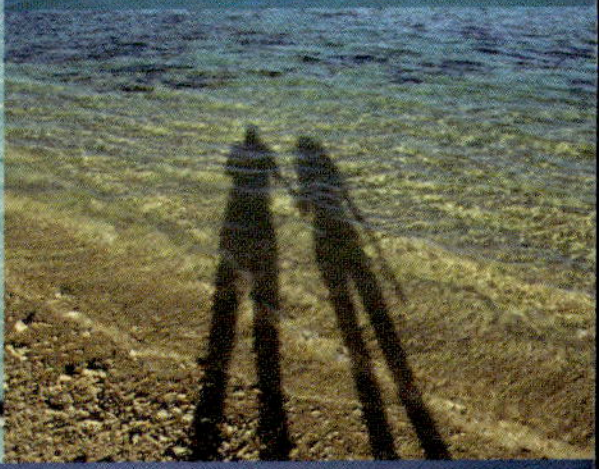
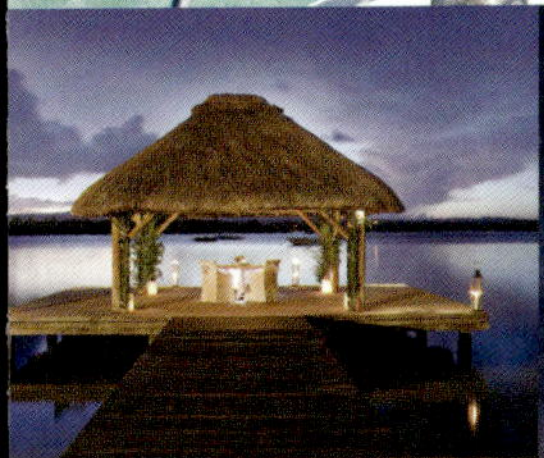
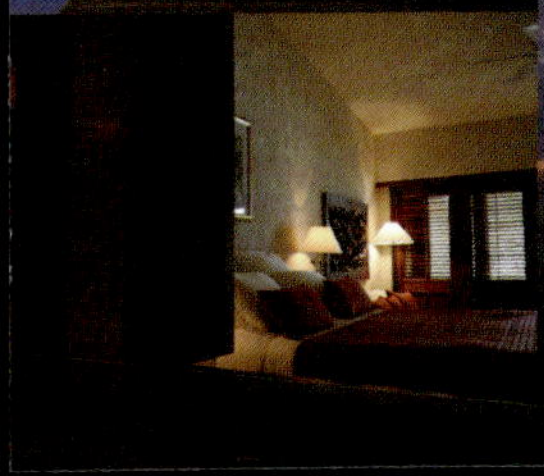
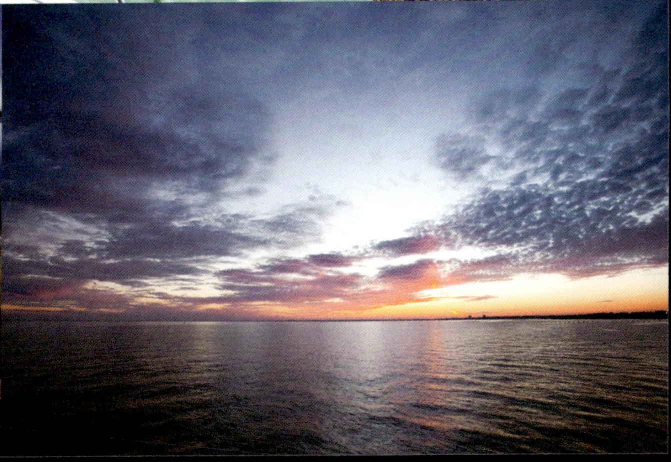

travel information:

旅の予算
Budget

総予算 45万円～
※5泊8日／成田からの往復航空券、宿泊費込み

総予算内訳

✈ **航空券の目安　20万円**
*成田～香港、ヨハネスブルグ乗り継ぎ～モーリシャス（全日空／南アフリカ航空／往復）＝20～40万円

🏨 **ワン&オンリー　ル・サンジェランのホテル代金の目安　1泊10万円～**
※1部屋（2名利用）の料金、総予算には1名分を計上。

旅のシーズン
Best Season

南半球に位置するモーリシャスは日本と季節が逆で、夏（10～4月）は平均気温30℃を超え、湿度も高い熱帯気候に。冬（5～9月）でも22℃前後と爽やかな気候。7,8月は長袖が必要な日もあるが、陽が射していれば暖かく、マリンスポーツも可能だ。どちらの季節も快適な滞在ができる。

行き方
How to get there

日本からモーリシャスまでの直行便はないので、香港、ヨハネスブルグ、ドバイ、クアラルンプール、シンガポールなどで乗り継いで行く。便数やコネクションを考えると、香港乗り継ぎが便利で一般的。なお、香港までは成田、関西、名古屋、福岡の各都市から毎日直行便がある。香港からモーリシャスまではモーリシャス航空が週に2便運航しているが、南アフリカ航空でヨハネスブルグ乗り継ぎの方が安くなることも。時期によって乗り継ぎ地や金額も異なるので、よく調べてから手配をはじめよう。

旅の手配
Arranging the trip

飛行機からホテルまで個人で簡単に予約することができる。ただし、モーリシャスは公共の交通機関が少なく個人で動くのは難しい。現地での移動はホテルや旅行会社にお願いしよう。飛行機、ホテルを一括で手配したい場合は、下記の旅行会社がオススメ。本書で紹介したル・サンジェランをはじめ多くの高級ホテルの手配を行っているので、知識豊富で安心だ。

ℹ [マゼラン・リゾーツ・アンド・トラスト]　www.magellanresorts.co.jp

宿泊
Accommodation

✈ **モーリシャスのホテル**

One&Only Le Saint Geran　lesaintgeran.oneandonlyresorts.com
全室プライベートテラス又はバルコニーがあるスイート。部屋から臨む海や湾、トロピカルガーデンの眺めが素晴らしい。ジュニアスイート、オーシャンスイート、ヴィラと3タイプの部屋がある。ジュニアスイートでも65㎡あるので、十分な広さと快適さがある。

13: モーリシャス

旅のヒント
Hints for the trip

- ビーチリゾートだけに日差しが強い。日焼け止めクリームやサングラスなどは必須アイテム。
- レストランではドレスコードがある。主にはディナー向けだが、男性はジャケットとスラックス、女性はセクシーなドレスなど。おしゃれも大切な楽しみのひとつ。ぜひともバシッと決めて食事を楽しもう。
- カヌーなどで海に出る場合、そこにお気に入りの音楽があるだけで、楽しさが倍増する。小さくてもいいのでスピーカーを持参するのがオススメ。

スケジュール例
Example Itinerary

1日目 ▶ 成田発〜香港、ヨハネスブルグ乗り継ぎ〜モーリシャスへ 【機内泊】
2日目 ▶ モールシャス着　ホテルへ　PMフリー 【ワン&オンリー　ル・サンジェラン泊】
3日目 ▶ 終日フリー 【ワン&オンリー　ル・サンジェラン泊】
4日目 ▶ 終日フリー 【ワン&オンリー　ル・サンジェラン泊】
5日目 ▶ 終日フリー 【ワン&オンリー　ル・サンジェラン泊】
6日目 ▶ 終日フリー 【ワン&オンリー　ル・サンジェラン泊】
7日目 ▶ AMフリー　PM空港へ　モーリシャス発〜ヨハネスブルグ、香港乗り継ぎ〜成田へ 【機内泊】
8日目 ▶ 成田着

周辺情報
One more love trip

乗り継ぎ地の香港にてストップオーバーで1泊し、アジアの活気溢れる街並を探索するのはどうだろう。空港から中心部までは、エアポートエクスプレス（列車）で20分程とアクセスも便利。ここでは観光やショッピング、マッサージもいいが、ぜひとも「美食の街」香港を味わおう！ 飲茶や四川料理、香港スイーツなど、魅惑のグルメが盛りだくさん。モーリシャスで味わったものとはまた違ったおいしい料理を心ゆくまで堪能しよう！

153

TRIP: 14 / 『風になる旅』

14 ヨーロッパ
EUROPE

バイクにまたがり、まだ見ぬ絶景を求めヨーロッパをゆく。ふたりで5カ国の大地を駆け抜ける、超贅沢ツーリング!

バイク好きなら間違いなく憧れる海外ツーリング。極上のワインディングロードと絶景が広がるヨーロッパ5カ国を繋ぐ最強ルートを、最新のBMWにまたがり駆け抜ける。移りゆく景色、悠久の歴史、澄み切ったアルプスの空気、無数の峠道、人生を謳歌しているヨーロピアンライダー…、次々と待ち受ける至福の出逢い。ふたりで行けば喜びも倍増だ! 大きな荷物は伴走車に載せて気軽に走れるし、手続きが簡単で、心配がないのも大きな魅力。
さぁ、お気に入りのヘルメットと国際免許を持って、ちょっくら流しにいきますか!

TRIP POINT 旅のポイント
- 最新のBMWで駆け抜ける
- ヨーロッパ5カ国を訪れる
- アルプスの名峰を臨む
- ロマンチック街道、峠道でのワインディングを楽しむ

The Road Leads to the Future
～未来へと続く道～

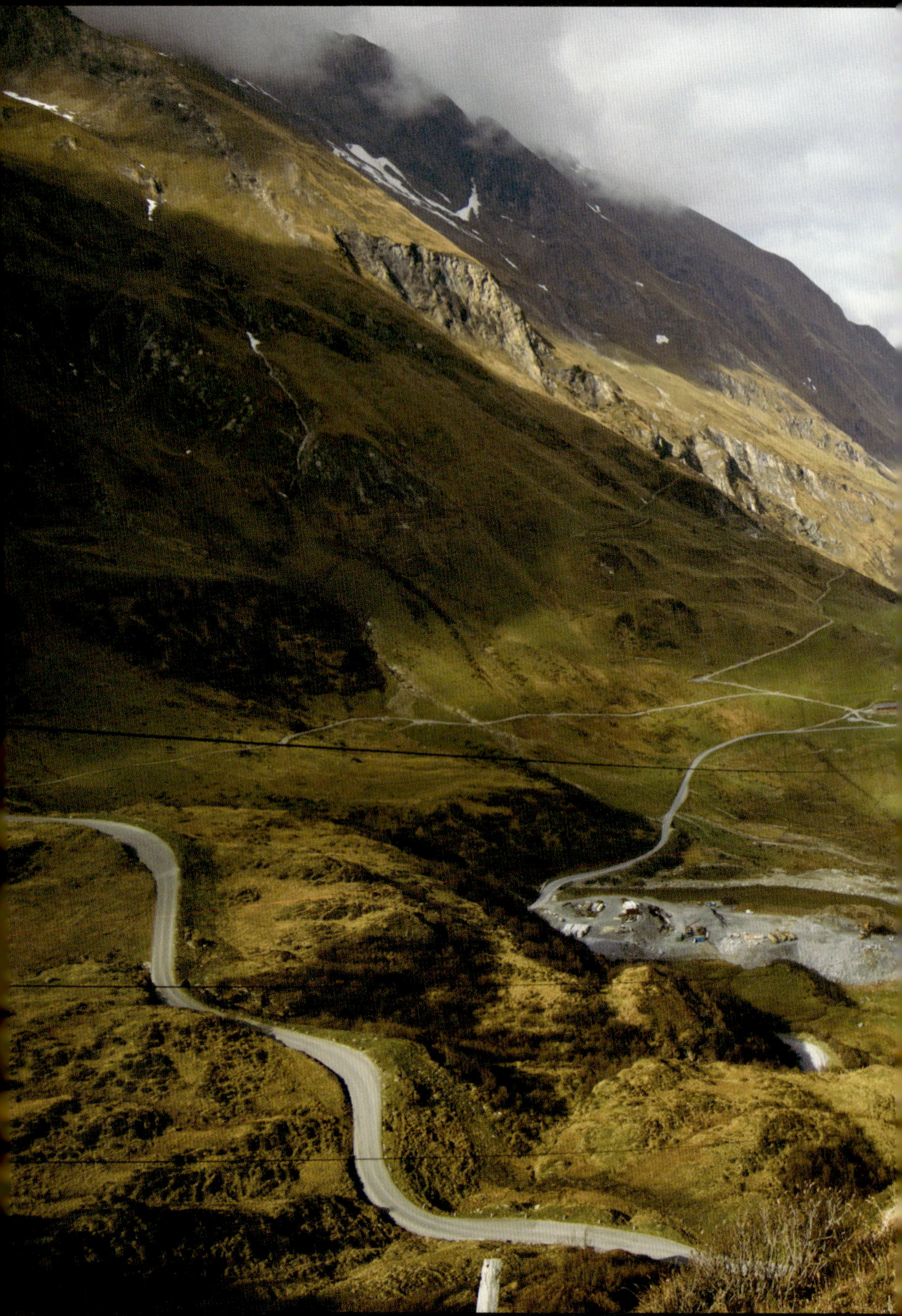

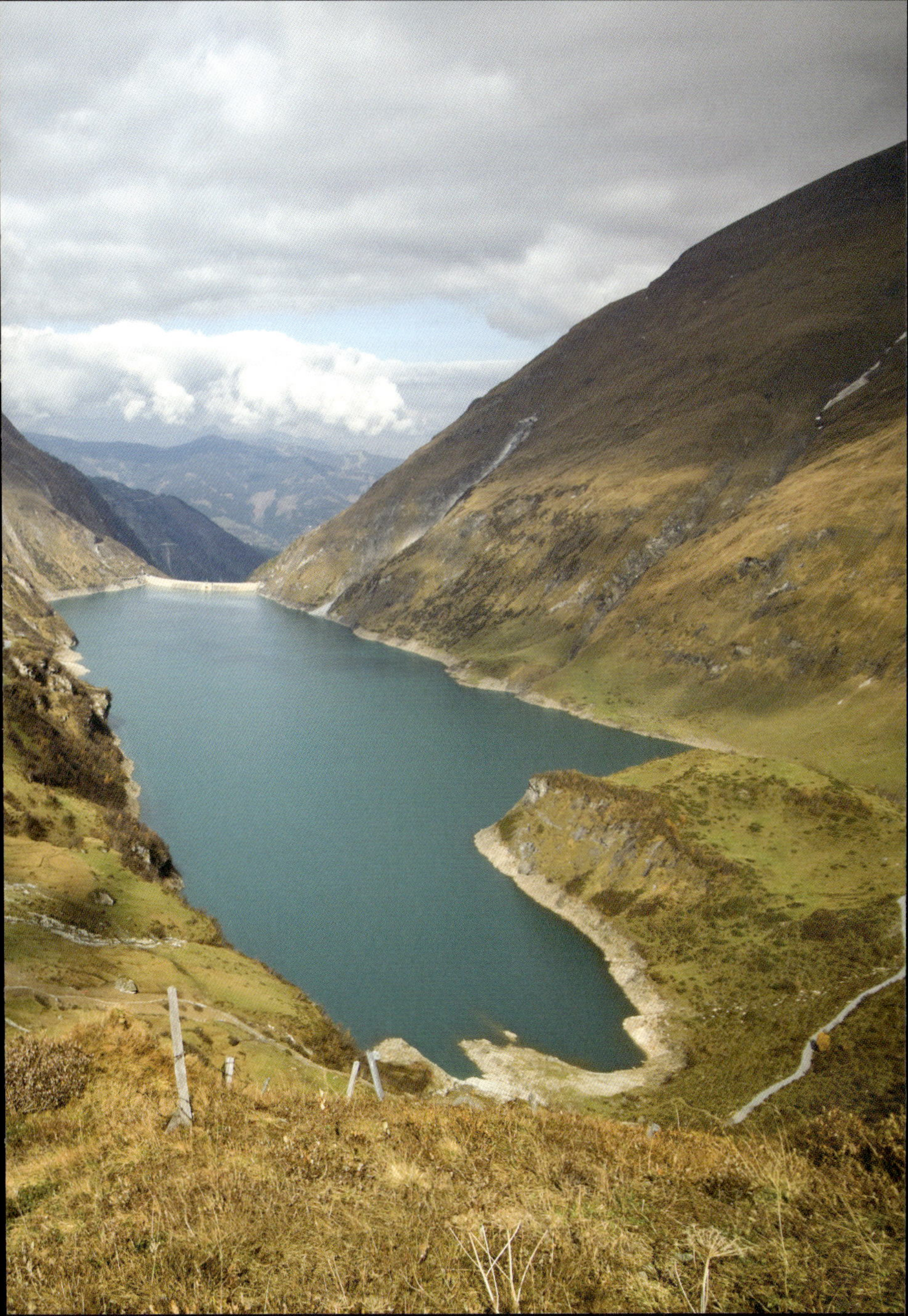

ふたりで気の向くまま、自由に走る

レンタルBMWで行くこの旅は、グループのパッケージツアーのようだが、実際はまったく違う。通常のツアーであれば、「みんな一緒に動きましょう」となるのが普通だが、決まっているのはその日の宿だけ。どんな道を走っても、どこで寄り道しても、そしてどんなペースで走っても、すべて自由！「不慣れな道を行くのに、ちょっと不安」という人もいるかもしれないが、そこはご安心あれ。日本を出発する前に地図が送られてくるし、その日ごとの推奨ルートも教えてくれる。それに、荷物や工具を積んだ伴走車もいるので、なにかあっても安心。不安なく走ることができるのだ。こんなに自由にしている理由は、それぞれのツーリングスタイルを尊重しているから。その日の宿に到着さえすれば、あとは、ふたりで気の向くまま。どこへでも行けちゃうのだ。

旅の出発地ドイツで、相棒と対面！

旅の出発地、ドイツ第三の都市ミュンヘンに到着。入国審査を済ませターミナルを出たら、タクシーに乗り込みホテルへ。ツーリングは翌日からなので、ドイツを代表する最強の組み合わせ、ビール×ソーセージで、旅の前途を祝してプロースト（乾杯）！
翌日BMW本社にて、旅の相棒となるバイクと、待望のご対面。「かっこいいー！」と感動しながら、傷の有無チェックの儀式を済ませよう。そして使い方を教わり、ルートを確認したら、いよいよ出発だ。バイクにまたがり、キーを回し、エンジンをかける。心地よいエンジン音が響き、振動が手を通してワクワク感と共に伝わってくる。よしっ！っと、気合いを入れ、クラッチを繋ぎ、バイクが動き始める。これからの冒険に期待が膨らみ、思わず興奮状態に。でも、慣れないバイクと右側通行。安全のためにも、バイクの機嫌を感じるためにも、まずはゆっくりと走り出そう。

極上のツーリングを楽しもう

ミュンヘンを出発し、向かうはオーストリアのインスブルック。冬期オリンピックが2度も開催された、中世の面影を残す宿場街だ。速度無制限道路として有名なアウトバーンに乗っていく。好みのペースで駆け抜けていこう。途中、ドイツとオーストリアの国境を通りすぎるが、仰々しい出国＆入国手続きはない。ドイツとは異なり、オーストリアは有料道路となるため、通行料を支払い、そのステッカーをバイクに貼るだけ。あっさりした入国を済ませ、少し走れば、本日の宿に到着だ。ツーリング初日は、慣れるためもあって、走行距離は160kmとちょっと短めだ。
2日目、3日目は極上ワインディングが続く。イタリアを経由し、スイスまでのアルプスの山々を越える峠の連続。平均標高1,700mある緑深き山々と氷河が広がる絶景を横目に、右に左に次々とコーナーが続く。標高が高いので、夏場でも冷たく清々しい空気が充満していて、本当に気持ちがいい。ライダーのパラダイスと呼ばれるのも、心の

Biker-Treff
Grimselpass
Velo- & Motorradunterstand

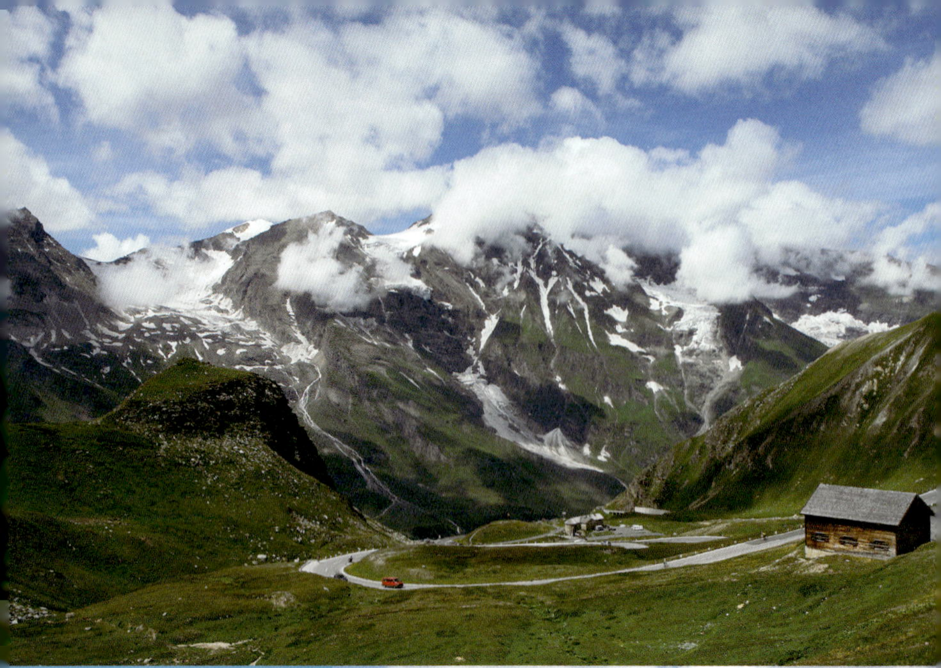

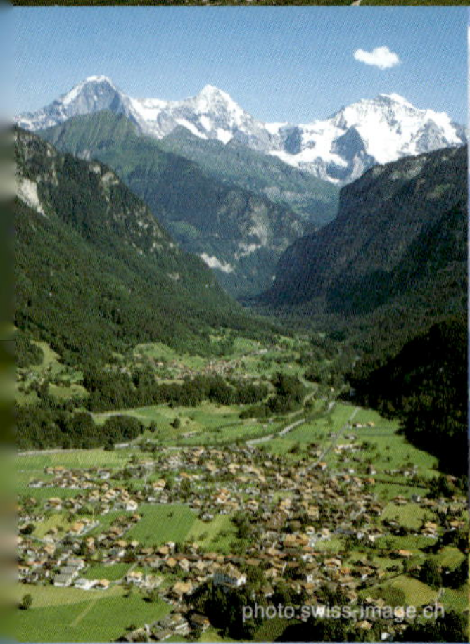
photo:swiss-image.ch

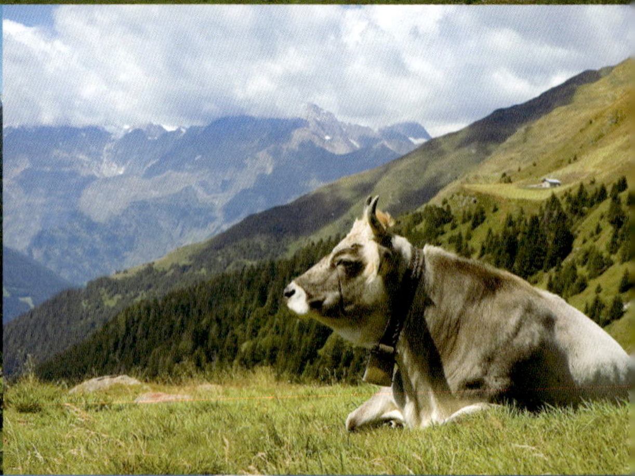

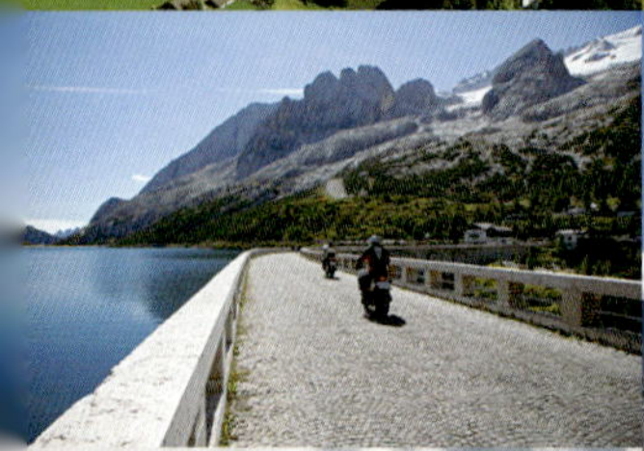

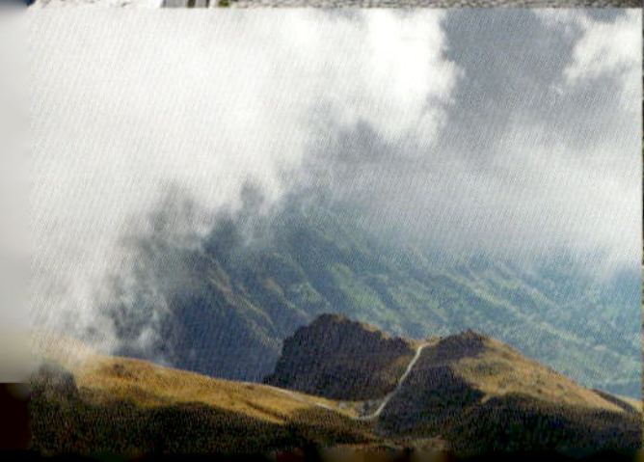

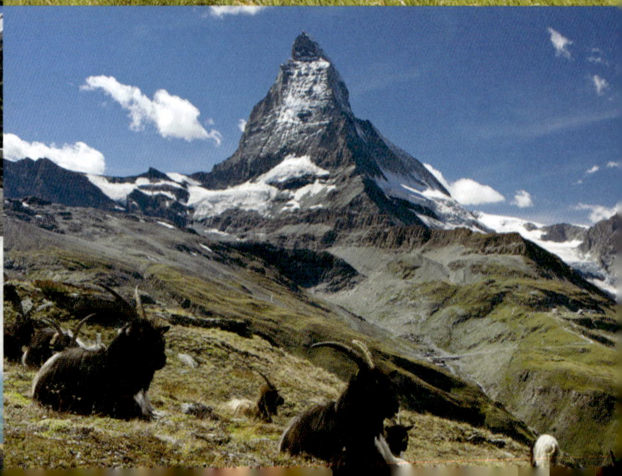

底から納得！　中でもステルビオ峠は最高の一言。東アルプスでもっとも高い所に位置するその峠から臨むワインディングロードは、規模も迫力も圧巻。まさにパラダイス。夢の道だ。

さて、極上の道を堪能したら、いったんバイクとお別れ。というのも、アルプス3大名峰のひとつマッターホルンを見るためだ。その見学の拠点となるツェルマットという街は、環境保護のため、ガソリン車の乗り入れが禁止されている。4日目の朝は、登山列車に乗ってその名峰へ！　息を呑む雄大な佇まいを眺めたら、午後から再びバイクで峠を越えよう。

ロマンチック度抜群の後半戦！

5日目はインターラーケンという町で終日フリータイム。バイクを休ませて、ゆったり過ごそう。目の前にそびえ立つアルプス山脈、標高3,454mにあるユングフラウヨッホまでは、登山列車で登ることができる。ゆっくりした列車の旅も気持ちがいい。ハイキングもできるので、心ゆくまでアルプスの絶景を堪能しよう。6日目はアルプスの少女ハイジの舞台になったといわれるマイエンフェルト、そして小さな国リヒテンシュタインを経由し、ドイツ南部の街フュッセンまでのツーリング。7日目の最終日は、まずはシンデレラ城のモデルにもなったノイシュバンシュタイン城へ。黒々とした深い森の中に現れる贅を尽くした白亜の城なのだ。まさにロマンチックという言葉を具体化した城に息を呑む。そこから、ロマンチック街道を走り、ミュンヘンへ。この街道には自然、歴史、文化、芸術すべてが詰まっている。特に途中にあるヴィース教会は中でも一番のハイライト。外観はいたって普通だが、内装はヨーロッパ随一の装飾。特に天井画は「天から降ってきた宝石」と称されるほどのもの。ぜひ寄り道して美しい芸術の世界を覗いてみよう。そして、いくつも現れるメルヘンな小さな街に立ち寄って、ふたりでちょっと散歩してみよう。まるで中世の世界に迷い込んだような気分にさせてくれる。

誰もが憧れるロマンチック街道縦断が終わる頃、出発した街ミュンヘンに到着だ。1,530kmにも及ぶ贅沢なツーリングの興奮は、なかなか冷めない。今日はこころゆくまで、ビールとソーセージで盛り上がろう。ふたりで走破した道、心に焼き付いた絶景の数々…。楽しい想い出に花を咲かせながら、夜は更けていく。想い出話も一段落したら、未来について話してみよう。ふたりでまた新たな道を走っていくために。

travel information:

🏷️ 旅の予算 / Budget

総予算 55万円〜

※8泊10日／成田発着のツアー代金（一部食費、燃油サーチャージ、空港税等除く）
※カップルでふたり乗りをする場合、後ろに乗る人は上記金額より12万円安い43万円〜。

> 総予算内訳
>
> ✈️ **成田発着ツアー代金の目安　53万円〜**
> ＊成田〜ソウル、フランクフルト乗り継ぎ〜ミュンヘン往復航空券、対人・対物保険料、添乗員同行、ミュンヘン2泊、インスブルック1泊、ボルミオ1泊、ツェルマット1泊、インターラーケン2泊、フュッセン1泊、食事（朝8回、夕1回）などが含まれたパッケージツアーの金額。
>
> 💡 **交通費　2万円〜**
> ＊ガソリン代、有料駐車場代、高速代

🧭 旅のシーズン / Best Season

本書で紹介したヨーロッパツーリングは年に数回、催行が予定されている。毎年、若干ルートや時期が異なるが、基本的には日本の夏の時期。参加する場合は、行き先や時期など旅行会社からパンフレット取り寄せて検討しよう。

✈️ 行き方 / How to get there

ツアーの場合は、日本からはソウルまたはヨーロッパ1都市を乗り継ぎ、ドイツのフランクフルトへ。もちろん、その時に利用する航空会社によって、乗り継ぎ地は異なる。その後、国内線にてミュンヘンへ向かう。しかし、成田〜ミュンヘンまで全日本航空、ルフトハンザ航空が直行便を毎日運行しているので、費用、タイミングが合えばラクに移動できる。

🏠 旅の手配 / Arranging the trip

自分のバイクを持ち込んで、本書で紹介したコースをすべて回るというのはかなり難易度が高い。そのため、ヨーロッパのみならず、世界中でツーリングツアーを催行している「道祖神」のツアーに参加するのが得策。同社にはバイク好きなスタッフも多く勤務しているので、気になることがあれば、気軽に聞くことができるのも嬉しい。

ℹ️ [道祖神] www.biketour.jp

参考ツアー　「5カ国周遊ワインディング10日間」

🛏️ 宿泊 / Accommodation

宿泊はすべてパッケージツアーに含まれている。時期や空席状況によって、宿泊するホテルが異なるため、申し込み時に確認してみよう。

旅のヒント
Hints for the trip

- 二輪の運転に慣れている人も、そうでない人も、走るのは外国。いつも以上に注意をして安全運転を心がけよう。
- 満21歳以上が参加条件となる。また、バイクレンタル料に含まれる対人・対物保険とは別に海外旅行傷害保険への加入も必須の条件。
- バイクをレンタルする際には総予算とは別に600ユーロの保証金が必要。しかし、損傷がなければ返却時に全額返金される。
- GPSやパニアケースなども別途料金でレンタルすることが可能。どこまでの荷物を伴走車に預けるか、地図を読むことの得手不得手によって決めよう。
- 夏場でも標高が高いため、気温が低くなる。脱ぎ着しやすい防寒着を持参しよう。
- 国際免許、日本の免許を持参しよう。日本で中型免許のみでも、現地では大型に乗る事ができる。
- 天候によっては、安全を優先しコースを変更する場合もある。そういった現地事情をすぐに教えてもらえるのもツアーならでは。

スケジュール例
Example Itinerary

1日目 ▶ 成田発～ソウル、フランクフルト乗り継ぎ～ミュンヘンへ 【ミュンヘンのホテル泊】
2日目 ▶ 終日ツーリング 【インスブルックのホテル泊】
3日目 ▶ 終日ツーリング 【ボルミオのホテル泊】
4日目 ▶ 終日ツーリング 【ツェルマットのホテル泊】
5日目 ▶ AMフリー　PMツーリング 【インターラーケンのホテル泊】
6日目 ▶ 終日フリー 【インターラーケンのホテル泊】
7日目 ▶ 終日ツーリング 【フュッセンのホテル泊】
8日目 ▶ 終日ツーリング 【ミュンヘンのホテル泊】
9日目 ▶ ミュンヘン発～フランクフルト、ソウル乗り継ぎ～成田へ 【機内泊】
10日目 ▶ 成田着

周辺情報
One more love trip

ヨーロッパ有数のグローバル都市フランクフルト。ここは、首都ベルリンに次いでドイツ第2の街。ミュンヘンから帰国する際にはここを乗り継ぐ場合が多いので、1泊して楽しんでみよう。オススメはフランクフルト郊外から出発する世界遺産ライン川クルーズ。ドイツを代表するこの川で遊覧船に乗り込めば、ブドウ畑や小さな村、そして中世の古城など、まるで絵本のような世界に出逢える。ヨーロッパの道を制覇した次は、ゆったりと川下り。旅の締めくくりに、ほっこりと過ごしてみるのはどうだろう？

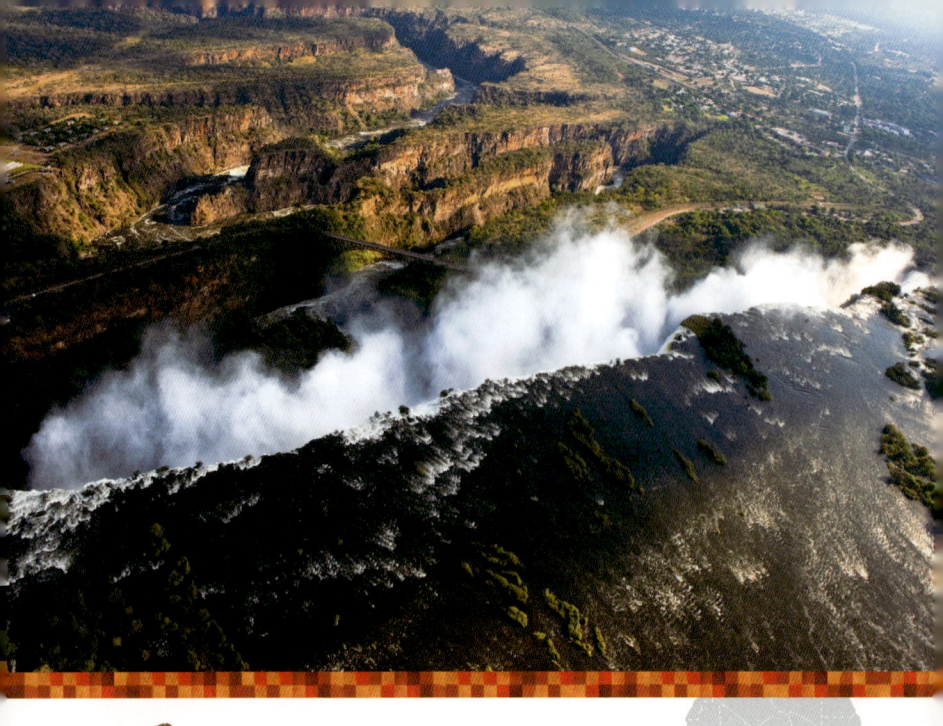

TRIP: 15 /『別世界へワープするダイナミック旅』

15 アフリカ南部
SOUTHERN AFRICA

**大自然を愛するふたりへ!
世界最古の砂漠 & 雷鳴響く水煙の滝 & 広大なサバンナで、地球のダイナミックさを満喫!
別世界へワープする超ド迫力トリップ!**

地球の割れ目へと流れ落ちる世界最大の「ビクトリアの滝」。約8,000万年前に誕生した世界最古の砂漠「ナミブ砂漠」。多くの野生動物が営みを続ける広大なサバンナ。世界中の旅人のド肝を抜き続ける3つの大自然。腹の底まで鳴り響く轟音と共に立ち上る水煙の中で、ド迫力の水遊び体験! 砂漠に描かれた見渡す限りの砂の絵画、闇夜に広がる満天の星空! 草原を悠々と歩くゾウから、アフリカの大空を舞う野鳥まで! 地球上にいるとは思えない別世界へワープし、繰り広げられるふたりの大冒険! アフリカ南部4カ国をまたにかけ、地球が育んだ大秘境を遊び尽くそう!

TRIP POINT 旅のポイント

- 世界最古の砂漠で地球の雄大さを感じる
- 世界三大瀑布で衝撃を受ける
- 満天の星空に包まれる
- 野生動物に出逢う
- アフリカ南部4カ国を行く

The Great Wet and Dry
~最高の地球遊びに出逢う~

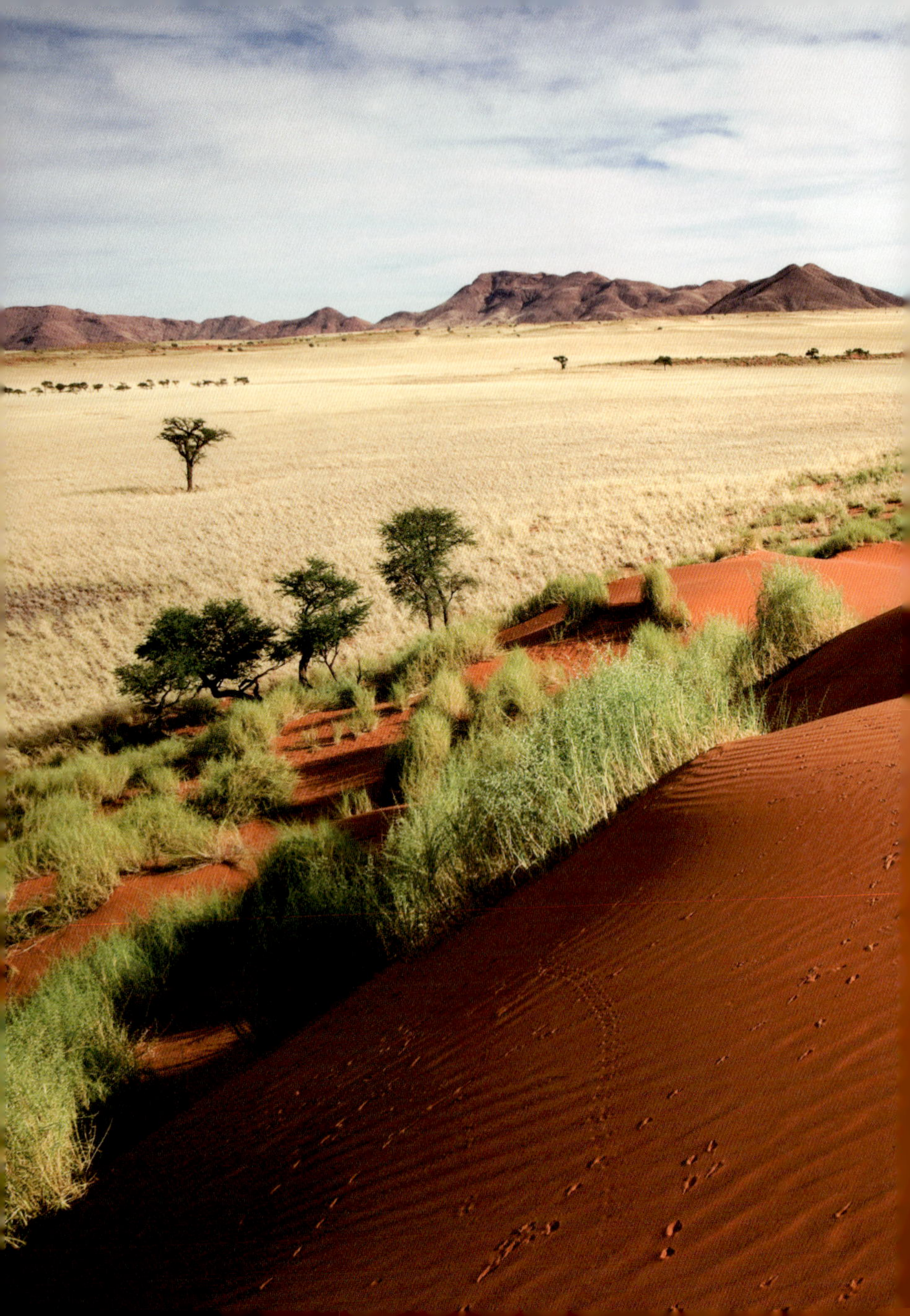

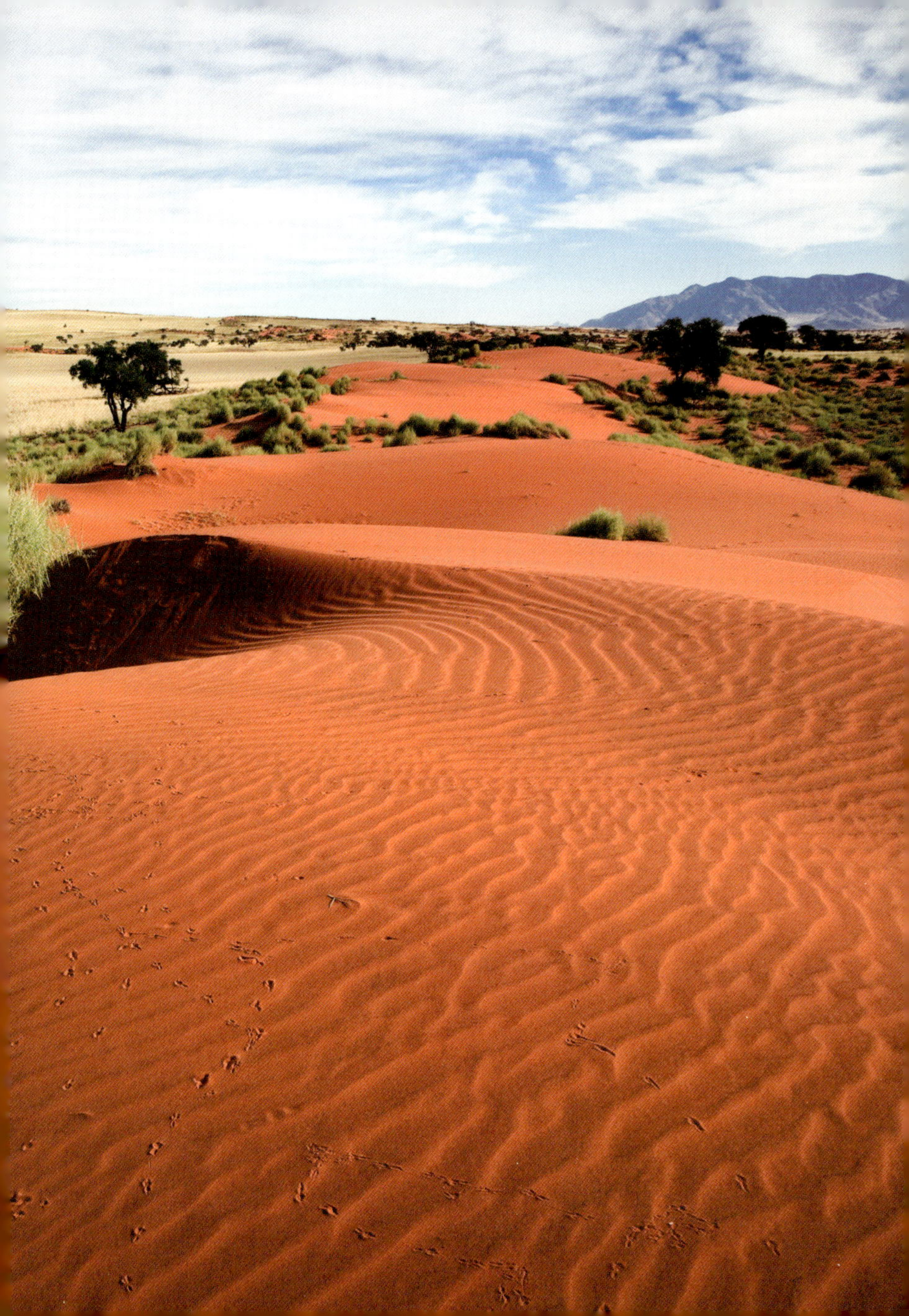

Trip: 15 SOUTHERN AFRICA　アフリカ南部

川と陸、ボートと改造車で巡る野生動物の宝庫！

アフリカ南端に位置する南アフリカのヨハネスブルグを乗り継ぎ、ビクトリアの滝の玄関口ジンバブエのビクトリアフォールズ空港へ。到着して入国審査を済ませたら、まずはホテルにチェックイン。ちょっと長旅の疲れがあるかもしれないが、早速、アフリカ南部一の大河ザンベジ川へ行こう。今日のお楽しみはサンセットクルーズ！ サンセットとは言っても、夕陽だけを見るのではない。水面に顔を出すカバや、岸辺に寝そべるワニ、悠々と歩くゾウなどの野生動物に、次々と出逢うことができるのだ。しかも双眼鏡はいらないほど間近で！　そして、アフリカの大地に流れる雄大な川に浮かびながら眺める、ゆっくりと沈みゆく太陽。色鮮やかなそれは、ふたりの旅の始まりをダイナミックに演出してくれる。

そして翌日。「象の楽園」とも呼ばれる隣国ボツワナの国立公園へ。車で2時間ほど走るとボツワナに入国。そして10分も走ればもうそこは野生の王国、チョベ国立公園だ。ここはアフリカ大陸の中でも、多くの動物が生息している地域のひとつとして有名だ。さあ、地平線まで果てしなく広がるサバンナを、四輪駆動車で駆け巡ろう。ドライバーは、視力5.0以上とも言われるガイドさん。その視力を頼りに動物探索が始まる。ゾウ、キリン、ライオン、インパラなどなど、様々な野生動物が待つ世界を、縦横無尽に突き進む感覚は格別だ。見たい動物をガイドさんに伝えながら、ワクワクドキドキのドライブを楽しもう。

午後はザンベジ川のさらに上流にあるチョベ川で、ボートに乗り込む。広大なサバンナでも数々の動物たちを見てきたが、ここでは、木に横たわるイグアナや、まるで風鈴の展示会のように、木に無数に垂れ下がる鳥の巣など、珍しい出逢いが待っている。

2日間を通して、野生動物が暮らす大自然に触れるアニマルトリップを満喫しよう。

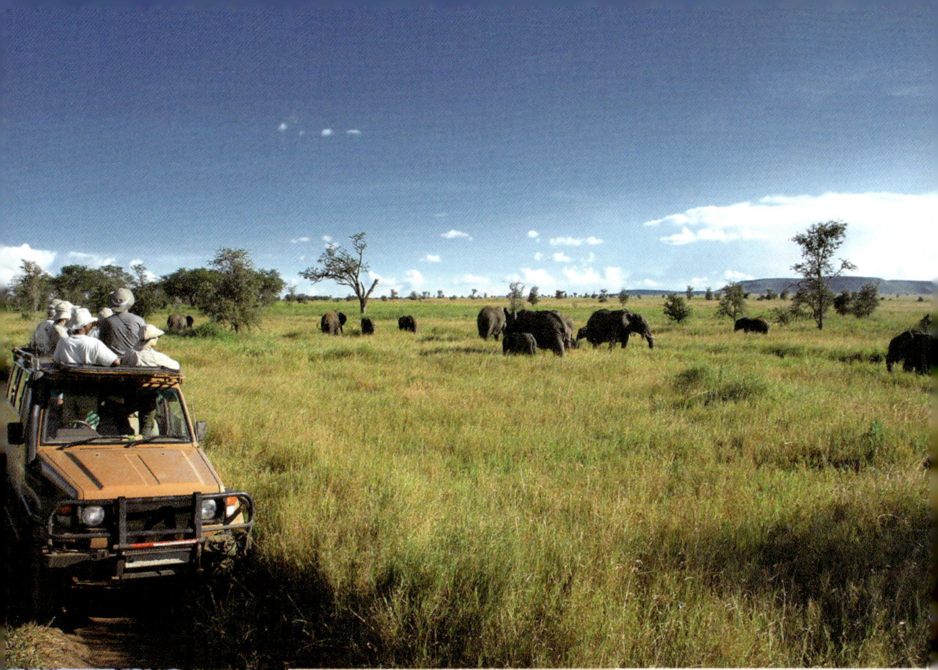
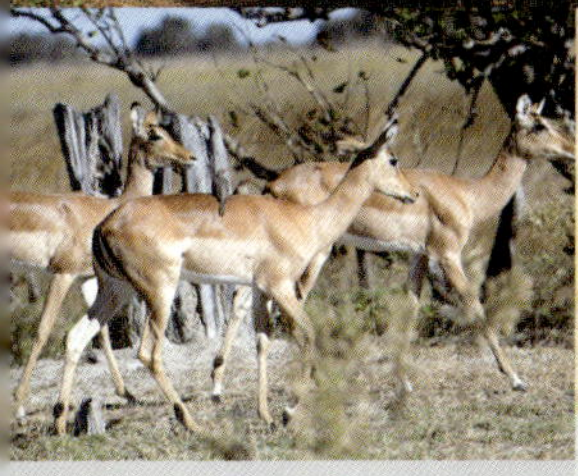
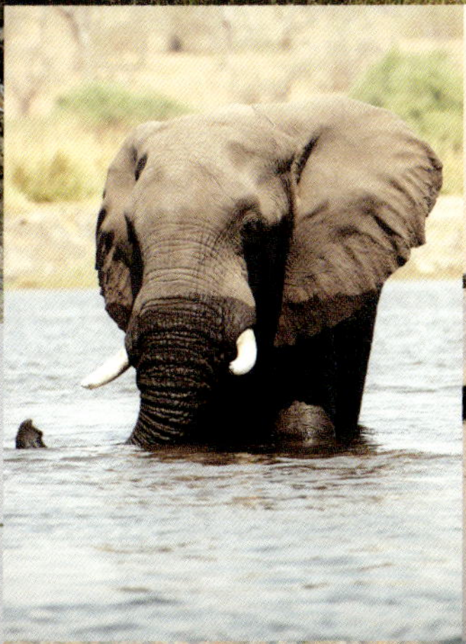
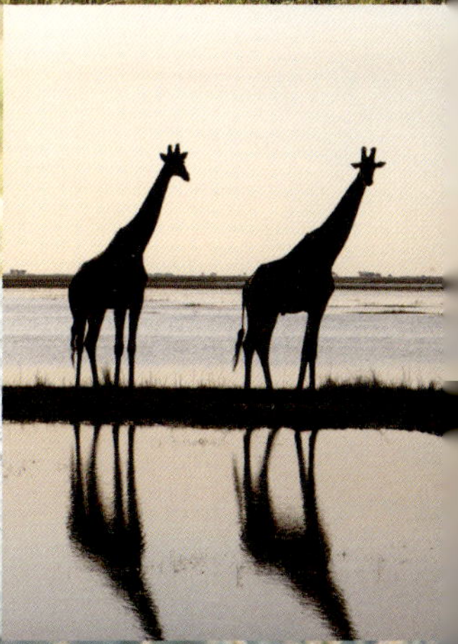
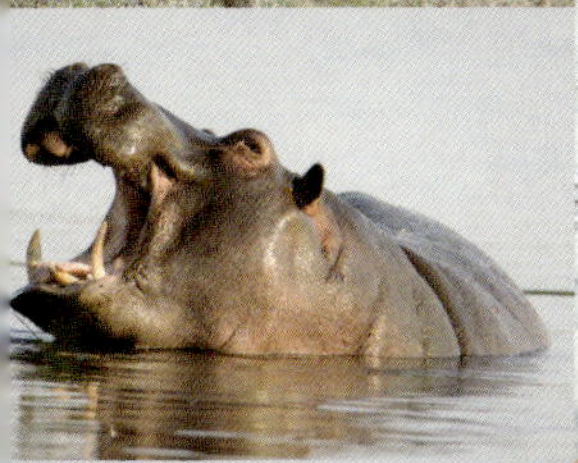
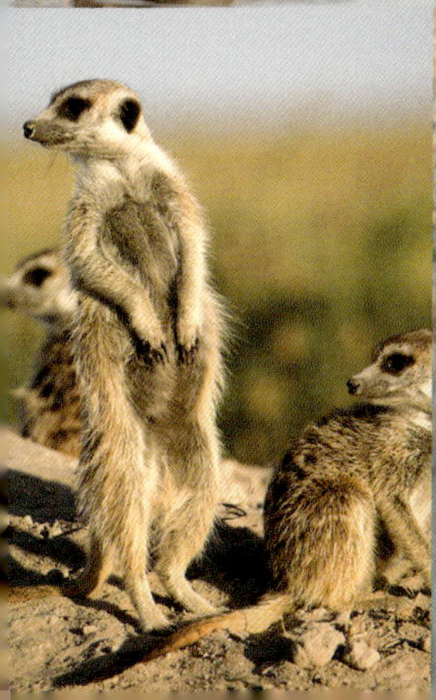
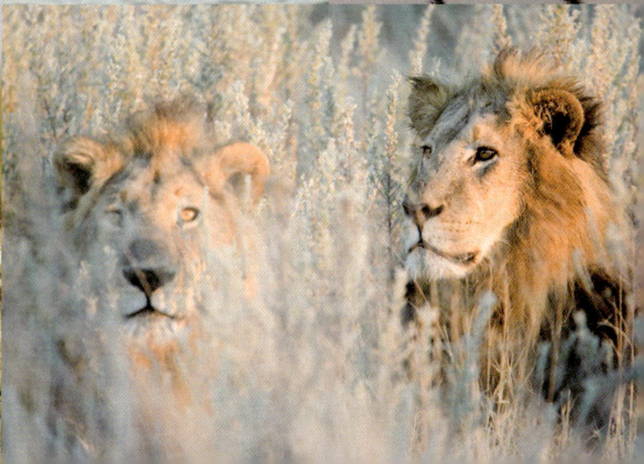

雷鳴響く水煙の滝、ビクトリアの滝へ!

ビクトリアの滝はカナダ&アメリカにまたがるナイアガラの滝、アルゼンチン&ブラジルにまたがるイグアスの滝と共に、世界三大瀑布に数えられている。ジンバブエとザンビアにまたがるその滝の大きさは、幅1,700m、高さ107mという想像を遥かに超える巨大なものだ。

ジンバブエのホテルから10分ほど歩くと、地鳴りのような重低音が聞こえ始め、テンションも上がってくる。緊張? 不安? ワクワク? なんともいえない興奮した気分で滝に到着。するとそこには、雷鳴のような轟音を響かせ、地球の割れ目へ大量の水を落とし続ける巨大なカーテンが! 目の前に広がるこれこそが、五感を刺激する大秘境。滝に沿って通る歩道を歩き始めたら、虹が輝き、水飛沫がふたりを襲う。この飛沫を浴びることこそが最高に気持ちいい滝の楽しみ方。ズブ濡れになりながら歩き、全身で滝を感じよう!

さらに、この滝は歩いて見るだけでなくアクティビティも充実。滝の崖と崖にワイヤーをつなぎ、滑車をかけて谷を渡るものや、谷間に向かって落ちるバンジージャンプなど絶叫ものや、ヘリコプターに乗って、滝の全景を空からも眺める贅沢な楽しみ方も。マイナスイオンが充満する最強の水遊びの宝庫で、はしゃぎまくっちゃおう!

ハンドルを握り、砂煙を上げ、目指すは世界最古の砂漠!

最強の水遊びをしたあとは、その真逆とも言えるカラカラに乾いた砂の大地へ。まずは飛行機でナミビアの首都ウィンドフックへ移動し1泊。翌日、自らの手でハンドルを握り、砂煙を上げながらナミブ砂漠へと爆走しよう。ナミブ砂漠とは先住民ナマ族の言葉

で「何もない所」を意味する。しかし、地球が育んだこの砂漠には、息を呑むほどの美しい砂の芸術があるのだ。そこを目指すにあたってのルートや、給油方法などは事前にレクチャーしてもらえるので、そこはご安心を。
そして砂漠のド真ん中にあるロッジへ。ここが今日の寝床だ。世界最大級の砂丘群ソススフレイのすぐ近くに位置するこの宿。空を見上げれば、宇宙に飛び出してしまったかのような無数の星が広がる。星の煌めく音が聞こえてきそうなほど、凛とした空気があたりを包む。そんな異空間なのに、食事は非常においしく、プールまでついているのだ！ 過酷な自然の中でも、快適な滞在を約束してくれるロッジを拠点として、砂漠を遊び尽くそう！

砂漠ならではのアクティビティを楽しもう！

ソススフレイの砂は鉄分を多く含んでいるため、霧と太陽により酸化し、赤みを帯びている。朝日が昇り始め、砂丘を照らしだすと、徐々にその赤味が際立ち始める。それが光が届かない斜面の黒とあいまって、見事なまでに美しいコントラストを生み出す。まさに芸術！ この砂漠の一番の楽しみ方は、なんといってもセスナ機に乗り込んでの遊覧飛行。空から眺める移りゆく色調、風によって描かれる風紋は圧巻の一言だ。
そして、もちろん陸からも。砂漠の民になった気分で砂丘を登ってみよう。想像以上に足が埋まる砂の大地。思うように歩けず息切れしちゃうかも…。それでもなんとか頂上に到着！ うしろを振り返ってみれば、まっさらだった砂丘にふたりの足跡だけが残っている。なんだか妙に嬉しくなる、ロマンチックな光景だ。
また、クァッドバイク（オートマチック四輪バギー）で、大小ある砂丘を爆走するアドレナリン全快ドライブも！ 急斜面を駆け上り、頂上付近で180度回転させ急下降すれば、「うぉ〜！」と叫ばずにはいられない！ 運転が初めての人でも楽しめる砂遊びだ。
刻一刻と姿を変え続けるので、同じ景色には二度と出逢うことができない自然の芸術。そして地球上ということを忘れてしまうほどの静寂がふたりを包み込む、砂漠の旅。
4ヵ国をまたにかけるダイナミックな大冒険で、ふたりの絆は今以上にきっと強くなるだろう。

旅の予算
Budget

総予算 34万円～
※6泊9日／現地発着のツアー代金（一部食費、航空券代除く）

総予算内訳

✈ 航空券の目安　20万円～
* 成田～香港乗り継ぎ～ヨハネスブルグ（キャセイパシフィック航空／エコノミークラス往復）= 12～18万円
* ヨハネスブルグ～ビクトリアフォールズ（南アフリカ航空／エコノミークラス往復）= 4～8万円
* ヨハネスブルグ～ウィンドフック（南アフリカ航空／エコノミークラス往復）= 4～6万円

🏨 現地発着ツアー代金の目安　14万円～
* 2名でツアーに参加した場合の1名分の料金
* ビクトリアの滝のホテル3泊、ウィンドフックのホテル1泊、ナミブ砂漠のロッジ2泊、食事（朝5回、昼4回、夕6回）、ビクトリアの滝での送迎、ウィンドフック～ロッジ往復の車輌などが含まれたパッケージツアーの金額。
※本文中で紹介した、ナミブ砂漠空中遊覧は2人利用だと1人10万円～。しかし、他の乗客との混載になると、どんどん1人あたりが安くなり、5人利用の場合は1人3万円弱ぐらいになる。上記ツアー代金とは別費用となる。

旅のシーズン
Best Season

* ビクトリアの滝は5～9月が冬、11～3月が夏だ。雨期（11～3月）のビクトリアの滝は水量が多く水煙が立ち上り、さながら暴風雨の中を歩くような状態になるほどの迫力がある。しかし水煙で全景が見えづらくなるので、雨期明け直後の乾期（4～6月）が水量、気候共に安定していてオススメ。ただ、迫力よりも全景を眺めたり、遊歩道などをゆっくりと楽しみたい場合は水量の少ない7月以降もいい。基本的には好み次第となる。
* ナミブ砂漠も時期によって温度差があるものの、見られるものが変わるわけではないので、ビクトリアの滝に合わせるのがいいだろう。ただし、どの時期でも砂漠は朝晩冷え込むので注意が必要。

行き方
How to get there

アフリカ南部に行く場合は一般的に南アフリカのヨハネスブルグが拠点となる。日本からは直行便がないため、アジアの1都市を乗り継ぐのが一般的だ。航空会社によって乗り継ぎ地が異なるが、香港乗り継ぎが一番メジャーなところ。他にはシンガポールやタイ、マレーシアなども可能だ。そしてヨハネスブルグからジンバブエまでは直行便で行くことができる。

旅の手配
Arranging the trip

すべてを現地についてから手配するのはとても難しい。オススメの方法は成田～南アフリカのヨハネスブルグの往復航空券は格安チケットを購入して、南アフリカ到着後からはパッケージツアーに参加がいいだろう。本書でオススメするのは現地で多くの日本人を受け入れている「プラネット・アフリカ・ツアーズ」。相談から手配依頼まで全て日本語でできるので安心だ。本書ではこの旅行会社が主催するツアーを紹介した。まずは気軽に相談してみよう。

ⓘ ［プラネット・アフリカ・ツアーズ］
www.planetafricatours.com/pat/view/pat/ja/

宿泊
Accommodation

📧 ビクトリアの滝のホテル
The Victoria Falls Hotel　www.africansunhotels.com/victoriafallshotel
歴史ある品格の高いコロニアルスタイルのホテル。これまで各国の重鎮も迎え入れてきた高級ホテル。滝に近い立地と奇麗に整備された庭が特に素晴らしい。部屋はもちろん文句なしの快適さを誇る。

📧 ナミブ砂漠のロッジ
Kulala Desert Lodge　www.kulalalodge.com/countries/namibia/kulala-desert-lodge
ソスフレイの麓にあるロッジ。同時に37000ヘクタールもの広大なクララ野生保護区内でもある。様々なアクティビティができるのはもちろん、落ち着いた色合いでシックにまとめられている部屋も大きな魅力のロッジだ。

旅のヒント
Hints for the trip

😊 ビクトリアの滝での水飛沫で、気づかないうちにカメラやビデオがダメージを負ってしまう。防水仕様にするか、ビニール袋などで保護しよう。

😊 砂漠というと暑いところをイメージしてしまうが、朝晩は極端に気温が下がるため、防寒具は必須アイテム。また、砂漠では砂埃があちこちに侵入してくるので、カメラなどの精密機器などを持っていく場合は注意が必要。

スケジュール例
Example Itinerary

1日目 ▶ 成田発〜香港、ヨハネスブルグ乗り継ぎ〜ビクトリアフォールズへ 【機内泊】
2日目 ▶ ビクトリアフォールズ着、ホテルへ
　　　　ジンバブエにてザンベジ川サンセットクルーズ 【ビクトリアの滝のホテル泊】
3日目 ▶ ボツワナにてゲームドライブ　チョベ川にてボートサファリ 【ビクトリアの滝のホテル泊】
4日目 ▶ ジンバブエ側、ザンビア側からビクトリアの滝 【ビクトリアの滝のホテル泊】
5日目 ▶ ジンバブエ発〜ヨハネスブルグ乗り継ぎ〜ウィンドフックへ 【ウィンドフックのホテル泊】
6日目 ▶ ロッジへ移動　砂漠アクティビティ 【ナミブ砂漠のロッジ泊】
7日目 ▶ 砂漠アクティビティ 【ナミブ砂漠のロッジ泊】
8日目 ▶ ウィンドフック発〜ヨハネスブルグ、香港乗り継ぎ〜成田へ 【機内泊】
9日目 ▶ 成田着

周辺情報
+α One more love trip

アフリカ南端の国まではるばるやってきた。そんなふたりにオススメするのは、南アフリカにある野生動物の楽園クルーガー国立公園でのサファリ体験！他の国ではほとんど認められていないが、ここでは一定の規則さえ守れば自分の運転で回ることができちゃうのだ。ふたりっきりのスペシャルドライブでゆく動物発見の旅！予算と時間を相談してもうひとつ野生動物との出逢いをおまけしてみてはどうだろう？

TRIP: 16 / 『本当の贅沢に出逢う旅』

16 🇵🇫 タヒチ
TAHITI

★ TAHITI

本当の贅沢ってなんだろう？
高級ホテルでは物足りないふたりに贈る、
タヒチの無人島で過ごす至極のネイチャー
パラダイス！

世界中から極上のバカンスを求め、旅人が集まる常夏の楽園タヒチ。憧れのリゾート特集などで、毎年上位にランキングされている麗しの旅先だ。そこに、この地域の地図でも見つけることが難しい、隠れ家のような無人島がある。ここでは「至れり尽くせり＝贅沢リゾート」の方程式は見事なまでに通用しない。あるのは美しい海、ゆったりと流れる時間と自然だけ！ ただそれだけのことなのに、今まで味わったことのないハッピーな島の空気に包まれ、「本当の贅沢」を味わうことができる。さぁ、至福の時間がふたりを優しく包む、極上のネイチャーパラダイスへ行ってみよう！

TRIP POINT 旅のポイント

- ☺ 楽園タヒチで、魅惑の無人島に滞在
- ☺ なんにもない本当の贅沢を堪能
- ☺ 息を呑むほどの透き通った海
- ☺ 楽園タヒチの島々で楽しむアクティビティ

There's nothing here,
～なんにもない島、でもすべてがある～
but Everything is here

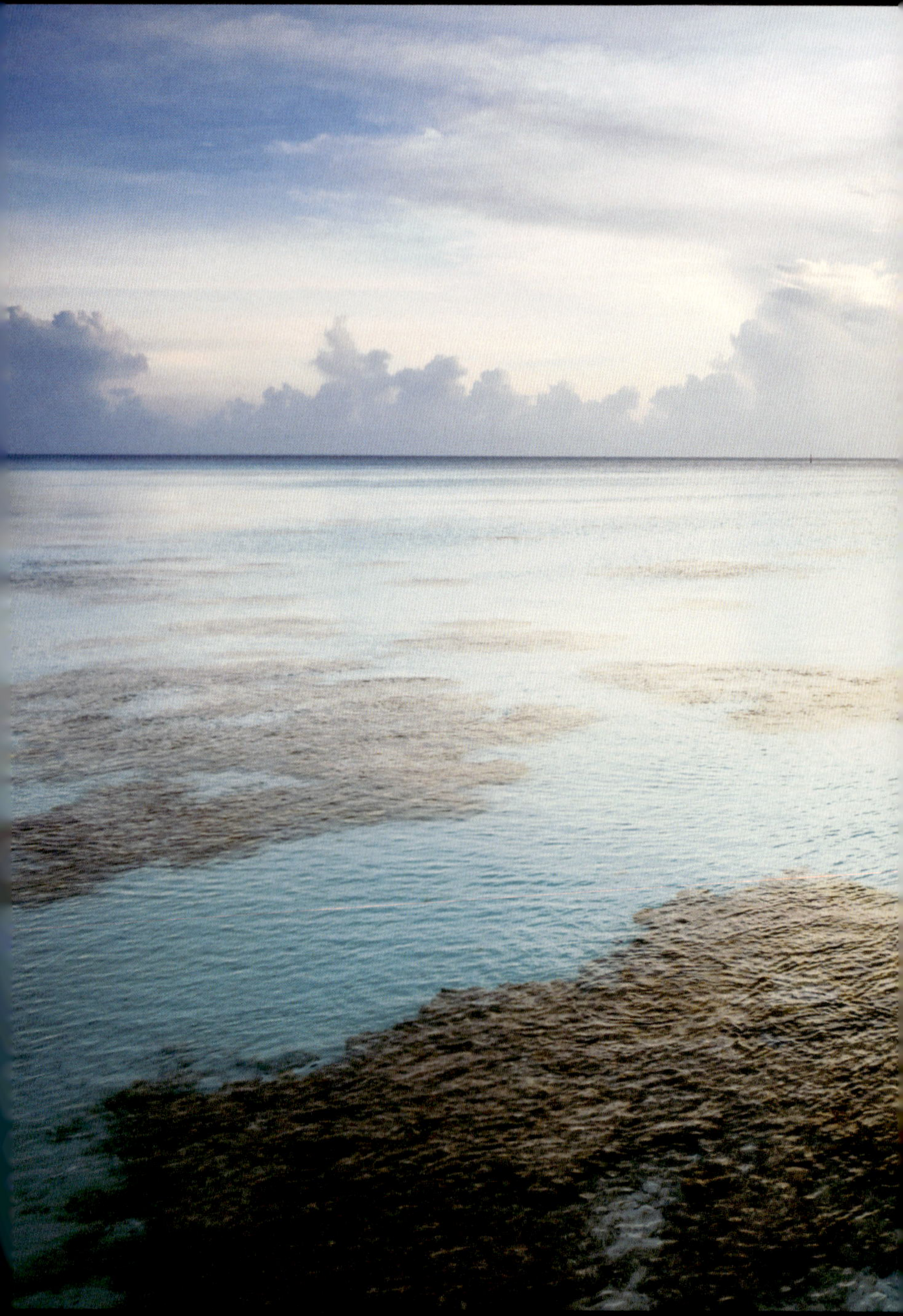

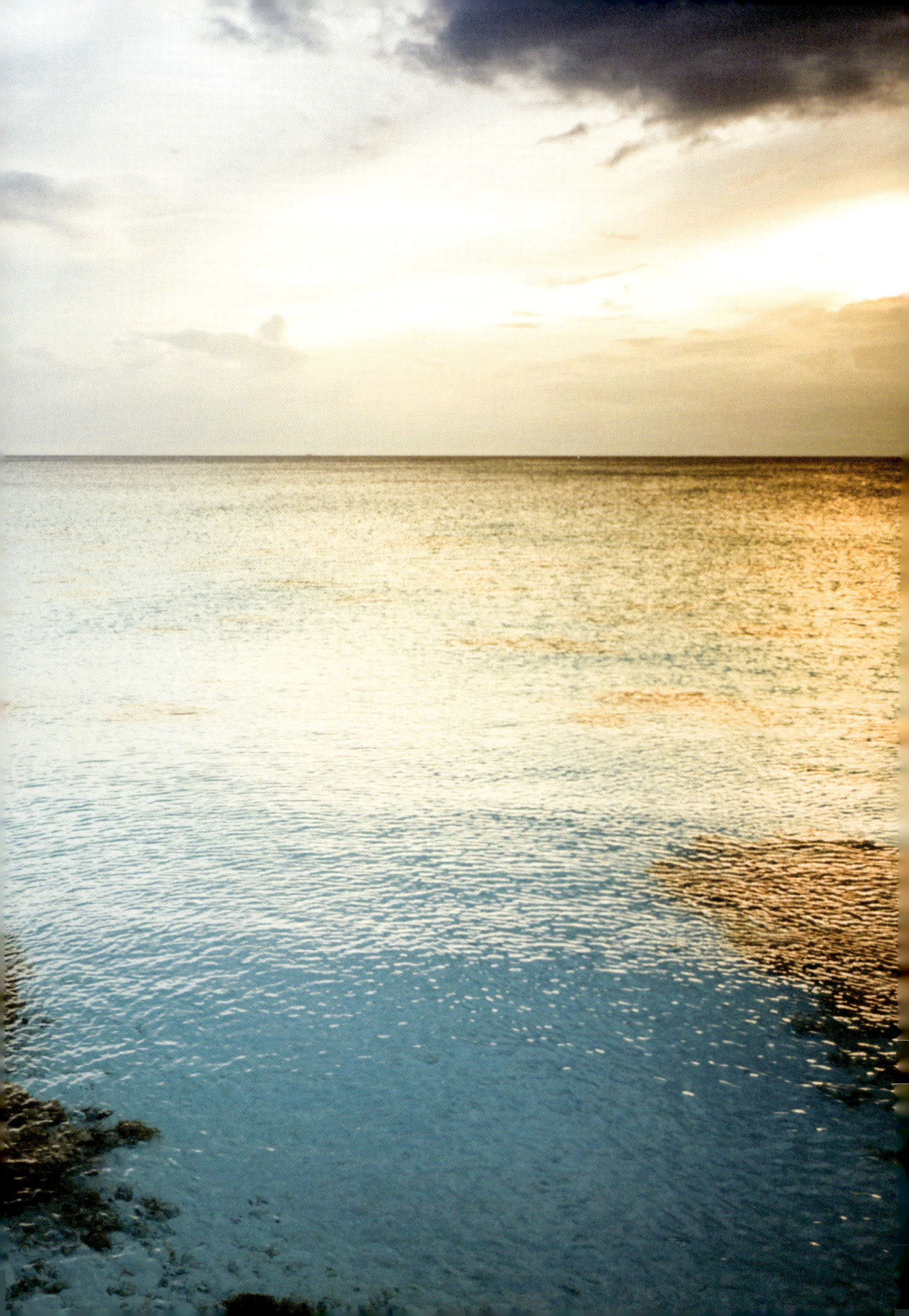

旅人の憧れの地に浮かぶ、名もなき無人島へ!

憧れのリゾート地、ポリネシアのタヒチ。南太平洋に散らばる、118もの島々から構成される国だ。孤高の画家ゴーギャンをも虜にした美しい海と、暖かい南国の気候が大きな魅力。タヒチ島、モーレア島、ボラボラ島などが世界的には有名だが、実は他にも魅力的な島がたくさんある。そのひとつが、世界第2位の面積を誇るランギロア環礁にぽつりと浮かぶ、小さな小さな名もなき無人島。そこにキアオラ・ソバージュというバンガロー5軒が、ひっそりと佇んでいる。宿泊客を1日最大5組までと限定したプライベート感たっぷりの隠れ家だ。

飛行機とボートを乗り継ぎ、無人島を目指す。徐々に島影が見えてくると、これから始まる無人島ライフに心が弾む。そして、いざ上陸！「無人島」という言葉で、ある程度イメージはしていたが、やっぱり驚く。人工的な物は本当にバンガローしかないのだ。後ろを振り返れば、海と空を遮るものは何もなく、見えるのは遥か彼方の水平線。前を見ればバンガローとヤシの木々だけ。そう、本当に「なんにもない」のだ！

人工物を徹底して省いた自然味溢れるキアオラ・ソバージュ

この無人島リゾート、キアオラ・ソバージュは、ランギロア島にある極上ホテル「ホテル・キアオラ」の離れという位置づけでオープンしたもの。無駄な豪華さを追求せず、ナチュラルなスタイルというのがテーマだ。天然素材で作られた、ポリネシアスタイルの高床式バンガローがその象徴のひとつ。部屋の中に足を踏み入れると、優しい木の温もりが漂う、いたってシンプルな作り。驚くのはテレビも電話も、そして電気もないということ。ここまで徹底しているからこそ、建物と自然との融合が違和感なくできているのだ。とはいっても、エアコンとかなくて快適に過ごせるの？と不安になるかもしれないが、そこは心配ご無用。日中も夜も、室内を吹き抜ける風がとっても気持ちいいので、まったくエアコンの必要性を感じさせないのだ。日常では考えられない、文明の利器と離れるという行為…それこそが本当の贅沢というものなのだ。この際、時計も靴下も脱ぎ捨て、アイランドライフを満喫しよう。

さらに、無人島気分を盛り上げてくれる粋なアイテムが…ホラ貝だ！食事の準備ができるとブォ〜と島に鳴り響く。これが、時計を外しているゲストが唯一時間を知る方法。気になる食事はといえば、トロピカルな香り溢れるポリネシア料理をはじめ、絶品のフランス料理まで…美味の一言。絶海の孤島で夕陽を眺めながらの舌鼓。最高だ。

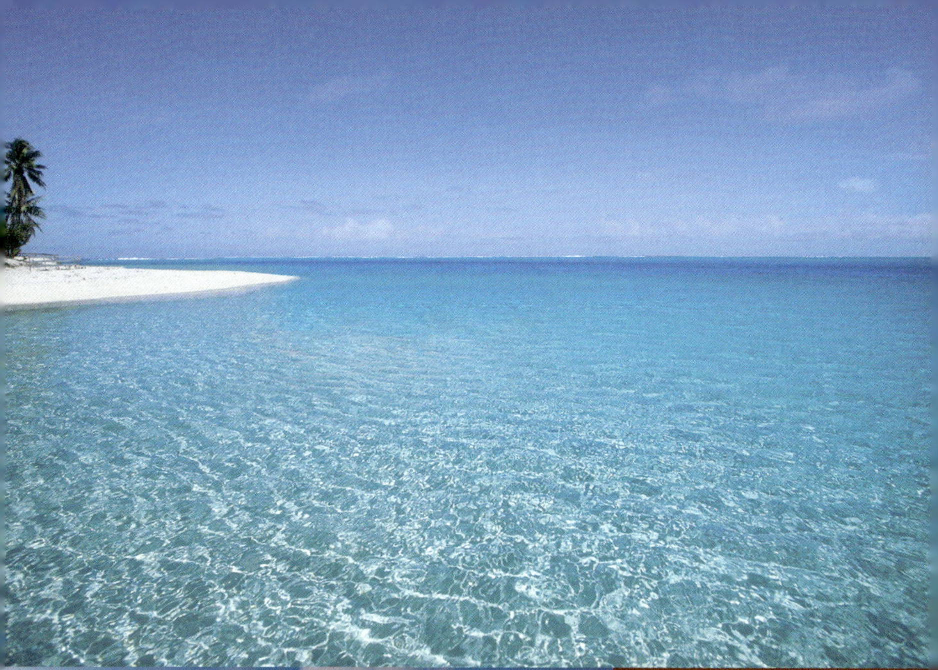
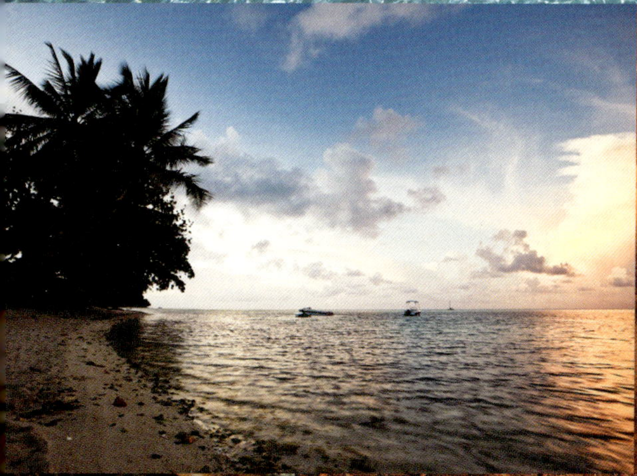
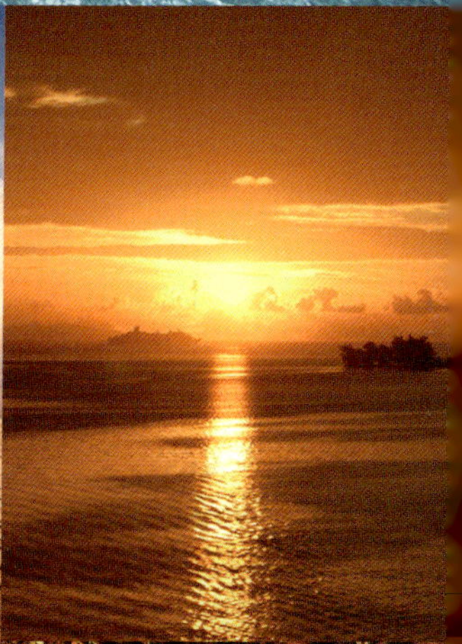
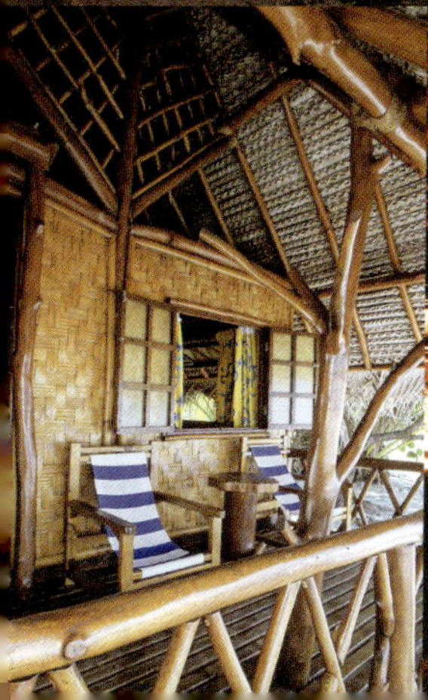
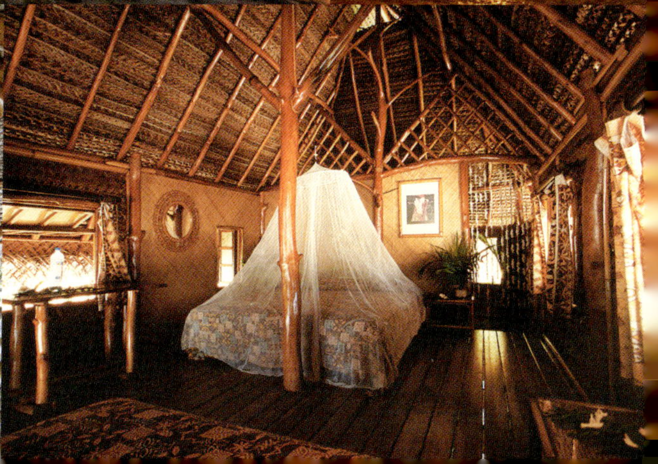

なんにもないという本当の贅沢

「では、どうぞご自由にお過ごしください」となると、あれっ？ もしかして暇じゃない？ なにすればいいの？ と思うかもしれない。でもそんなときこそ、今までの感覚を脱ぎ捨てるチャンス！ 周りに目を向けてみれば、美しいグラデーションを使って描かれたジェイドグリーン＆ターコイズブルーの海が広がる。サンサンと輝く太陽、清々しい空気、そよ風に揺れるヤシの木、原色に輝くハイビスカス、そして隣には大切な人がいる…。ゆったりと流れるこのかけがえのない時間に、ふたりで身を任せたくなるはずだ。
もちろんゆったり過ごすとは言っても、ずっと、ベッドでゴロゴロということではない。昼は海でカヌーに乗ったり、シュノーケリングで魚たちと戯れたり。木陰に吊るしたハンモックでのうたた寝、貝や魚獲り、1周15分の島散策…などなど。夜は月明かりとランタンの優しい光の中でグラスを傾け、無数に輝く夜空の星を眺める。流れ星に願いを伝えたり、時間を気にせず語り合ったり…。こうして時間の経過も、文明の利器も忘れ、心の底からゆっくりする。物質的な贅沢ではなく、心の贅沢を。リゾートの原点ともいえるキアオラ・ソバージュ。ここで過ごす日々は、ふたりとって生涯忘れることができない、豊かなものとなるはずだ。

タヒチの島々を満喫しよう！

なんにもない贅沢を味わったら、他の島でも遊んでみたらどうだろう。タヒチといえば、なんといっても透明度抜群の海でシュノーケリング、ダイビング！…とまぁ、それらももちろんだが、他にも盛りだくさんのアクティビティがあるのだ。例えばタヒチ島では、4WDで巡る自然満喫ツアーや先住民マオヒ文化体験、極上の南国スパ…などなど。それだけでも迷ってしまうが、もうひとつオススメは、イルカと一緒に泳ぐドルフィンスイム！ イルカを撫でたり、キスしたり、泳いだり…。連れて帰りたくなるほど愛くるしい仕草に、癒されること間違いなし！ タヒチには多くの魅力的な島々があり、それらをすべて満喫しようとすれば、いくら時間があっても足りないだろう。時間が許す限り、最強のリゾート天国を遊び倒そう！

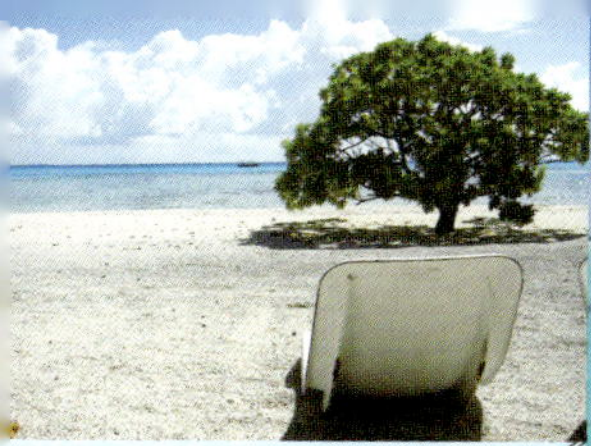

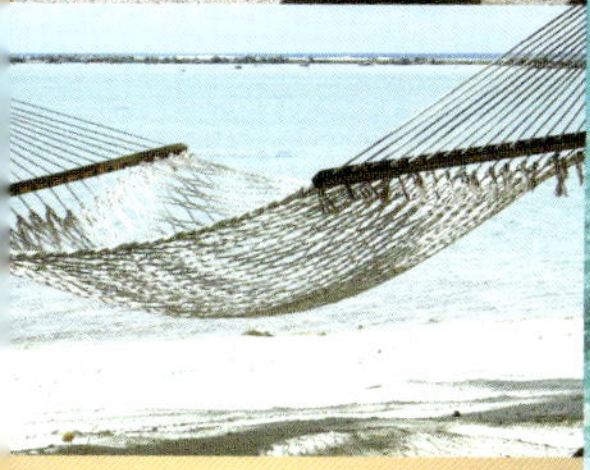

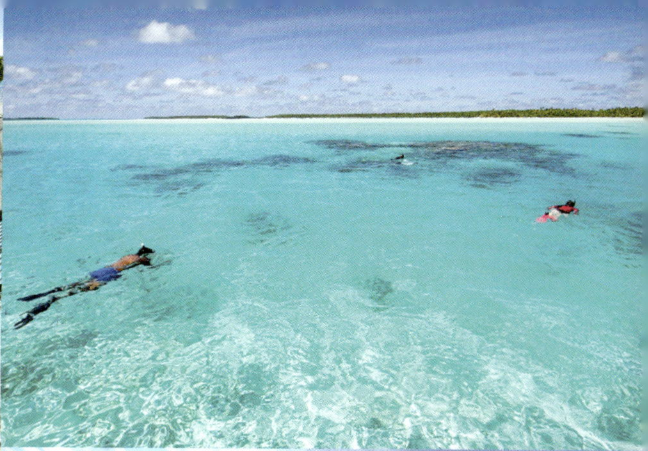

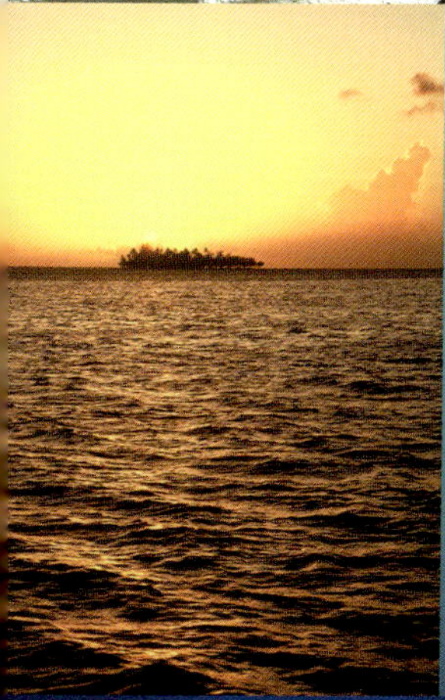

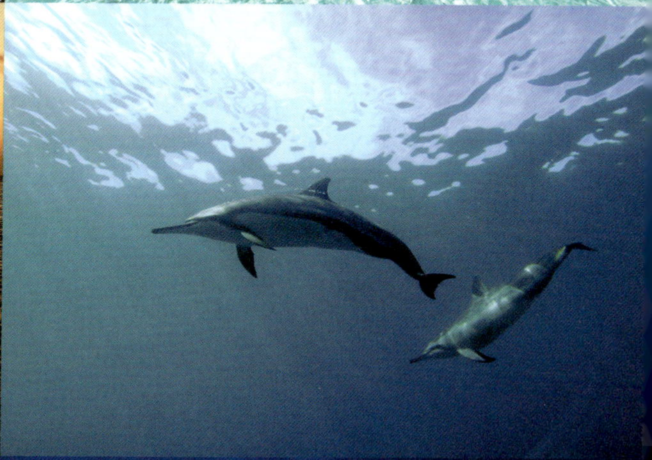

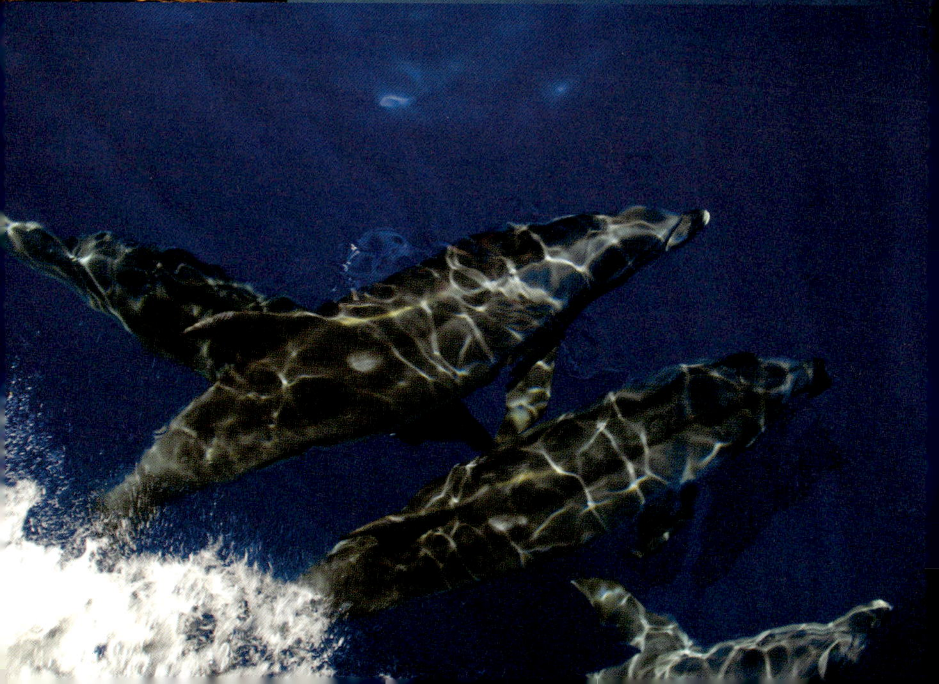

travel information:

旅の予算
Budget

総予算 28万円〜
※4泊6日／成田からの往復航空券、宿泊費込み（現地交通費、一部食費除く）

総予算内訳

✈ 航空券の目安　17〜25万円
* 成田〜パペーテ（エアタヒチヌイ／エコノミークラス往復）＝14〜21万円
* パペーテ〜ランギロア島（エアタヒチ／エコノミークラス往復）＝3〜4万円

H ホテル代金の目安　4泊13万6千円〜
* タヒチ島の3つ星ホテル代金の目安　1泊1万5千円〜
* キアオラ・ソバージュの宿泊代金の目安　2泊10万6千円〜
※すべて1部屋（2名利用）の料金、総予算には1名分を計上。

ボート料金の目安
* ランギロア島〜キアオラ・ソバージュ（往復料金）＝2万円

旅のシーズン
Best Season

亜熱帯気候に属しているため、一年中温暖な気候。しかし7、8月は季節風の影響で海が少々荒れやすくなるので、避けた方が無難だ。

行き方
How to get there

日本からタヒチのパペーテまでは、直行便または米国のロサンゼルス乗り継ぎが一般的。パペーテに到着したらまず1泊。国内線でランギロア島までは1時間ほど。さらにそこからボートに1時間乗るとキアオラ・ソバージュに到着する。

旅の手配
Arranging the trip

エアタヒチヌイの成田発パペーテ行き直行便が、月曜日、土曜日に運行。パペーテ発成田行き直行便が日曜日、金曜日に運行している。極力それに合わせたスケジュール作りが旅を楽にするポイントだ。航空券、ホテルは各種サイトで予約できるので、個人手配も可能だが、不安な人は旅行会社に手配をお願いするのが無難。旅行会社は、以前よりキアオラ・ソバージュへの旅を提供している「マゼラン・リゾーツ」がオススメ。

ⓘ [マゼラン・リゾーツ] www.magellanresorts.com/

宿泊
Accommodation

旅の拠点となるタヒチ島のホテルは、リーズナブル〜高級までいろいろある。ランギロア島に行くことを考えると空港から近く、快適なところがいいだろう。

📁 タヒチ島のオススメホテル
Manava Suite Resort Tahiti　manavasuiteresorttahiti.blogspot.com/
2009年にオープンしたばかりのホテル。タヒチアンアートと近代的でお洒落なデザインが融合している。空港から5分、パペーテの街の中心から10分という立地がとても便利。快適なわりにリーズナブルなのが嬉しい。

📁 無人島のホテル
Kia Ora Sauvage　eu.hotelkiaora.com/kiaora/bin/view/KiaOraSauvage/
バンガローが5棟あるが、特にカテゴリーなどは設定されていない。

旅のヒント
Hints for the trip

- 人気が高いので、予約が取りづらい。行くと決めたら早めに予約をしよう。
- キアオラ・ソバージュの予約は最低でも２泊からとなっているので、注意しよう。
- 日差しや紫外線が強いので、日焼け止め、サングラスは必須。
- 海好きな人は水着で過ごす時間が長くなるので、２着持参すると便利だ。

スケジュール例
Example Itinerary

1日目 ▶ PM 成田発〜パペーテへ 【ホテル泊】
2日目 ▶ AM パペーテ発〜ランギロア島へ　ボートでキアオラ・ソバージュへ 【キアオラ・ソバージュ泊】
3日目 ▶ 終日フリー 【キアオラ・ソバージュ泊】
4日目 ▶ AM ボートでランギロア島へ　ランギロア島発〜パペーテへ　PM フリー 【ホテル泊】
5日目 ▶ パペーテ発〜成田へ 【機内泊】
6日目 ▶ 成田着

周辺情報
One more love trip

タヒチ島から飛行機で50分ほどの、ボラボラ島がオススメ。南太平洋の真珠とも称され、なんといっても世界屈指の美しい海が魅力。ハネムーンの行き先としても特に人気が高いところだ。透明度抜群の海を舞台に、シュノーケリング、ダイビング、ウィンドサーフィン、水上スキー、マリンジェット、サメやエイへの餌付け体験など、マリンアクティビティが盛りだくさん！ボラボラ島にも素敵な宿がたくさんある。ここは思い切って海に浮かぶ水上コテージに泊まって、極上のタヒチアンナイトを過ごそう。

TRIP: 17 /『カナダの水路を自由に放浪する旅』

🇨🇦カナダ
CANADA

17

夢のプライベートクルージング！
水上を走る家「ハウスボート」を、自由に
操縦し、カナダ最長の水路を、快適に放浪
しよう！

小さな家を載せたようなかわいらしいボート。船内に、操縦席の他に、ベッドに変身するベンチやキッチン、トイレ、シャワーなどが備えられている、いわば水上版キャンピングカー、それが「ハウスボート」だ。それを自分たちで操船し、北米最大の五大湖を繋ぐトレント・セバーン水路をゆく旅。快適に、気ままにクルーズしながら、気に入った場所でイカリを下ろし、釣りをしたり、カヌーを漕いだり、BBQをしたり、水路沿いの町を訪れたり…楽しみ方は自由自在。時には水門を越え、時には狭い水路を通過し、時には広大な湖を進む。美しき自然や、動物たちとの出逢いも楽しみのひとつ。ふたりで協力しながら船を走らせ、とびっきりのカナダの休日を水上で楽しもう！

TRIP POINT 旅のポイント

- 😊 水上に浮かぶ走るコテージ「ハウスボート」に乗船
- 😊 自ら操る面白さ&気ままににどこへでも行ける自由さ
- 😊 カヌー、釣り、BBQ…楽しみ満載
- 😊 水上で味わう究極のふたりっきりの時間

Slow Life on Houseboat
~水の上でのスローライフ~

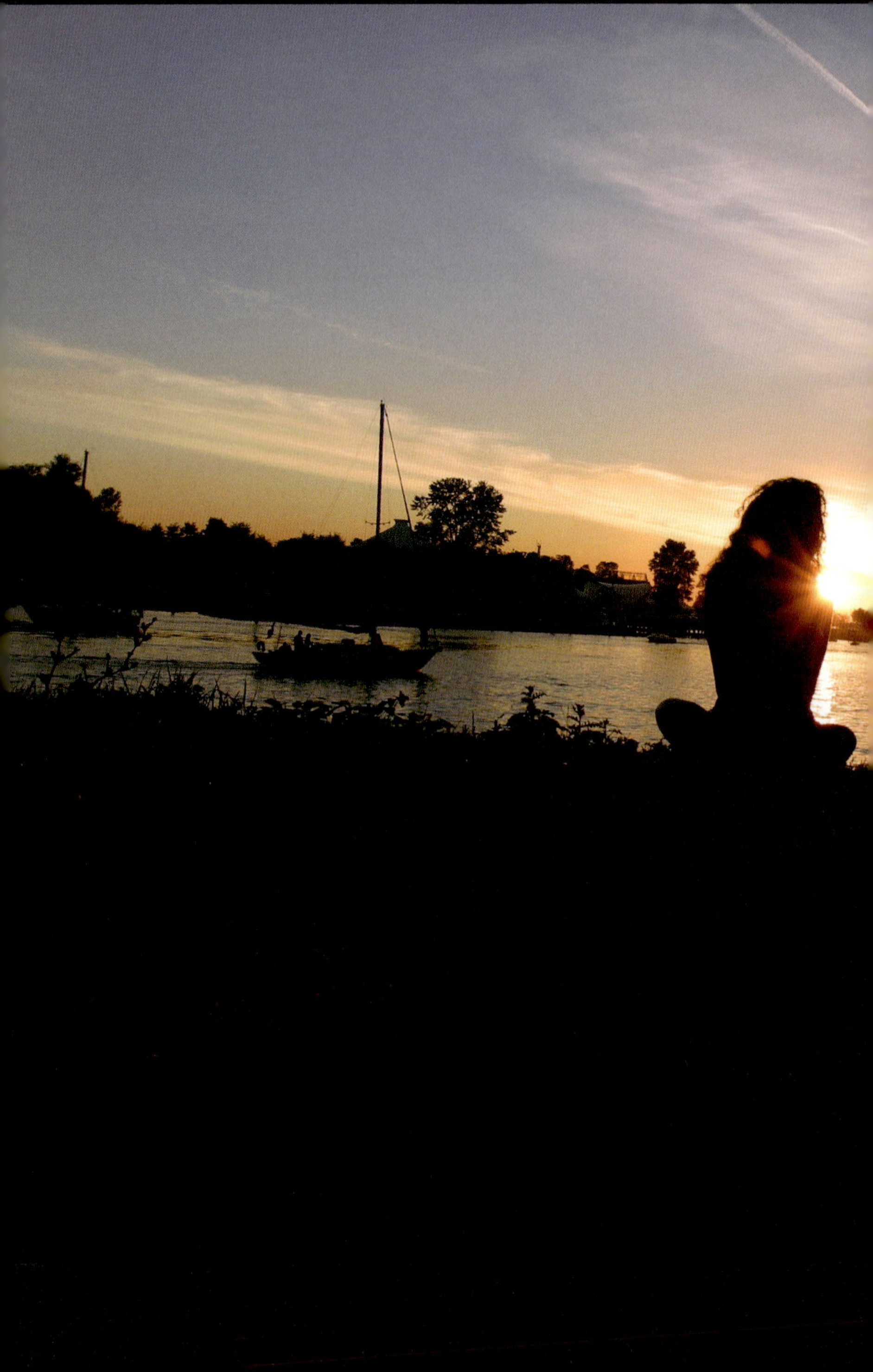

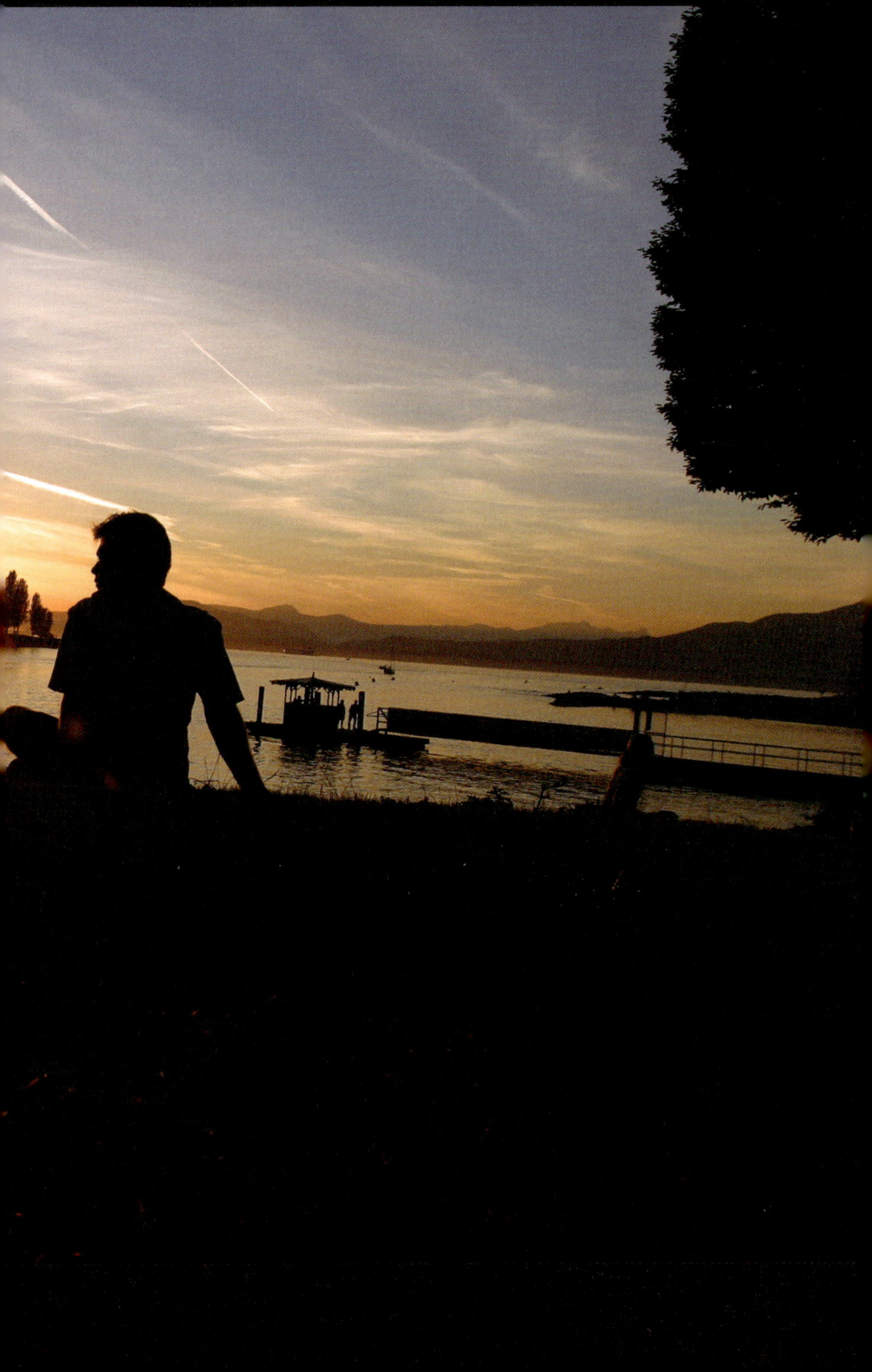

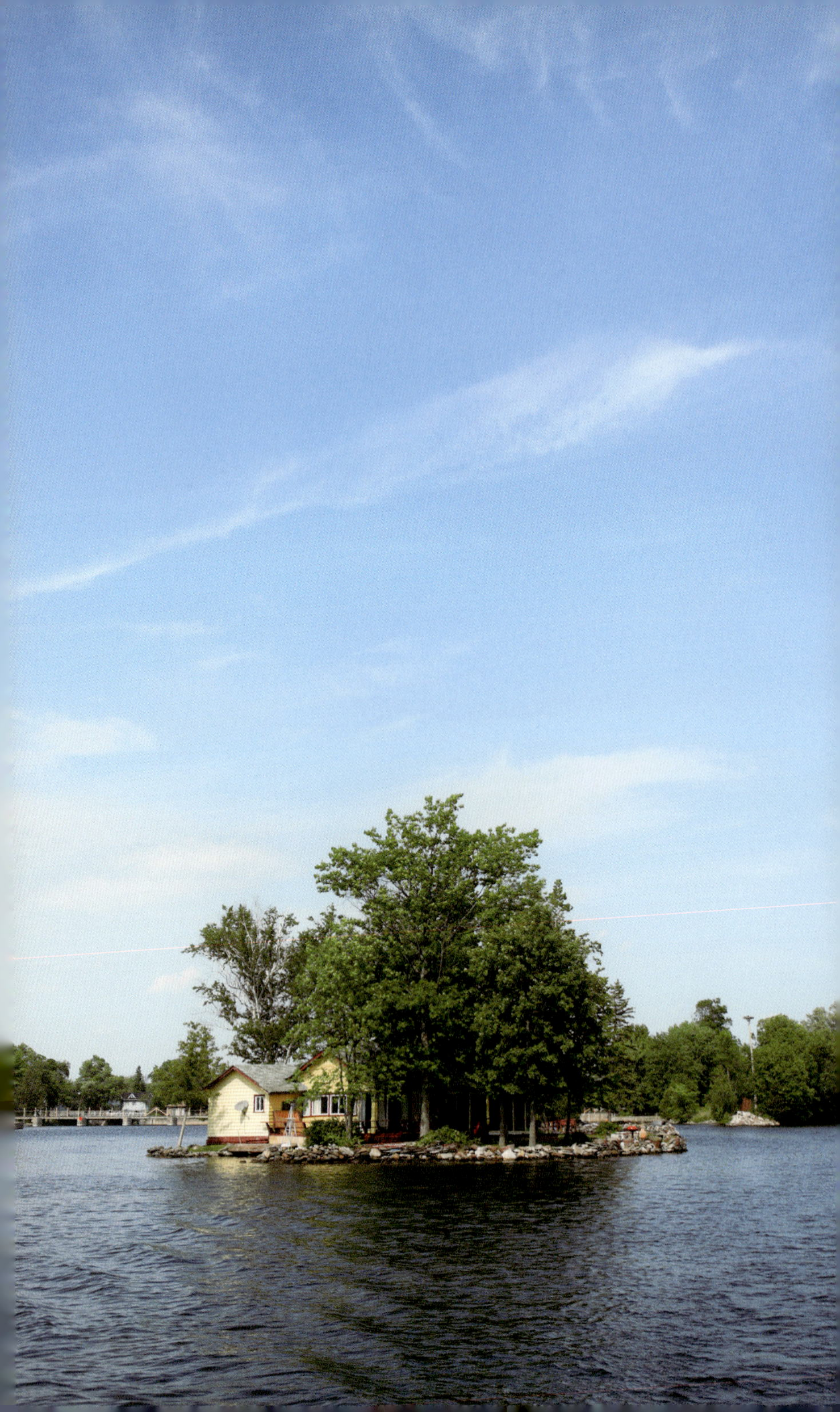

水上を走る家「ハウスボート」って何？

アメリカやカナダなどの、広大な土地を旅することに使われるキャンピングカー（モーターホーム）。魅力はなんと言っても、自分で運転し、自由にどこへでも行けるということ。最近は、日本でも知名度が上がり、憧れの旅スタイルとなっている。それを水の上で再現したのがハウスボートだ。ボートの上に小さな家が載っているそれは、キャンピングカー同様にキッチン、冷蔵庫、エアコン、シャワー、トイレ、ベッドに変身するベンチなどが備わり、まるでコテージ。居住性は超快適！ さらに、16歳以上であれば、船舶免許も運転免許もいらない。簡単な講習さえ受ければ、すぐに自分で操縦できるのだ！ つまり、ふたりきりのプライベートクルージングが、誰にでもできるというわけ。さぁ、気の向くままに出船、停泊を繰り返し、自由に放浪しよう。

相棒を手に入れて、いざ出航！

アメリカ、カナダの国境を隔てる世界最大級の五大湖。北米の地中海とも称されるこの湖にはその名の通り5つの湖があり、すべてが水路や運河で繋がっている。本書で紹介する旅の舞台は、その中のオンタリオ湖とヒューロン湖を繋ぐ、カナダ最長のトレント・セバーン水路。この水路の全長は386km。大小の湖、川、そして45もの水門から構成されている。

ハウスボートの旅の拠点となる街は、カナダ最大の都市トロントから東に車で1時間のところにある、ポートホープ。そこから30分走った、ちょうど水路の中間地点あたりに、ハウスボートが係留されているマリーナがある。そこで、旅の相棒であるハウスボートをレンタルしよう。ボートの名前は「シーホーク32」。全長9.6m、2階建てのかわいらしい姿。操縦方法、停泊時のロープの巻き方、水門の通過方法など、ビデオを見ながら説明を受けたら、いよいよ出航だ！

ゆったりクルーズが、旅の醍醐味。

自らの操船で岸壁を離れていくボート。胸を高鳴らせながら、水路図を確認して進み始めよう。スピードはゆっくり。ボートが作り出す波が、川沿いに生息する動物の暮ら

しを脅かさないために、時速は10〜20kmに制限されているのだ。このゆったりスピードが、この旅の醍醐味とも言える。頬をなでる風を感じたり、水辺に広がる木々を眺めたり、野鳥の声に耳を澄ませたり…。気に入った場所があれば、イカリを下ろし、そのまま飛び込んで泳いでみたり、釣りをしたり、カヌー遊びをしたり、ボートのデッキに寝転んで雲を眺めたり…。さらに、ビーバーやシカなどの野生動物に出逢うチャンスも！　本当に贅沢な時間がそこにはあるのだ。

操縦にも慣れてきたころ、このクルーズのもうひとつの楽しみである「水門」が現れる。水位が違う水路を繋ぐ水門は、なんと水圧エレベーター式。ロックマスターと呼ばれる人の指示に従ってボートを水門に入れたら、前後の門を閉め、そこに水を入れたり抜いたりすることで、浮力を利用して同じ水位にし、その後、前の門だけを開け進む…というもの。自分たちが乗ったまま、ボートが上がったり下がったりするのは、なんとも不思議な感覚。病みつきになっちゃうかも!?

様々な町へ寄り道も！

水路沿いの町に気軽に立ち寄れるのもハウスボートの魅力。まずは、19世紀の開拓者の村を再現した歴史村「カワーサ・セントラル・ビレッジ」。まるで、昔の映画の舞台に迷い込んでしまったかのよう。その次に立ち寄るのは、この水路で最も古い水門があるボブケイジャン。その歴史に触れるため、多くの観光客が集まる町でもある。ここでのオススメはアイスクリーム。カナダ産の新鮮な牛乳とクリームを使い、昔ながらの製法で生み出される味は絶品！　どこか懐かしくも深い味わいは、舌触りもよく、地元の人達にも大人気。さらに進んで、フェネロン・フォールズという落差約7mの滝が流れる町へ。レストランやパブ、土産屋などが軒を連ね、とても賑やか。町を散策しているだけでも楽しいが、オススメはホーレス・キャリッジ博物館。オーナーが12歳の頃から収集を始めた、数々のアンティークコレクションは古き良き時代を彷彿とさせ、見応え充分。しばらく眺めていると、使用していた当時の人々の声が聞こえてくるようだ。あとは、時間次第で折り返し、再びマリーナへ戻っていこう。

食事のスタイルも、もちろん自由！

食材や飲み物は、事前に船に積んでおくのが基本。お腹がすけば、船内のキッチンで軽く料理したり、デッキにあるBBQグリルでミートパイを焼いたり、ハンバーガーを作ったり、ステーキを焼いたり。気に入った場所で船を停めて、野鳥の声をBGMに、穏やかな水面を眺めながら食事したり、近くの町に立ち寄ってレストランに行ったり、澄み切った空気の中で星空を見上げ、ふたりで乾杯したり…。そんな、自由で優しい贅沢時間を、カナダ大自然の美しさに囲まれながら、心ゆくまで楽しもう。

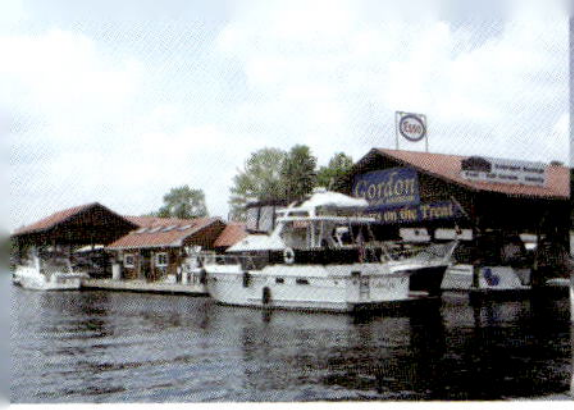

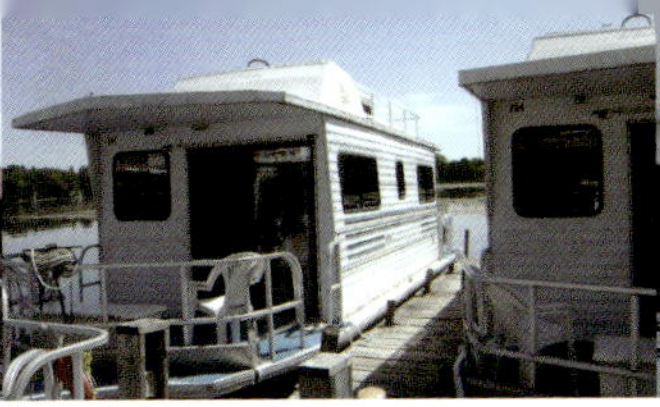

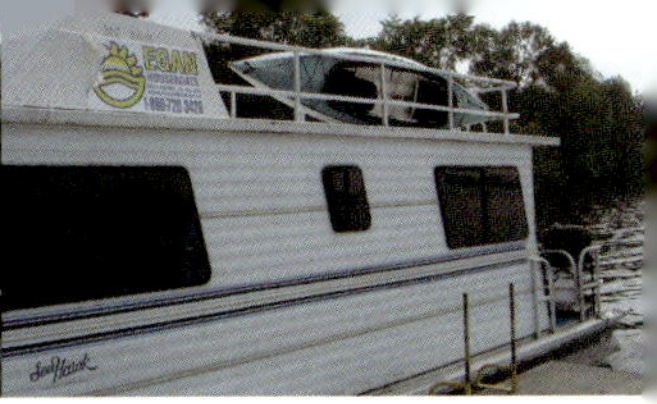

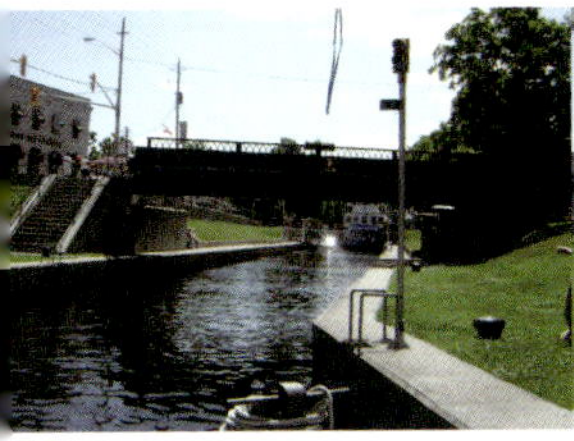

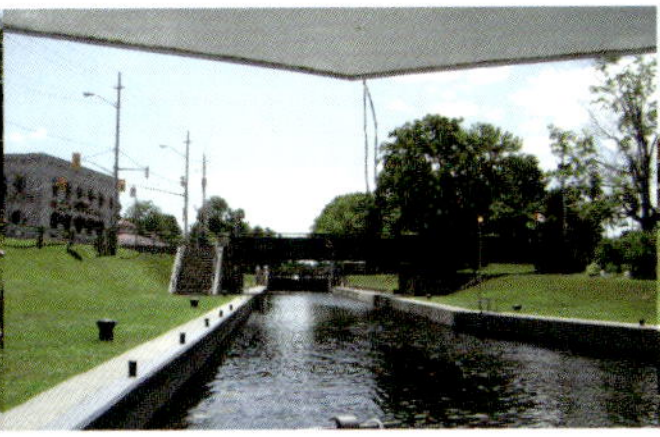

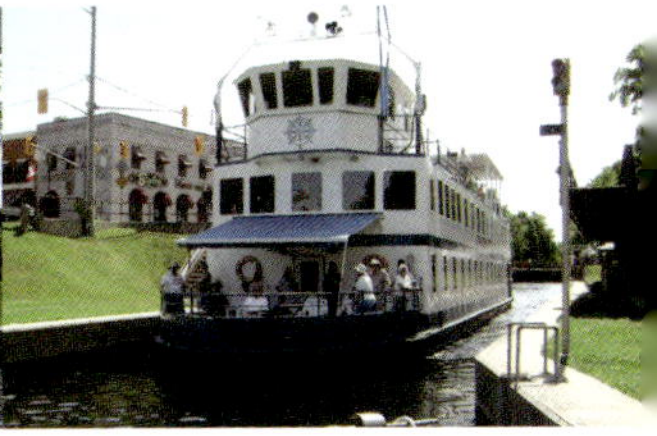

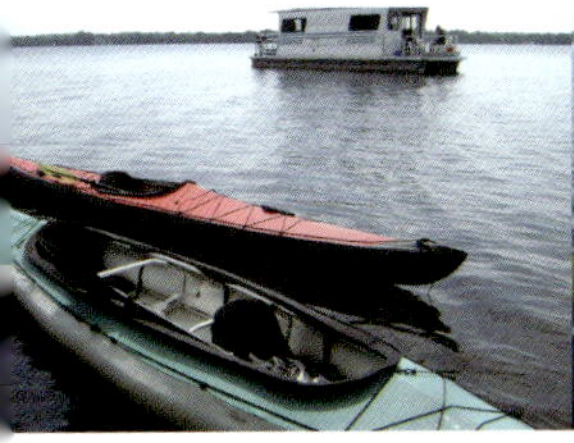

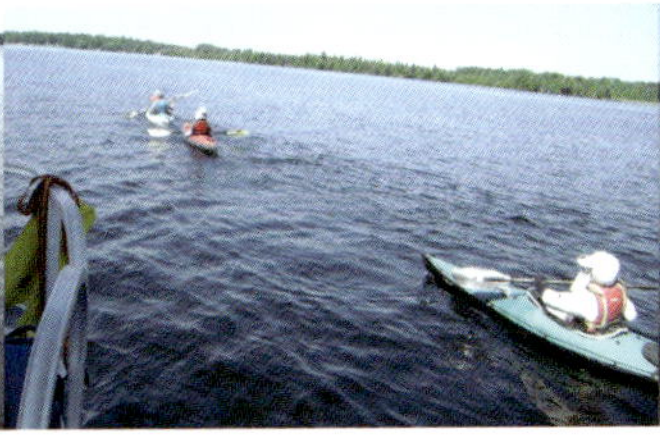

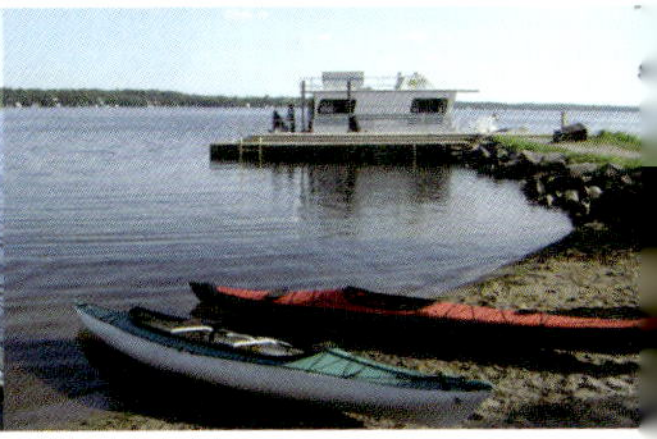

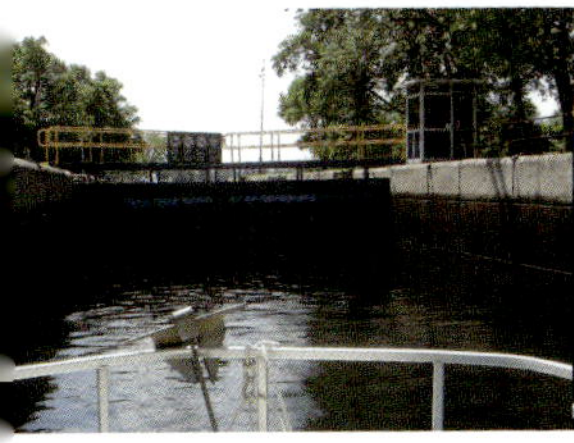

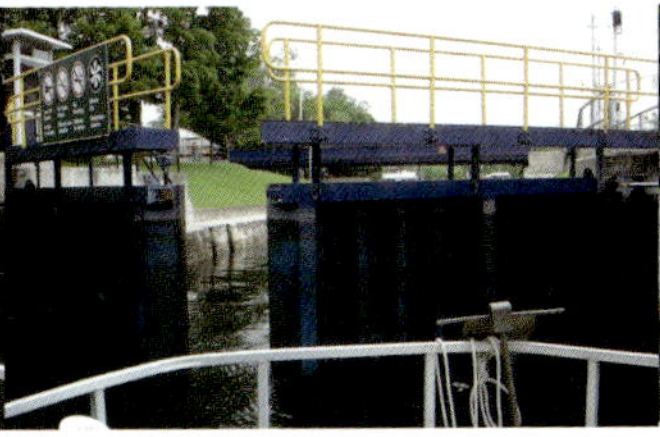

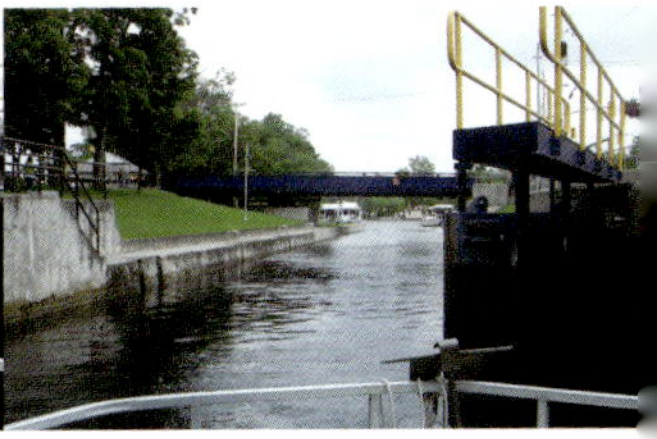

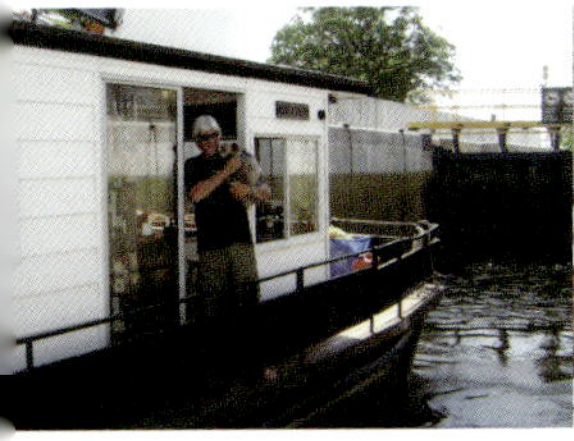

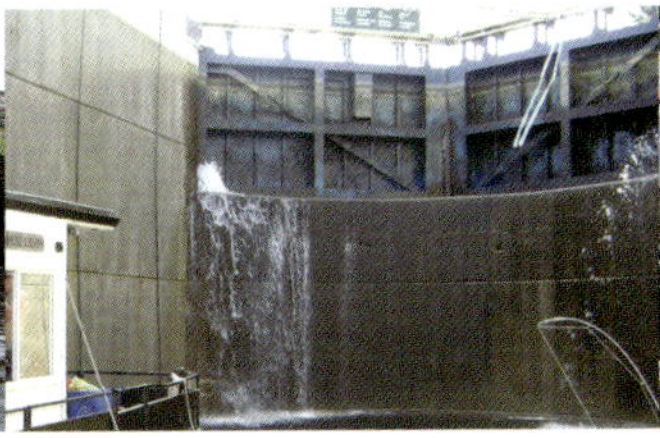

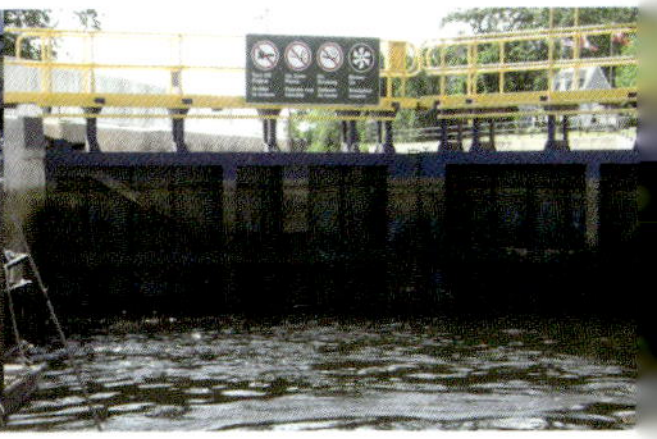

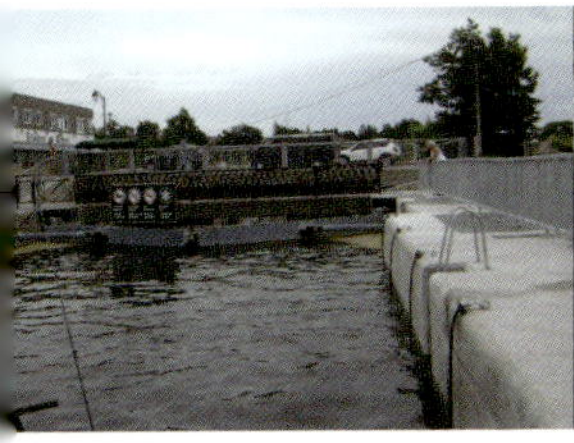

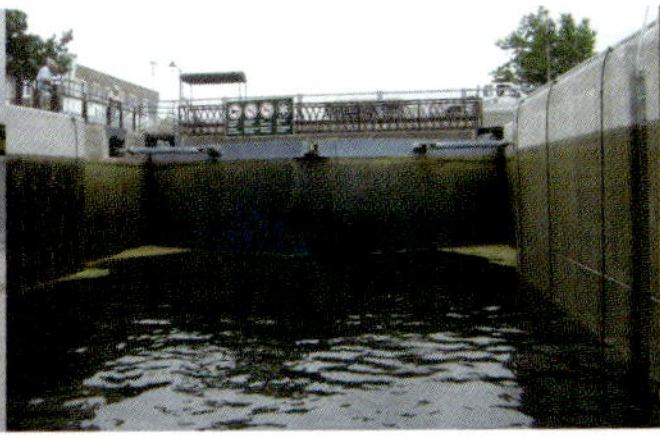

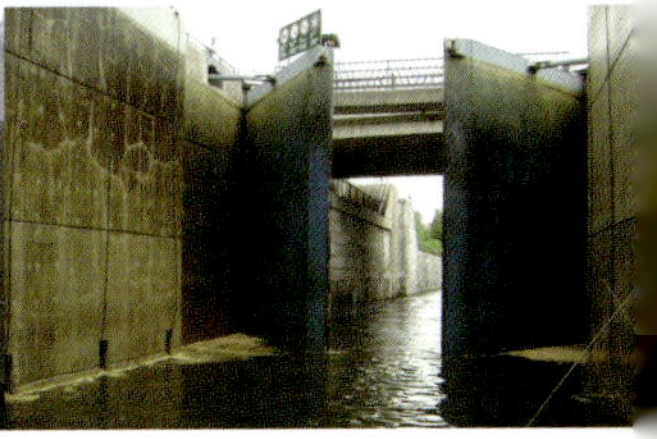

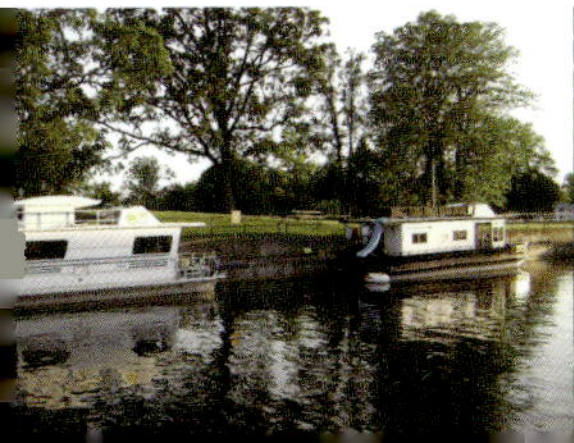

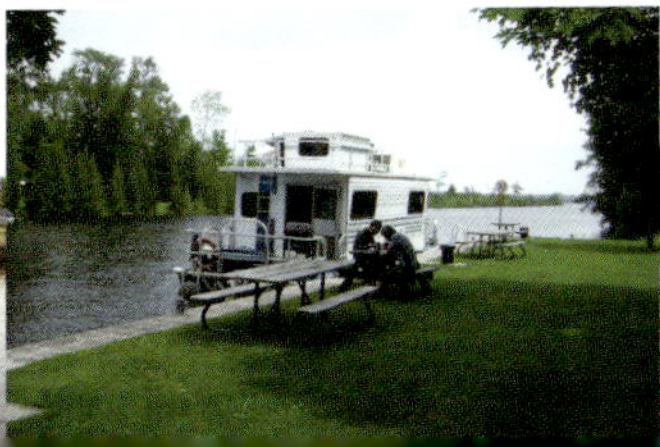

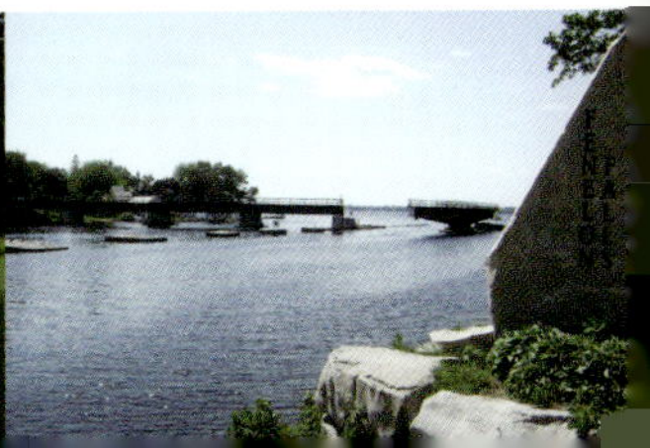

travel information:

旅の予算 / Budget

総予算 18万円～

※5泊7日／成田からの往復航空券、宿泊費込み（現地交通費、食費、除く）

総予算内訳

- **航空券の目安　12万円～**
  ＊成田～トロント（エア・カナダ／エコノミークラス往復）＝12～18万円
- **ポートホープのホテル代金の目安　1泊1万1千円**
  ＊1部屋（2名利用）の料金、総予算には1名分を計上。
- **ハウスボートレンタル代金の目安　3泊8万円～**
  ＊シーホーク32の夏期の平日料金を参考。
- **ハウスボートレンタルの諸費用の目安　1日6千円～**
  ＊保険代、ガソリン代、水門通過料、夜間水門係留料、プロパンガスなど。

旅のシーズン / Best Season

5月下旬～9月がハウスボートをレンタルしている時期。5、6月は春の陽気、7、8月は夏、9月は秋へと変わる頃。どの時期も気持ちがいいので、予定に合わせて時期を選ぼう。

行き方 / How to get there

日本からトロントまでは、エア・カナダが直行便を運行している。しかし、米国を乗り継いだ便の方が安くなる場合もあるので、予算と日程で選ぼう。トロントについたらタクシーでポートホープの町へ。1泊したら、タクシーでマリーナへ。レンタカーよりも安上がりなのでオススメ。

旅の手配 / Arranging the trip

ハウスボートのレンタルを行っているEgan Houseboat Rentalsには、日本語で問い合わせができる。担当者の佐久間さんは、ハウスボートはもちろん、カナダの自然を知り尽くしているので、とても頼りになる。予約する際のポイントは、極力平日に集中させて予約するということ。その方が、レンタル料が安くなるのでおトク。トロントまでの飛行機やホテルは簡単にインターネットで手配できるので、行きたい！と思ったら、まずは下記レンタル会社に連絡してみよう。

[Egan Houseboat Rentals] www.houseboat.on.ca/jp

宿泊 / Accommodation

ハウスボート出発前日と返却後は、ポートホープで1泊を。そこで、出発前は翌日から始まるハウスボートの旅の準備をしよう。主にボート乗船中の食材の買い出しなど。ただ、せっかくの宿泊。宿にもこだわろう。

ポートホープのオススメホテル

Hill and Dale Monor　www.hillanddalemanor.com
オススメは1850年代に建てられた邸宅を改装したホテル。ビクトリアスタイルの上品な雰囲気が漂う。このホテルはポートホープの町中にあり、マリーナまでは車で1時間ほど。部屋は7つで、どれも広く清潔で快適。また夫婦が営業しているので、アットホームな雰囲気が嬉しい。

17: カナダ

旅のヒント
Hints for the trip

- ボート内のカーテンを仕切れば2部屋にわけることもできる。もしWデートで行こうと考えた場合も1つのボートを利用することが可能。
- 船内の電圧は110Vなので、基本的には日本製品がそのまま使える。
- ボートから魚や鳥などへの餌付けは禁止されている。生態系を破壊しないための配慮のひとつなので、注意しよう。
- 石鹸などはボートに備え付けの環境に優しい物を利用しよう。これも水辺に暮らす動物たちを守るための配慮だ。
- ボートとは言っても、飲酒運転は厳禁。もし、見つかった場合は罰則があるので、注意しよう。
- カヌーは借りることができるので、楽しみたい場合は、事前に予約をしておこう。
- ハウスボートのレンタルは、3日間でも数週間でもレンタルが可能。ふたりの旅のスタイルに合わせて相談し、手配しよう。
- 川沿いにはボート専用の給油スタンドがある。車のガソリンスタンドとほぼ同様に給油できる。

スケジュール例
Example Itinerary

1日目▶ 成田発〜トロント着 【ホテル泊】
2日目▶ 終日　ハウスボートクルージング 【船内泊】
3日目▶ 終日　ハウスボートクルージング 【船内泊】
4日目▶ 終日　ハウスボートクルージング 【船内泊】
5日目▶ 午後　ハウスボート返却 【ホテル泊】
6日目▶ トロント発〜成田へ 【機内泊】
7日目▶ 成田着

+α 周辺情報
One more love trip

トロントに来たのならば、ぜひ、ナイアガラの滝へ。イグアスの滝、ビクトリアの滝と共に世界三大瀑布と呼ばれている。トロントの空港から車で約1時間半も走れば、行くことができる。お楽しみは青いカッパを着込んで「霧の乙女号」に乗船するもの。滝のすぐそばまで近寄れるナイアガラ名物。飛行機で移動する必要もないこの+α。オススメです。

18 インドネシア
INDONESIA

TRIP: 18 『ローカルに溶け込む、ディープな旅』

メジャーな観光に飽きてしまったふたりへ。深緑に覆われた神秘の島、バリの奥地を突き進み、隠された魅力に出逢うディープトリップ！

毎年多くの日本人が訪れる、バリ。だけど大半の場合、航空券にメジャー観光地での宿泊が付いたパッケージ旅行が基本。もちろんそれも楽しいが、せっかく「神々の島」と呼ばれる所にきたのだから、その所以となるディープな魅力にも触れてみたい。バリの奥地、秘境、田舎、ビーチから街まで、あらゆるフィールドを巡りながら、神聖、リフレッシュ、パワーアップ、新体験、絶景、芸術など、知られざるバリを味わう旅へ。さあ、ふたりで神秘の島へGO！

TRIP POINT 旅のポイント
- メジャー観光地とはひと味違うディープバリ
- 神々の島でパワーを授かる
- バリの秘境で大自然に癒される
- 地元の人たちとの一期一会
- 伝統文化、芸術にふれる

To the REAL Bali
～リアルなバリに触れよう～

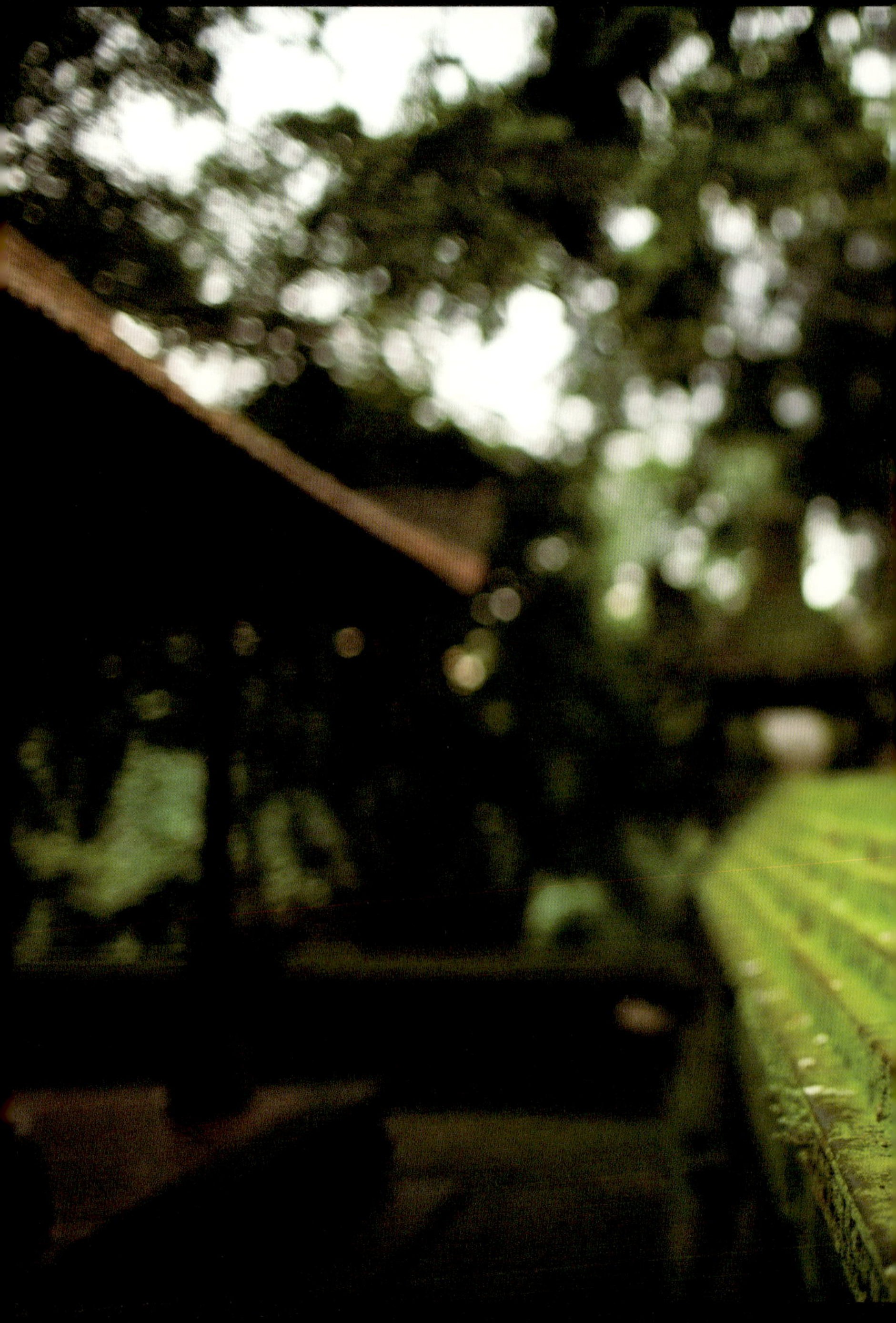

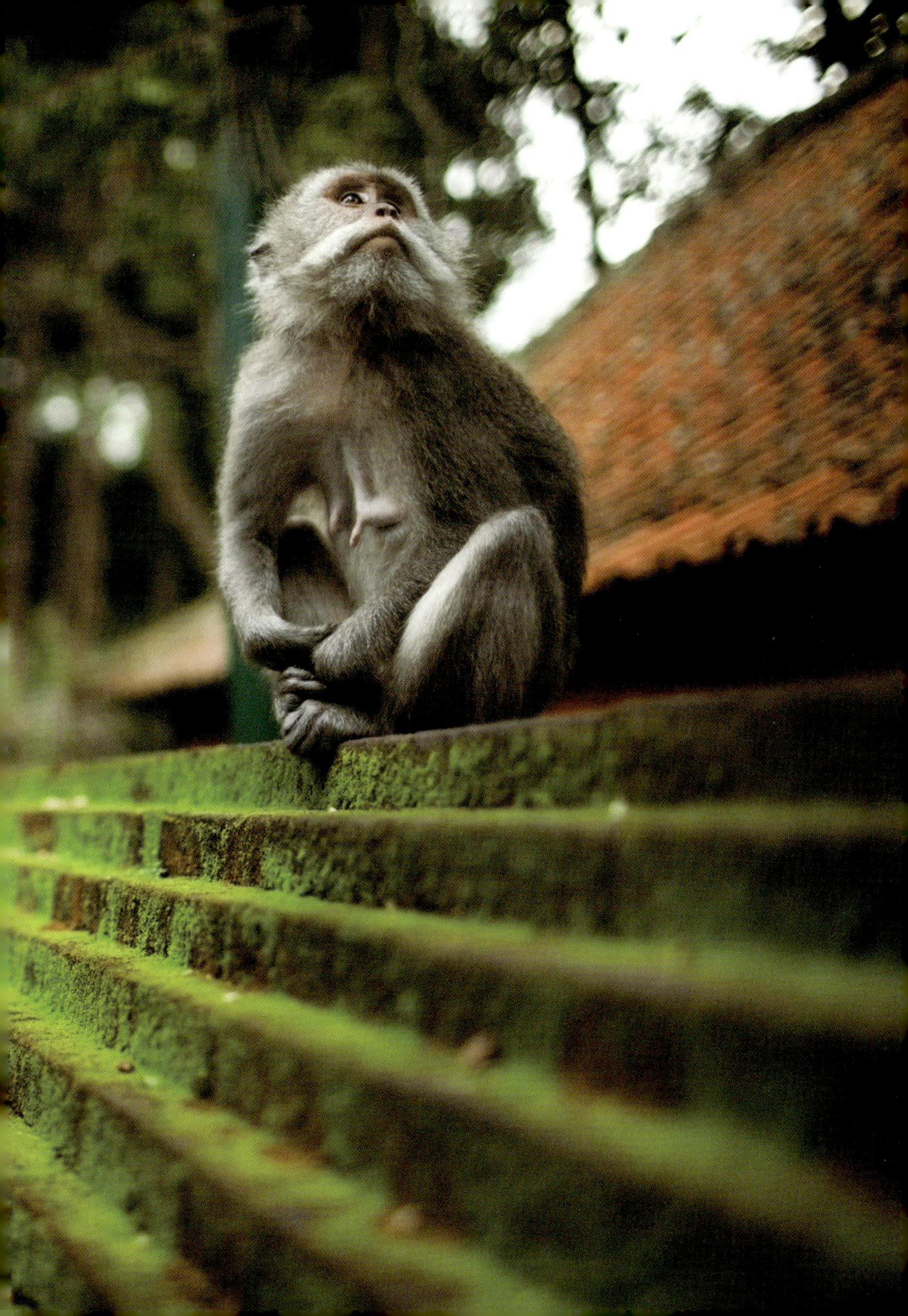

盛りだくさんのディープバリ、スタート!

バリ旅のコースは無数に存在する。ここではバリを知り尽くした現地の人々も、自信を持ってオススメするモデルコースを紹介しよう。

初日はデンパサールの空港から、南部のビーチリゾートとして知られるクタへ移動し、1泊。疲れを取り、明日から本格的に始まる旅に備えよう。

2日目。まずは神聖な気分を味わえる場所へ。目指すはバリ中部ウブドの西にあるタマンアユン寺院。バリで最も美しいといわれている寺院だ。ひときわ目を惹くのが、10基あるメル(塔)。その整然とした立ち姿と、周囲の景観が絶妙に融合し、神々しい美しさを醸し出している。寺院のまわりを水路が囲み、前には緑の芝生が広がり、本当に気持ちがいい場所だ。

そして次に訪れるのは、少し奥地に進んだジャトゥルイという場所。ここにはいくつもの山を切り開いて作られた雄大なライステラス(棚田)が広がっている。ライステラスと言えば、ウブド近くのテラランガンが有名だが、ここは規模が違う! 本当に広大で息を呑む。きれいな空気を肺一杯に流し込みながらウォーキングをすると、バリのパワーが身体にしみ込んでくるようだ。そして、気持ちよく歩き続けると、谷間に佇む寺院へと到着。一見すると自然に囲まれただけの、ただの寺院。だけど、何かを感じる…。実は、ここは地球のエネルギーが湧き出るパワースポットなのだ。それは目に見えず、心で感じるもの。エネルギーの感じ方は十人十色。母なる大地と対峙してパワーを授かろう。

ラストは田舎の家庭にホームステイ。ちょっと緊張しながら挨拶をすると、温かい笑顔で迎え入れてくれる。しばらくすると美味しそうな匂いが鼻をくすぐる。晩ご飯の時間だ。メニューはなんと「ナマズ」料理…。ナマズと聞くと驚いてしまうが、これが想像以上に美味しくてビックリ! ボディランゲージを交えながら、会話を楽しんでいると、いつの間にか頭上には満天の星空が。そして、あたりを見渡せば、淡い光を放ち、飛び交う蛍。明日も楽しみ〜!と、はしゃぐふたりを神秘の夜が包んでくれる。

ほのぼのとした村の生活&神秘的に美しい寺院
3日目はちょっと早起きして、活気溢れる村の朝市へ。朝から元気に声をはり上げるお母さん、あたりを走り回る元気な子どもたち。この地に暮らす人々のほのぼのとした生活。その雰囲気はなぜか、懐かしく幸せな気持ちにさせてくれる。もっと、村の生活に触れてみたい!と思ったら、農業体験もできる。子どもに戻って、手も足も真っ黒にさせ、大地に触れよう。ちょっぴり疲れてきた頃、お待ちかねの昼食だ。メニューは疲れた体に嬉しい手作りのブンクス(豚の丸焼き弁当)! 心地よく疲れた体に、しみ込む美味しさだ。ごちそうさまと共に、お世話になった村の人々に感謝を伝え、別れを惜しみながら、手を振ろう。

次は、中部にあるブラタン湖に浮かぶように造られたウルンダヌ・ブラタン寺院へ。その日の水量によって陸続きになったり、離れたり、いくつもの表情を持つ寺院で、「神秘」という言葉がぴったりの美しさだ。夜は近くにある、地元の人々で賑わうバクソ(肉団子スープ)屋へ。地元民に溶け込んで、バリの夜を堪能しよう。宿泊は寺院の敷地内ホテルへ。

カヌー、滝、イルカ、高原…ネイチャーデイズ!
4日目。寺院を出発。しばらく走り、うっそうとしたジャングルを抜けると、突如視界が開け、美しく輝くタンブリガン湖が広がる。そこから、バリの伝統的なカヌーに乗り込み、ゆっくりと漕ぎ出そう。対岸に上陸したら、穏やかな湖面を眺めながらのピクニックランチ。そして知る人ぞ知る「おじさんの家」を訪問(笑)! 蝶々や昆虫採集が大の得意で、バリの生物の生態系、多様性などに詳しい名物おじさんに、貴重な話を聞かせてもらおう。

次は、小さな遊歩道をウォーキング。森を進んでいると、突然ムンドゥックの滝が現れる。シャワーのような水しぶきが舞い、幻想的な空気に包まれる。マイナスイオンで存

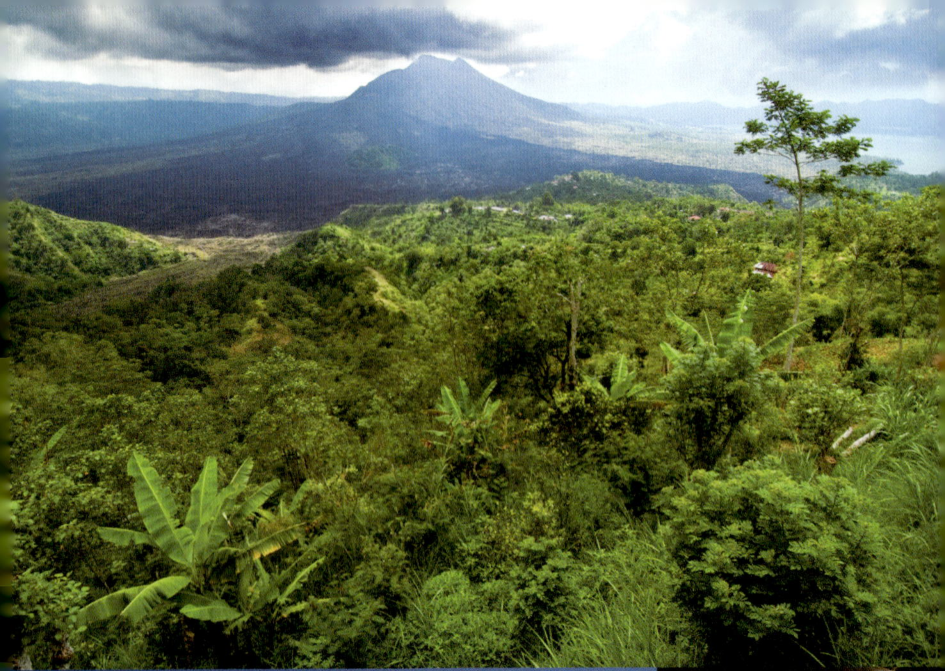
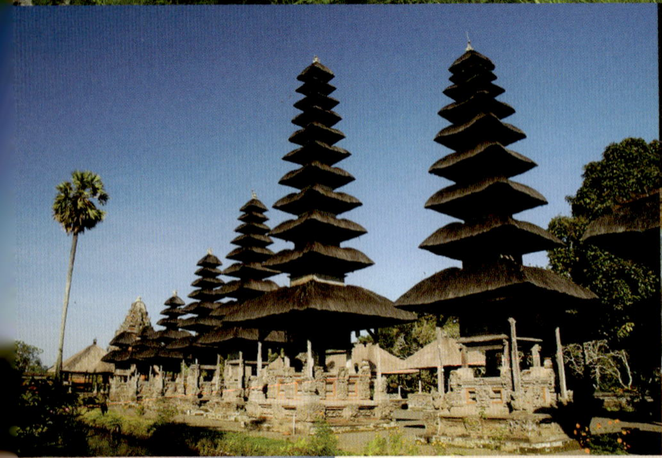
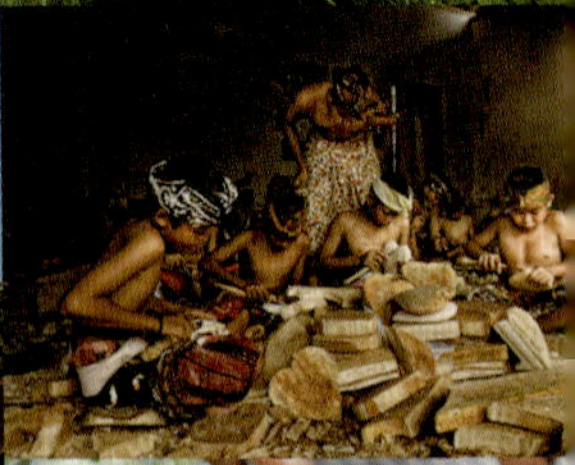
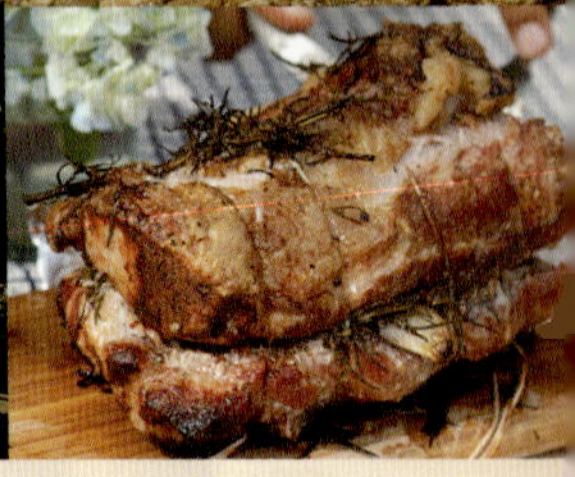
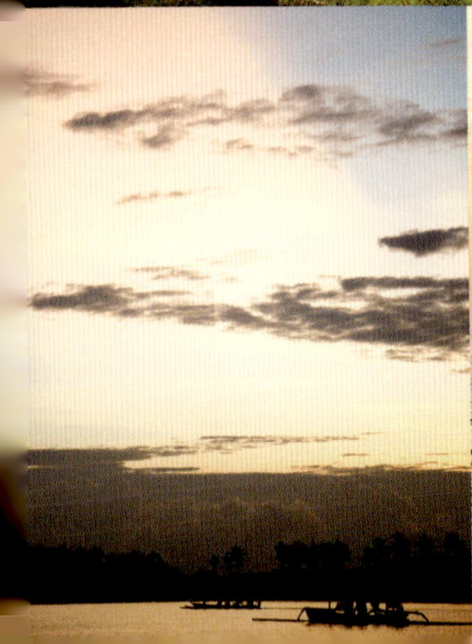
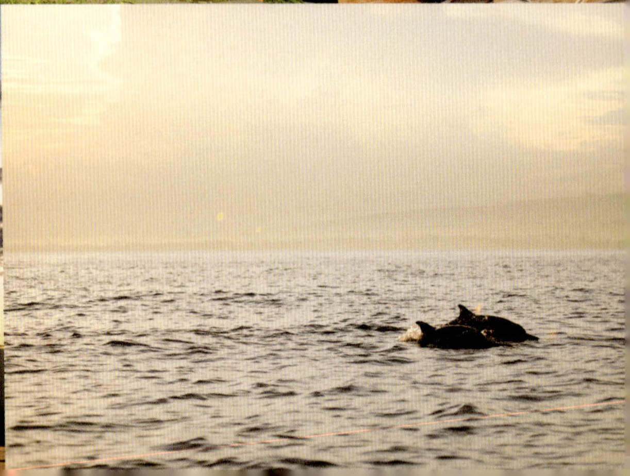

分に癒されたら、北部の代表的なリゾートエリア、ロビナで宿泊。ここはイルカの住むビーチとしても有名。というわけで、明日はドルフォンウォッチングだ！

5日目。昨日まで広がっていた緑一面の世界から一転。目の前には青の世界。そう、広がるのは美しき海。早起きして、ボートで漕ぎ出せば、いつの間にか好奇心旺盛なイルカたちが周囲で縦横無尽に泳ぎ、飛び跳ねる。愛らしいイルカにすっかり癒され、気持ちいい1日がスタート。そして、バリに来たなら絶対に外せないキンタマーニ高原へ。風光明媚なスポットが多いバリの中でも随一の勝景地として名高く、目の前に広がる大パノラマは、まるで1枚の絵画のよう。青い空の下に広がる、大きな湖と山…大自然が作り出す芸術を眺めながら、食べるランチは最高だ。お腹も心もいっぱいになったら、湖畔の温泉で、ゆっくりと旅の疲れをとろう。

忘れちゃいけないショッピング

6日目。気分を変えて、伝統文化に触れてみよう。世界中の南国リゾートに取り入れられているバリデザイン。その中心地であるウブドへ向かおう。街の散策は、ぜひ自転車で！　木や石の彫り物、銀細工、絵画…などを取り扱った、魅力的なお店が、所狭しと並んでいる通りを、気ままにサイクリング。店によっては、その場でふたりだけの特別品を作ったり、民族衣装を着用しての記念撮影もできる。地図を片手に、そして自由にウブドを探検してみよう。

7日目。最終日は、霊峰アグン山の中腹に位置するバリ・ヒンドゥー教の総本山ブサキ寺院へ。バリ最大の母なるこの寺院で、奉られている神様に、旅の無事を感謝。そしてまだまだ旅の見所は続く！　手織り布工房やバリ焼酎工房、何千匹ものコウモリが生活するゴアラワ寺院、地元っ子に大人気の魚の串焼き屋、天井画が素晴らしいクルンクンのクルタゴサ宮殿、東部最大のギャナール市場…などを巡り、南東部に位置するレギャンへ。旅のフィナーレはブティック、レストラン、雑貨屋、土産屋などが軒を連ねる、レギャンストリート。ふたりの愛の巣にもってこいの雑貨や家具など、魅力的なバリグッズが盛りだくさん。ふと周りに目を向けると、今まで訪れてきた場所の静けさとは正反対。人が多く、活気づいていてとても賑やかだ。訪れる地によって、様々な表情を見せてくれる神秘の島。パッケージ旅行では味わえない本当のバリに触れる旅へ、ぜひ。

travel information:

旅の予算 Budget

総予算 14万円〜

※6泊8日／成田からの往復航空券、宿泊費込み（一部食費除く）

総予算内訳

- **航空券の目安　8万円〜**
  *成田〜デンパサール（ガルーダインドネシア航空／エコノミークラス往復）＝8〜15万円
- **現地発着ツアー代金の目安　6万円〜**
  *クタのホテル1泊、民泊1泊、ブドゥグール1泊、ロビナ1泊、ウブド2泊、食事、サポート車、送迎（空港送迎も含む）が含まれたパッケージツアーの金額。

旅のシーズン Best Season

バリ島は年間を通じて平均気温30℃前後と温暖な気候。いつ訪れても暖かい空気が歓迎してくれるが、中でも乾期（4〜10月）がオススメ。湿度が低く晴天が多いので、とても過ごしやすい。ただし、日差しが強いので注意が必要だ。雨期（11〜3月）は毎日雨が降るため、避けた方がベターだが、果物がとっても美味しい時期でもあるので悩みどころ。

行き方 How to get there

ガルーダインドネシア航空が、日本からバリ島のデンパサール空港まで直行便を運行している。他航空会社の場合は、ジャカルタ、ソウルやシンガポールなどを乗り継いで行くことになる。

旅の手配 Arranging the trip

この旅はいわゆる普通のバリ観光旅行とは異なり、手つかずの自然や、田舎の家などに訪問するものなので、個人で手配するには難易度が高い。このディープバリ旅行を催行している「バリ島・日本人旅行情報センター」に直接連絡を取って手配をお願いするのが、効率的だろう。

[バリ島・日本人旅行情報センター　Bali Becik] www.balibb.com/

参考ツアー　「バリ田舎体験&よくバリディープツアー」

宿泊 Accommodation

バリにはバックパッカー向けのゲストハウスから高級リゾートまでと色々ある。本書で紹介したツアーでは下記のようなホテルを利用予定。基本的にとてもリーズナブルな宿だ。もちろん高級リゾートなどに変更することも可能なので、まずはホームページを見て、イメージを膨らませてみよう。

クタのホテル
The Green Room Bali　www.thegreenroombali.com/
南国ムード漂う静かな場所に立地し、リラックスさせてくれるホテル。バリの空気が、心地よい滞在を約束する。

ブドゥグールのホテル
Enjung Beji Resort　www.enjungbejiresort.com/
ブラタン湖に面し、ブドゥグールの丘を臨める抜群の立地にある。なんといっても景色が素晴らしい。海抜1,400mに位置しているため、空気がきれいで気持ちがいい。

🏨 ロビナのホテル
Nirwana Seaside Cottages　www.nirwanaseaside.com/
ビーチに面したホテル。2つのプールがあるのも自慢。バリ様式で建てられたコテージの室内は、シンプルながらもモダンなデザインでとても清潔。

🏨 ウブドのホテル
Green Field Hotel & Restaurant　www.greenfielddubud.com/
デンパサールの空港から45分。田園地帯に囲まれた静かなエリアに立地している。徒歩圏内には寺院や緑豊かな森林、カフェなどがある。室内はシンプルで気持ちいい。

❓ 旅のヒント
Hints for the trip

☺ 日中は日差しが非常に強いので、長袖を着て日光をガードすることをオススメする。下は短パンでもOKだが、日焼け止めを塗らないと、あとで泣くことになるので注意。

☺ 車に自転車が載せてあるので、ちょっとここは自転車で回ってみたい！という時はすぐに借りることができる。

☺ バリの寺院には生理中の女性は宗教上の理由により入場ができない決まりになっている。また、肌の露出が多い服装も好まれないので、すぐにかけれる布などがあると便利だ。[バリ島・日本人旅行情報センター　Bali Becik]のツアーに参加する場合は、常にバティックサロンを準備してくれているので、特に用意する必要はない。

☺ 旅のスケジュールは長くも短くもすることができるので、気軽に相談してみよう。

📅 スケジュール例
Example Itinerary

1日目▶ 成田発～デンパサールへ　デンパサール着後　ホテルへ　【クタのホテル泊】
2日目▶ 終日ディープバリ体験　【民泊】
3日目▶ 終日ディープバリ体験　【ホテル泊】
4日目▶ 終日ディープバリ体験　【ホテル泊】
5日目▶ 終日ディープバリ体験　【ホテル泊】
6日目▶ 終日ディープバリ体験　【ホテル泊】
7日目▶ 終日ディープバリ体験　深夜デンパサール発～成田へ　【機内泊】
8日目▶ 成田着

➕α 周辺情報
One more love trip

バリのデンパサールから、首都ジャカルタのあるジャワ島までは飛行機で1時間。オススメは島の中部にある、ボロブドゥール遺跡。世界遺産にも指定されている世界最大級の仏教遺跡だ。カンボジアのアンコール遺跡と並び、壮大な華麗さが素晴らしい。これはぜひ、朝日と共に見て欲しい。神秘的で美しい光景に魅了されるだろう。ジャワ島はバリの隣りにある島。帰路に気軽に立ち寄れる気軽さも嬉しいところ。バリとはまた異なった雰囲気を併せ持つ仏教の聖地で、さらに精神を澄ませてみては？

19 ブータン
BHUTAN

TRIP: 19 /『本当の幸せを探す旅』

唯一無二の空気を持つ、ヒマラヤが生んだ奇跡の国へ。「幸福の国ブータン」で、雄大な自然を感じ、素朴な人々の笑顔に触れ、本当の幸せを探す旅。

国民の9割が「私は幸せ」と答える、幸福の国ブータン。自国の文化や自然環境を保護するために、最近まで観光客の入国を禁止していたこの国には、手つかずの自然や、昔ながらの人の営みが溢れている。「旅人の最終目的地」「贅沢を知り尽くした人も憧れる土地」とも称される。まさに秘境だ。信仰と豊かな自然、連なる田畑とそこに暮らす人々。唯一無二の景色と空気に、心が震えること間違いなし。さぁ行こう。本当に大切なものを見つける旅へ。

TRIP POINT 旅のポイント
- 幸福の国、秘境ブータンへ
- 信仰に触れる
- 無垢な自然を満喫
- 伝統的な建築のホテルに宿泊

Re-Design Your Life
〜もう一度、人生をデザインし直そう〜

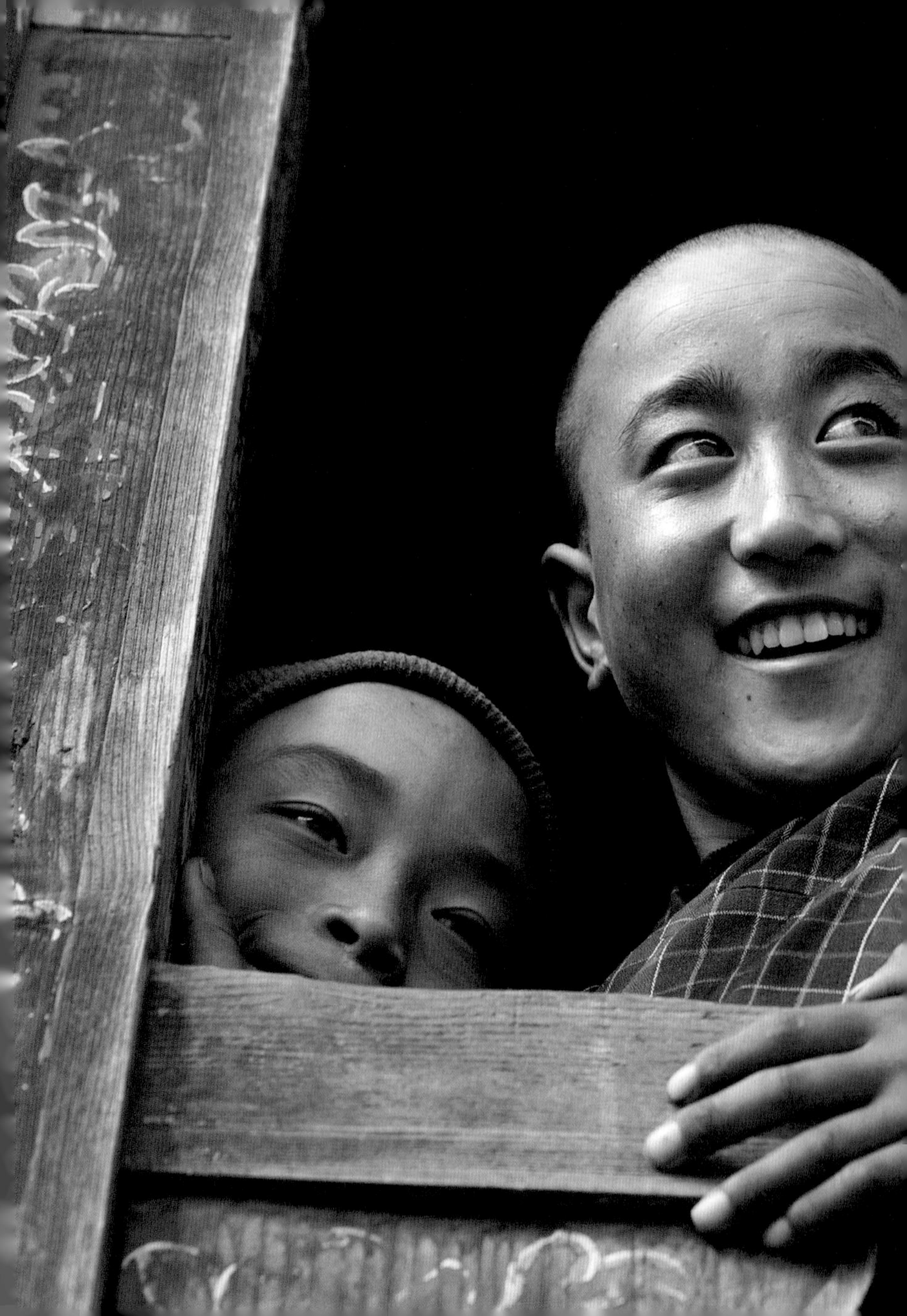

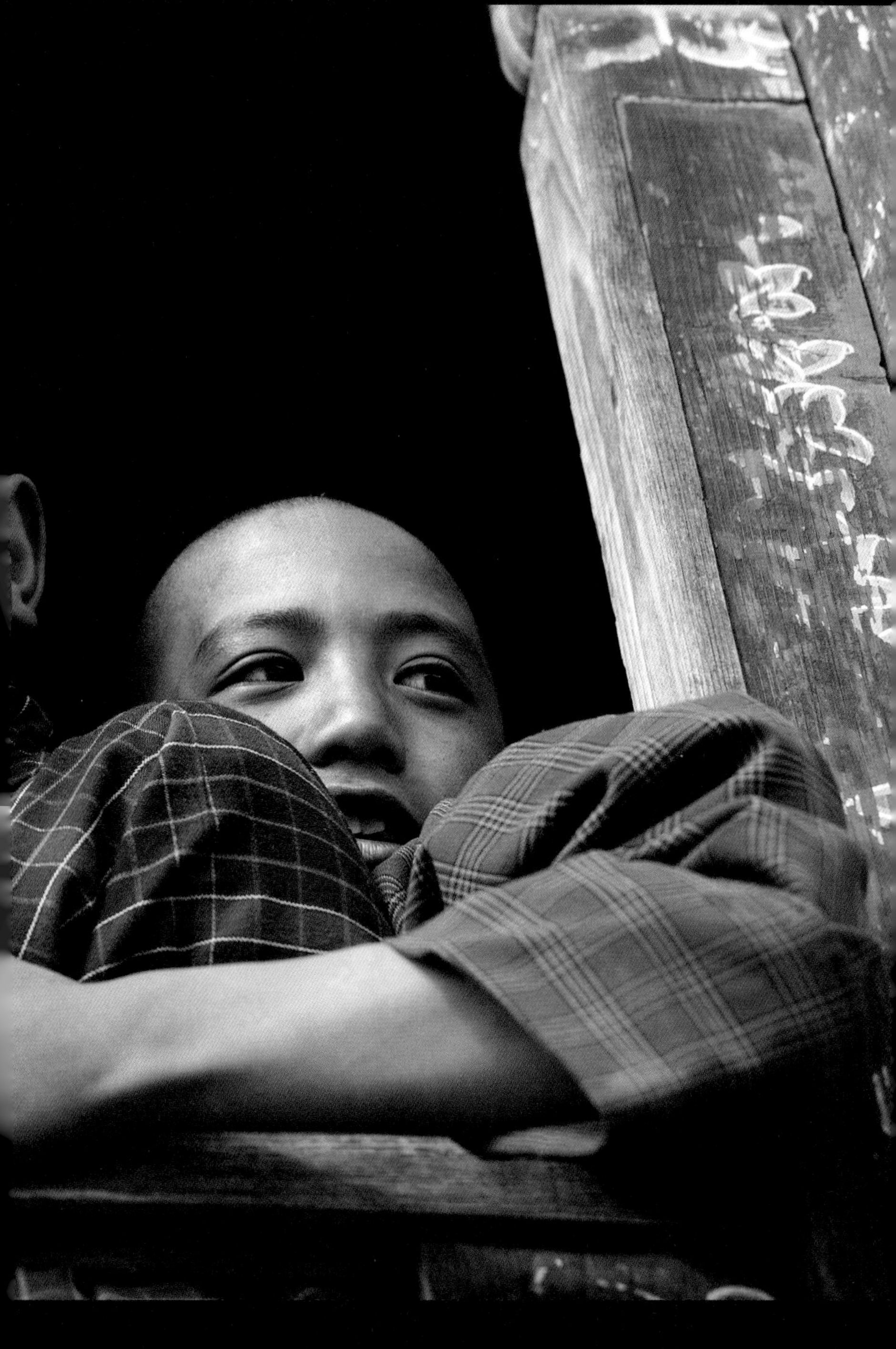

大都市バンコクから、秘境ブータン王国へ

日本からバンコクを経由し、世界で唯一ブータンに乗り入れているブータン国営航空で、いざ、秘境へ。騒がしいバンコクを抜け出し、向かうは、ヒマラヤの山々に包み込まれた「幸せの国」ブータン。この国は、前国王が「GNP（国民総生産）ではなくGNH（国民総幸福量）を国家の目標にするべきだ」と発表し、環境や伝統文化を守るために、政策として鎖国を続けてきた国。74年以降ようやく観光客を受け入れはじめたが、今でも、誰もが自由に入れるわけではないので、無垢な自然と、慎ましい国民の素朴さが、そのまま残っている。そんな背景から、この国は「秘境」「幸せの国」と呼ばれているのだ。神々しい山がせめぎあう谷間に着陸すると、空港では、民族衣装をまとったホテルスタッフが歓迎してくれる。そこからたった10分で、爽やかな松林の中に佇むホテルへ。パノラマビューが素晴らしく、美しい山と田園が窓の外に広がっている。なんだか懐かしい景色を眺めながら、ふたりして大きく深呼吸。ブータンは平均標高が高く、都市部のパロでも標高は2,270mある。これからの旅に備えて、初日は無理をせず、散歩でもして体を高度に順応させよう。

幸せの国の信仰と住民に触れてみよう

観光でまず外せないのが、仏教国家ブータンのお寺。ブータンで信仰されているのはチベット仏教だ。日本の壁画や仏像と違って、非常に鮮やかで迫力がある。パロの周辺には、林の中で静かに佇むズリ・ゾン（僧院）、映画「リトルブッダ」のロケにも使われたリンプン・ゾン、国立博物館となっているタ・ゾン、ブータン最古の寺キチュ・ラカンなど、様々な寺院があって、それぞれの持つ空気感の違いを感じることができる。青空に映える白い壁と、そこに流れる時間の流れや静寂を肌で感じながら、自分にとっての本当の幸せをイメージしてみよう。きっと、大切なことに気づけるはずだ。

そして、せっかく来たのだから、お祈りしている人たちを真似て、回転させただけで経を読んだことになるマニ車を回してみたり、全身を地面に投げ伏す五体投地を体験してみよう！　隣で祈っていたおばあちゃんと微笑み合えば、心がほっこり安らいでいくだろう。町と言うには牧歌的すぎる中心街に行けば、昔から変わらない衣装を着た人々が、驚くほどゆっくり歩いている。急いでいる人なんてほとんどいない。マーケットには、目の前にいるおばちゃんの手で作られた野菜や民芸品が並ぶ。農村に足を伸ばせば、険しい山々をバックに、美しい棚田が広がる景色に息を呑む。協力して農作業に勤しむ姿、日に焼けた子どもたちの笑い声。そこに暮らす人々は、ほぼ自給自足で生活をしている。私たち日本人が西洋化と共に、無くしてきたものがここにはある。彼らを見ていると、どこか懐かしく、時に憧れとして映るだろう。

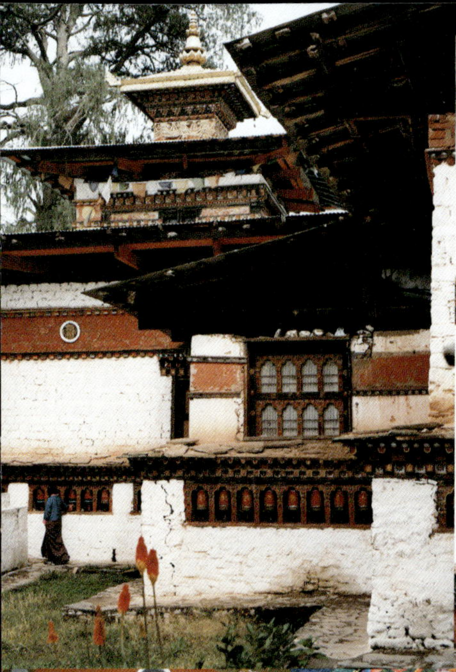
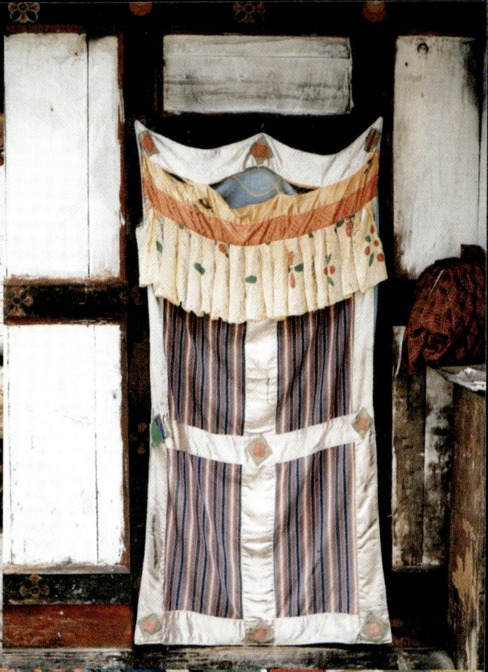
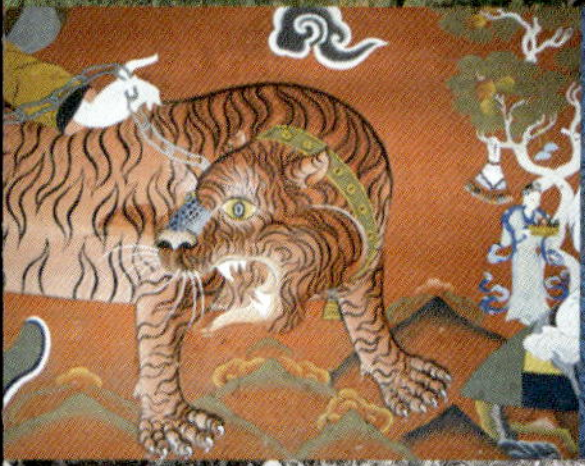
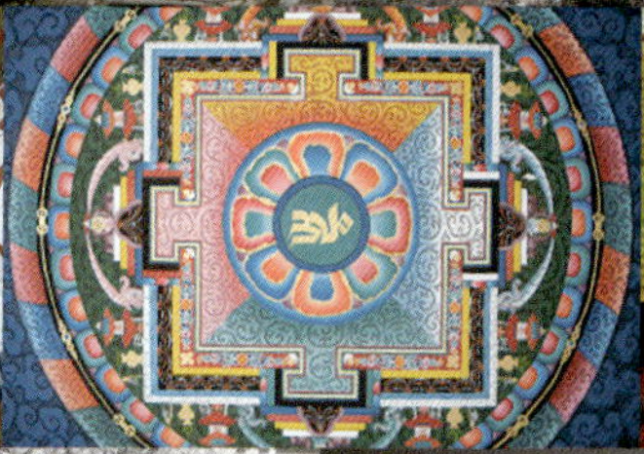
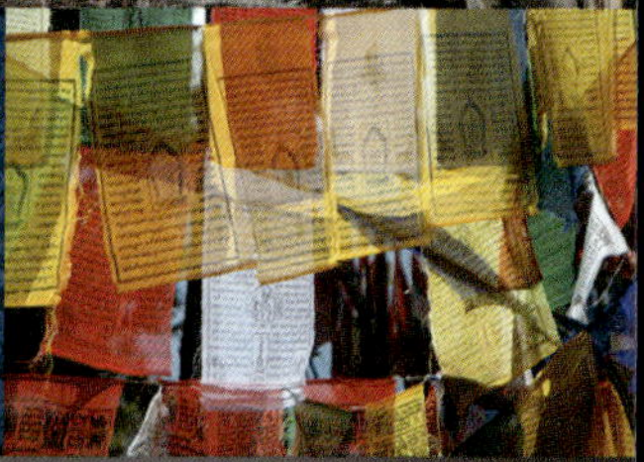
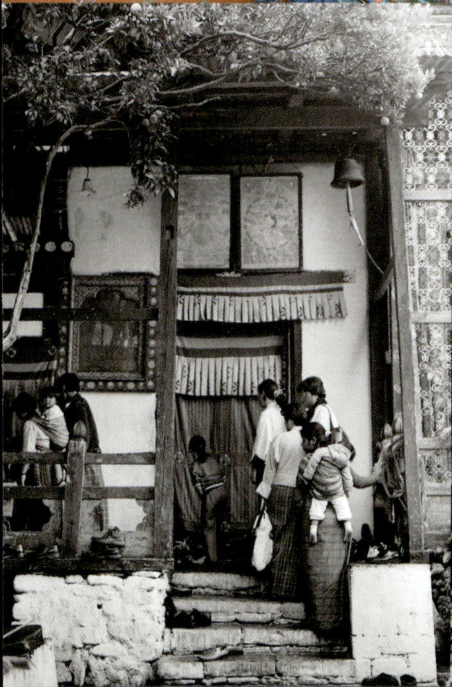
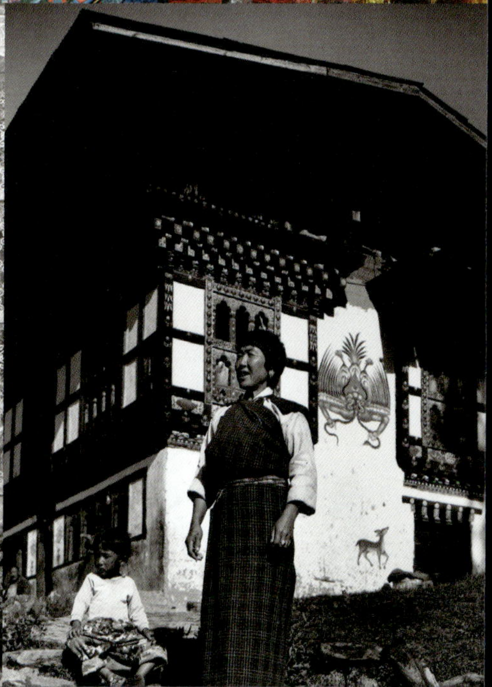

雄大な自然を感じよう

開発よりも環境を守ることに重きを置いているブータン。山々は聖なる存在だという理由から、トンネルはひとつもない。そんなこの国の素晴らしさに触れるために、ヒマラヤの雄大な大自然の中に入り込んでみよう。

オススメは、ブータンで最も標高の高い道路(3,988m)のチェラ峠。春はツツジやしゃくなげ、夏はブルーポピーを横目に車で走る。天気のいい日には、インドと、中国チベット自治区との国境付近で、国内で2番目に高い「女神の神聖な山」チョモラリ山を仰ぐことができ、本当に気持ちがいい。そして、山の麓のハ谷は、2002年にようやく外国人観光客の立ち入りが許されたばかり。太古からの自然が息づく純真な場所だ。ここでは、チェラ峠の麓からパロ近郊までの標高差約1,500mを、マウンテンバイクで走り下るプランが最高。マイナスイオン満載の自然に囲まれながら、風を切って走る爽快感はハンパじゃない！ 他にも、洞窟探検、農村訪問、国技のアーチェリー体験、人気のタクツァン僧院へのトレッキングなど、盛りだくさん。また、チョルテンという仏塔が佇む丘に立つと、気持ちいい風が吹いている。経文の書かれた旗がひらめき、いつも見ている空よりも蒼い空へ、祈りが高く昇っていくよう。ブータンの人々は自然を利用して祈りを捧げ、土と共に生きているからこそ、この自然の貴重さが分かるのかもしれない。

至極の癒し体験

さてさて、自然の中で遊んだ後は、ゆっくりと体を休めよう。ブータン人のきめ細かいサービスが魅力の五つ星ホテル「ウマ・パロ」は、喧騒から離れ、広大な松林に囲まれていて、心身ともにリラックスできる。「いつまでも美しくありたーい！」と願う女性にオススメなのは、ホットストーンバス「ドツォ」＆マッサージ。伝統的な治療法であるお風呂「ドツォ」は、熱く焼いた石を湯船に入れて、お湯を温める。石に含まれるミネラルが、体のこりを和らげてくれるのだ。ジュワーっと音をたてながら蒸気をあげるお湯にゆっくりと浸かると、まるで溜め込んだストレスが溶け出すように感じるだろう。お風呂の後にさらに、最高級スパ「コモシャンバラ」で、ヘルス＆ビューティーケアを組み合わせると、まさに極楽。

そして、癒しの後は、真ん中に暖炉がある、静かな山小屋風レストランへ。ブータン料理をはじめ、様々なメニューから料理を選ぶことができる。すっかり癒された体に、美味しい料理がしみ込んでいく…これぞ、至極のひととき！

大自然の中で、幸せを感じながら生活する人々、そして西洋文化の良いところだけ融合させた素晴らしいホテル。きっと、これから生きて行くために何が必要で、何が不必要なのかを、ふたりでじっくり考える旅になるだろう。

先進諸国が抱えているエネルギーや環境、文化崩壊の問題とは無縁のブータン。この国に理想を見出す旅人は少なくない。この旅ではきっと他の旅では出逢わなかった"幸せのかたち"を感じるはずだ。

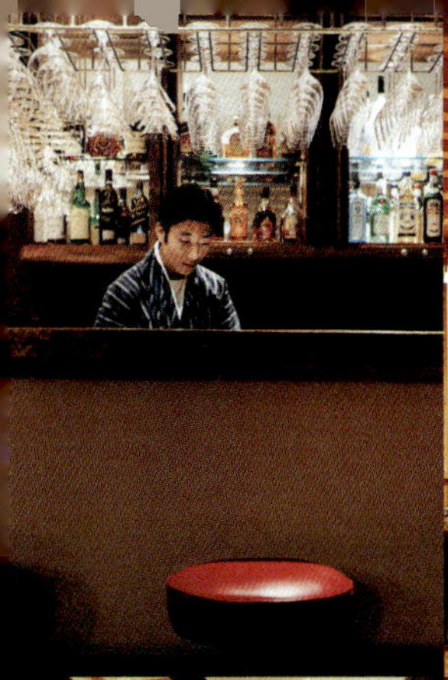
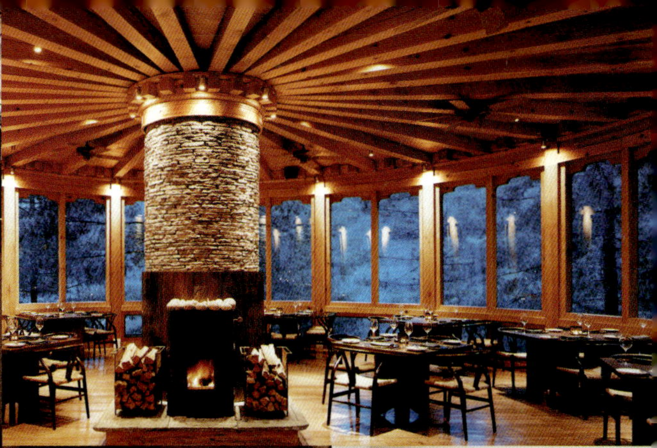
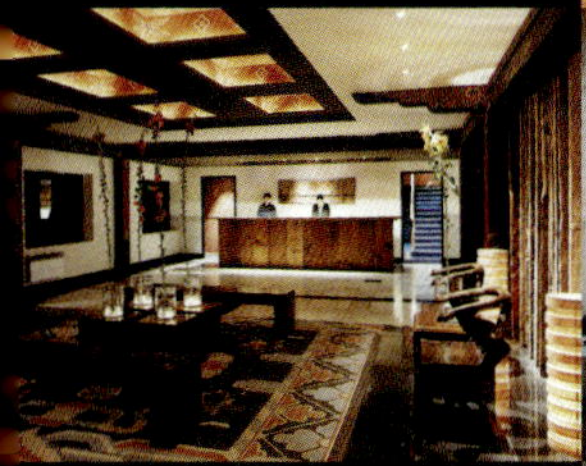
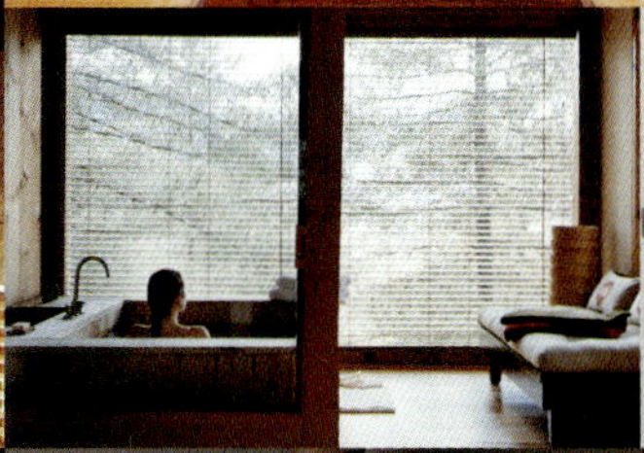
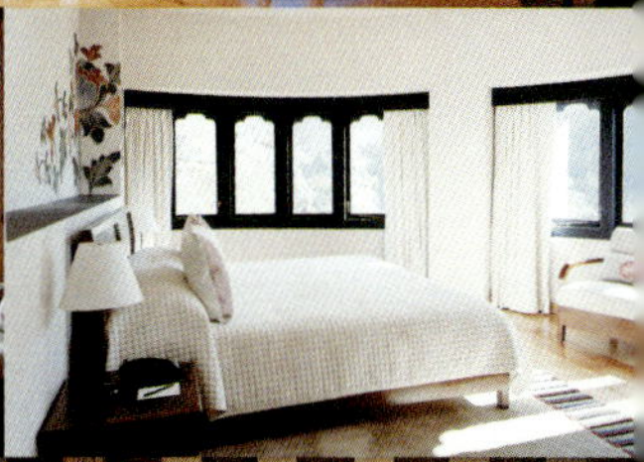
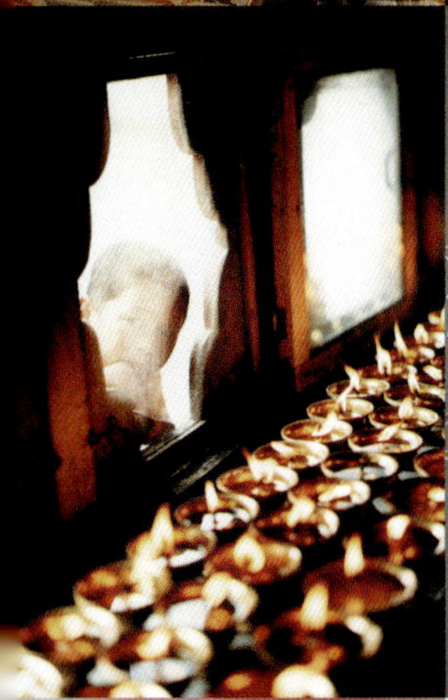
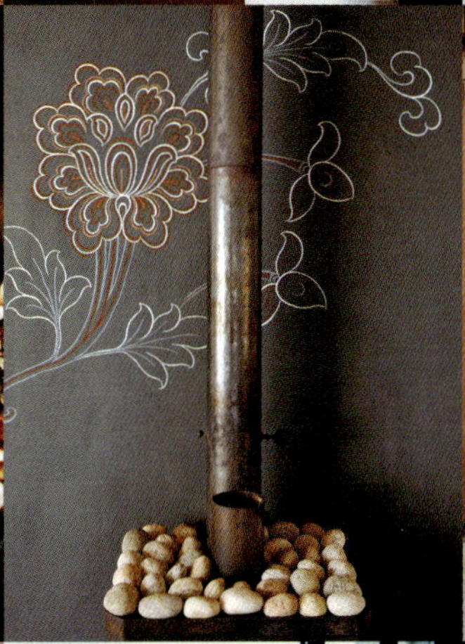
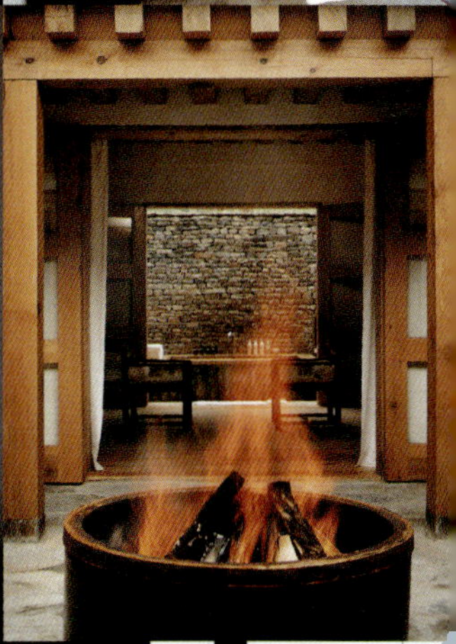
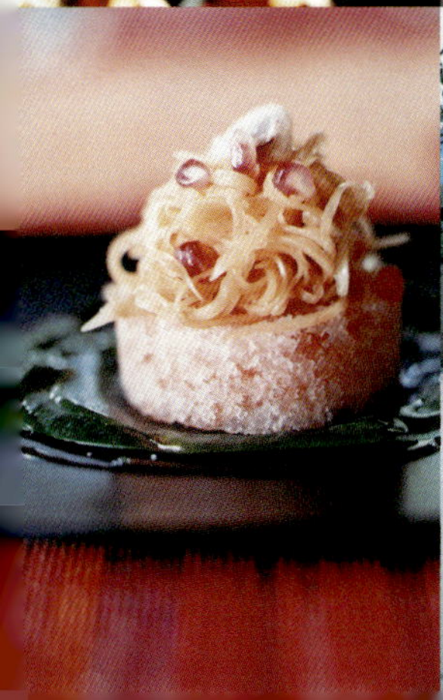
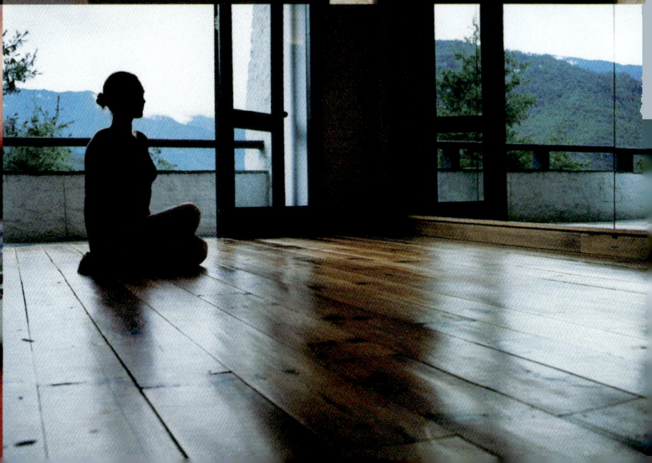

travel information:

旅の予算 / Budget

総予算 19万円～
※5泊7日／成田からの往復航空券、宿泊費込み（現地交通費、一部食費除く）

総予算内訳

- 航空券の目安　12万6千円～
  * 成田〜バンコク（タイ国際航空／エコノミークラス往復）＝5〜9万円
  * バンコク〜パロ（ドゥルックエア／エコノミークラス往復）＝7万6千円
- バンコクのホテル代金の目安　1泊2万円～
- パロのホテル代金の目安　1泊2万8千円～

※1部屋（2名利用）の料金、総予算には1名分を計上。

旅のシーズン / Best Season

1年中訪問は可能だが、春、秋が過ごしやすいのでオススメ。春と秋のツェチュ祭期間中が観光トップシーズン。7〜8月はモンスーンの季節で雨が多いが、終日降ることはない。この時期にしか咲かない高山植物を楽しむトレッキングもある。

行き方 / How to get there

日本からはバンコクで1泊して、翌朝のドゥルックエアで乗り継いでパロへ。復路は午後にバンコクに着いて、その日の夜行便か、1泊して翌朝に日本行きの便に乗り継ぐ方法が一般的。

旅の手配 / Arranging the trip

現在、観光客を受け入れているとはいえ、フライトは少なく、また独自の観光政策を取っているブータンなので、専門旅行会社に相談しつつ進めるべき。「ウマ・パロ」では、ブータンで唯一、現地に日本人スタッフも在住しており、バンコク〜パロのフライト手配なども行ってくれる。ネットなどで、なるべく安くバンコク往復のフライトを手配し、バンコクからブータンへのフライト、宿、現地アクティビティなどは、ウマパロスタッフと相談しながら手配を進めよう。

[ウマ・パロ] http://www.uma.paro.como.bz/special/japanese

宿泊 / Accommodation

ブータン滞在中は、すべてパッケージツアーに含まれるホテル「ウマ・パロ」となるので、自分で手配する必要はない。乗り継ぎのバンコクでは手配が必要。本書では下記をオススメ。

バンコクのオススメホテル

Metropolitan　www.metropolitan.bangkok.como.bz/
ウマ・パロ同様にコモホテルズが経営しているバンコク市内のホテル。中心のストリートから離れているので、騒がしいバンコクにしては比較的静かな環境。都市型ホテルにしては大きめのプールもあって、客室も広め。

ブータンのホテル

Uma Paro　www.uma.como.bz/
コモホテルズの経営による、ブータンで数少ない国際水準の高級ホテル。心と体の平穏と、その土地の文化を大切にする姿勢がポリシーで、旅に快適さを求める人には一見の価値あり。客室は洗練されているが、どこかブータンらしさも残っていて、秘境観光を行うには最高のホテル。

旅のヒント
Hints for the trip

- ブータンは標高差が激しいので、天気や気温は場所によって異なる。また昼夜の温度差もあるので、夏でもセーターやジャケットを忘れずに。
- ブータンは個人旅行を原則禁止している国。現地同行ガイドと行動を共にし、指示に従おう。
- お寺は、人々の生活に根付いており、深い信仰の場になっているので、撮影禁止の場所では写真を撮らない、立ち入り禁止の場所には入らない、境内はかぶりものを取る、タバコは吸わない等のルールを守ること。
- ブータンの女性は足や肌を出していない。ショートパンツ、ミニスカート、タンクトップは控えよう。寺院では立ち入りを拒まれるので、注意。

スケジュール例
Example Itinerary

- 1日目▶ 成田発〜バンコク着 【ホテル泊】
- 2日目▶ AMバンコク発〜ブータンのパロ、PMホテルへ移動 【ホテル泊】
- 3日目▶ 終日、パロ近辺を観光、散策 【ホテル泊】
- 4日目▶ 終日、パロ近辺を観光、散策 【ホテル泊】
- 5日目▶ 終日、パロ近辺を観光、散策 【ホテル泊】
- 6日目▶ AMパロ発〜バンコク乗り継ぎ〜成田へ【機内泊】
- 7日目▶ AM成田着

周辺情報
One more love trip

ブータンに入国するには、タイのバンコクが起点になる。なので前後で数日、大都会バンコクをふたりで散策するのもいいし、タイの違うエリアも追加するのもあり。タイの高原リゾート、チェンマイも素朴で楽しいし、海に行きたければ、アジア有数のリゾート、サムイ島やプーケットへもひとっ飛び。もしくは隣国カンボジアに行き、クメール王朝の象徴アンコール遺跡を訪れるのもいいかも。バンコクが起点なので、選択肢はたくさん！

TRIP: 20 / 『鉄道のロマンを堪能する旅』

20 🇿🇦 南アフリカ
SOUTH AFRICA

走る5つ星ホテル!? 世界一の豪華列車「ブルートレイン」で、アフリカ大陸最南端へ。極上のワイン片手に、雄大なる大地を駆け抜ける旅!

アフリカ南端に位置する国、南アフリカ。その首都プレトリアから、最南端の都市ケープタウンの両都市を繋ぐ1,600kmもの距離を駆け抜ける列車、それがブルートレインだ。それはギネスブックにも「世界一の豪華列車」として紹介され、「走る5つ星ホテル」とも呼ばれている。優雅で品格の高い客室、美味しい食事、飲み放題、きめ細かいサービス。そして、大自然＆野生動物を堪能できるスペシャルトリップ。列車旅の常識を覆す1泊2日はロマン溢れる最強の時間。さあ、極上ワインを片手に世界の車窓をふたりじめする旅へ、いざ出発!

TRIP POINT 旅のポイント
- 😊 世界一のラグジュアリー鉄道
- 😊 ロマン溢れる26時間
- 😊 絶品の南アフリカワインに舌鼓
- 😊 アフリカ南端の喜望峰へ

The most comfort while moving
～最高に贅沢な移動を～

Luxury suite coach

← 2 METRES →

BUTLER'S CABIN

←— 5,13 METRES —→
LUXURY SUITES

De Luxe suite coach

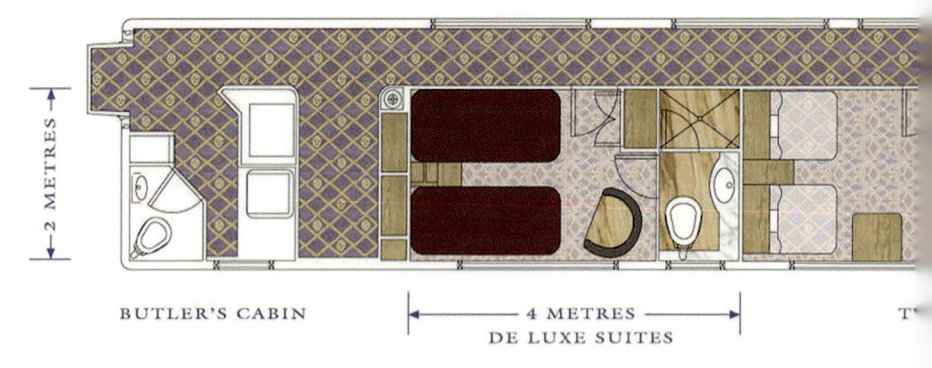

← 2 METRES →

BUTLER'S CABIN

←— 4 METRES —→
DE LUXE SUITES

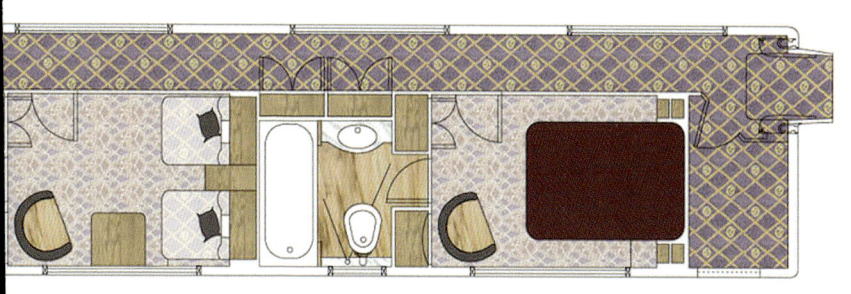

N BED SUITES   DOUBLE BED SUITE

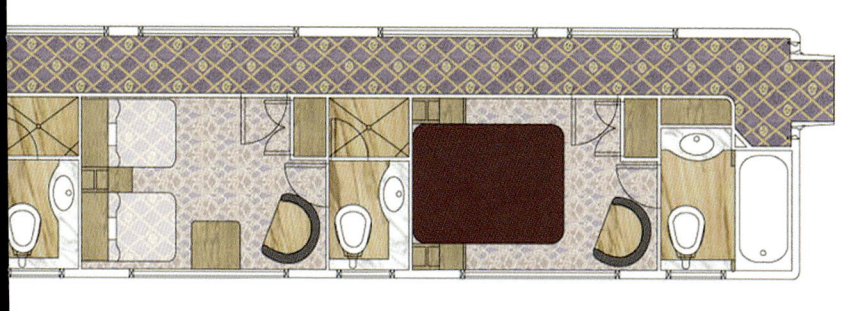

D SUITES   DOUBLE BED SUITE

高級ホテルさながらのお出迎えで、列車へチェックイン

春の訪れとともに、淡い紫色の花をつけるジャカランダの木。南アフリカの桜とも呼ばれているこの木がプレトリアの街中には溢れている。それほど自然が豊かな一方で、南アフリカの首都でもある街、プレトリアに到着したら、まずはゆっくり１泊。夜が明け、期待を胸にプレトリアの駅へ。すると、駅を間違えたかな？と思うほどの衝撃！　それはまるで高級ホテルのロビーのようなのだ。しかも、蝶ネクタイをつけた優しい係員が、ブルートレイン専用ラウンジへと案内してくれる。さらに、ウェルカムカクテルまで。まさに高級ホテルそのものだ。乗車チェックインを済ませたら、いよいよ優雅な旅が始まる。

優雅＆ゴージャス！　夢の豪華列車に広がる空間

いよいよ乗車だ。ブルートレインの名前の由来は、ヨーロッパ貴族が好んだロイヤルブルーと、地中海のブルーにちなんでいて、列車内は、名前の通りの優雅さを感じさせる洗練された空間と、ゴージャスな設備が揃っている。

客室に入るとまず目に入るのが、部屋いっぱいにはめ込まれた、大きな窓。開放感いっぱいの明るい部屋で、車窓に広がる景色に期待も膨らみ、心が躍る。エアコンにテレビ、電話、シャワー（スイートならバスも！）、窓の自動日除け装置があり、ベッドは収納式で、日中はソファーとして寛げる。そして客室専属の執事さんまでいるのだ。世界中のセレブを満足させるだけあって設備＆サービスにぬかりはない。

そんな豪華な客室もまだまだブルートレインの一部。他の車両には、まるで高級レストランのようなダイニングカーや、展望が美しいカンファレンスカー、唯一喫煙可能なクラブカー、他にもショップやバーラウンジ…などが揃っている。これらのエレガントなスペースが２日間の滞在を楽しませてくれる。そして忘れてはならないのが、飲み放題であるということ。一部外国産のものを除き、アルコールを含めすべて無料なのだ！…ということは、飲まなきゃ損！　特に南アフリカのワインは超オススメ。年々評価が高まり数々の賞を受賞していて、世界のワイン通をうならせているほど。ワイン片手に、流れゆくアフリカの大地を眺める時間は、言葉にならない最高の贅沢だ。

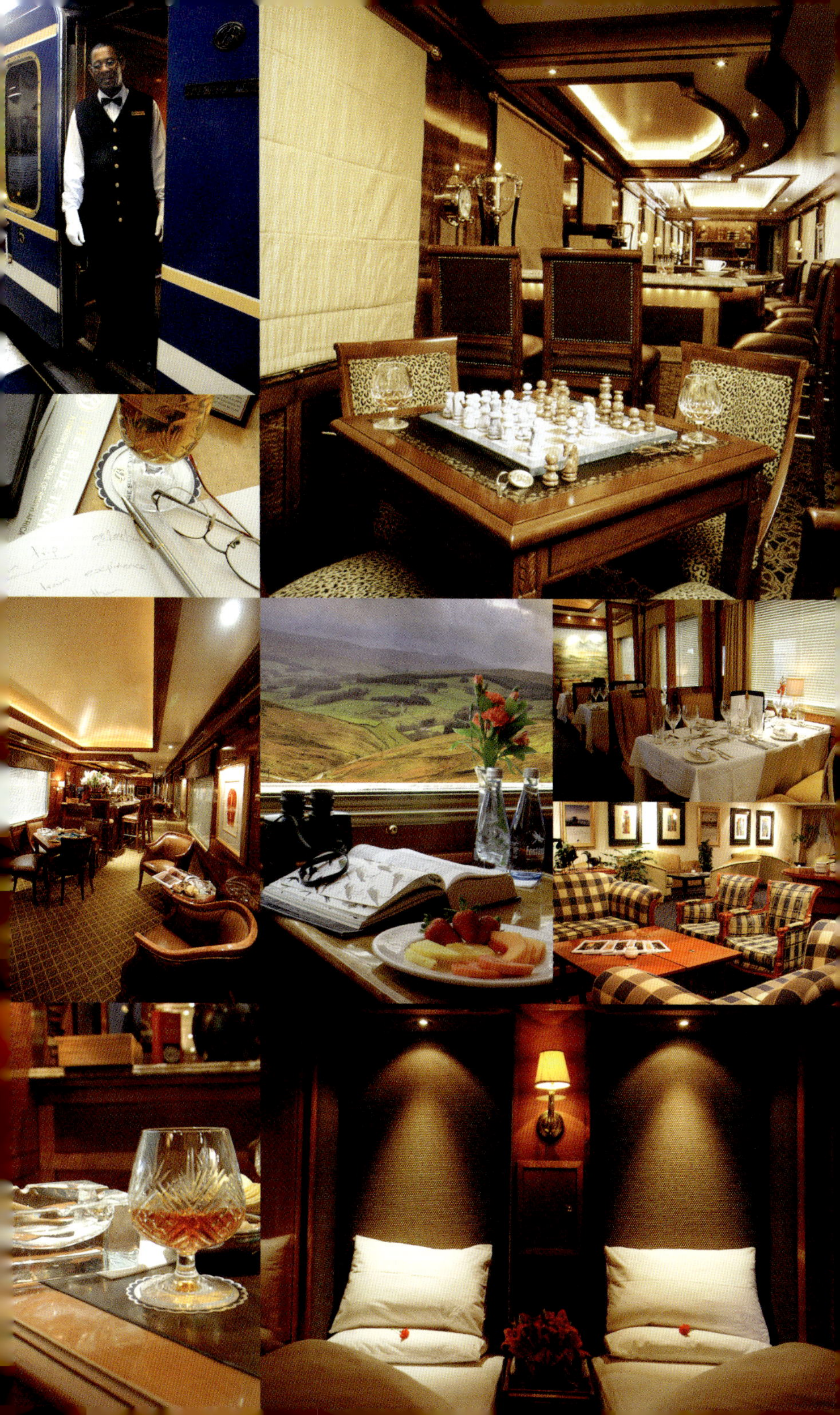

美味しい食事、美しい車窓、そして途中下車の魅力

旅の醍醐味といえば、やはり美味しい食事。この列車には一流の専属シェフが同乗しているので、もちろんその期待は裏切らない。朝食はカジュアル、昼食はスマートカジュアル、夕食はフォーマルとドレスコードが決まっている。こういった雰囲気の中で楽しむオシャレも格別。毎食事ごとにバッチリとキメて、ダイニングカーへ。鮮やかな食材に彩られた料理の数々、上質な空間。身も心も満腹になること間違いなし。

客室に戻り、ワイン片手に、大きな窓から外を眺めてみる。そこには広大なワイン畑、様々な野生動物、湖で戯れる無数のフラミンゴ、延々と続く草原などが次々と広がる。まるで、アフリカの美しい大地を切り取った絵画のよう。これらが、快適な部屋に見事な色彩を添え続けていく。つい、時間が過ぎるのも忘れて魅入ってしまう"自然の芸術"を存分に味わおう。

さらに、途中下車して、ぶらり旅もできてしまうのがこの列車の魅力のひとつ。プレトリア発〜ケープタウン行きの場合は、キンバリー駅にて下車し、観光ができる（ケープタウン発〜プレトリア行きの場合はマジェスフォンテインで下車可能）。キンバリーは、ダイヤモンド発掘で栄えた町。そこに人間が掘った穴としては世界最大のものがある。ダイアモンド発掘で一獲千金を狙う人たちの手で掘られたビッグ・ホール。それはなんと円周約1.5km、深さ365mという超巨大なもの。地球の姿を変えてしまうほどの、人間の欲望パワーに衝撃を受けると共に、南アフリカのまた違った歴史にも触れることができる。

洗練された設備＆サービス、美味しい食事、車窓に広がる美しい風景、途中下車の旅、ふたりっきりでゆっくり過ごせる空間…列車旅の常識を覆す、極上体験をふたりで堪能しよう。

旅の終着駅、ケープタウンも楽しもう

2日目。ちょっと早起きして、アフリカの大地を赤く染める美しい朝日を眺め、優雅に朝食を。部屋に戻り、再び窓の外に映る景色を眺める。この夢の旅も幕が閉じようとしていることを感じ、ちょっとセンチメンタルな気分に。お世話をしてくれた専属の執事さん、車中で出逢った他の乗客たち、そして最高のふたりの時間を思い返しながら、終点の駅ケープタウンへ到着。インド航路を発見した探検家バスコ・ダ・ガマも通ったアフリカ南端の岬「喜望峰」や、垂直に切り取られた標高1,086mの真っ平らな山「テーブルマウンテン」を抱く街だ。天候次第では、テーブルマウンテン山頂に溜まった空気がゆっくりと崖から流れ落ちる「テーブルクロス現象」が現れることでも知られている。また、ケープタウンには世界遺産のロベン島を始め、自然、街並みなど多くの見所もある。ふたりで歩くケープタウン。夢の鉄道ロマンの旅は終わっても、ふたりの旅はまだまだ終わらない。

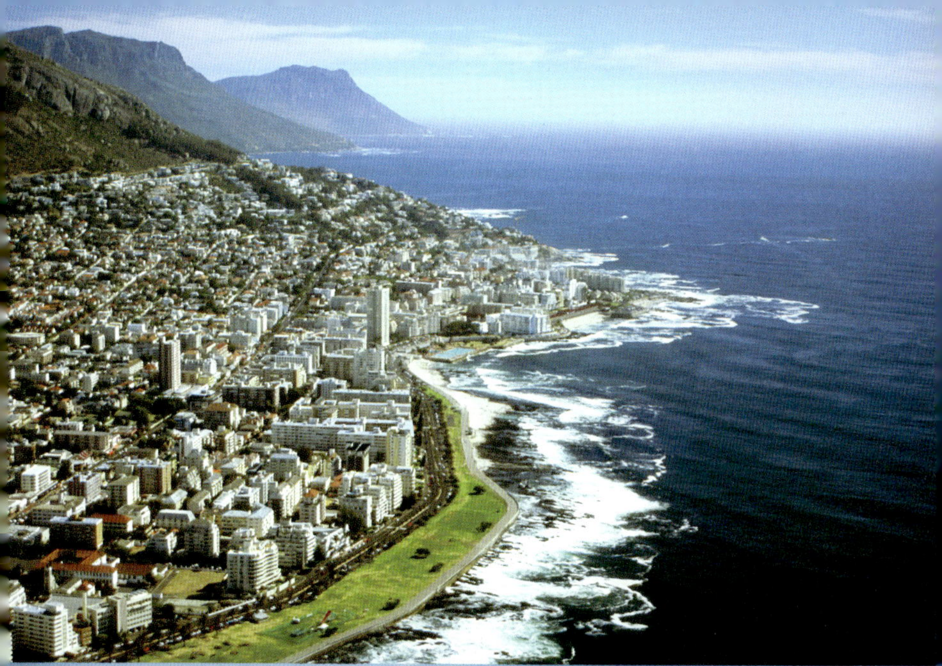
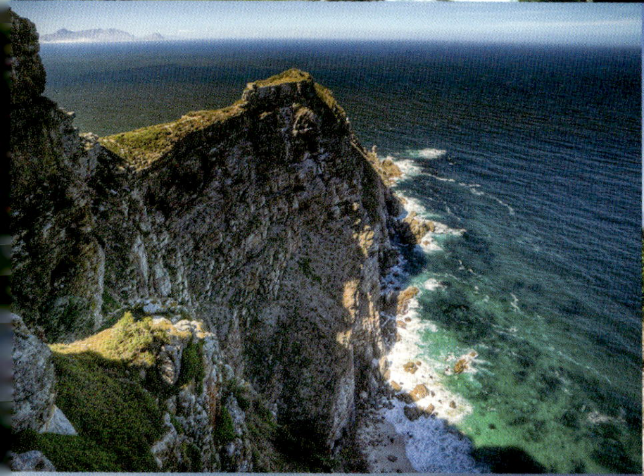
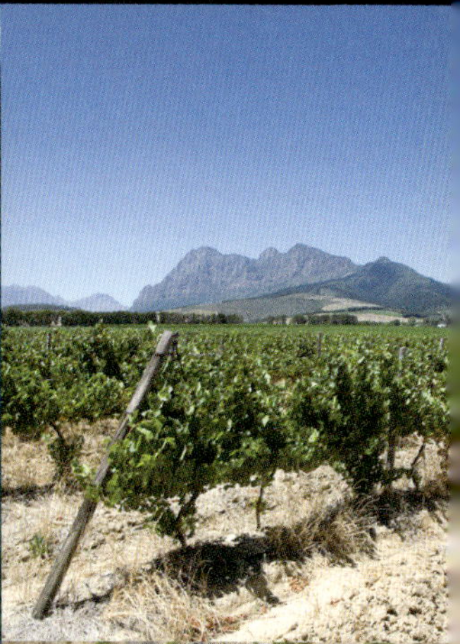
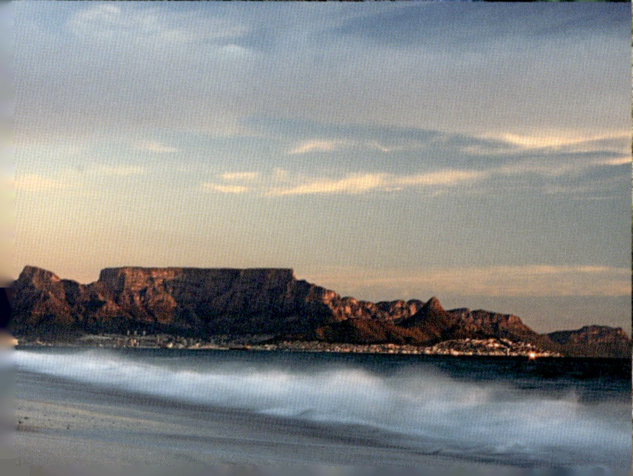
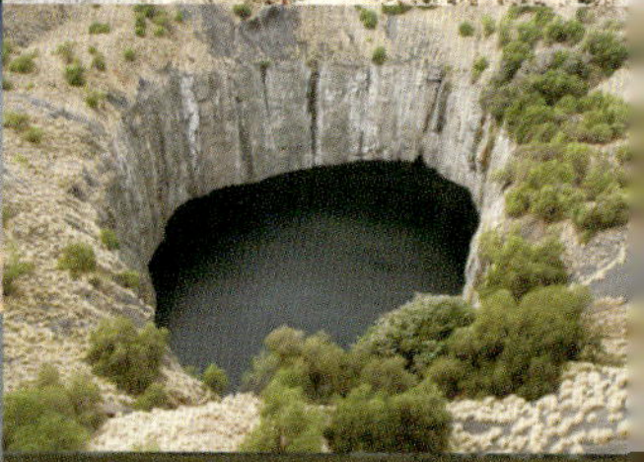
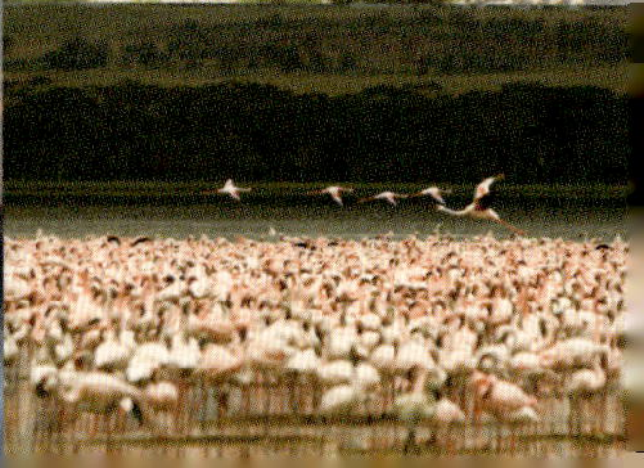

travel information:

旅の予算 / Budget

総予算 28万円〜
※3泊6日／成田からの往復航空券、現地発着ツアー代金込み（一部食費除く）

総予算内訳

- **航空券の目安　12万円〜**
  *成田〜香港乗り継ぎ〜ヨハネスブルグ（キャセイパシフィック航空／エコノミークラス往復）＝12〜18万円
- **現地発着ツアー代金の目安　16万円〜**
  ※プレトリアのホテル1泊、ケープタウンのホテル1泊、ブルートレイン乗車代、送迎、食事（朝3回、昼1回、夕1回）が含まれたパッケージツアーの金額。

旅のシーズン / Best Season

南アフリカの桜とも称される、薄紫色の花をつけるジャカランダの木。プレトリアにあるおよそ7万本以上ものジャカランダが一斉に咲き乱れ、街を幻想的なパープルシティへと変貌させる9月下旬〜10月下旬頃が一番のベストシーズンだ。ジャカランダに合わせなければ9〜4月が暖かくオススメのシーズン。

行き方 / How to get there

日本から南アフリカの都市へ直行便は出ていない。まずは香港、シンガポール、ドバイなどで乗り継ぎ、南アフリカのハブ空港ヨハネスブルグへ。プレトリアまではそこから車で1時間ほど。ツアーであれば送迎車で行けるが、シャトルバスやタクシーで行くこともできる。

旅の手配 / Arranging the trip

2010年にFIFAワールドカップが行われ、グンと知名度が上がった南アフリカだが、都市部はあまり治安がよくない。もちろん個人手配でも行くことができるが、治安面を考慮すると旅行会社に手配をお願いした方が安心だ。ただ、航空券、現地ホテルはインターネットでも簡単に予約することができるので、それ以外の部分をお願いするというのもひとつの手。本書でオススメするのは現地で多くの日本人を受け入れている「プラネット・アフリカ・ツアーズ」。相談から手配依頼まで、すべて日本語でできるので安心だ。もちろんブルートレインに関する質問、問合せも可能。

[プラネット・アフリカ・ツアーズ] www.planetafricatours.com/pat/view/pat/ja/

宿泊 Accommodation

ブルートレインは朝8時前にプレトリアの駅を出発する。そのため、前日はプレトリアのホテルで1泊するのがベストだ。また、ケープタウンにはお昼頃に到着するため、その日はホテルに宿泊し、翌日を移動日にするのがいいだろう。ブルートレインは豪華列車なので、両都市とも5つ星ホテルに泊まり、思う存分、貴族気分を味わってほしい。

プレトリアのオススメホテル
Sheraton Pretoria Hotel　　www.sheratonpretoria.com
駅まで車で10分という立地が嬉しい。それに5つ星ホテルだけあって、サービスや清潔感はいうことなしだ。

ケープタウンのオススメホテル
The Table Bay Hotel　　www.hoteltablebay.co.za
港に面したホテル。レトロな調度品でまとめられた客室は、精錬されモダンな印象。街中から2km、そしてテーブルマウンテンを臨むことができる快適なホテル。

旅のヒント Hints for the trip

☺ ブルートレインでの夕食はドレスコードが決まっている。男性も女性も思いっきりお洒落して夕食を楽しもう。朝、昼の食事にはドレスコードがないが、カジュアルな時でも、襟付きポロシャツなどの服装がベターだ。

☺ 専任の執事さんに何かを頼むのは、最初気がひけてしまうかも。だけれども執事さんはゲストの要望を叶えてこそなので、困ったことやお願いしたいことがあれば気軽に依頼しよう。

☺ 窓から移りゆく景色を眺める際は、双眼鏡やズーム付きカメラがあると便利だ。

☺ ブルートレインは2、3時間ケープタウン到着時間が遅くなることもしばしば。ケープタウン到着後の予定は余裕をもって入れよう。

スケジュール例 Example Itinerary

1日目 ▶ 成田発～香港乗り継ぎ～ヨハネスブルグへ　【機内泊】
2日目 ▶ AM プレトリアへ移動、PM フリー　【プレトリアのホテル泊】
3日目 ▶ ブルートレイン乗車　【車内泊】
4日目 ▶ AM ブルートレイン下車　PM フリー　【ケープタウンのホテル泊】
5日目 ▶ ケープタウン発～ヨハネスブルグ、香港乗り継ぎ～成田へ　【機内泊】
6日目 ▶ 成田着

周辺情報 One more love trip

アフリカ南端の国まではるばるやってきた、ふたりにオススメするのは3つ！　まずはジンバブエとザンビアの国境にまたがる世界三大瀑布の1つビクトリアの滝。幅1,700m、高さ107mもの大きさの水で創られる1枚カーテンが、轟音と共に落ちて行く様は必見！　ただし、時期選びにはご注意を（本書アフリカ南部の章を参照ください）。もう1つは野生動物の楽園クルーガー国立公園でのサファリ体験！　動物大国ケニアなどでは認められていないが、クルーガー国立公園では一定の規則さえ守れば自分の運転で回ることができちゃうのだ。ふたりっきりのスペシャルドライブで行く動物発見の旅！最後にケープタウン近郊のワイナリーを巡るテイスティングツアーも面白い。

21

TRIP: 21 / 『魂を揺さぶる、ダイナミックな旅』

🇺🇸 アメリカ・ハワイ
USA・HAWAII

パワー溢れる楽園、ハワイ島！ 世界最高の星空から、ドルフィンスイムまで、ダイナミックな大自然で、魂を揺さぶる最強デートを楽しもう!

19の島が、太平洋上に一直線に浮かぶハワイ諸島。ハワイ旅行といえば、ワイキキビーチで有名なオアフ島が最もメジャーだが、本書ではハワイ島をオススメしたい。ハワイ諸島最大で、ビッグアイランドの愛称でも呼ばれているこの島は、ダイナミックな大自然が溢れ、エネルギーがみなぎっている。島全体が巨大なパワースポットなのだ。そして、世界で最も活発な活火山、ドルフィンスイム、カジキ釣り、世界最高の星空、極上のビーチにエコビレッジまで、たくさんの遊び場があり、楽しみが尽きない魅惑の島だ。パワー溢れる楽園で、自然の驚異を存分に体感し、魂を揺さぶる、最強のハワイデートを、ぜひ！

TRIP POINT 旅のポイント
- 😊 ハワイ島のディープスポットを満喫
- 😊 ハワイの大地から授かるパワー
- 😊 美しい海でイルカと一緒に泳ぐ
- 😊 最高の夕陽を眺め、世界最高峰の星空を見上げる

Feel the Earth's energy
～地球の鼓動を感じる～

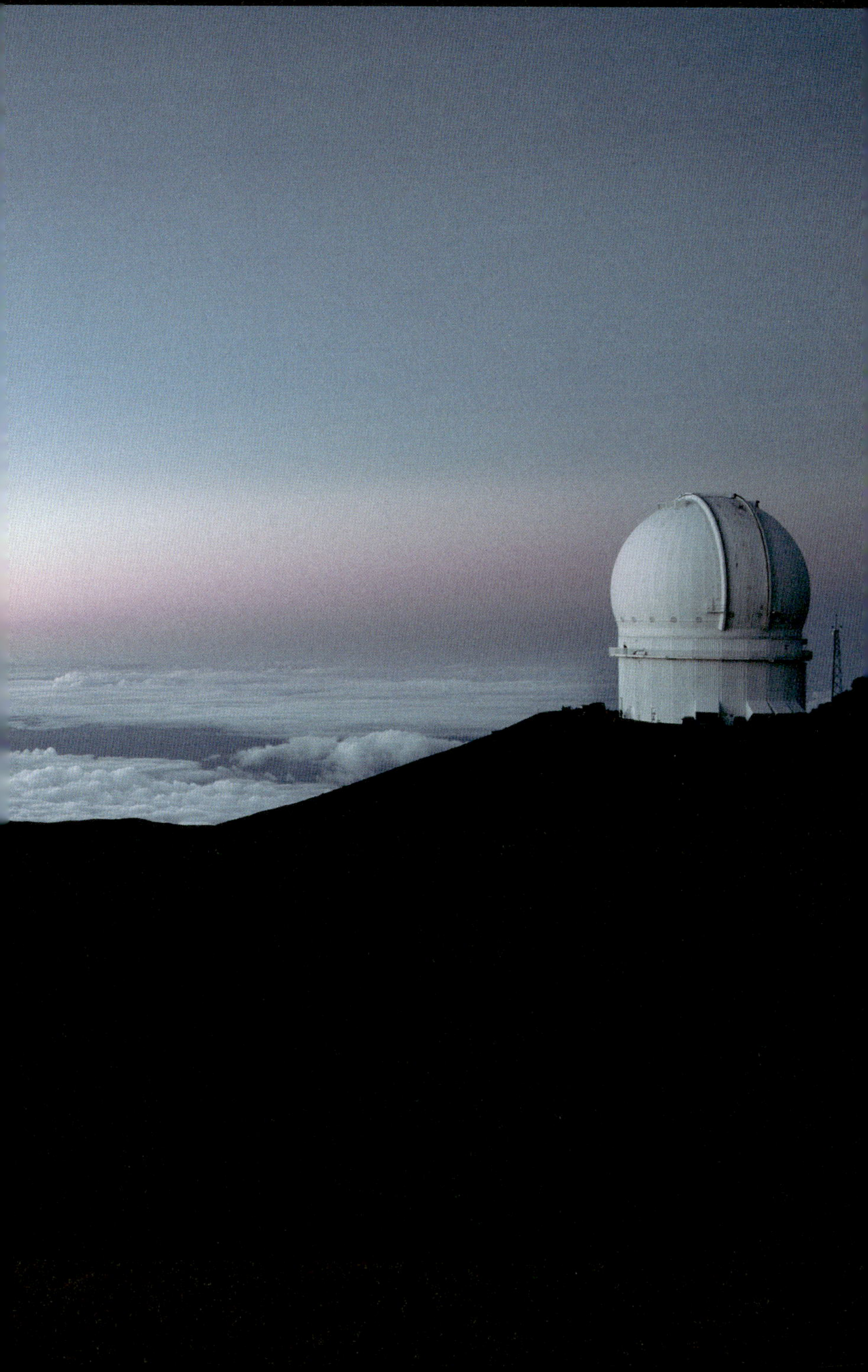

イルカと過ごす、至福&癒しタイム

まずは、ハワイの美しい海へダイブしよう！ 野生のイルカが多く生息するハワイ島西部沖。ここでは、ただのウォッチングではなく、一緒に泳ぐクルーズが楽しめる。外洋へボートで出向き、イルカたちが遊んでいるスポットへ。経験豊富な船長さんの勘を頼りにイルカを探し求め、海をぐるぐる。なんとイルカ遭遇率は99％！ しばらくすると、海面に三角のヒレを発見し、テンションは急上昇。早速、シュノーケルとフィンを付けて、イルカを驚かさないようにゆっくりとダイブ！ そこには何頭ものイルカたちが縦横無尽、自由奔放に泳ぎ回る光景が。ワクワク心を全開にしていると、好奇心旺盛なイルカたちは、心を敏感に感じ取って近づいてくる。タッチできるほどの距離で、一緒に遊ぶことができるのだ。その無邪気な表情と動きに触れているうちに、自分自身が解放され、魂から喜びが満ちてくることに気づくはず！

魂を揺さぶる、驚異の大自然

心が癒されたら、大自然の驚異に挑もう。まずは、世界で最も活発な活火山のひとつ、キラウエア火山へ。情熱的な火の女神「ペレ」が住むと言われるこの山の巨大な火口からは、噴煙が立ち上り、深紅のマグマが湧き出している。この地球の鼓動を体感する方法は、徒歩、ボート、ヘリコプターがあるが、中でもオススメはヘリコプター。空中から眼下に臨むその全体像は、まさに圧巻。生きる地球の巨大なエネルギーに、魂を揺さぶられるだろう。

次に挑むのは、ブルーマーリンと呼ばれるクロカワカジキ。成魚では全長4mを超える幻の巨大魚を釣り上げる、夢のフィッシングだ。ハワイ島周辺は、ブルーマーリンが多く生息し、毎年トーナメントも行われている、カジキ釣りの聖地。トローリング船に乗り込み、心地よい風の中、いざ勝負！ もちろん簡単には釣れないが、可能性は誰にでもある。もし、釣り上げることができれば、トリハダ必至！ 一生忘れられない感動を得られるだろう。他にもキハダマグロ、オキサワラ、シイラなどの大物を釣れる楽しみも！

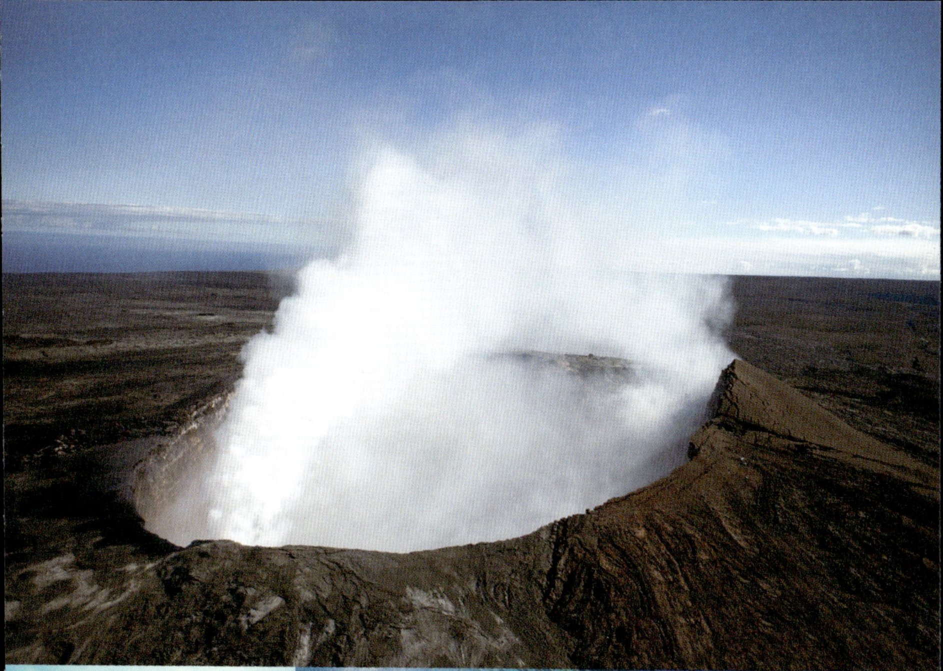
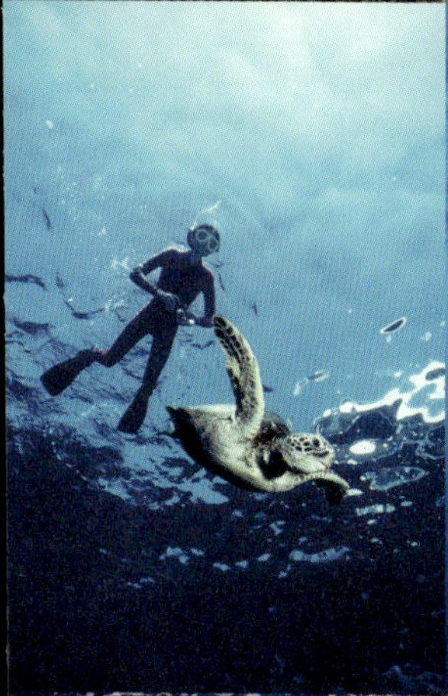
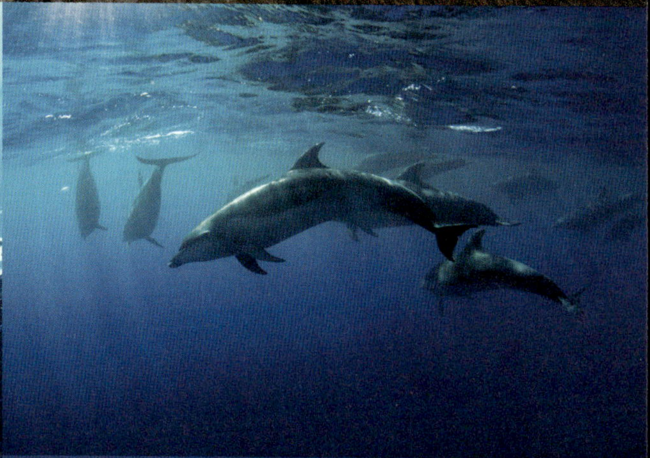
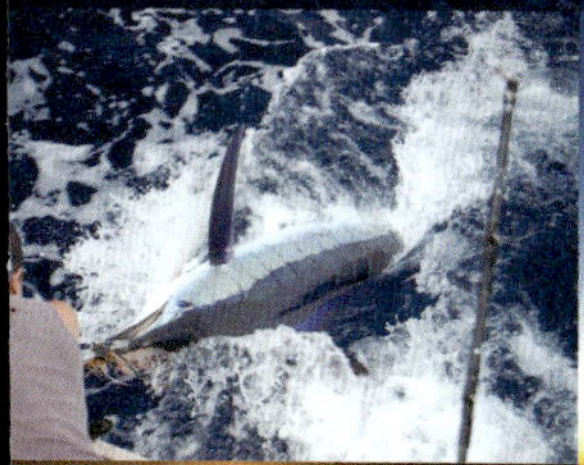
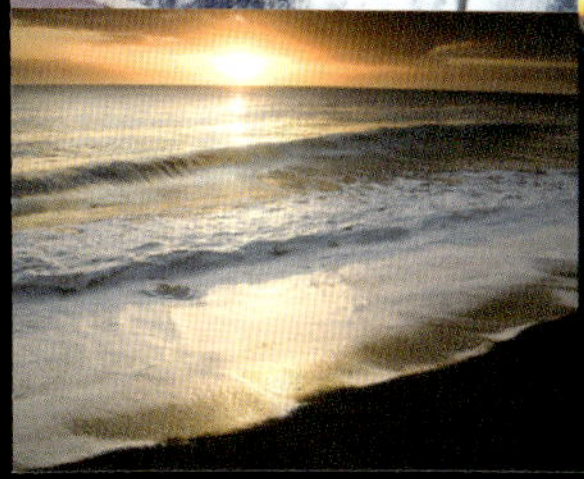

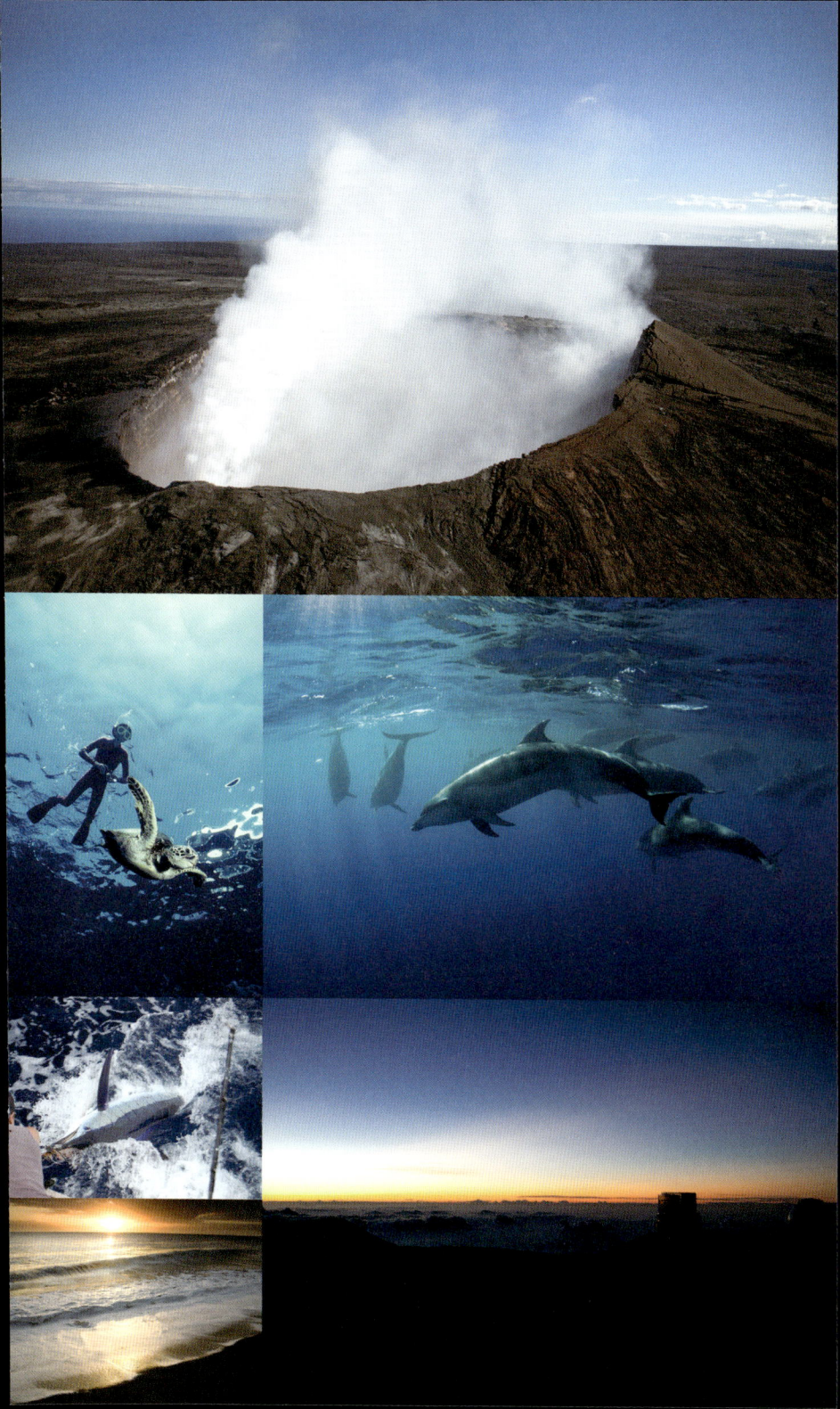

知る人ぞ知る、極上ビーチへ

ハワイに来たなら、やっぱりビーチは外せない。ここでは、知る人ぞ知る、極上のビーチをご紹介！　1つ目は幻のビーチと呼ばれる「グリーンサンドビーチ」。ハワイ島の南端、ラ・カエ岬から北東に徒歩で約1時間。足場の悪い道を進んで行くと、突如として現れる緑の砂浜。緑に見えるのは、8月の誕生石ペリドットの原石、カンラン石の結晶が混じっているからだ。エメラルドグリーンに輝く海と調和して、他にはない幻の絶景を作り上げている。2つ目は全米ナンバーワンにも輝いた「ハプナビーチ」。島西部のコハラ・コーストに位置し、美しいビーチが点在するハワイの中でも一際輝く存在。遠浅の海で、ライフガードも駐在しているので、海水浴にもってこいの場所だ。3つ目は島北西部にある「スペンサービーチ」。ここは、ゴールドコースト＝黄金海岸と呼ばれている。黄金に輝く砂浜＆夕陽が美しいのはもちろん、BBQの設備が整っているのが嬉しい。さらに、徒歩圏内に古代ハワイの遺跡もあるので、ぜひ散策も。

地上の楽園で、自然と繋がる

ハワイ島東部ヒロの空港から車で約45分。深い緑に囲まれた、エネルギーが満ち溢れる場所に、エコビレッジ「Kalani Oceanside Retreat」はある。トロピカル・ジャングルに囲まれたこのビレッジは、Kalani＝天国、楽園と名付けられていて、木々のざわめきや、波の音、鳥のさえずりが心地よい。自然に寄り添うことが徹底されていて、

まるで別世界に迷い込んだかのよう。そして驚くことに、ここで働くスタッフの約8割がボランティアなのだ。ボランティアは「一定の滞在費を支払い、自分の興味に合わせた仕事をすることで、宿泊と食事が提供され、Kalaniで開催される各種プログラムに参加できる」というシステム。プログラムは、ヨガ、フラダンス、マッサージ、ワークショップなど、質が高く、魅力的なものが数多く用意されている。提供される新鮮で美味しい有機野菜や、プール、サウナなどをはじめとした施設、様々なワークショップ…これらは、この楽園に魅了され、世界各国から集まったボランティアたちによって運営されているのだ。

また、自然と繋がることを大切にしているKalaniの宿泊棟には、窓がなくネットが張ってあるだけ。TVや電話もなく、夜は街灯もないので真っ暗。食事の時間も決まっていて、お酒もない。不便そうに感じるかもしれないが、この「環境」をありのままに楽しむことが、最高のリラクゼーションになるのだ。快適なリゾートホテルに泊まるのもいいが、たまには、シンプル&静かに、こんな楽園ビレッジに滞在し、自然との共存を体感してみよう。きっと、心が解放され、本当の自分を見つめることができる。

天空から眺む夕陽&世界最高の星空を

ラストは、海底からの高さが1万mを超える世界最高峰の山、マウナ・ケアへ。オフロード車で凸凹道を突き進み、山の頂を目指す。途中、標高2,800mにあるオニヅカビジターセンターで一時停車。高地に体を順応させるために、夕食のお弁当を食べながら1時間ほど休憩したら、再度、頂上を目指して走り、約30分で地上4,200 mの頂上へ到着！　眼下には、雲の海が広がり、圧倒的な自然を太陽が紅く染めている。そして、徐々に太陽は雲の中にその姿を沈めていき、対峙するマウナロアの雄大な影が雲海に浮かぶ。その神々しい光景に、間違いなく言葉を失うだろう。

極上のサンセットを堪能したら、星空観賞へ。晴天率が高く、まわりに明かりがないなど、好条件が揃っているこの場所は、世界で最も天体観測に適していて、「地球上で最も宇宙に近い」と言われるほど。完全に太陽が沈み、空が闇に染まっていくと同時に、ポツリ、ポツリと星が輝き始める。しばらくすると、夜空は完全に星で埋め尽くされ、まるで黒いキャンバスに白い絵の具を撒き散らしたよう。この満天の星空をふたりで見上げ、語り合う…。旅の締めくくりのロマンチックな夜。時折流れる星に、ふたりはどんな願いごとをするのだろうか？

travel information:

旅の予算 / Budget

総予算 18万円〜
※5泊7日／成田からの往復航空券、宿泊費込み（現地交通費、食費、除く）

総予算内訳

✈ 航空券の目安　7万円〜
＊成田〜ホノルル乗り継ぎ〜コナ（デルタ航空、ハワイアン航空／エコノミークラス往復）＝7〜19万円

🏨 コナのホテル代金の目安　1泊8千円〜
※1部屋（2名利用）の料金、総予算には1名分を計上。

🍽 アクティビティ代金の目安　8万8千円〜　※各アクティビティ料金の内訳は以下
＊イルカ・スイム＝1万7千円〜（1人あたり）
＊キラウエア火山ヘリコプター＝3万5千円〜（1人あたり）
＊トローリングツアー＝2万3千円〜（1人あたり）
※トローリングツアーは1隻（定員6名）を2名で利用した場合の1名分料金。6名での利用になった場合、それだけ1名分の料金は下がる。
＊グリーンビーチ往復送迎＝2万5千円〜（専用車を8時間チャーターした場合、1人あたり）
＊ハプナビーチ往復送迎＝2万5千円〜（専用車を8時間チャーターした場合、1人あたり）
＊スペンサービーチ往復送迎＆BBQセット＝1万3千円〜（1人あたり）
＊マウナケア夕陽＆星空観賞＝1万3千円〜（1人あたり）

旅のシーズン / Best Season

1年中ベストシーズンと言われるハワイ。大きく分ければ5〜10月が夏、11〜4月が冬ではあるが、温暖な気候のため、どちらも心地いいシーズンだ。オススメは夏休みやゴールデンウィークなど大型連休を外すこと。多くの人が訪れる時は、様々な料金が上がるので、人とは異なる時期を選んだ方がおトク。

行き方 / How to get there

日本からハワイ島まで直行便は運行していない。そのため、オアフ島のホノルルで乗り継ぐ必要がある。ハワイ島には、東西に2つの国際空港がある。東がヒロ、西がコナだ。本書ではコナを拠点として紹介している。空港からはタクシーでホテルの名前を告げるだけでOK。

旅の手配 / Arranging the trip

多種多様のアクティビティが満載だし、世の中に情報が多すぎて、それぞれのツアーごとに、各社に連絡を取るのは大変。そんな時に心強い味方が、ヒロに拠点を置く「Maikai Ohana Tours」だ。旅の手配から相談、ワンポイントアドバイスまで、すべて日本語でOK。ハワイ島を隅から隅まで知り尽くしているからこその的確な手配、回答をしてくれる。本書ではハワイ島の楽しみ方を厳選して紹介したが、この会社では、チャーターツアーなど、他にも魅力あるツアーをたくさん取り扱っている。なんでも気軽に相談してみよう。

ⓘ [Maikai Ohana Tours] www.maikaiohana.com

宿泊 / Accommodation

島の東部ヒロ、西部コナ、共に多くのホテルが建ち並ぶ。特にコナには多くのリゾートホテルが建ち並び、リーズナブルなものから、ラグジュアリーなものまで選択肢が豊富だ。予算との兼ね合いもあるが、1泊はマウナラニをオススメ。

コナのオススメホテル
Kona Sea Side Hotel　　www.seasidehotelshawaii.com

観光に行くのも、街中に行くのもアクセス良好なホテル。超豪華というわけではないが、部屋は清潔感があって快適。それにアクティビティを満喫しようと思ったら、あまりホテルでのんびりもできないので、リーズナブル・快適・便利を兼ね備えたこのホテルはオススメ。

パホアのオススメホテル
Kalani Oceanside Retreat　　www.kalani.com

本文で紹介したホテル。ヒロの空港から南に約45分に位置するため、ちょっと遠いが、ナチュラルな空気を味わうために行く価値は大。

マウナラニのオススメホテル
The Mauna Lani Bay　　www.maunalani.com/japanese/a_p_overview.htm

滞在を延ばしたい！　1泊はちょっといいホテルにも泊まりたい!というふたりにオススメ。世界三大パワースポットのひとつ、マウナラニに建つホテルで、滞在しているだけで、心癒され元気になると評判。いわゆる白いビーチに碧い海はもちろん、海亀が泳いでいたり、歴史公園や古代住居への遊歩道があったり。パワースポットを堪能するのにオススメだ。1泊1部屋3万8千円〜。

旅のヒント
Hints for the trip

- ハワイは一年を通じて気候が安定しているので、日本が冬の時期は飛行機料金が高くなる。多くの人が行かない時期というのが、結果的に一番安く行くことができる。
- 本書で紹介したアクティビティ以外にも多くの魅力が溢れるハワイ島。レンタカーを借りて島を周遊したり、アクティビティを増やしたり、アレンジは自由自在。まずはハワイ島を予習して、ふたりの最強のプランを立てよう。
- ドルフィンスイムは初心者でも、泳げなくても安心。泳げない人は浮き輪をつけて、プカプカ漂いながらイルカと遊ぶことができる。
- ビーチでは、砂を持ち帰ることが禁止されている所が多いのでご注意。
- サンセット&星空観賞時は高地なので、とても寒くなり、防寒着が必要だが、旅行会社が防寒具貸し出しサービスを行っているので、事前に確認してみよう。

スケジュール例
Example Itinerary

- 1日目▶ 成田発〜ホノルル乗り継ぎ〜コナへ　【ホテル泊】
- 2日目▶ AMドルフィンスウィム　PMフリー　【ホテル泊】
- 3日目▶ AMフリー　PMキラウエア火山　【ホテル泊】
- 4日目▶ AMトローリング　PMフリー　【ホテル泊】
- 5日目▶ 終日ビーチ満喫　夕方Kalani Oceanside Retreat　【ホテル泊】
- 6日目▶ AMフリー　PMサンセット、星空観賞　【ホテル泊】
- 7日目▶ コナ発〜ホノルル乗り継ぎ〜成田へ　【機内泊】
- 8日目▶ 成田着

周辺情報
One more love trip

ハワイ島を満喫したら、次はハワイの玄関口オアフ島も楽しんじゃおう！ホノルル市内のワイキキにはショッピングや食事を楽しめるお店が軒を連ね、街散策だけでも飽きることはない。オススメは、やっぱり海。中でもオアフ島北東のヘイア・ケア埠頭から、ボートで10分のカネオヘ湾は最高！そこにあるのは「天国の海」と称される美しい海。湾の真ん中にポツリと浮かぶ砂浜は、360度エメラルドグリーンに囲まれた極上空間。のんびりしたり、シュノーケリングをしたり。＋αでたっぷりとハワイの風を感じよう！

22 🇹🇭 タイ
THAILAND

TRIP: 22 /『至高のホスピタリティーに触れる旅』

大切な人とこの世の極楽へ！ 神秘の静寂と伝説のホスピタリティーで、人生観を一変させる「アマン」の魔法。世界最強のリゾートで過ごす至高の旅。

1998年、あるホテルが世界のリゾート界に革命を起こした。そのホテルこそ、世界中の旅人が一度は訪れたいと願う憧れ、"アマン・リゾーツ"初のホテル「アマンプリ」だ。タイのプーケット島西海岸、アンダマン海を臨む美しい森林に佇むこのホテルは、"静寂"をテーマに創られた。自然界の音色だけに包まれる、穏やかで優しい時間、そして、数々のアワードに輝き続ける、世界最高峰のホスピタリティー。"究極のリゾート"と称されるアマンが生み出すこれらの魅力に触れると、価値観が一変するとも言われる。さあ、行こう。人生を変える魔法の世界へ！

TRIP POINT 旅のポイント

- 😊 リゾート界最高ブランド「アマン」のフラッグシップに宿泊
- 😊 最強のホスピタリティーに触れる
- 😊 常識を覆した「ブラックプール」を堪能
- 😊 アンダマン海をクルージング

Experience Aman
～「アマン」という旅へ～

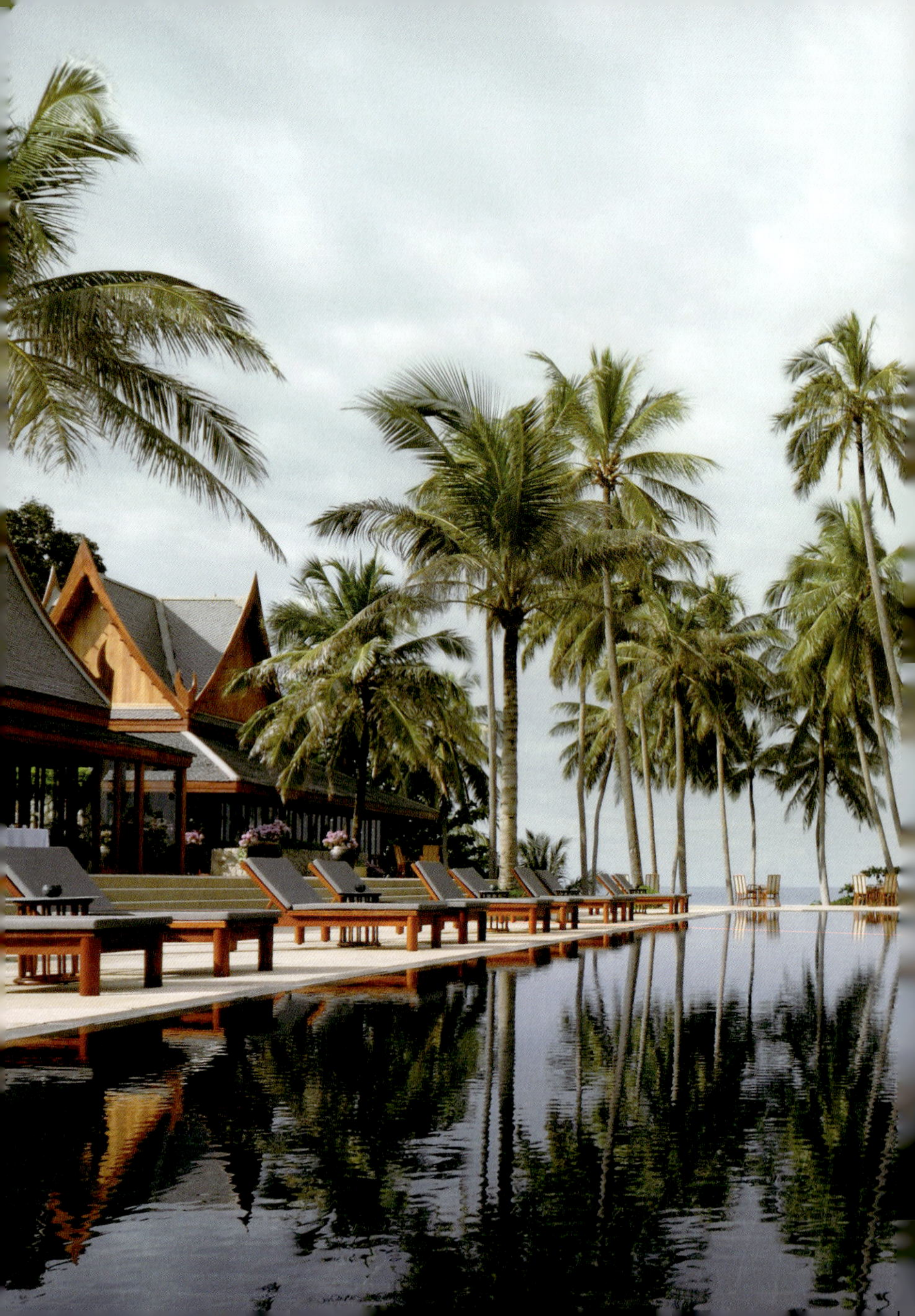

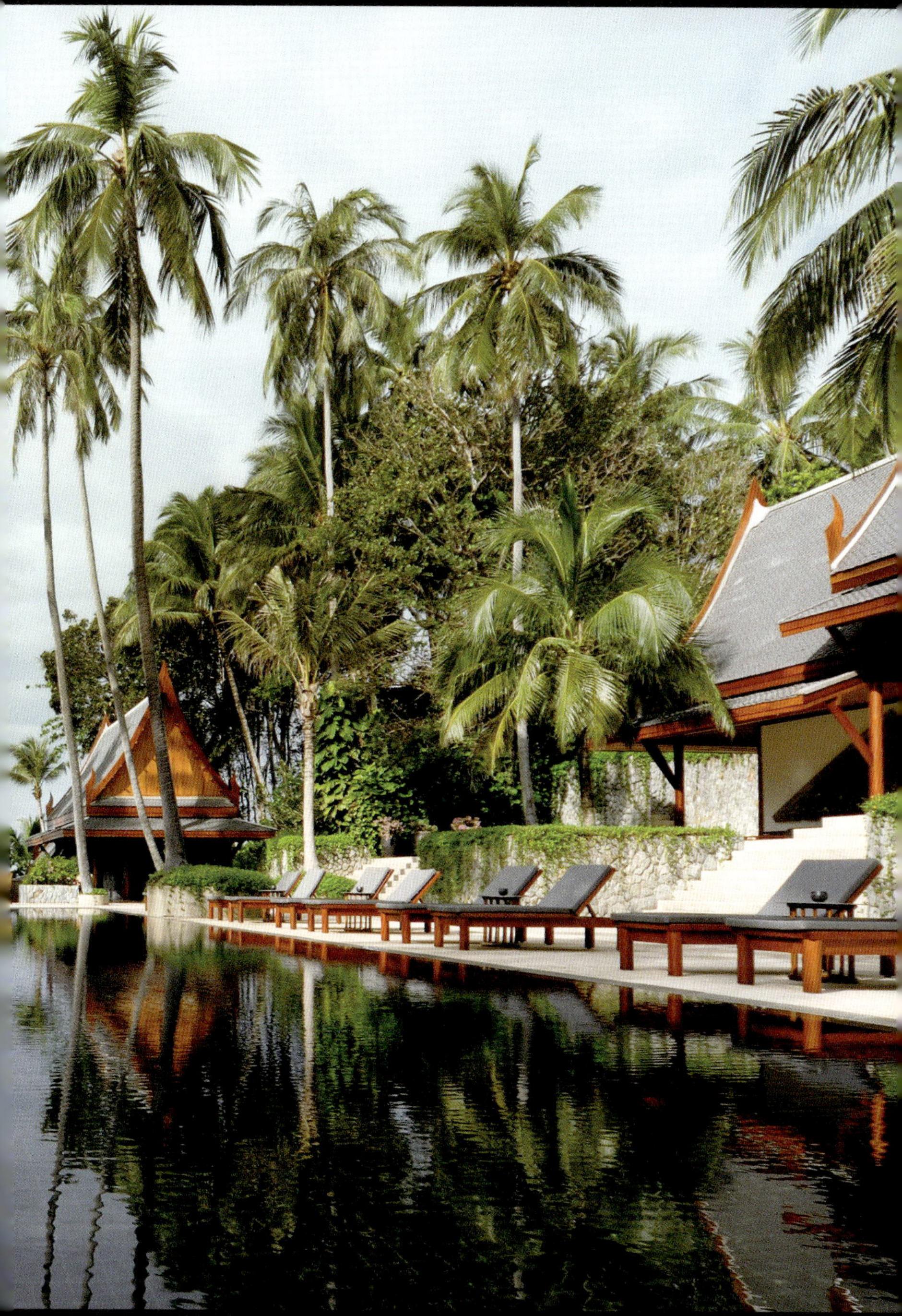

「アマン・ジャンキー」なる言葉を生んだ、世界に比類なきリゾートへ!

リゾート界の最高ブランド、そして、世界中の旅人が一度は訪れたいと願う憧れの存在。それが知る人ぞ知る究極のリゾート「アマン・リゾーツ」だ。現在では、アマン伝説発祥のリゾート、アマンプリを皮切りに、世界16カ国に23のリゾートを展開している。どのリゾートにも共通しているのが、その地に根付く文化・伝統を尊重し、見事に地元との調和を果たしているところだ。建設にあたっては木々の伐採を控え、植林を行うなど環境への配慮も欠かさない。さらに、オープン後には地域の教育や住居の発展のため利益の還元なども。アマンは地域に共生するリゾートとして当然のごとく、それらを行ってきた。その結果、旅人はもちろんその土地に住む人々からも深く愛され、そして、絶えず訪れた人々を魅了し続けているのだ。「アマンと出逢って人生が変わった」という人も多く、一度味わうと抜け出せない魔法のような魅力があるという。そして生まれた言葉が、アマン・ジャンキー。中毒になってしまうほどの魅惑の空気…。そう、そこはまるで、この世の極楽だ。

リゾート界の革命児が選んだロケーション、極上の地で堪能する"静寂"

プーケットの空港からアマンプリまでは車で約25分。ガードマンが立つゲートを抜けると、椰子の木々の間に点在するパビリオンと呼ばれる客室が見えてくる。ここはプーケットで最も美しいバンシービーチに接する絶好のロケーションだ。アマンは「魂を感じる場所」をロケーション選びの最も重要なポイントとしている。それだけに、ここも美しいだけではない。訪れた瞬間、不思議な感覚に包まれる。確かに景色は美しいのだが、何か魂に訴えかけるような空気が満ちているのだ。

威厳あるエントランスを抜けると、アマンプリの代名詞「ブラックプール」が正面に広がる。常識を覆した斬新な黒いプール。これは景観との調和を突き詰め、「黒がベストだ」と行き着いた結果、創造されたものだ。しっとりと輝き、鏡のように空を映し出す神秘的なこのプールは、周囲の自然や、伝統的建築物とも美しく融合し、幻想的な景観を紡ぐ。ここに佇むだけで、何か大きな力に抱かれたような安堵を感じずにはいられない。

丘の斜面に広がる客室は、タイの伝統的建築スタイルにこだわったもの。室内にはキングサイズのベッド、大きなバスルーム、ドレッシングエリアなど無駄無く配置されている。そしてダイニングスペースを備えたサラ(東屋)が屋外にあり、開放感も抜群。シンプルながら上質な木製の調度品が備わった心地よい室内には、テレビはない。これは、静寂にこだわるアマンプリならではの心遣いである。遠くに聞こえる汐の音や、愛らしい鳥のさえずりなどの自然の音色に耳を澄ませて、ゆったりと流れるふたりの時間を満喫しよう。

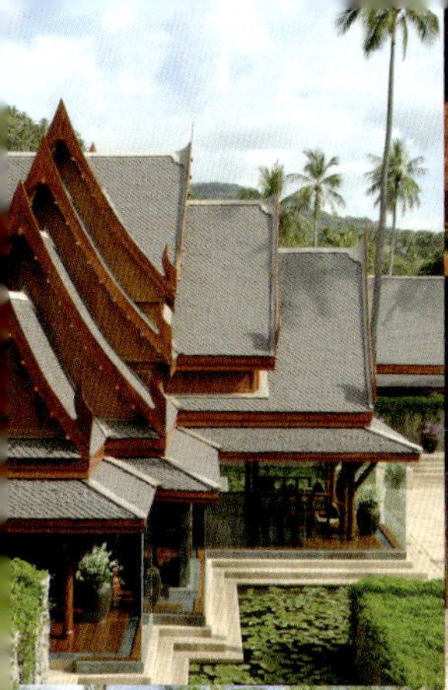
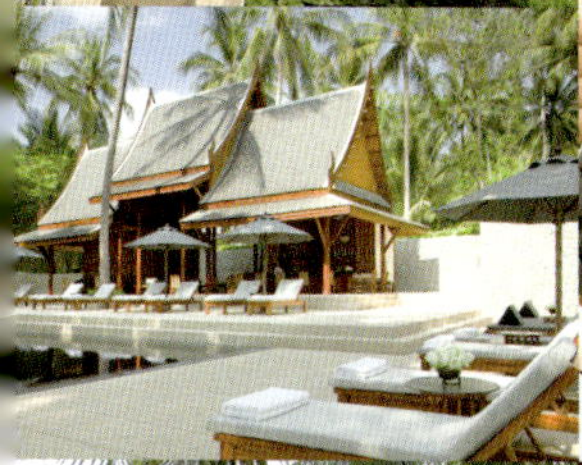
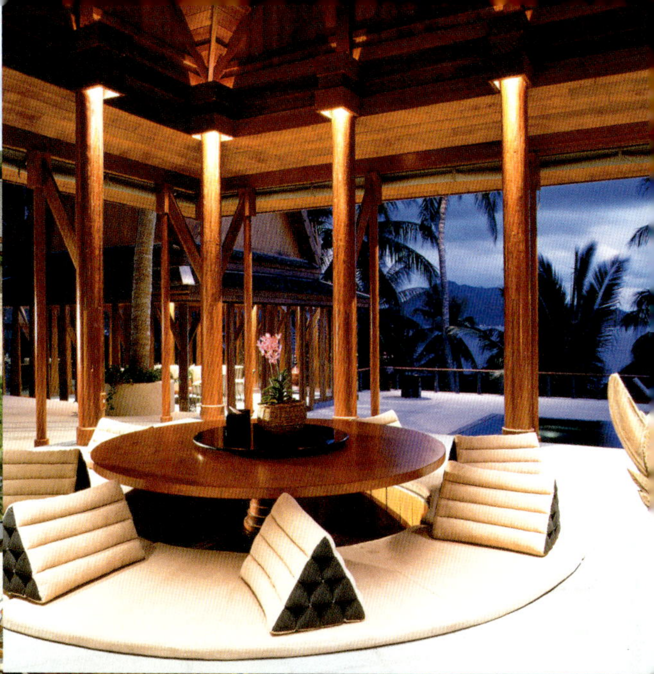
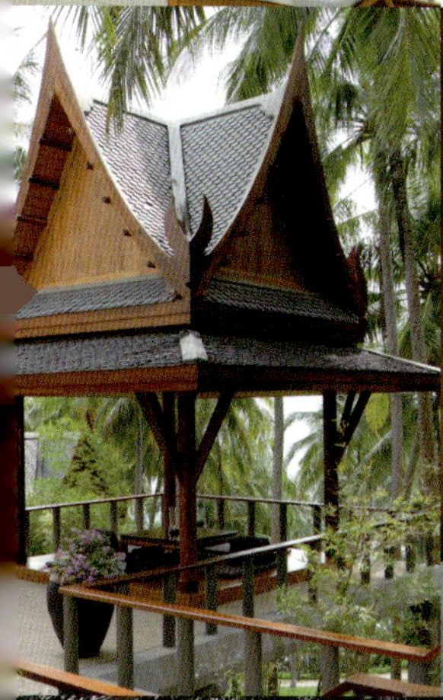
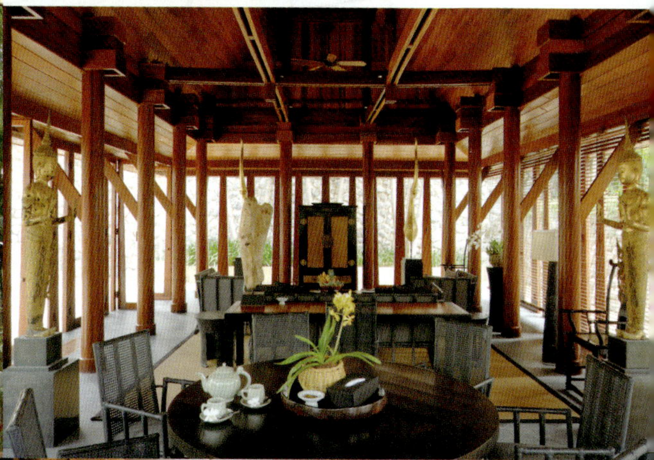
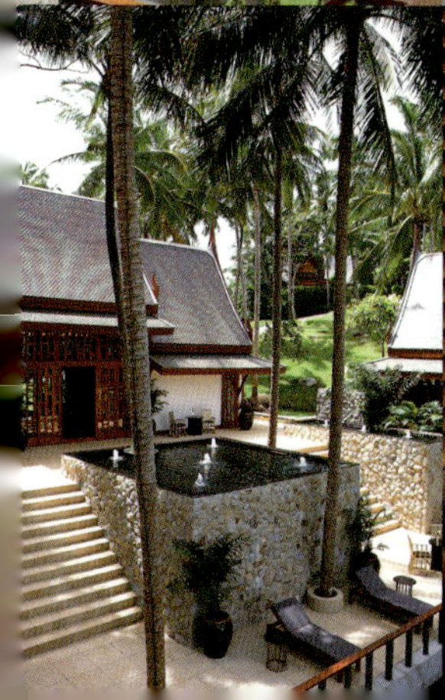
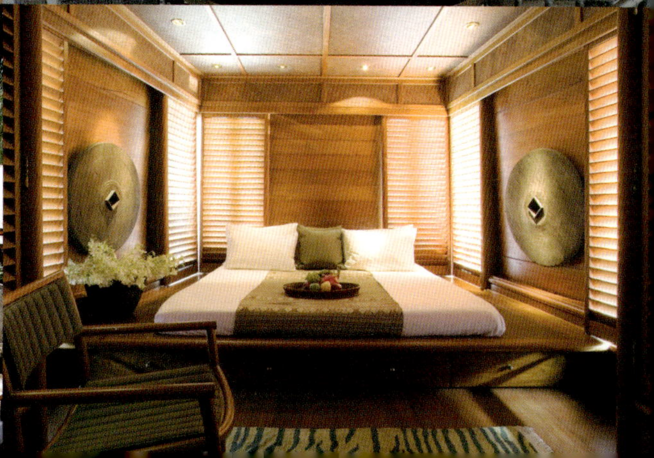

「アマン・マジック」といわれる、伝説のホスピタリティ

アマン・リゾーツのテーマは、「自分の所有する別荘」。ゲストがイメージする"なにひとつ不自由のない、理想の快適さ"を味わえるよう徹底的にこだわり抜かれている。そのホスピタリティは、もはや伝説で、神の領域とも称される。それは、型にはまったマニュアル的サービスではなく、ゲストの心の動きに合わせて、さりげなく先回りするもので、本当に驚くばかり。スタッフ全員、ゲストの顔と名前が頭に入っているのは当たり前で、すれ違えば、微笑みと共に名前を呼んでくれる。2日も滞在すれば、好みを把握し、食事やマッサージのリクエストも思いのまま。プールやビーチで泳げば、いつの間にかタオルがビーチチェアに、そっと用意されていたり、あたりを散歩している時に雨が降れば、部屋の外に置いたままにしていた本が部屋の中に入っていたり…さりげない気遣いもパーフェクト。それはまさに魔法。アマン・マジックという言葉も存在するほどだ。

最高の食事を、思い思いに

アマンのレストランには、ドレスコードが一切ないことにも驚かされる。ゲストは気ままな格好で、好きな時間に好きな場所で、思い思いに食事を楽しむことができるのだ。これもまた魅力のひとつだろう。名だたるレストランで修行を積んだプロのシェフたちが、新鮮な食材を使い、地元の特色を生かした本格的な美食を提供してくれる。タイ料理はもちろん、イタリアン、フレンチ、日本食まで…。もちろん、食事でのサービスもパーフェクト。スタッフが顔を覚えてくれているので、伝票にサインをする必要もないし、メニュー以外で食べたい物があれば、リクエストすれば、自分の好みに最大限応えてくれる。そして、天候や陽射しを考慮し、その日その時のベストポジションへ設置されるテーブルセッティング。ここに腰を下ろすだけで心が満たされ、笑顔が湧いてくるから不思議だ。

海洋クルーズで、アマン流の冒険を

これだけ快適なリゾートライフ。一歩も敷地の外に出たくない…なんて気持ちも。でも目前には、アジアのカリブ海と言われるほどの美しいアンダマン海が広がっている。実はこの海に、旅好きのふたりの心を鷲掴みにする"冒険"が存在しているのだ！
大小20隻以上もの船を所有するアマンプリ。ここでは、アンダマン海を満喫するクルーズが体験できる。1日クルーズに乗船して、石灰岩の島々が散らばるパンガー湾へ。とても奇妙な形をした島々を縫って進むと、水上に浮かぶ巨大な一枚岩が出現！これが映画『007・黄金銃を持つ男』の舞台にもなった島。名前は、なんとジェームス・ボンド島！ 気分がすっかりボンドになったところで、あたりを囲む絶景をおかずに、開放的な洋上でのランチを楽しもう。こういったお手軽なものから、オーバーナイトをするものまで、色々なクルーズを選べるのもアマンプリの魅力。
静寂の中にも冒険を！ ふたりでこのアマンに訪れれば、きっと幸せという名の魔法にかかるだろう。

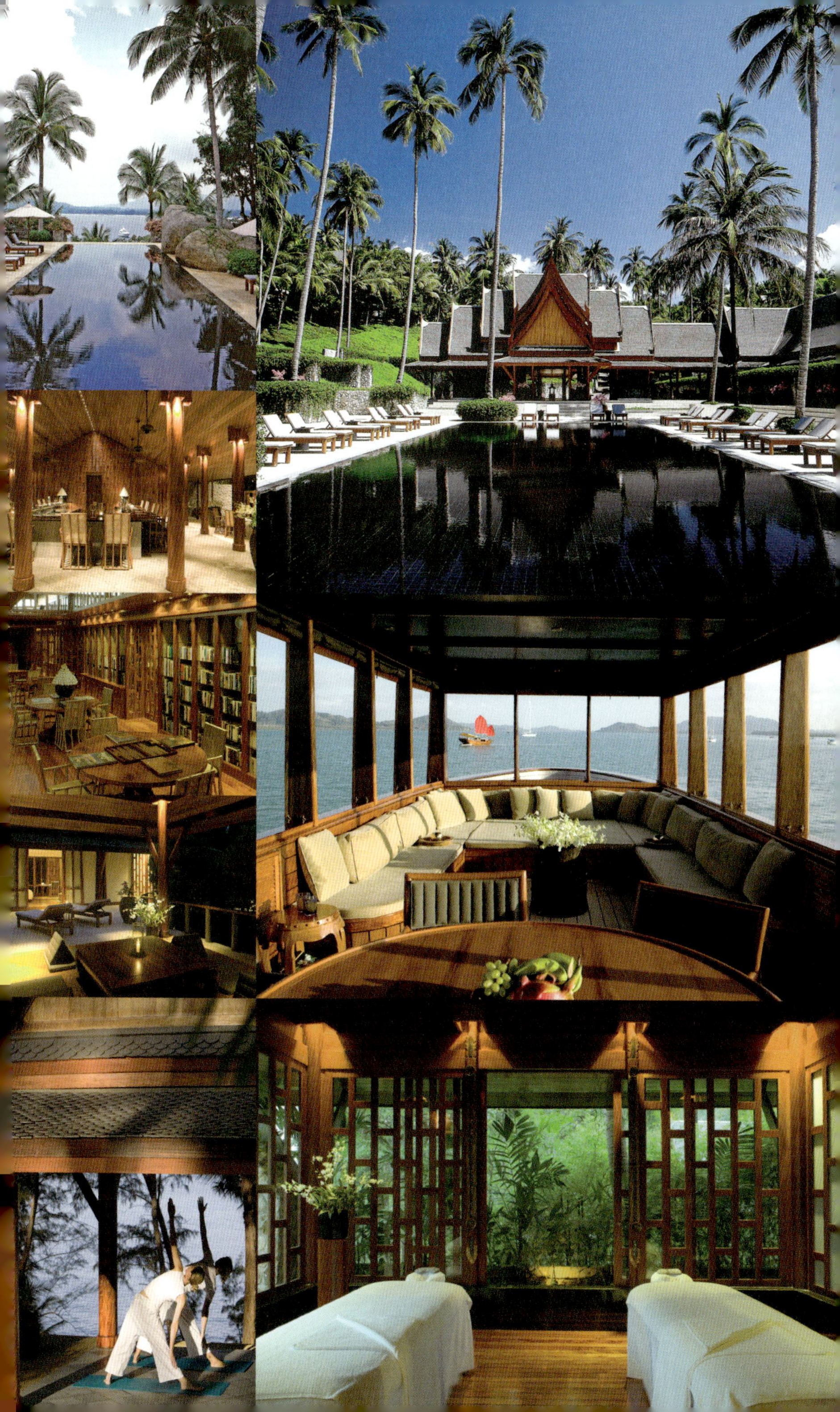

travel information:

旅の予算
Budget

総予算 17万円〜

※3泊5日／成田からの往復航空券、宿泊費、現地交通費込み（食費除く）

総予算内訳

- ✈ 航空券の目安　8万円〜
  *成田〜バンコク乗り継ぎ〜プーケット（タイ国際航空／エコノミークラス往復）＝8〜10万円
- 🏨 アマンの宿泊代金の目安　1泊4万5千円〜
  *上記はローシーズンの料金
  ※1部屋（2名利用）の料金、総予算には1名分を計上。
- アマン1日クルーズ代金の目安　1万5千円〜

旅のシーズン
Best Season

11月から乾期（ハイシーズン）に入り、最も天候が安定しているのは1〜4月。5〜10月の雨季（ローシーズン）にはモンスーンの影響で雨が多くなる。バンコクなどと比べ雨季は長いが、終日雨が降ることはなく、晴れていると思うと突然雨が降るなど、降ったり止んだりの状況が続く。しかし、日本の梅雨のようにジメジメした天気ではなく、雨の後は空気が澄み、涼しく過ごしやすい。予算抑えめでアマンに行きたいという人はローシーズンをオススメ！

行き方
How to get there

日本からタイのバンコク国際空港まで約6時間。バンコクからプーケット島までは約1時間20分の空の旅。このルートが一般的だが、曜日によっては日本からプーケットまでタイ国際航空が直行便を運行していて、約6時間30分で行くことができる。事前にタイ国際航空に問い合わせて確認をしよう。プーケットの空港からは車で25分ほどでアマンプリに到着。

旅の手配
Arranging the trip

飛行機からホテルまで個人で簡単に予約することができる。しかし、部屋選びや注意事項などは事前に確認したいところ。本書でオススメするのは、海外のラグジュアリーリゾートを専門に取り扱い、豊富な知識と経験を持つ、マゼラン・リゾーツ。あなたの質問になんでも答えてくれるだろう。

- ［マゼラン・リゾーツ］www.magellanresorts.com

宿泊
Accommodation

- プーケットのリゾート

amanpuri　www.amanresorts.com/amanpuri/home.aspx

アマンプリの客室にはパビリオン、ヴィラと呼ばれる2つのカテゴリーがある。どちらも独立した棟となっている。ヴィラというものは別にオーナーが所有している別荘で、不在の間レンタルしているもの。とても広く金額も高い。一方パビリオンはガーデンビューやオーシャンビューなどいくつかのカテゴリーに分かれていて、金額もそれぞれ異なる。もちろん眺めがよくなるほど金額が上がる。予算に合わせて部屋を選ぼう。

旅のヒント
Hints for the trip

- 乾期がオススメのシーズンだが、雨期の方が断然宿泊料金が安い。予算に合わせて時期を決めよう。
- 空港からアマンまでの往復送迎の無料サービスがある。飛行日のスケジュールが確定したら、連絡して手配してもらおう。
- 南国だけに日差しは強烈。日焼け日除け対策、帽子、サングラスなどは必須アイテムだ。
- 大きな楽しみのひとつはプールにビーチ！ いくらでも泳ぐことができるので、水着は2着持っていってもいいかも。
- 本書ではジェームス・ボンド島をゆくパンガー湾クルーズを紹介したが、他にも海が美しいカイ島でシュノーケリングをできる1日クルーズもある。催行日は曜日によるので、確認してみよう。
- いくつものクルーズ船を所有しているだけあって、クルージングは行き先も日数も様々。1日コース以外は基本チャーターベースとなり、なかでもシミラン島への2泊3日クルーズは憧れのもの。世界のダイビングスポットベスト10にも入るその海へは、全長約27mの豪華船マハ・ベトラ号で行く。お値段は1日35万円〜。一生に一回。オススメです。

スケジュール例
Example Itinerary

1日目▶ 成田発〜バンコク乗り継ぎ〜プーケットへ　【アマンプリ泊】
2日目▶ 終日フリー　【アマンプリ泊】
3日目▶ パンガー湾クルージング　【アマンプリ泊】
4日目▶ プーケット発〜バンコク乗り継ぎ〜成田へ　【機内泊】
5日目▶ 成田着

周辺情報
One more love trip

乗り継ぎ地バンコクから日帰りでも行ける、アユタヤへ世界遺産の見学に出掛けよう。タイの古都アユタヤは、14世紀中頃に創設された、約400年間栄えたアユタヤ王朝の都。ここには数多くの仏塔や寺院の跡が残され、世界遺産として今も当時と変わらない幻想的な景観を維持している。歴代の王が作った寺院の数はおよそ400。トゥクトゥクと呼ばれる三輪タクシーを手配して、のんびりとお目当ての寺院を巡るのがオススメだ。お腹がすいたら、アユタヤ名物の手長海老をどうぞ!

TRIP: 23 / 『ひとつの国をまるごと味わう旅』

23 🇻🇳 ベトナム
VIETNAM

南北1,800kmを駆け巡るベトナム縦断！喧噪の大都会から、爽快な大自然まで、すべてを味わう格安＆弾丸アジアントリップ！

東シナ海に面した、南北に細長い国、ベトナム。東南アジアを代表する大都市がある一方で、昔ながらの田園地帯をはじめ古き良き風景が広がっている。南部のホーチミンから北部のハノイまでを巡れば、大都会、大自然、ビーチ、高地、湾内クルーズ、世界遺産…まで、バラエティーに富んだスポットに出逢うことができる。この旅のテーマは、冒険心がかき立てられる「縦断」。街を訪れるごとに、人も、風景も、空気も異なる。地域によって気候が多彩に変化するのも、縦断旅の魅力だ。電車、車、船を利用して駆け巡り、ベトナムという国をまるごと満喫しちゃう弾丸トリップを、ぜひ！

TRIP POINT 旅のポイント

- ベトナムを縦断する達成感
- 南部の大都市ホーチミンで、都会と自然を味わう
- ビーチリゾートでお肌ツルツル体験
- 世界一のケーブルカーでマウンテンリゾートへ
- 世界遺産ハロン湾を客船でのんびり巡る

Head North!
~縦断せよ！~

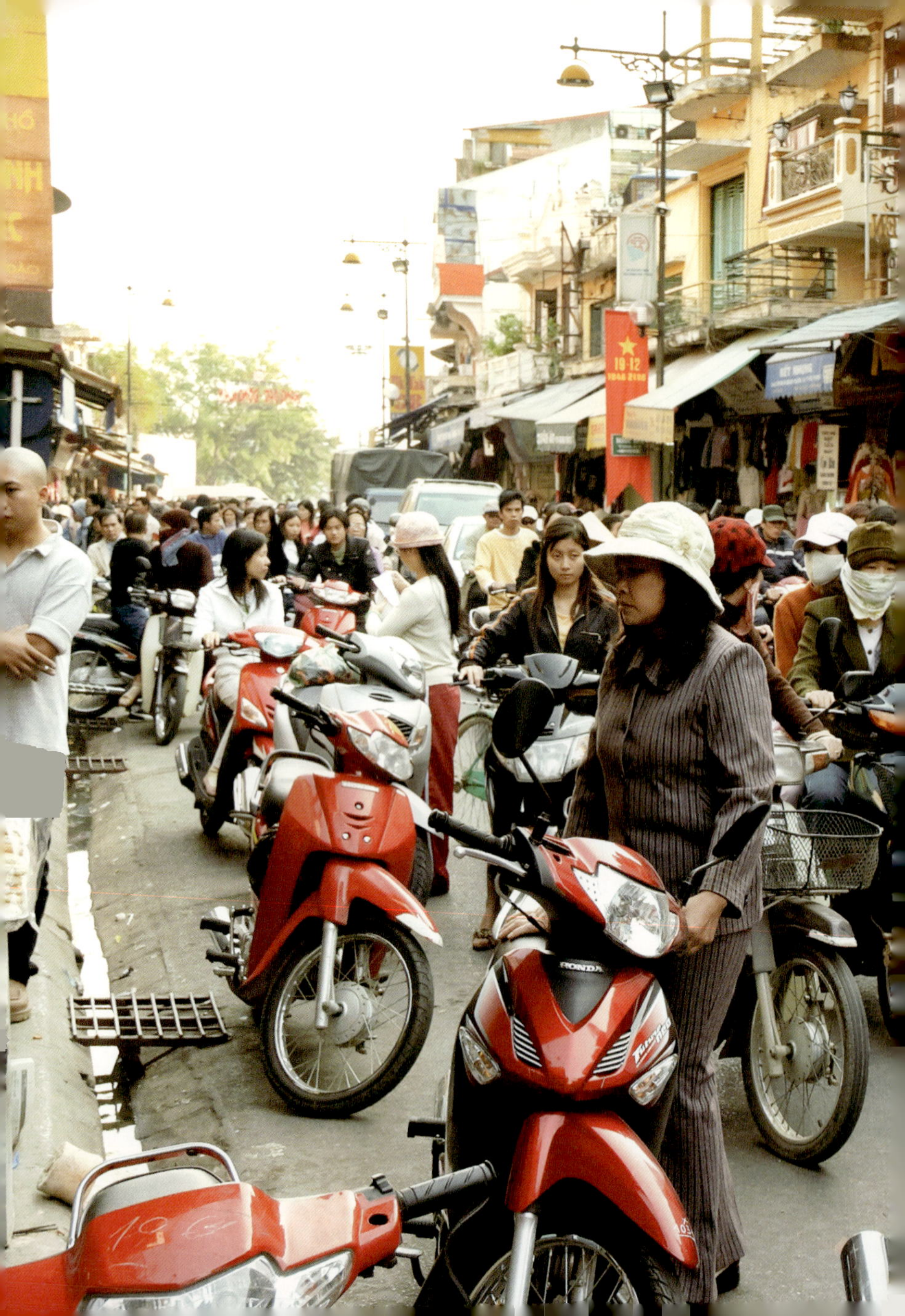
19·12
HONDA

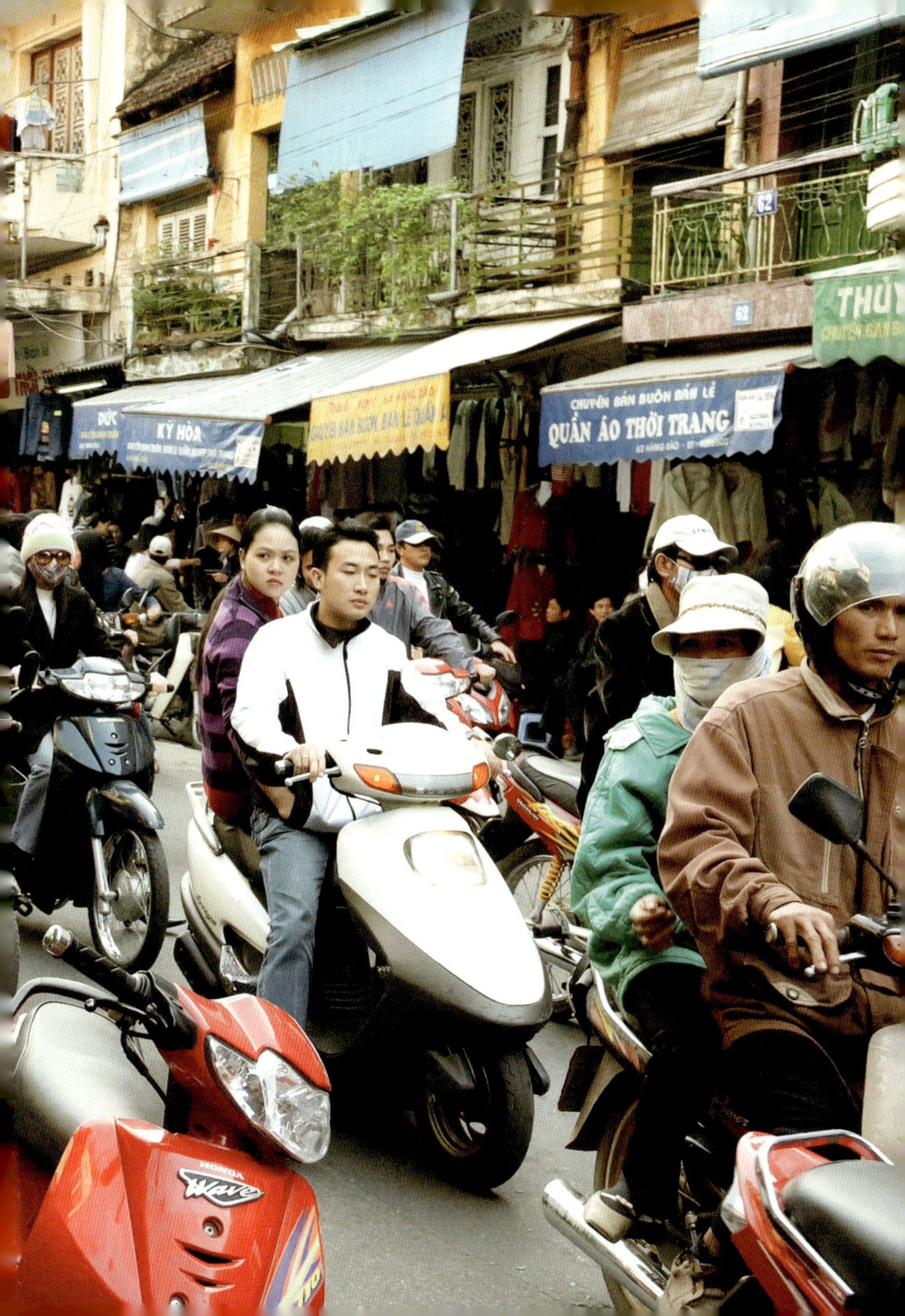
KỲ HÒA
CHUYÊN BÁN BUÔN BÁN LẺ
QUẦN ÁO THỜI TRANG
62

大都会ホーチミンから旅は始まる

ベトナム最大の都市、そして東南アジアを代表する大都会であるホーチミン。この街の道路にはバイクと車が溢れ、クラクションがあちこちで飛び交う。この街から北へ北へと向かう縦断の旅は始まる。人々でごったがえすホーチミンの空港に降り立つと、南国特有の湿った空気が体を包み、すぐにジワっと汗ばんでくる。あたりを見回すとふたりの名前が書いてあるボードを持った、日に焼けたおっちゃんが出迎えにきてくれている。早速、専用車に乗り込み、ホーチミン市内へ。開運スポットとして知られる翡翠寺や、ホーチミン最大規模のベンタン市場などを巡って、ベトナムの空気に少しずつ触れる。そして、縦断トリップ前に、ちょっと歴史も知っておきたいところ。ということで、ベトナムが南北に分かれていた頃（1976年に南北統一）、南ベトナム大統領官邸として使用されていた統一会堂へ。ここは、南北分断に終止符が打たれた象徴的な場所。同じ国の中でふたつに分かれて戦争をしていた時代に想いを馳せてみよう。最後は、この街のメインストリート、ドンコイ通りへ。一流ブランドから、絵画、ベトナム雑貨、デパート、カフェなどが軒を連ね賑わっている。ホーチミンの中心地サイゴン大教会からサイゴン川まで、約1km続くこの道をふたりで散歩して、最後は川辺でゆっくり…なんていうのもいいだろう。

ボートトリップ、泥温泉、アイランドホッピング…大自然を満喫

2日目は、喧噪から抜け出し、車で1時間半ほど走り、カンザー自然公園へ。ここにはアジア最大級のマングローブが広がっている。あたり一面の緑とそこに流れる穏やかな川が、本当に気持ちいい。雄大な自然溢れるこの公園では、ボートクルーズがオススメ。果てしなく続くマングローブの森の中をボートで抜けて行くと、猿や野鳥に出逢うこともできる。手付かずの大自然は、まさに圧巻。

カンザー自然公園からホーチミン市内に戻ったら、いよいよ縦断トリップがスタート。市内にあるサイゴン駅から電車に乗り込む。約6時間半の移動で、車内で一泊することになる。寝床は2段ベッドで、清潔感溢れるわけではないが、なかなか快適。一眠りすれば、ベトナム屈指のビーチリゾート、ニャチャンに到着だ。現地のガイドさんと合流したら、癒しを求めて泥温泉へ。水着に着替えて、灰褐色の泥とユーカリの葉をミックスさせた、爽やかな匂いのする極上温泉にドボン。しばらく浸かっていると、いつの間にかお肌はスベスベ。泥温泉を出たら、次は透明な温泉へ。泥を落として、身も心もさっぱりとリフレッシュしたら、ニャチャン自慢の海を楽しみに行こう。ボートに乗り込み、アイランドホッピングだ！　島に上陸して、ビーチでのんびりしたり、近くに停泊し、そのまま海にダイブしたり…。最高のニャチャンデーを存分に味わったら、再び列車に乗って、次なる目的地ダナンへGO！

HAIR SALON
THANH 87
Hớt Tóc
THANH
HAIR SALON
PRO. SHEARS
REASONABLE PRICE
HOTEL 97

PHỞ
BÒ-VIÊN
TÁI-NẠM
THẬP CẨM

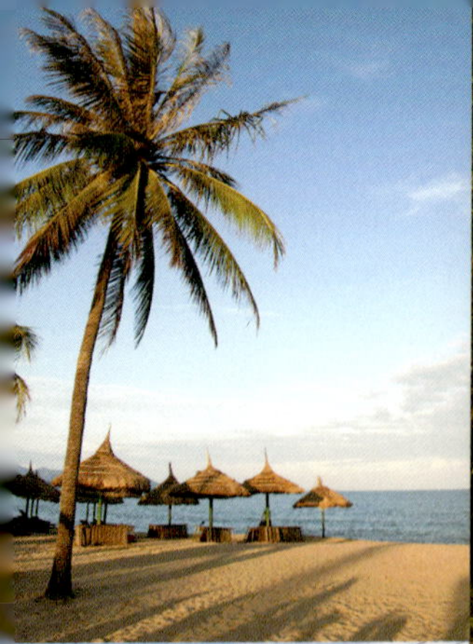
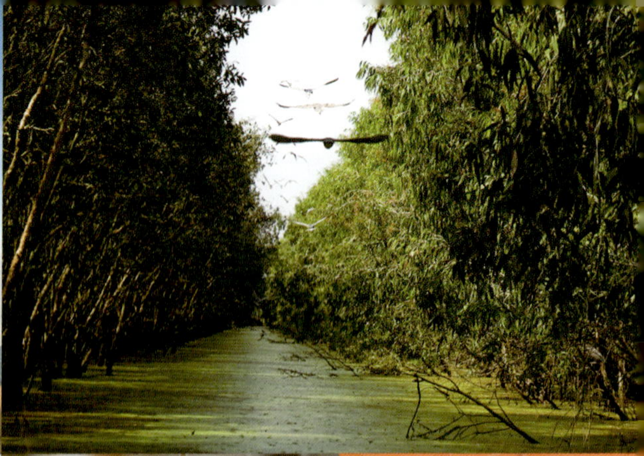
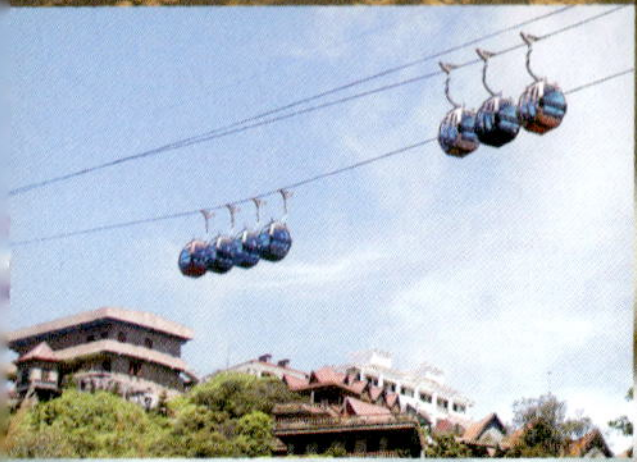
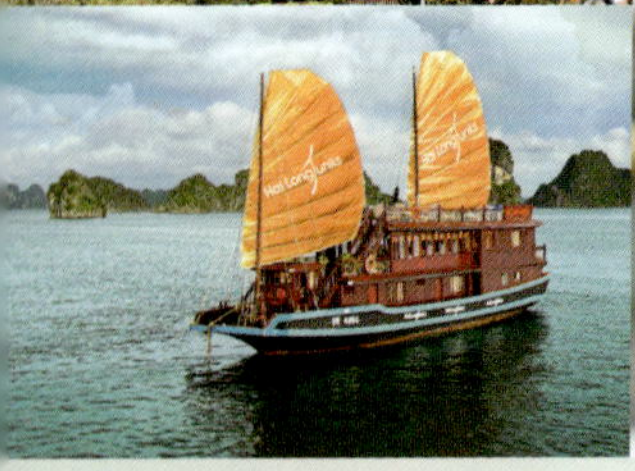
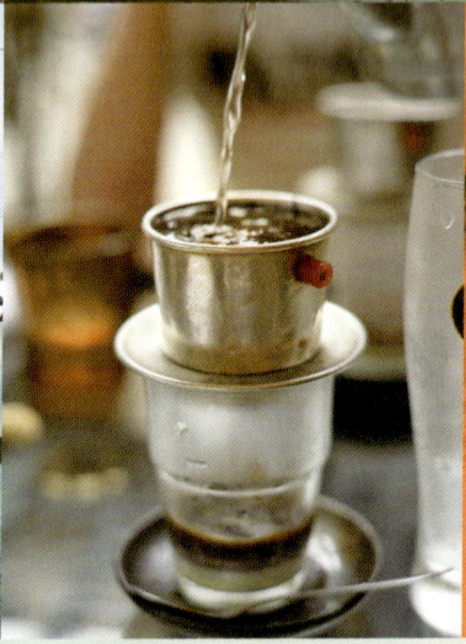
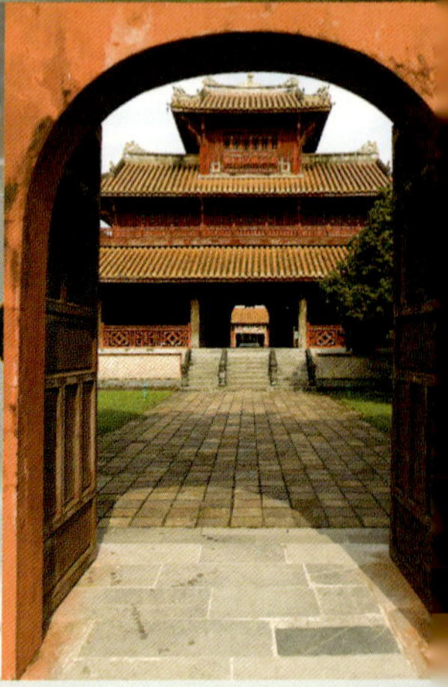
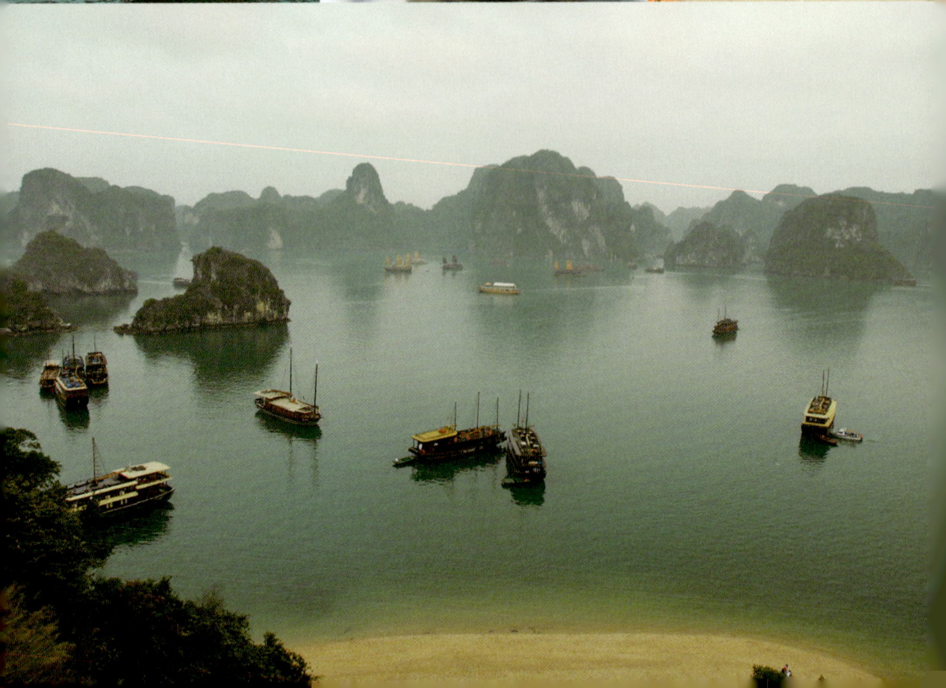

世界遺産の街&世界一のケーブルカー

約8時間の列車の旅を経て、中部の街ダナンへ到着したら、現地のガイドさんと合流。まずは1時間ほど南に戻った所にある、ホイアンへ。ここは200年以上も前の建物がそのまま残り、歴史情緒溢れている。街そのものが世界遺産に登録されているほどだ。当時は日本との貿易の玄関口でもあったので、「日本橋」というアーチ型の橋があったりして、なんだか懐かしい気持ちにさせてくれる。散策にちょっと疲れたときは、ベトナムコーヒーがオススメ。甘いコンデンスミルクがたっぷりと入っていて、とても濃厚な味わいだ。

次は、ダナン近郊のバーナーマウンテンへ。標高約1,500mの高地で、涼しく避暑地としても有名な場所だ。頂上へは、長さ&高低差世界一で、ギネスブックに掲載されている「世界一のケーブルカー」に揺られて行く。今夜は、頂上に立つマウンテンリゾートホテルへ。目の前に広がる爽快な景色を楽しんだら、ふかふかのベッドに横たわり、清々しい空気に包まれながら、ゆっくり休もう。

王朝の面影と神秘の伝説に触れる

目が覚めたら、古都フエを目指そう。ここは最後のベトナム王朝、グエン朝が置かれていた場所。日本でいうところの京都ような所だ。四方を掘に囲まれた宮殿をはじめ、王朝の面影がそのまま残っているこの街は、世界遺産にも登録されている。ゆっくりと散策しながら、美しく荘厳な雰囲気に包まれた後は、電車に乗り込み一気に首都ハノイへ！ ハノイ名物のフォー（米粉の麺）に舌鼓を打ち、演奏に合わせて水上の人形を操る「水上人形劇」を観賞、その後、ハロン湾でのワンナイトクルーズへ。ここは、「昔、龍の親子が降り立ち、口から宝玉を吐き出し、敵を蹴散らした時、それらが岩となって海に刺さった」という伝説があり、神秘的で幻想的な景色が広がっている。約3,000もの岩島が湾内に散らばるこの湾を、ジャンク船と呼ばれる帆掛け船でゆっくりと巡るのだ。船内には個室はもちろん、レストランもある。古き良き時代の船で、オーバーナイトを楽しもう。

いよいよ旅も最終日。バッチャン村という陶器作りが盛んな村を訪ねたり、ハノイ市内で最後のベトナム料理を味わったり…。まさに弾丸ツアーだが、こういったスピーディーなトリップも、また面白いはず。ふたりでベトナム縦断へ、ぜひ！

travel information:

旅の予算 / Budget

総予算 12万円～
※6泊8日／成田からの往復航空券、宿泊費込み（一部食費除く）

総予算内訳

航空券の目安　6万円～
＊成田～ホーチミン（ベトナム航空／エコノミークラス往復）＝5～8万円
＊ハノイ～ホーチミン（ベトナム航空／エコノミークラス片道）＝1～2万円

現地発着ツアー代金の目安　6万円～
＊ホーチミンのホテル1泊、ダナンのホテル1泊、各所でのスポットガイド、各所入場料、食事、送迎、電車代、ハロン湾クルーズ代が含まれたパッケージツアーの金額。

旅のシーズン / Best Season

南北縦断の旅なので、ベストシーズンはそれぞれ異なる。南部は常夏、中部は時期によって日本の秋ぐらいで他は夏、北部には四季があったりとバラバラだ。そして雨期と乾期もある。悩みどころではあるが、雨や気温を考慮すると2月あたりがオススメ。

行き方 / How to get there

日本から直行便が毎日運行している。ホーチミンの空港に到着すれば、現地係員が迎えにきてくれているので、そのまま市内へと行くことができ、とても簡単。

旅の手配 / Arranging the trip

オススメは「ICC Travel」。ホーチミンのメインストリート、ドンコイ通り近くにオフィスを構え、日本語を話せるスタッフが常駐している。今までにも多くの日本からの観光客を受け入れてきているので安心。現地に精通しているスタッフも多いので、様々な面でとても頼りになる。本書のツアーを元に、ふたり流にアレンジしたい場合も気軽に相談してみよう。

[ICC Travel] www.icctour.net

宿泊 / Accommodation

ホーチミンのホテル
Asian Hotel　　http://asianhotelhochiminhcityhochiminhcity.priorguest.com/ja
ドンコイ通りに建つ、真っ白なホテル。3つ星ホテルだが、清潔感があるし洗練されたデザインも好感が持てる。

ダナン近郊のホテル
Ba Na Hills Mountain Resort　　www.banahills.com.vn
その名の通りバーナーマウンテンの頂上にあるホテル。高原での涼しい滞在ができる。そして、ベトナムの喧噪とも無縁なのも、旅の一休みとして嬉しい。高地で味わうベトナム料理に舌鼓を打ち、清潔な室内でゆったりして過ごそう。

旅のヒント
Hints for the trip

😊 本書ではパッケージとして縦断ツアーを紹介したが、「もっと泊数を増やしたい」「この街も付け足したい」という要望があれば、気軽に旅行会社に相談しよう。
😊 様々な所を巡っている間、大きな荷物は専用車に預けることができるので、訪問地では気軽に遊ぶことができる。
😊 電車、車、船を使う弾丸トリップ。荷物は極力コンパクトにまとめよう。
😊 ニャチャンの泥温泉は水着着用が必須なので、持参しよう。
😊 時期によっても異なるが、やはり基本は暑い。帽子やサングラス、日焼け止めは必須アイテム。それに雨が降ることもしばしば。傘よりもカッパをオススメ。

スケジュール例
Example Itinerary

1日目▶ 成田発〜ホーチミン着　ホーチミン市内巡り　【ホテル泊】
2日目▶ カンザー自然公園　電車にてニャチャンへ　【列車泊】
3日目▶ ニャチャン着　泥温泉体験　アイランドホッピング　電車にてダナンへ　【列車泊】
4日目▶ ダナン着　ホイアン巡り　バーナーマウンテン　【ホテル泊】
5日目▶ 車でフエへ　フエ巡り　電車にてハノイへ　【列車泊】
6日目▶ ハノイ着　水上人形劇　ハロン湾クルーズ　【船泊】
7日目▶ ハノイ市内巡り　ハノイ発〜ホーチミン乗り継ぎ〜成田へ　【機内泊】
8日目▶ 成田着

周辺情報
One more love trip

東南アジアを代表するアンコール遺跡がオススメ。隣国のカンボジアにあるので、移動距離も短く、ホーチミンから直行便で行けるのも嬉しい。アンコールワット、アンコールトム、タプロームなど多くの遺跡が、世界中の旅人を魅了し続けている。ふたりで眺めるアンコールワットの朝陽と夕陽は最高の想い出となるだろう。

24

TRIP: 24 / 『一本道をひた走る旅』

🇺🇸 **アメリカ**
USA

広大なアメリカ大陸を、動く家「キャンピングカー」で駆け巡る。運転、料理、下調べ、あらゆる作業を二人三脚でやり遂げて突き進むロードトリップ!

広大なアメリカ大陸を、家財道具一式が揃った大型キャンピングカー(モーターホーム)で、自由に、快適に放浪しよう。移動手段であると同時に宿でもある、「ふたりだけの空間」で、ヒッピーさながらに、ハッピーに、ロードトリップ!
大自然の中を駆け抜け、気に入った場所で車を停めて、料理&食事を楽しみ、星空を眺めて、ゆっくり眠る…。移動&暮らしという新たな旅スタイルで、贅沢な時間を満喫しよう!

TRIP POINT 旅のポイント

- ふたりっきりの空間で、移動しながら暮らす
- アメリカ西部の絶景を自由に巡る
- 世界一のパワースポットで、エネルギーを授かる
- どこまでも続く一本道の壮大なスケールを味わう

Live Together, Drive Together
〜共に暮らし、共に走る〜

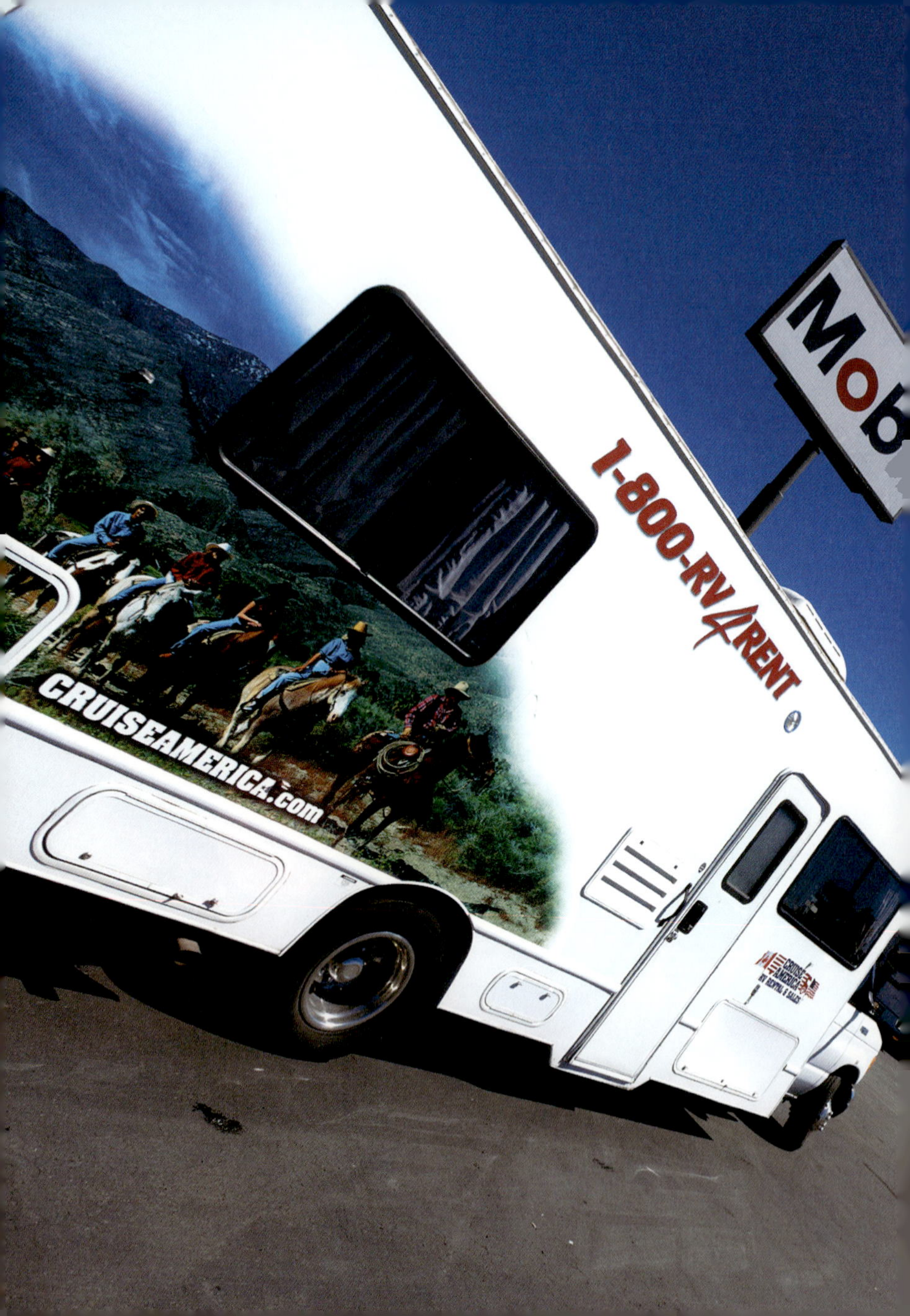
1-800-RV4RENT
CRUISEAMERICA.com

旅の舞台は、広大なアメリカ大陸

キャンピングカーを使った旅の魅力は、自由奔放に自分たちの好きなように、行き先や泊まる場所を決めていけること。その魅力を最大限味わうには、やっぱり広大な大地を旅の舞台に選びたい!…というわけで、今回オススメするのは、アメリカ大陸だ。ロサンゼルスを起点に、アメリカのマザーロード「ルート66」、世界最強のパワースポットとも呼ばれる「セドナ」、グランドキャニオンやモニュメントバレーなどの絶景を巡る「グランドサークル」、そしてカジノの聖地「ラスベガス」に立ち寄り、ロサンゼルスに戻る…という王道、8泊10日の旅へご案内!

最強ロードトリップスタート!

旅の起点はアメリカ西海岸最大の街、ロサンゼルス。空港に到着したら日本人ガイドの案内でレンタルオフィスへ。早速、これから1週間の「家」となるキャンピングカーと対面! 大きな車にちょっとビビりながら、取り扱いの説明を受け、敷地内で簡単な練習を。すべての手続きが終わったら、いよいよロードトリップのスタートだ。

初日は、ルート66を走り、かつてゴールドラッシュで栄えた街「バストゥー」まで。郊外に出てどんどんフリーウェイを突き進むと、いよいよ始まった旅に気分は絶好調! ノリノリの音楽をかけて、大地を駆け抜けよう。目的地のバストゥーに到着したら、キャンピングカーで旅する人が快適に過ごせるように施設が整っているキャンプ場=RVパークにチェックイン。電気コード、排水ホースなどを繋げば、大自然の中に我が家が登場! 料理をしたり、バーベキューをしたり、お酒を飲んだり、星空を楽しんだり…自由に、ゆったり、贅沢な時間を楽しもう。そして夜が更けたら、車の中の大きなベッドで快適に就寝…。

ダイナミックな景色&きままな寄り道

2日目は、ルート66の雰囲気を満喫しながら、一気に600キロを走破し、地球のエネルギーが湧き出る最強パワースポット「セドナ」を目指そう!

道中は壮大な景色が続く。広い大地にまっすぐと伸びる道、どこまでも続く地平線、見上げれば抜けるような青空…ふたりきりの空間から眺めるダイナミックなシーンに息を呑む。そして、ところどころ現れる趣ある町に、気ままに寄り道するのも楽しみのひとつだ。途中には、名画の舞台となった「バグダッド・カフェ」も。小さな町にポツンと佇むカフェは、昔ながらの温かい雰囲気。映画のシーンと重ね合わせながら、コーヒーを味わおう。セリグマンという町もオススメだ。1950〜60年代のルート66の面影が強く残っていて、雰囲気は最高! 旅気分を盛り上げてくれる。観光名所でもあって、面白いお土産屋さんが並んでいるので、買い物をするのも楽しい。気になった町で車を停めて入り込んで行くのも、この旅の醍醐味だ。

ROY'S
MOTEL
CAFE
ROUTE
66
ROUTE
66

BAGDAD
CAFE

BAGDAD
CAFE

MOTEL

66
DINER

FLEETWOOD
EL MONTE RV

聖地で地球のエネルギーに触れる

夕陽が沈み始める頃、「セドナ」に到着。存在感の強い、赤い岩山があたりを囲む。これらは、アメリカの先住民たちから聖地と崇められている山々。全米一美しいと称えられるこの町は、同時に地球一のパワースポットとの呼び声も高い。

周囲に広がる岩山には「ボルテックス」と呼ばれる地球のエネルギーが渦を巻くように湧き出ている場所が点在していて、その数は20数箇所、小さいものも含めると400を超えるとも言われる。中でも特別なエネルギーが溢れているのが、エアポートメサ、ベルロック、カセドラルロック、ボイントンキャニオンの4大ボルテックス。これらのスポットを歩きながら、赤い岩山と対峙していると…心が解放され軽くなった、自分の内なる声が聞こえた、電気が走るような感じがした、自然に涙が溢れてきた、異常に眠くなった、高熱が出た、信じられないほどの爽快感に包まれた…といった説明のつかない不思議な体験をする人が多く存在する。もちろん、何を感じるかは人それぞれだが、きっと、ボルテックスを歩けば、特別なものを感じるはずだ。さぁ、奇跡の大地で、母なる地球のエネルギーに触れよう。

いざ、グランドサークルへ！

セドナで新たなるエネルギーをチャージしたら、いよいよ、大自然の宝庫グランドサークルへ。まずは、誰もが憧れるグランドキャニオンだ。コロラド川が20億年かけて大地を削り、できあがった壮大な景色は、まさに地球が創り上げた芸術。どこから眺めても、すべてを忘れてしまうような感動があるが、ヤバパイポイントと呼ばれる、周囲を一望できる場所での夕陽鑑賞は必見。大スケールの渓谷が、様々な色に光り輝く姿は圧巻だ！

翌日は、モニュメントバレーへ。壮大な荒地に突如現れる巨大な「像」の様な岩山は、

グランドキャニオンとはまた色合いが違うダイナミックさがある。ここではJEEPに乗り換えてモニュメントの間を走り抜ける最高のドライブをぜひ。
次は、ナバホ族の言葉で「水が岩を流れる場所」という意味のアンテロープ・キャニオン。極めて美しい波状のカーブを描く渓谷に、上部から日光が差し込み、柔らかい色彩と影を作り、幻想的で不思議な景色を生み出す。驚きの別世界が広がっている。
締めくくりは、岩と芸術の宝庫、ザイオン国立公園。この公園の特徴は赤く日に焼けたナバホ・サンドストーン（砂岩）が、川によって侵食されてできたザイオン渓谷だ。その大きさはなんと、長さ24キロ、深さ800メートル！　この渓谷を一望できるスポットまで行くトレイルがあるので挑戦してみてはどうだろう。そこから見る渓谷はきっとふたりを感動の渦へ巻き込んでくれるはずだ。

旅の終わりに
グランドサークルの終着点は、砂漠の真ん中に突如現れる巨大都市ラスベガスだ。言わずと知れたカジノ天国で、眩い光に包まれながら、一攫千金を目指し、勝負！　歓喜に包まれて眠るのか、悲哀に満ちて眠れないか…。それぞれの夜を越えたら、一路、出発地のロサンゼルスへと戻ろう。ここからはゴールへ向かって一直線。いよいよ総走行距離2,600キロの旅も終わりに近づく。ロサンゼルスに戻ってきたら、ちょっとペースダウン。のんびりとサンタモニカを散策してもいいし、メジャーリーグの野球観戦もいいかも。旅の記念にセレブのショッピングエリア、ロデオドライブへ行くのもオススメ。
一度味わえばクセになるキャンピングカーの旅。「今度は、アメリカ横断しちゃおうか」「将来、子供を連れてまた来たいね」…。この旅をきっかけに、可能性は無限に広がっていくはず！

travel information:

旅の予算 / Budget

総予算 22万円～

※8泊10日／2人旅、ロサンゼルス受け取り&返却と仮定した場合の1人分の予算。成田～ロサンゼルス間の往復航空券・キャンピングカーのレンタル代・日本語での相談料・ガソリン代・キャンプ場利用料・ロサンゼルスでのホテル2泊込み（食費除く）

総予算内訳

- **航空券の目安　5万円～**
  *成田～ロサンゼルス（ユナイテッド航空／エコノミークラス往復）＝5～9万円
- **ロサンゼルスのホテル代金の目安　1泊1万円～**
  *1部屋（2名利用）の料金、総予算には1名分を計上。
- **キャンピングカーレンタルの目安　3万円～**
  *キャンピングカー1台1日あたりのレンタル料。日本語での相談料や保険料込み。
- **ガソリン代＋キャンプ場利用料の目安　1日1万円～**
  *ガソリン代については、燃費や移動距離やガソリン価格が時期や人によって異なるので、アベレージで1日あたり300km程度を移動と仮定。その場合の目安で約5千円。キャンプ場の利用料も、もちろん場所によってまちまちだが、アベレージで4～5千円程度。

旅のシーズン / Best Season

特にシーズン限定はないので、1年中問題ない。ふたりが休みを取れるなら日本の大型連休を避けて行った方が、航空券などはおトクに。またアメリカの連休（クリスマス、イースター）などは混み合うので、できれば避けたい。

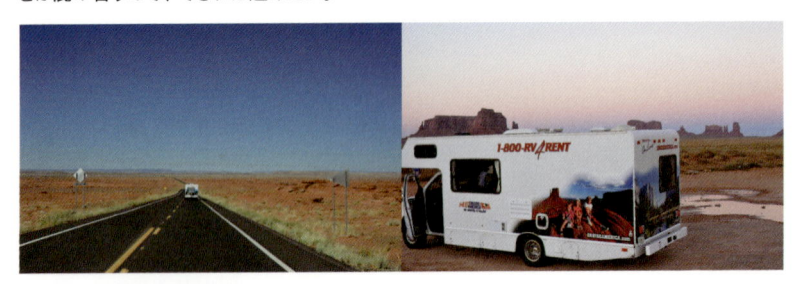

行き方 / How to get there

ロサンゼルスに到着したら、日本人ガイドがキャンピングカーのレンタルオフィスまで案内し、手続きのサポート、機器類の説明を丁寧にしてくれる。道中のルートなどは、あらかじめ日本でプランニングした方が楽しいし、効率よく巡れる。

旅の手配 / Arranging the trip

航空券は自分でサイトや旅行会社などで調べて手配しよう。キャンピングカーの手配や現地情報の収集も頑張れば自分でできるが、いろいろと事前に手配して万全を期したいならキャンピングカー旅行の手配を行っている専門の旅行会社に相談する方がいいだろう。
本書でオススメするのは「トラベルデポ」。航空券・キャンピングカーの手配はもちろん、キャンピングカーの取り扱いから、ルート作り、キャンプ場の手配まで、丁寧に相談に乗ってくれて、出発前に日本語の「取り扱いマニュアル」もくれるので安心だ。

[Travel Depot, INC.] www.motor-home.net

宿泊
Accommodation

ロサンゼルスは大都市なだけに様々なランクのホテルが存在する。またロサンゼルスと一言でいっても非常に範囲が広いので、訪れたい場所や、やりたいことでエリアを絞ってから手配するのがオススメ。手配はインターネットでの手配も簡単だし、旅行会社に依頼してより詳細な条件を元に決めるのもあり。

🏨 ロサンゼルスのオススメホテル

Ocean View Hotel 　　www.oceanviewsantamonica.com
サンタモニカに位置するこのホテルは、ネーミングのとおり海を見渡す高台に位置し、サンタモニカピアもすぐ目の前！アメリカ最後のふたりの夜をオシャレに彩ります。

旅のヒント
Hints for the trip

😊 さすが、アメリカ。どんな大自然の中であっても、インターネット（無線LAN）は、ほぼすべてのキャンプ場で使えるので、旅情報の収集や発信に興味がある人は、ノートパソコンを持っていくと便利。たいていのキャンプ場は無料で使える。

😊 RVパークと呼ばれる、キャンピングカー用のキャンプ場は、アメリカ中、どこにでもあるが、広さも景色も衛生面も、千差万別。何も決めずに行き当たりばったりの旅を楽しみたい人は、もちろんそれでもGOODだが、ある程度、事前に旅のコースが決まっている人は、出発前に旅行会社に相談しておこう。

スケジュール例
Example Itinerary

1日目 ▶ 成田発〜ロサンゼルスへ　ロードトリップスタート　【バストゥー泊】
2日目 ▶ 終日ロードトリップ　【セドナ泊】
3日目 ▶ 終日ロードトリップ　【グランドキャニオン泊】
4日目 ▶ 終日ロードトリップ　【モニュメントバレー】
5日目 ▶ 終日ロードトリップ　【レイクパウエル泊】
6日目 ▶ 終日ロードトリップ　【ラスベガス泊】
7日目 ▶ ロサンゼルス近郊へ　PMフリー　【アナハイム泊】
8日目 ▶ AM車両返却　PMフリー　【ロサンゼルス泊】
9日目 ▶ ロサンゼルス発〜成田へ　【機内泊】
10日目 ▶ 成田着

周辺情報
One more love trip

キャンピングカーでさらに旅を続けたいなら、カリフォルニアを北上してサンフランシスコとワインの名産地ナパ・バレーがオススメ。風光明媚なサンフランシスコで美味しいシーフードを堪能し、有名なゴールデンゲート橋を通過！ナパバレーは世界有数のワイナリーが数多く佇んでいるのでぶどう畑を走り抜けて、お気に入りのワインを見つけよう。

TRIP: 25 / 『癒しの和を堪能する旅』

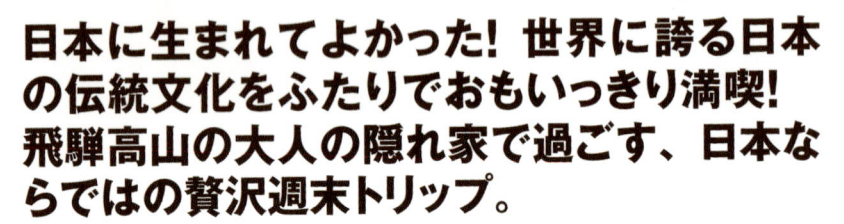

25 🇯🇵 日本
JAPAN

日本に生まれてよかった！ 世界に誇る日本の伝統文化をふたりでおもいっきり満喫！ 飛騨高山の大人の隠れ家で過ごす、日本ならではの贅沢週末トリップ。

長い休みも取れないし、日本が大好き！ というふたりにオススメしたいのが、岐阜県の飛騨高山。フランスの歴史あるガイドブック、ミシュラン・ガイドで、「必見の景勝地」として最高評価の3つ星を獲得した、日本が世界に誇る旅先。古い町並み、伝統工芸など、「日本」を味わうのにはもってこいだ。その中でもオススメしたいのが、大人の隠れ家「倭乃里（わのさと）」での滞在。客室から臨む四季折々の豊かな景色、全室に備わる総檜のお風呂、地元の名産飛騨牛をはじめとした郷土料理など、魅力満載の超極上の宿だ。さぁ、気軽に行けるふたりだけの隠れ家に行き、日本ならでは贅沢な時間を堪能しよう。

TRIP POINT 旅のポイント
- 😊 世界遺産白川郷で感じる匠の魂
- 😊 高級古民家リゾート、合掌造りの家に泊まる
- 😊 伝統工芸体験
- 😊 週末で行けちゃう気軽さ

Feel Japanese warmth
〜日本の温かみに触れる〜

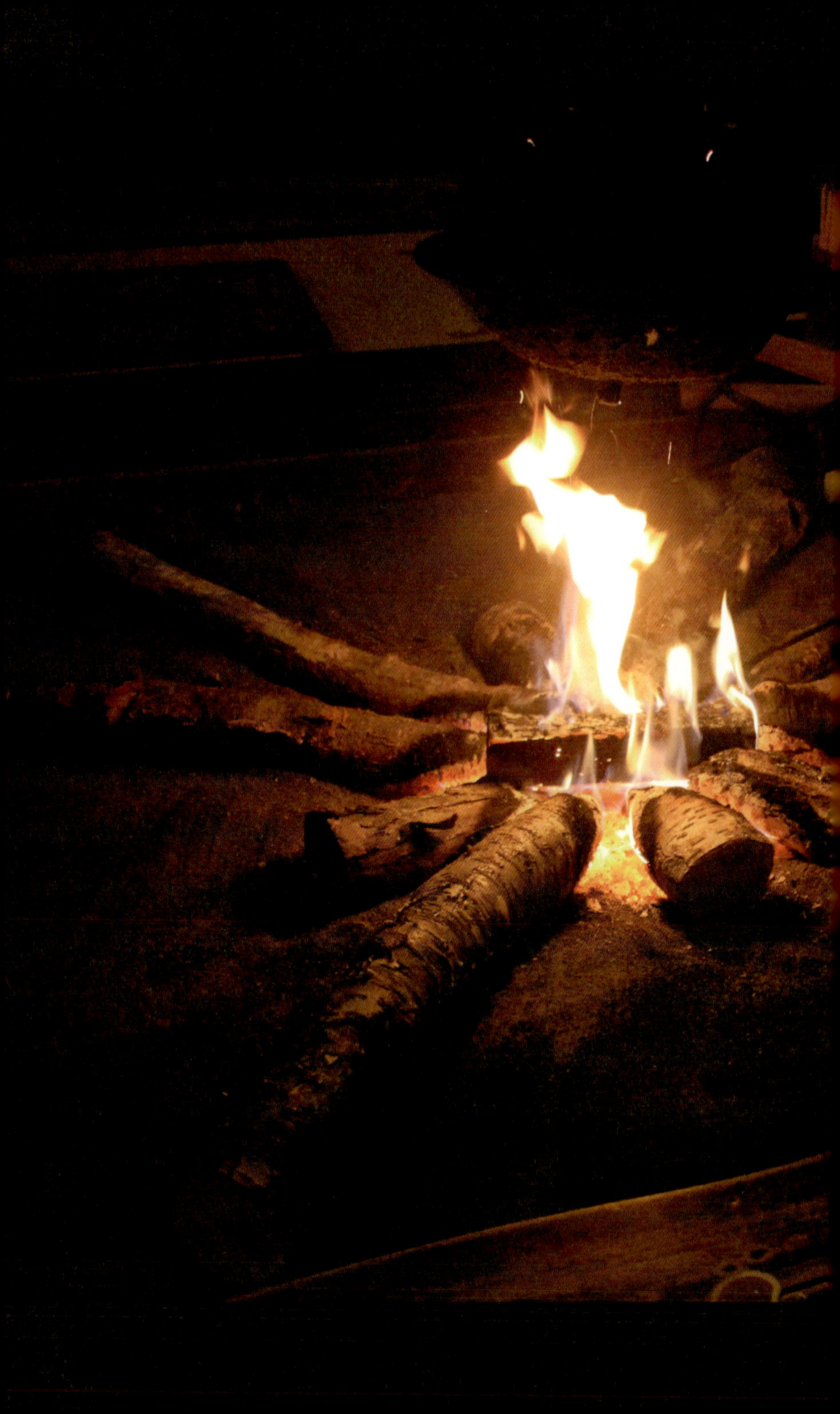

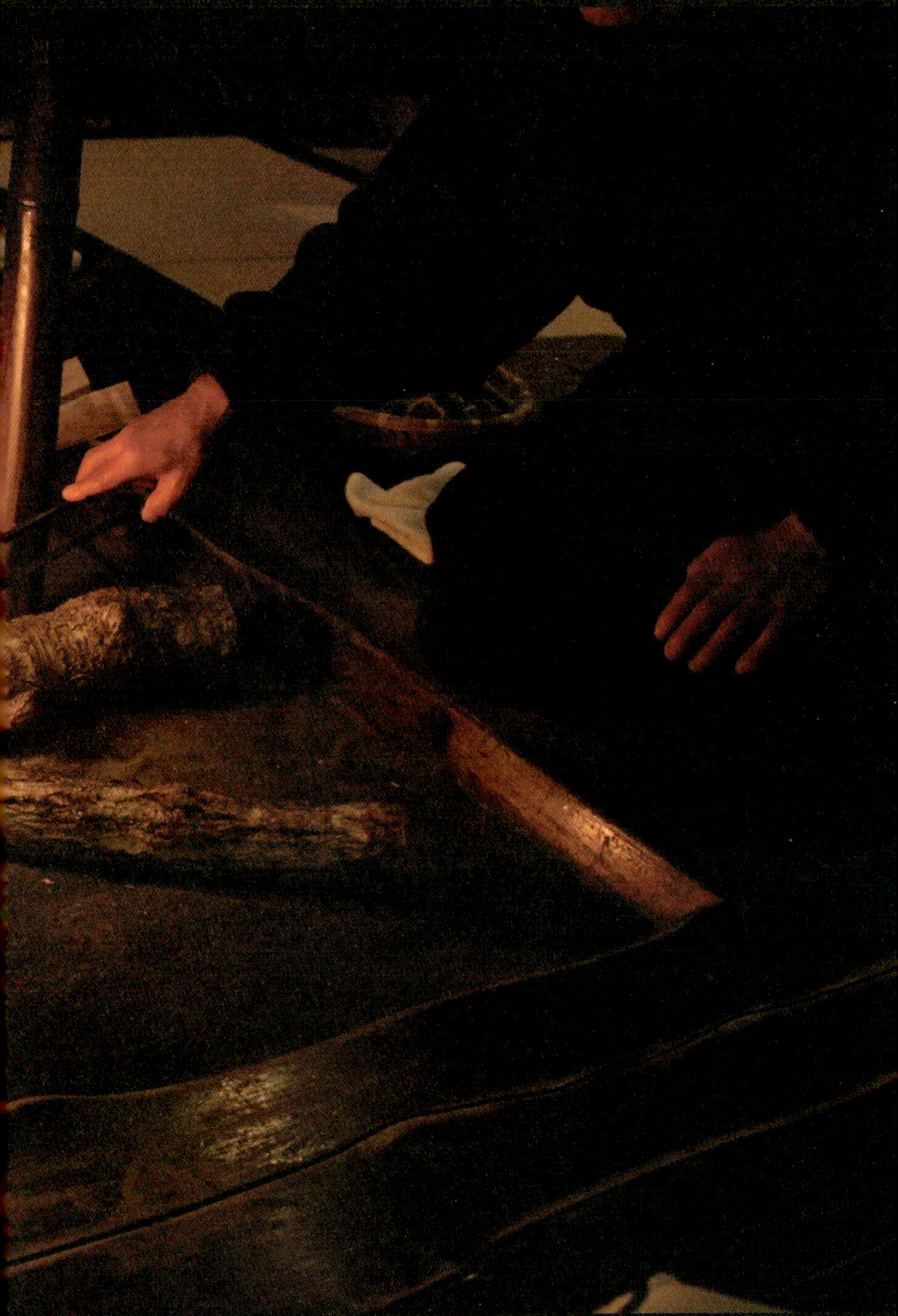

飛騨高山でタイムスリップ

東西を険しい山々、南北を河川や渓谷に囲まれている自然豊かな飛騨地方。JR高山駅に降り立ったら、まずは深呼吸を。すうっと胸のすくような、美味しい空気がふたりを歓迎してくれる。まずは腹ごしらえをしに、歩いて市街地へ。飛騨高山といえば「飛騨牛」が有名だが、これはあとのお楽しみ。昼食にはB級グルメブームの中でも絶品の呼び声高い「高山ラーメン」を！ お腹いっぱいになったら、次は町を散策しよう。高山市内には江戸時代からの古い町並みが多く残されていて、まるでタイムスリップしたかのような錯覚に。ふたりでゆっくり歩いてもいいし、人力車に乗ってオススメポイントをまわるのも面白い。町を散策していると、そこかしこに「一位一刀彫（いちいいっとうぼり）」の看板をあげたお店がある。これは、飛騨を象徴するイチイの木をノミ一本で彫り作品を作る、高山の代表的な伝統工芸。お店によっては実際に木彫り体験ができるところもある。世界にひとつしかない、ふたりだけのお土産作りにトライしてみよう。

世界遺産、白川郷をゆこう

市内の散策が終わっても、タイムスリップ体験は終わらない。次は茅葺の合掌造り集落が有名な、世界遺産の町「白川郷」へ。今もなお600人ほどの人々が生活している。バスで高山市内から白川郷へ走ること1時間、車窓から雪景色に包まれた茅葺の屋根が顔を見せ始める。ゆっくり見た〜い！という気持ちを抑え、まずは近くの宿にチェックイン。メインの倭乃里は明日にとっておき、今日は白川郷にある宿に泊まろう。チェックインを済ませ荷物を置いたら、世界遺産の集落を一望できる「荻町展望台」へ。日が落ちる少し前に到着しているのがベストタイミングだ。日が沈んでいくにつれ、雪がオレンジ色に染まり、周りの山々は影の濃さを増していく。それと同時にぽつりぽつりと、合掌造りの家々に淡い色の灯りがともり始める。窓からこぼれる光がとても幻想的だ。刻一刻と変化していくこの光景を眺めていると、まるで絵本の世界に迷い込んだような気持ちになることだろう。翌朝も少し早起きして展望台へ行ってみよう。昨日の幻想的な景色とはまたひと味もふた味も違った、朝霧に煙る神秘的な白川郷を堪能できる。展望台以外にも、国指定重要文化財に指定され、合掌造りの構造や家の中の様子を公開している「和田家」、「旧遠山家民俗館」などもオススメだ。

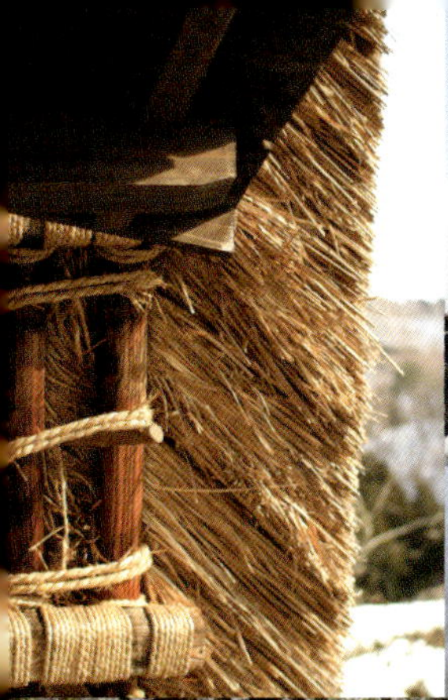
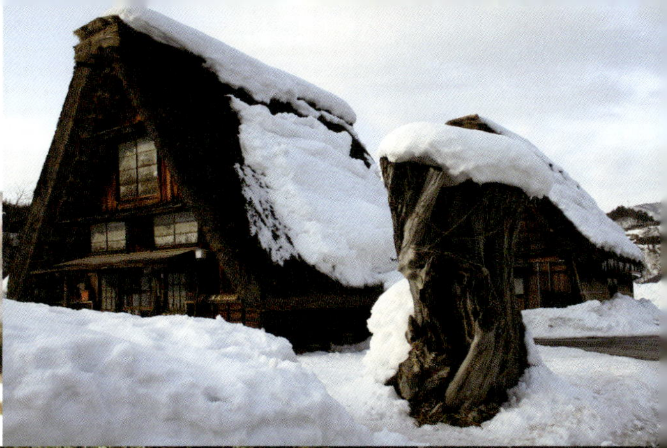
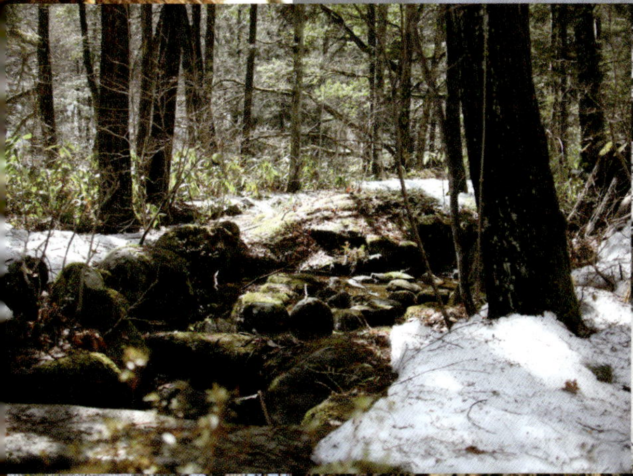
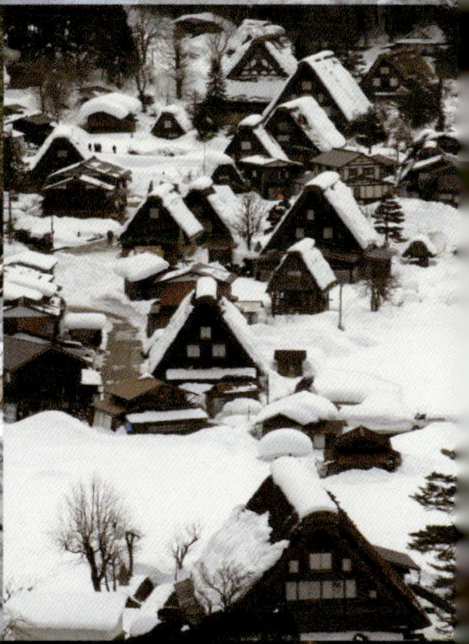
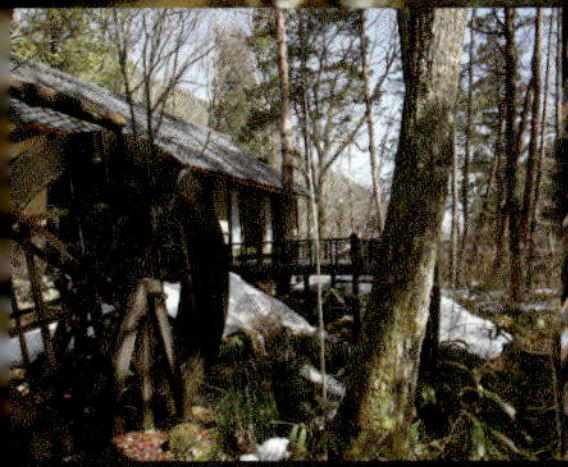
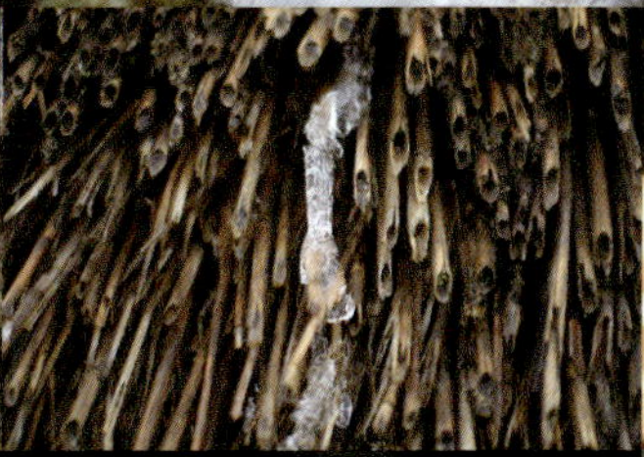
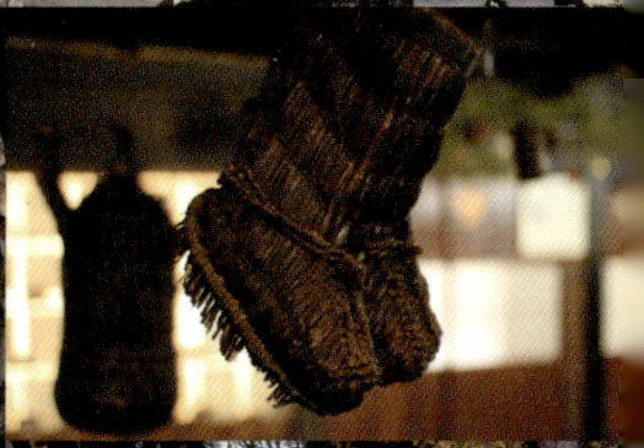
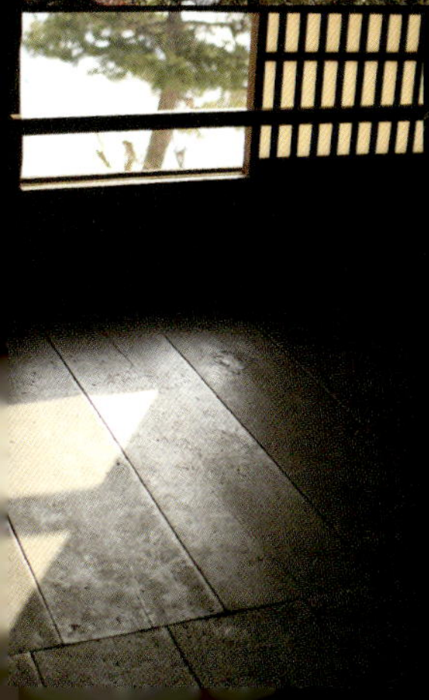
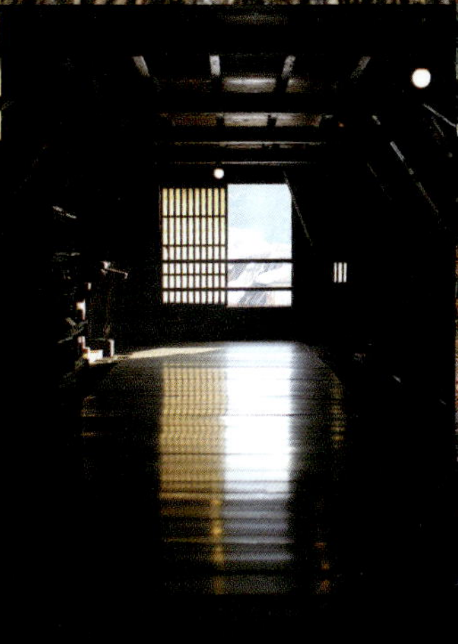
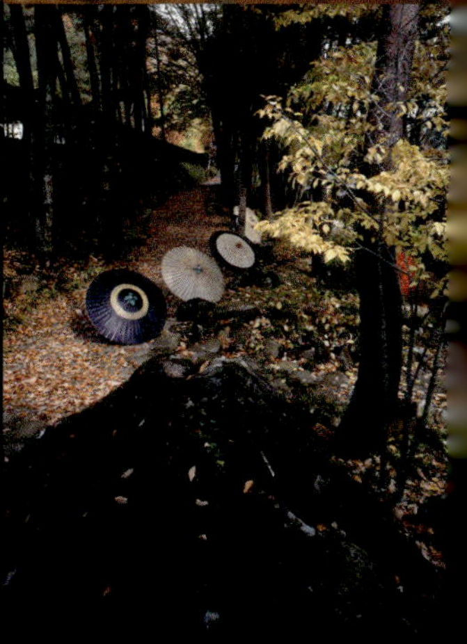

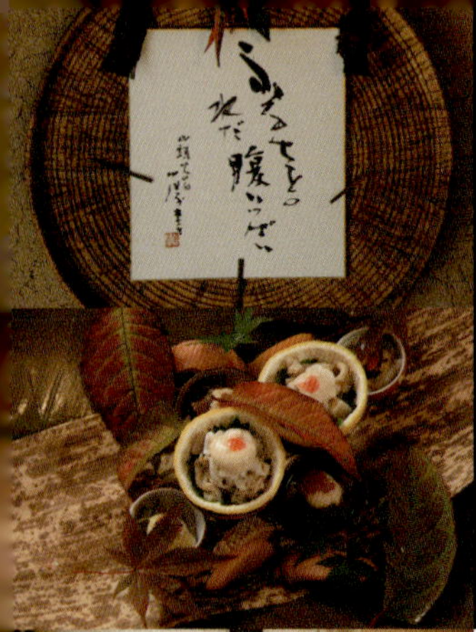
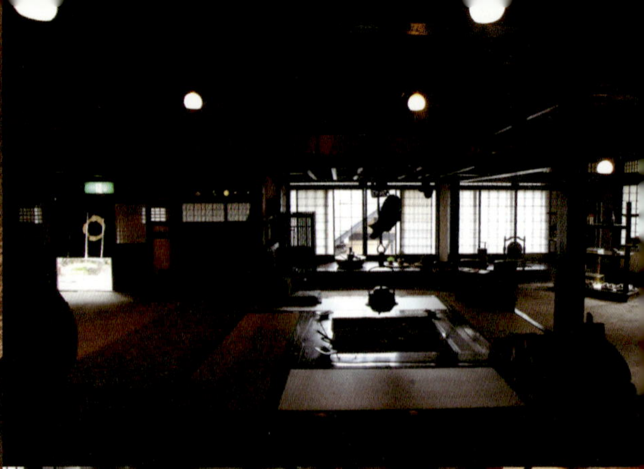
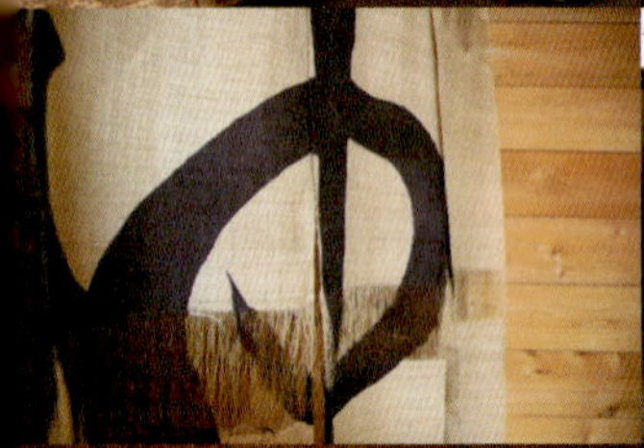
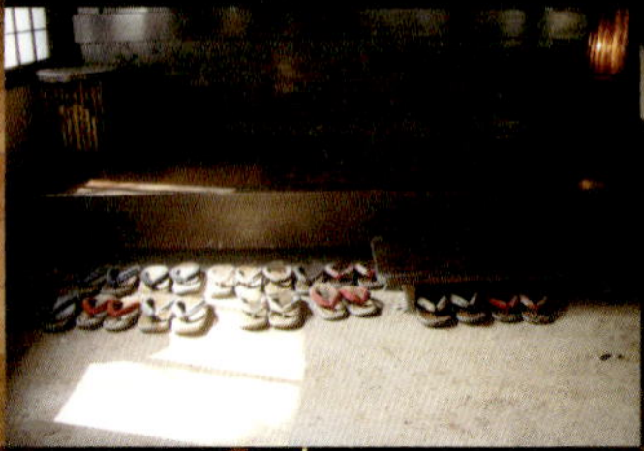
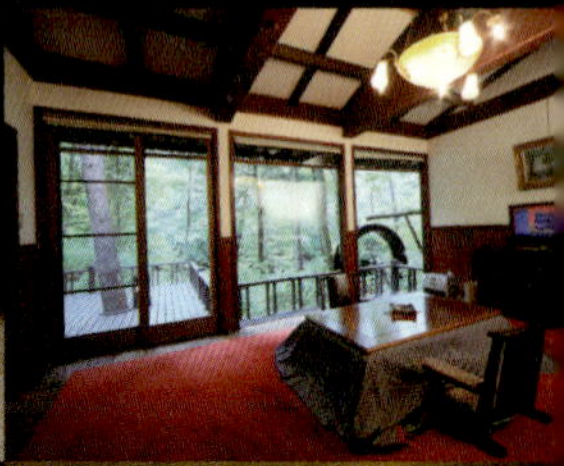
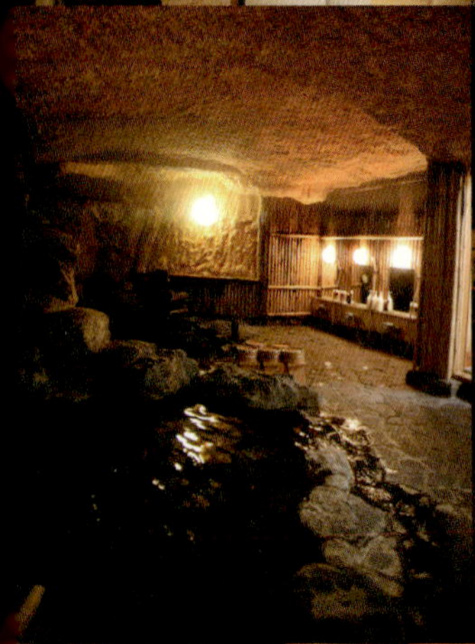
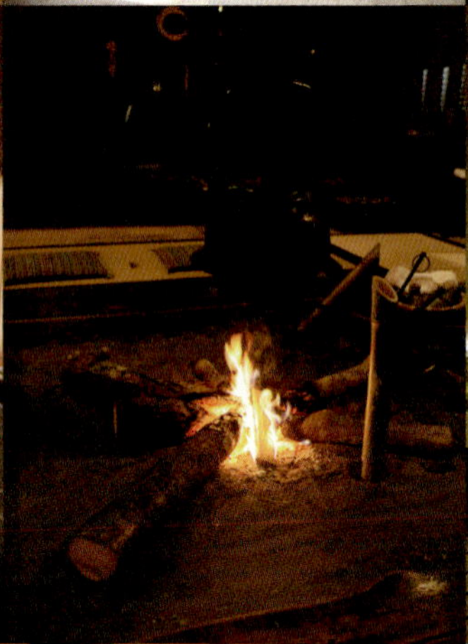
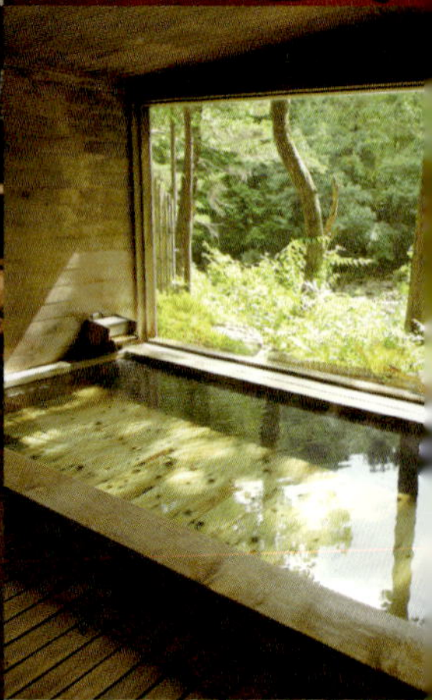
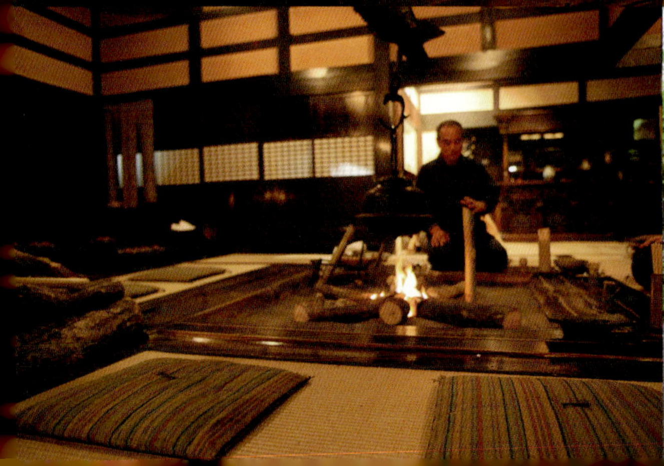
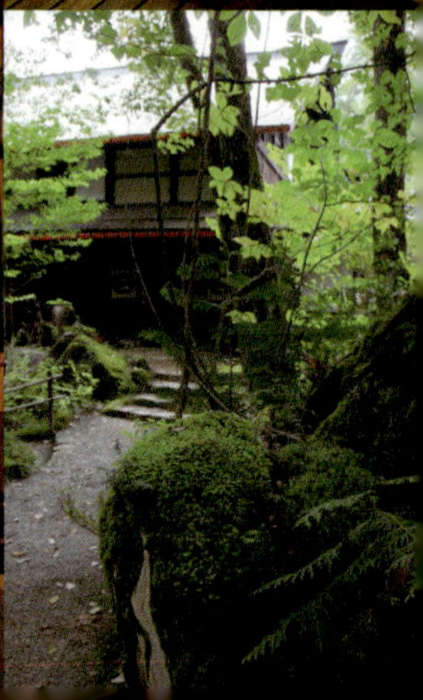

和を極めた古民家リゾート倭乃里

いよいよこの旅のメイン「倭乃里」へ。高山駅から無料のシャトルバスで20分ほど南下。霊山「位山」と、その麓に流れる宮川のせせらぎに抱かれた地に「倭乃里」が見えてくる。大きな門を抜け小路を進むと、鮮やかに朱に染められた雨どいが美しい本館に着く。築160年の豪農（地主）の館を移築して作られた「倭乃里」の佇まいと、周囲の景観にすっと背筋が伸びる。しかしそれでいて気負う必要のない不思議な空間だ。暖簾をくぐり中へ入ると、堂々と鎮座する大きな囲炉裏が目に入る。そして奥からは「いらっしゃいませ」と、和装の女将さんが、おもてなしのお茶と共に出迎えてくれる。どの部屋からも素晴らしい景観を臨むことができるが、今回はふたりだけの特別な旅。せっかくだから少し奮発して、離れの部屋に泊まろう。ここは白川郷の合掌造りを移築して作られた部屋。囲炉裏や茶室、総檜の内風呂、内装には飛騨地方独自の漆芸文化「春慶塗り」が施されるなど、部屋毎に趣向を凝らした上質な空間となっている。

もちろん食事も楽しみのひとつ。ここで振る舞われる本格懐石料理は、「料理は五感で楽しむもの」ということを実感させてくれる。飛騨牛をはじめ、地元高山の山河で採れるイワナや鮎などの新鮮な魚介類を、伝統の技で丁寧に、そして華麗に作りこんでいるのだ。絶品料理に舌鼓を打ったら、やっぱり温泉！「飛騨位山（くらいやま）温泉」が引かれるお風呂で、足を伸ばし体の芯まで温まろう。湯上がりには、囲炉裏でパチパチと火の爆ぜる音を聞きながら、高山名物「かっぽ酒」を味わおう。飛騨の山々に影が落ち、深まる夜…ふたりでゆっくりと語り明かそう。

活気溢れる朝市

朝日が昇り始め、鳥のさえずりで心地よく目覚めたなら、檜の香り漂う朝風呂に浸かろう。そして名残惜しいが、清々しい気持ちでチェックアウト。次は高山名物の朝市に立ち寄ってみよう。朴葉や味噌、漬物から生鮮まで、名産品が所狭しと並んでいる。「どれにする？」「あれ、美味しかったよね？」なんて、ふたりで旅を思い出しながら選ぶのも楽しいだろう。来る時よりも、お土産で膨らんだ荷物と、素敵な思い出でいっぱいになった心のひきだしをしっかり仕舞う。次の行き先を相談しながら、家路についてみてはどうだろう。

travel information:

旅の予算 / Budget

総予算 7万7千円～
※2泊3日／東京からの往復新幹線、往復特急、宿泊費込み（現地交通費、一部食費除く）

総予算内訳

- 交通費の目安　2万8千円～
  ＊東京駅～高山駅（新幹線；東京～名古屋、特急；名古屋～高山、往復）＝2万8千円～
- 白川郷の宿泊施設料金の目安　1泊2万円～
- 「倭乃里」宿泊料金の目安　1泊7万8千円～
※すべて1部屋（2名利用）の料金、総予算には1名分を計上。

旅のシーズン / Best Season

四季折々に楽しむことができる場所なので、時期を選ばず1年中訪問が可能だ。ただ、白川郷の幻想的な雰囲気は、やっぱり雪景色に包まれた冬がオススメ！
年に数回、町中や白川郷の家々などをライトアップしている時期があるので、可能であれば合わせてみるのもオススメ。イベント情報などは下記のサイトにてご確認を。

- [高山市観光情報] www.hida.jp/

行き方 / How to get there

名古屋から高山本線の特急列車に乗って高山駅に行くのが一番早い。しかし色々な組み合わせ方ができるので、住んでいる地域によって高速バスと組み合わせたりして行こう。もちろん車で行くことも可能だが、冬期は雪道や路面の凍結に慣れていないと危険が伴うので、公共交通機関を利用するのがベターだ。予算や住まいの地域に合わせて検討してみよう。

旅の手配 / Arranging the trip

大型連休などの繁忙期は特に混み合う。「倭乃里」は8部屋しかないため早めに予約をしておこう。繁忙期などの特別期間は宿泊料金が変動するので、事前に確認しておこう。また白川郷の町、白川町は小さいながらも40以上もの豊富な宿泊施設がある。旅のプランや全体予算に合わせて宿を選ぼう。選ぶにあたっては下記サイトが分かりやすくてオススメ。

- [倭乃里] www.wanosato.com/
  MAIL: info@wanosato.com / TEL: 0577-53-2321
- [白川郷観光協会] www.shirakawa-go.gr.jp/top/

宿泊 Accommodation

飛騨高山のホテル
倭乃里　www.wanosato.com/

それぞれに特徴溢れる部屋が、本館に4部屋、離れとして4軒、敷地内に佇んでいる。本書のオススメは合掌造りの離れ、「苅安」と「位山」。

旅のヒント Hints for the trip

- 大自然豊かな景色が待っているので、カメラは必須だ。撮影ポイントを事前に調べておくなどすれば、あなたもプロ顔負けの写真が撮れるかも!?
- 白川郷には、コンビニなどはなく、町の商店も早い時間に閉まる。万が一忘れてしまった生活用品などは、事前に高山市内などで購入しておこう。
- 苦手だったり、アレルギーが発生する食材があれば、事前に倭乃里に伝えておこう。
- 高山駅から直接倭乃里に行く場合は、前日までに予約すれば迎えにきてもらうことができる。

スケジュール例 Example Itinerary

- 1日目 ▶ AM東京発〜高山着　PM高山市内散策、白川郷へ　【白川郷泊】
- 2日目 ▶ AM白川郷の後、高山市内へ　PM「倭乃里」チェックイン　【倭乃里泊】
- 3日目 ▶ AM朝市、高山駅発〜東京駅へ

周辺情報 One more love trip

飛騨高山地方は、自然を愛するふたりには見所が尽きないデートスポットの名所。オススメは「日本の屋根」と呼ばれる北アルプス! 3000m級の美しい山々が四季折々の衣をまとうその姿は圧巻。中でも、多くの登山家たちを魅了する穂高連峰の絶景は、なんとしてでも見ておきたいところ。経験値に合わせたハイキングコースが設定されているので、「山ガール&山ボーイ」なふたりでなくとも楽しめちゃう! 行き方は簡単。高山駅前から出ている濃飛バスに乗り込めば「上高地」や「乗鞍」まで行くことができる。近くには、奥飛騨温泉郷もあるので、もうひとつ風呂!という時にも最適だ。

26

TRIP: 26 /『大富豪気分を味わう夢の旅』

イギリス領 ヴァージン諸島
BRITISH VIRGIN ISLAND

**アナタがビッグになったら連れてって♥
世界最強の一生モノ！ カリブ海の夢のプライベートアイランドを貸し切って、ふたりっきりの大富豪体験。**

カリブ海に浮かぶイギリス領ヴァージン諸島。夢の島はそこにある。珊瑚礁、輝く白い砂浜、ターコイズブルーの海に囲まれたその島の名は「ネッカーアイランド」。それは、数々の事業を手がける、ヴァージングループ創業者リチャード・ブランソンが創り上げたリゾートアイランドだ。今回紹介するのは、その島を丸ごと貸し切っちゃう超贅沢プラン！ そのお値段は、な、な、なんと5泊で2,200万円！ もちろん地位や肩書きがなくても先立つものさえあれば、誰だって貸し切り可能！ 家が買えちゃうほどのこのプラン。気分はまさに世界の大富豪！ さぁ、まずは宝くじ売り場へいってみますか〜？

TRIP POINT 旅のポイント

- 世界最強の1島貸し切り旅行
- 極上のマリンアクティビティを好きなだけ
- 食べたい料理を食べたい所で、食べたい時に、すべてあなた次第
- どれだけ飲んでも同じ料金
- 世界唯一の水中飛行体験

The Ultimate Luxury Experience
～究極の贅沢を味わう～

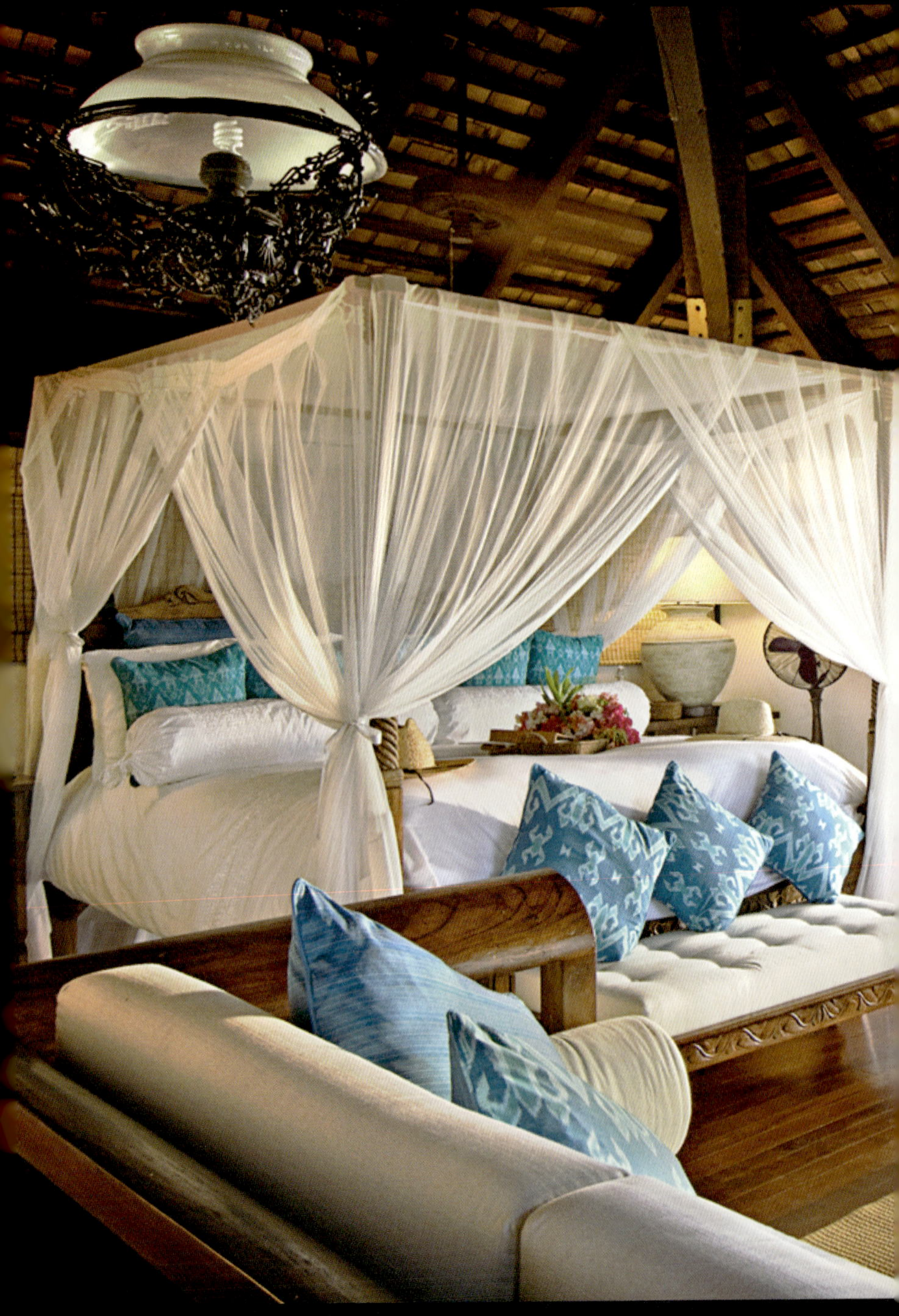

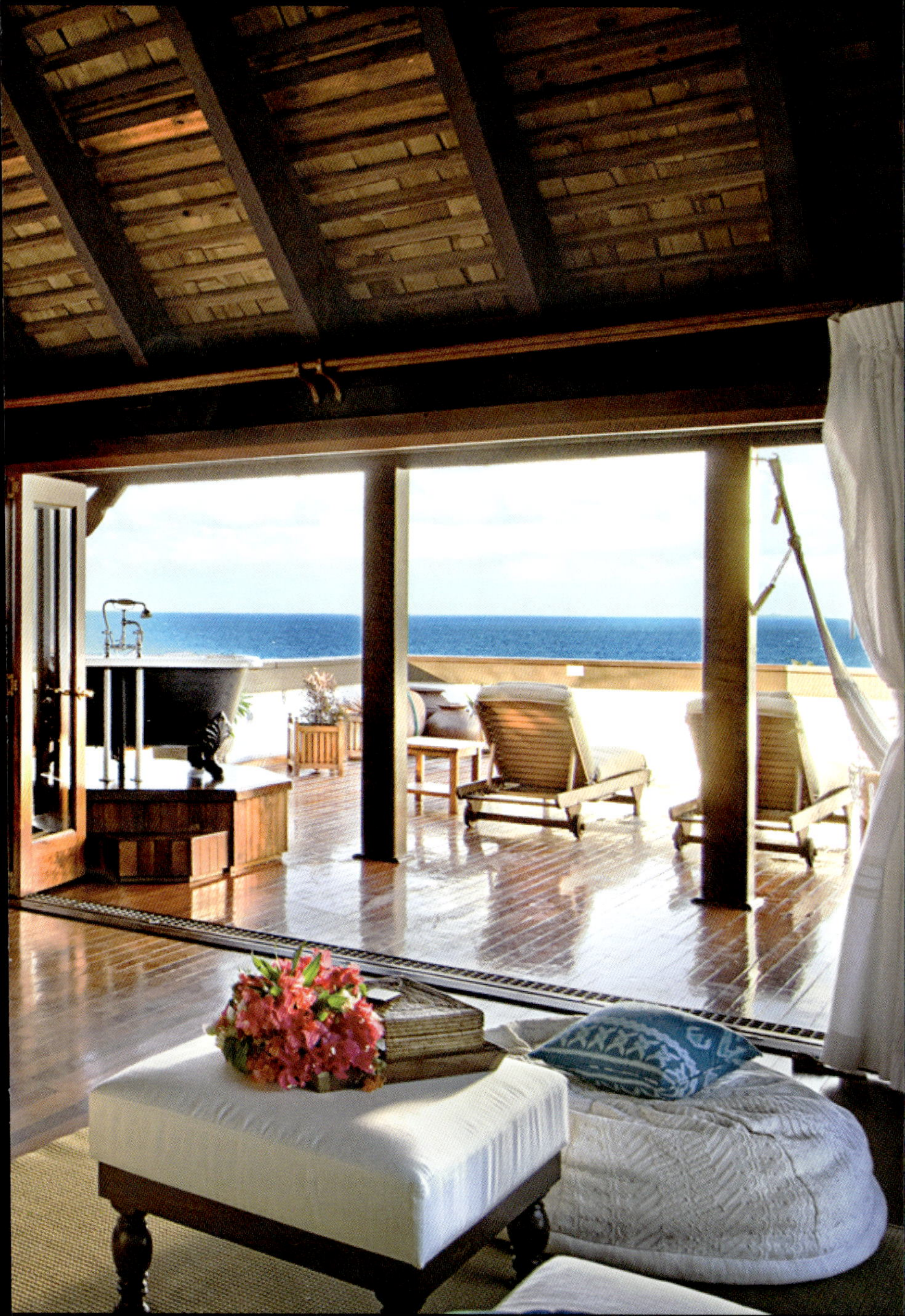

目的地は夢の島!

米国1都市を乗り継ぎ、カリブの島にいよいよ着陸だ。プエルトリコの首都、サン・ファンに降り立つと、そこにはカリブ特有の南国情緒が広がっている。さあ、ここから夢の世界!…ではなく、夢の島到着は明日のお楽しみ。ホテルにチェックインし、長かった移動の疲れを癒そう。

翌日、飛行機に乗り込み、英領ヴァージン諸島のビーフ島へ。到着後は、橋で繋がるトルトラ島に陸路で移動。待ちに待った夢の島は目の前だ。ドキドキとワクワク、そして遊び尽くす覚悟を持ってボートに乗り込もう。波しぶきをあげながら走ること30分。ついに島影が見えてきた! 興奮と反比例するように、ボートはスピードを落とし、ゆっくりと桟橋につく。いよいよネッカーアイランドに上陸だ!

いよいよ始まる王様&女王様生活!

これから始まるふたりっきりの大富豪体験。まずは拠点とする部屋を決めよう。この島には、8部屋もあるグレートハウス、そして6つのバリ風コテージがある。これら14部屋、すべてふたりの自由だ。

まずは、アルフレスコスタイル(イタリア語で「新鮮な空気」といった意味)で建てられたグレートハウスへ。窓の外にはカリブ海を臨む大パノラマが広がり、専用のジャグジーやプール、露天風呂などが備わっている。気分は言うまでもなく最高だ。そして、トロピカルな建築スタイルのバリ風コテージも見てみよう。目の前がビーチというたまらないロケーションのものや、緑の木々に囲まれたマイナスイオン全開のものまで、まさに選びたい放題。この中でどれに泊まろう? 全部泊まっちゃうか? 数時間置きに移動すれば全部使えるな? …とは言ってもすべてを6日間で制覇するのは正直大変。上陸後すぐに、部屋を見て回り、ふたりのお気に入りを見つけよう!

アジトを決めたら、気になるのはやっぱり食事。ここではドリンクが飲み放題! もちろんビールもワインもシャンパンもなんでもOK。そして食べ物も食べ放題だ! メニューも専属シェフにお願いすればなんでもOK。感動するのはまだ早い。さらに衝撃なのは、食べる時間も、そして場所さえも自由ということ。時にはフォーマルで、時にはビーチサイドで、時には星空の下で…とシチュエーションも自由自在なのだ。

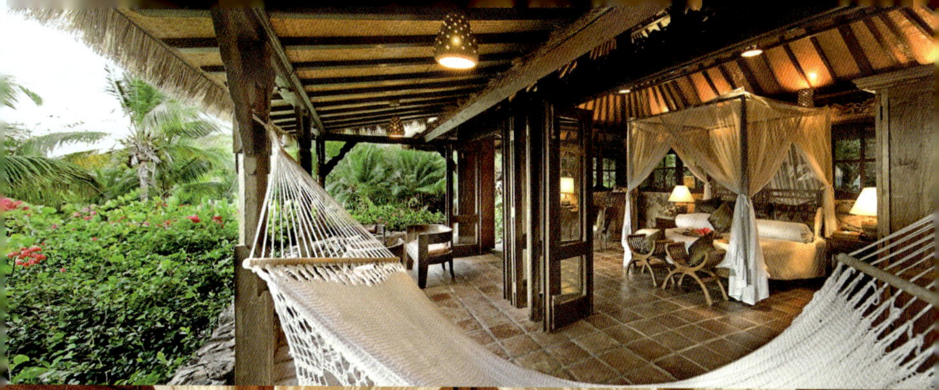
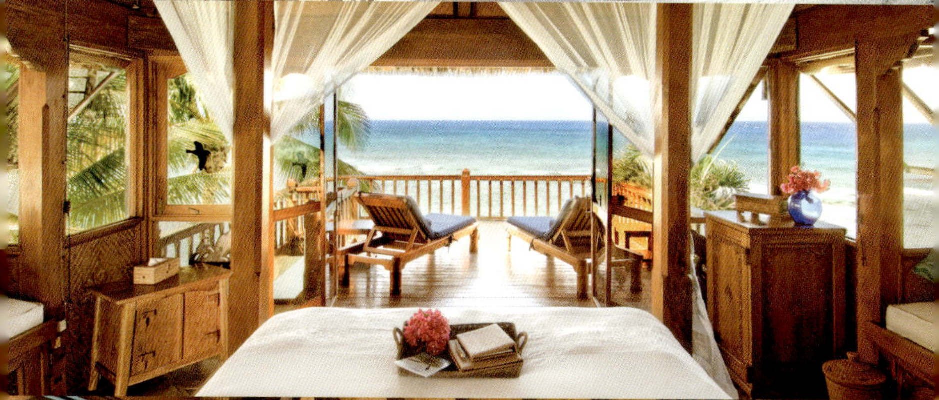
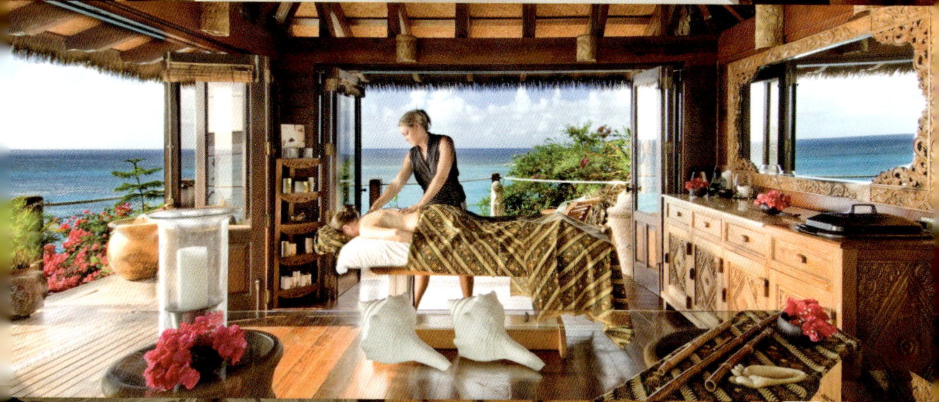
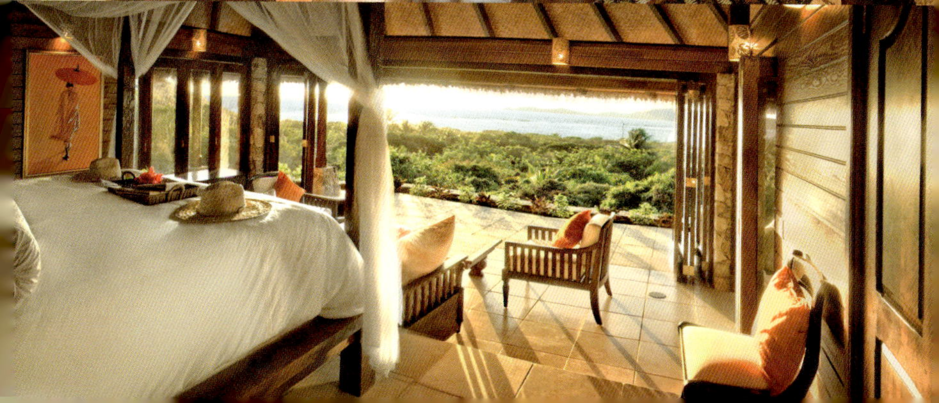

心の底から遊び尽くそう!
部屋も食事もOK! 次は遊び場を求め、島内探検に出発しよう。島の中央に広がる湖に行ってみると、200羽ものピンクフラミンゴに出逢える。美しい立ち姿、体を包む淡いピンクの色に心が癒される。そして、島西部にあるのがヤシの木に囲まれたタートルビーチ。ハンモックに揺られながら、どこまでも広がる海を眺めたり、海上に浮かぶトランポリンで回転してみたり…海と戯れるには最適な場所だ。他にもこの島には、テニスコートやスパ、ジムなども備わっている。もちろん、マリンアクティビティも充実! カイトサーフィン、セイリング、ウインドサーフィン、パワーボート、シュノーケリング、ウォータースキー、カヤック、フィッシングなど盛りだくさんだ。しかも初めての場合は、専門のスタッフが教えてくれるので、とても安心! 驚くべきことに、基本これらはすべて無料! 恐るべし、ネッカーアイランド…。

海を飛ぶ? 走る? 潜る? 世界初の水中飛行機体験も!
この島の数あるアクティビティの中でも超目玉なのが、世界初の3人乗り水中飛行機! ネッカーニンフ (Necker Nymph) と名付けられたその飛行機は、横並びになった座席の真ん中で、プロのパイロットが操縦桿を握る。ふたりは左右に座り、目には水中メガネ、口には酸素マスクを付け、水中を飛び回るアトラクション! 時には水深18m(上級ダイバーの場合は30mも可能)の世界を飛ぶ。このチャーター料は1日25万円…。ちょっぴり高いアトラクションだが、一生に一度は体験したいものだ。さあ、透き通る海を、魚たちと共に疾走してみよう。

実はもう少しお安いプランも!
世界でも稀なスケールのでかい冒険家リチャード・ブランソン。彼の夢がいっぱいつまったこの島。ここで過ごす日々は、一生忘れることのできないふたりの思い出となることだろう。聞けば誰しもが憧れる最強の貸し切りアイランド。絶対行きたい!…とはいっても「正直無理だよ…」というのも分かります。でも、まだページをめくらないで。「もう少し気軽にネッカーアイランドを体験したい」というふたりへ、お得なプランがあるんです。通常は最低5泊の1島貸し切りプランで2,200万円だが、7泊で250万円というプランがあるのだ。これはセレブレーションウィークと呼ばれるもので、あらかじめ定められた週だけのお得なもの。ただし、このプランは島を貸し切れるのではなく、島にある部屋の1室に宿泊するスタイルになる。つまり他にも滞在ゲストがいるというわけ。でも、「貸し切りじゃなくても問題ない!」「とにかくネッカーアイランドの世界に飛び込んでみたい!」というふたりはこちらもオススメです! これなら頑張れば行くことができるかも!?

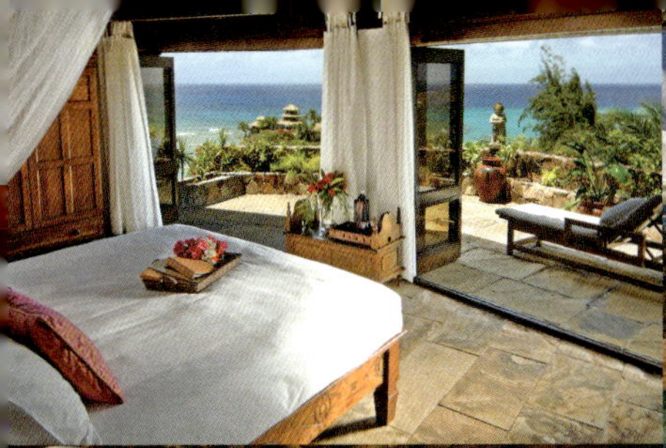
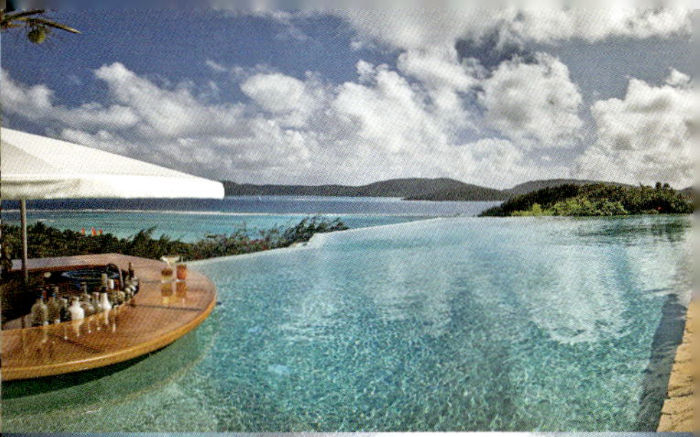
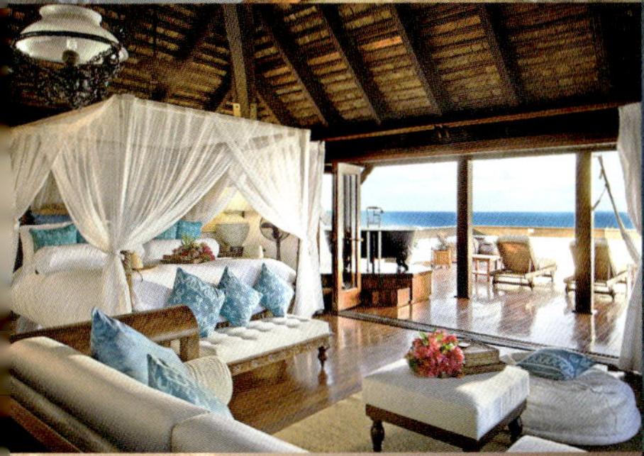
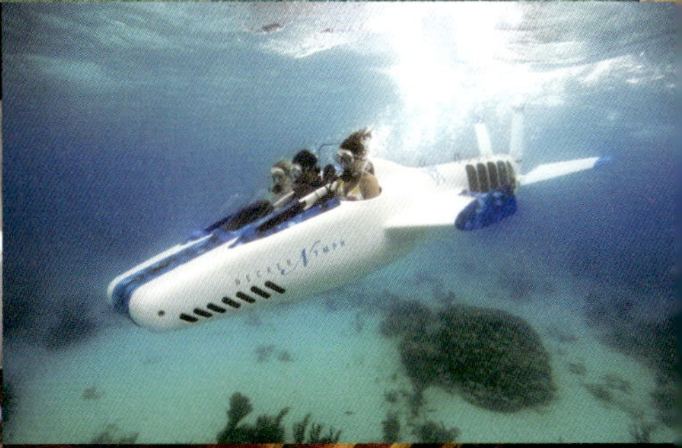
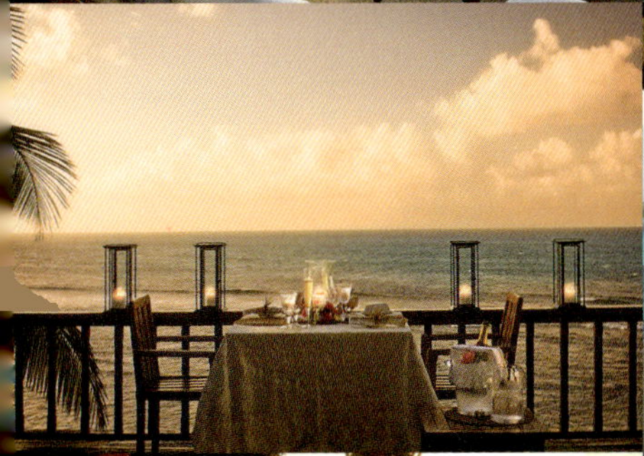
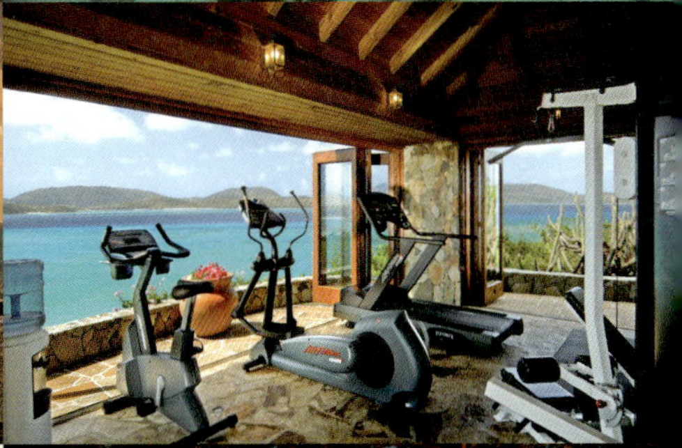
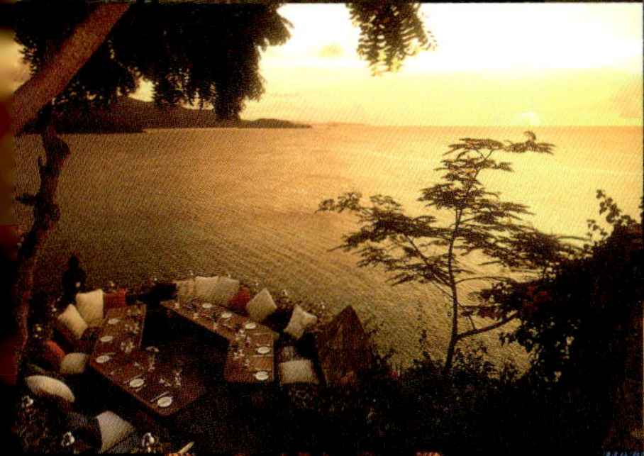
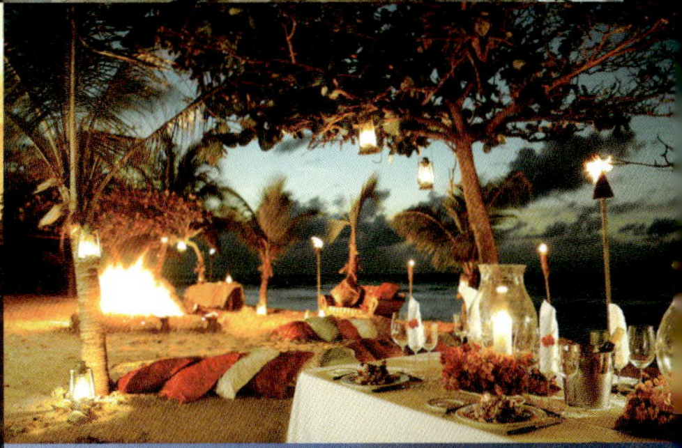
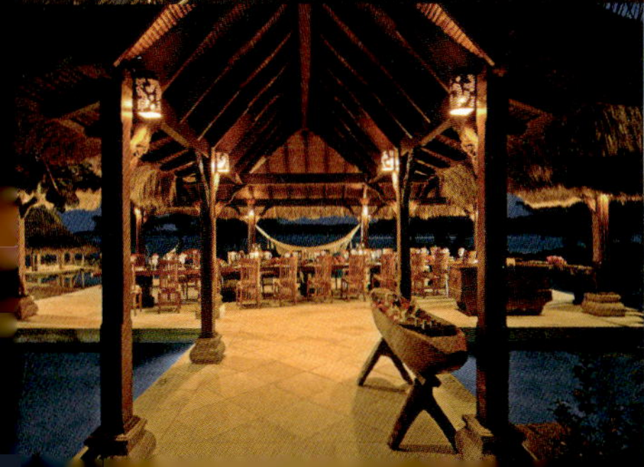
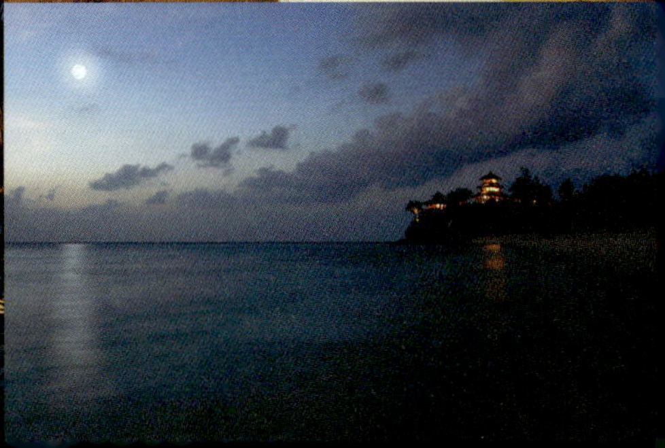

travel information:

旅の予算 / Budget

総予算 1,122万円～（貸し切りプラン）
※7泊9日／成田からの往復航空券、宿泊費込み（現地交通費、一部食費除く）

総予算 147万円～（セレブレーションウィークプラン）
※9泊11日／成田からの往復航空券、宿泊費込み（現地交通費、一部食費除く）

総予算内訳

✈ 航空券の目安　14～24万円
＊成田～ニューヨーク乗り継ぎ～サン・フアン（デルタ航空／エコノミークラス往復）＝10～18万円
＊サン・フアン～ビーフ島（アメリカン航空／エコノミークラス往復）＝4～6万円

🏨 ネッカーアイランド宿泊代金の目安（貸し切りプラン）　5泊2,200万円～
※2名での1島貸し切り料金、総予算には1名分を計上。

🏨 ネッカーアイランド宿泊代金の目安（セレブレーションウィークプラン）　7泊250万円～
※1部屋（2名利用）の料金、総予算には1名分を計上。

🏨 ホテル代金の目安　2泊15万円～
＊サン・フアンのホテル　1泊5万円～　＊ニューヨークのホテル　1泊10万円～
※すべて1部屋（2名利用）の料金、総予算には1名分を計上。

旅のシーズン / Best Season

島は常夏の楽園。基本は一年中OK！ただ、8～10月頃はハリケーンが発生しやすいシーズンとなるため、避けた方が無難。

行き方 / How to get there

まずはプエルトリコのサン・フアンへ。日本からの直行便はないため、途中必ず米国1都市で乗り継ぎが必要となる。往路は同日着が可能だが、復路は日本行きに間に合わないので米国1都市での宿泊が必要。主にはニューヨークなどでの乗り継ぎが一般的。サン・フアンからはアメリカン航空やケープ航空などで、イギリス領ヴァージン諸島のビーフ島へ。その島と橋で繋がっているトルトラ島まで陸路で移動し、その島から船に乗ればネッカーアイランドに到着。

旅の手配 / Arranging the trip

飛行機のチケットは自分で手配。ネッカーアイランドはウェブサイト（英語のみ）を通して、見積もり、空き状況確認、予約が可能。「リクエストはどんどんしていくことで、旅をより楽しいものにしたい」という人は、世界中の秘境に佇む極上リゾートを取り扱う「Journey in Style」に問い合わせることをオススメ。

ⓘ [Journey in Style] www.journeyinstyle.jp

宿泊 / Accommodation

飛行機のスケジュール次第では、乗り継ぎ地での宿泊が必要となる。ニューヨークなどの大都市では、心地よいサービスで快適に滞在できる高級ホテルに宿泊しよう。

📁 サン・フアンのオススメホテル
The Ritz Carlton, San Juan
www.ritzcarlton.com/en/Properties/SanJuan/Default　（英語）
高級ホテルチェーン。卓越したホスピタリティーが素晴らしい。ネッカーアイランドを思いっきり満喫するために、飛行機の疲れをここで癒そう。

🖼 ネッカーアイランド
Necker Island　　www.neckerisland.virgin.com/　（英語）
まさに夢の島ネッカーアイランド。上記サイトで、島の地図や施設などを英語ではあるが、紹介してあるので、目を通して夢を膨らませてみよう。

🖼 ニューヨークのオススメホテル
The Peninsula New York　　www.peninsula.com/New_York/jp/default.aspx
マンハッタン中心部を見渡すことができるホテル。世界最高級ショッピングエリアといわれる、5番街に隣接しているので、立地は抜群。

🔺 旅のヒント
Hints for the trip

- 😊 ネッカーアイランド行きを思いついたら、まずはメールか電話で空席状況を確認し、予約をしよう。
- 😊 ふたりで過ごす大富豪体験をあれもこれも想像して、楽しみ尽くす案を考えておこう。
- 😊 島のチェックインは16時以降、チェックアウトは12時前が基本となる。できるだけ長く滞在できるよう前後の予定を調整しよう。
- 😊 海の中もとてもきれいなので、水中でも撮影できるカメラをオススメ。
- 😊 18歳以上であれば、バリ風コテージに泊まる場合、小型カート（ゴルフ場にあるようなもの）を借りることができる。ただし運転には国際免許証が必要なので、あらかじめ取得しておこう。
- 😊 島滞在中に万がーの事故がおこった場合、ヘリコプターで近隣の島へ移動する場合がある。そんなことになったら大出費。万が一のことを考えて、必ず海外旅行傷害保険に加入しておこう。
- 😊 ふたり旅として紹介しているが、貸し切りなので28人まで宿泊が可能。なので、家族、友人を26人探して巻き込んじゃえば、一人当たりが安くなるという技も。
- 😊 なにより先立つものの準備が第一。そこはやっぱり宝くじ？ 万馬券？ う～ん、なかなかハードルが高いけど、頑張ろう!

🧳 スケジュール例
Example Itinerary

- **1日目** ▶ 成田発～ニューヨーク乗り継ぎ～サン・フアンへ　【ホテル泊】
- **2日目** ▶ サン・フアン発～ビーフ島へ　ボートでネッカーアイランドへ　【島泊】
- **3日目** ▶ 終日フリー　【島泊】
- **4日目** ▶ 終日フリー　【島泊】
- **5日目** ▶ 終日フリー　【島泊】
- **6日目** ▶ 終日フリー　【島泊】
- **7日目** ▶ ボートでビーフ島へ ビーフ島発～サン・フアン乗り継ぎ～ニューヨークへ【ホテル泊】
- **8日目** ▶ ニューヨーク発～成田へ　【機内泊】
- **9日目** ▶ 成田着

※ネッカーアイランド貸し切りプランの場合

+α 周辺情報
One more love trip

ネッカーアイランドを貸し切っても、まだまだお金が余っているあなた。さらに夢膨らむ大富豪の旅「宇宙旅行」はいかが？ こちらもヴァージングループが手がけている事業のひとつで、着々と準備が進んでいる。気になるお値段はひとり1922万円! ふたりで地球を飛び出し、夢の無重力空間へ! これは間違いなく、最強のデートかも!?

🔘 [クラブツーリズム] www.club-t.com/space/

旅が大好きなふたりへ。
海を越えて、愛を誓おう!
憧れの海外ウエディング特集!
Trip loving couple, why not get married abroad!

憧れの夢から現実へ! 選択肢は無限大!
星の数ほどある会場の中から、オススメの海外ウエディングスポットを一挙ご紹介。
「一生に一度。やっぱ海外挙式でしょ!」とピンときた人は、
これを参考に、ぜひ、挙げちゃってください!

※既婚者の方も、もう一度やっちゃえば?!

ASIA, INDIAN OCEAN

feel the Asian winds － アジアの風に吹かれて －

アジアは、アクセス良好だし、料理も日本人好みなのが魅力！ ウエディングスタイルは、西洋式だけでなく、現地の伝統的な慣習に合わせてできるのも特徴だ。ホスピタリティー溢れる現地の人々との出逢いも楽しいし、物価が安く、リーズナブルにできるのが嬉しい。

● インドネシア・バリ島

神秘の島バリで、神様からの祝福を！ 17世紀に繁栄したメングイ王朝から続く、「タマンサリ宮殿」で、地元の人達の温かい笑顔に見守られながら、エキゾチックウエディング。バリ風情いっぱいのヤシの木やライステラス（棚田）などの緑に囲まれる中、バリ伝統衣装を身にまとい、誓いを交わそう！

● タイ・プーケット

アジアのカリブ海とも称される、美しく輝くアンダマン海。プーケットにある「オーシャンサイド・ロイヤル・チャペル」は、その海が目の前。東洋と西洋の文化が見事に融合し、格式高くアジアの風を感じることができる。タイ式のガーデンやオーシャンビューのレストランも、ウエディングに華を添える。

● モルディブ

インド洋に浮かぶ、プライベートアイランドにある「フォーシーズンズ・モルディブ・アット・クダフラ」。首都マーレから高速艇で移動すると、緑豊かな島が現れる。エメラルドグリーンに輝く極上の海に、真っ白な砂浜。写真映えする最高の光景が広がる。挙式後は、そのままゆったりバカンスというのもオススメ。

OCEANIA, SOUTH PACIFIC

in the nature — 自然の中で —

ゆったりとした空気が流れる、オセアニア&太平洋。多くの島々が南太平洋に散らばり、まばゆく輝いている。美しい海に包まれる島、広大な大陸オーストラリア、もしくは自然溢れるニュージーランド…。自然の中で、ほのぼのと、そしてゆったりした式を挙げたいふたりにオススメ。

■ニュージーランド・テカポ

ニュージーランド南島の真ん中に位置するテカポ湖。その湖畔にひっそりと佇む「善き羊飼いの教会」。白い頂が美しい山々に囲まれ、祭壇の奥には、ミルキーブルーの美しい湖が光る、大自然の国ならではの抜群のロケーション。夏には、教会の前一面にルピナスの花が咲き乱れ、とても美しい。

■北マリアナ諸島・ロタ島

日本からわずか4時間。太平洋に浮かぶグアムとサイパンに挟まれた、手付かずの自然が残る小さな島。ウエディングケーキマウンテンと呼ばれる山を、ガボゼ（東屋）後方に望むロケーションが自慢の「ハニーガーデン」。輝く南国の海と真っ白なビーチが気持ちよく、貸し切りBBQも楽しめる。

■フィジー・ヤヌザ島

フィジーのメインアイランドのひとつ、ビチレブ島と橋で繋がっているヤヌザ島。それは「シャングリ・ラ フィジアン リゾート&スパ」のプライベートアイランド。祭壇の後方はすべてガラス張りで、ターコイズブルーの海が一面に広がる。南太平洋一の規模の施設を持つ、極上チャペル付きリゾート。

CARIBBEAN

shine together － 光輝くふたりに －

輝くカリブの海沿いに立ち並ぶ、無数のビーチリゾート。世界一リゾートが密集することで有名なこの地域は、最高のウエディングスポットエリアとも言われる。しかし、直行便で行ける所は少なく、乗り継がなければ行けないことがほとんど。そこまでして行く価値は…間違いなくあり！ 遠く離れた別世界で、ぜひ！

■ メキシコ・カンクン

世界的に有名で格式高いホテル「リッツカールトン」。ユカタン半島の先端に位置する抜群のロケーションで、ヨーロピアンスタイルのウエディングを。質の高いサービス＆雰囲気の中での挙式は、ほどよい緊張感で引き締まったものになる。

■ ジャマイカ・モンテゴベイ

ジャマイカ随一のリゾート地、モンテゴベイ。輝くカリブの日射し、1マイル以上も続く白砂のビーチを堪能できる「ハーフムーン」では、馬車で敷地内を巡ったり、生演奏の心地よいリズムに身を委ねたり。南国の風に吹かれながら、カリビアン・ウエディングを！

■ カリブ海 クルーズ

世界最大の客船「オアシス・オブ・ザ・シーズ／アリュール・オブ・ザ・シーズ」での船上ウエディング。出航前に船上で挙式を行い、驚くほど広く、賑やかな船内各所での撮影も楽しい。乗船したまま、カリブの島々へとハネムーンを楽しめるのも魅力だ。

NORTH AMERICA

be great ― スケールは大きく ―

一言に北米と言っても、そこは大きな大陸。実に多くのロケーションを有している。東西南北に散らばる、スケールの大きなものから、ファンタジーに溢れるものまで、それぞれで雰囲気がまったく違う。都会、自然、荒野… さぁ、ふたりはどこを選ぶ？

■カナダ・ナイアガラ

ギネスブック認定の世界一小さな教会で挙げる、ほのぼのウエディング。果樹園に囲まれた小さな白い教会「リビング・ウォーター・ウェイサイド・チャペル」。すぐ目の前には、ナイアガラ川が流れ、車でちょっと走れば、ナイアガラの滝が現れる！

■アメリカ・オーランド

ディズニーが大好きなふたりへ！ 本場「アメリカのディズニー」で挙げる、ファンタジック・ウエディング。プライベートアイランド上に建つ純白のパビリオンで式を挙げた後は、レセプション。そこでは、ドレスアップしたミッキーやミニーから素敵なプレゼントも。まさに夢の世界！

©Disney

■アメリカ・ハワイ

ハワイの玄関口、オアフ島にある「キャルバリー・バイ・ザ・シー教会」。教会内からはガラス越しに、光輝く美しき海が見える。3方向が階段式の参列席となり、モダンで個性的。日本からのアクセスは良好だし、島内は日本語OKというお店も多いので、挙式前後も心配なく楽しめる。

EUROPE

walk stone paved road — 石畳を歩いて —

石造りの教会やお城を始め、異国情緒溢れるロマンチックウエディングを楽しめるヨーロッパ。多くの国があるが、厳選して5つをご紹介！ 国も場所も選択肢が多いからこそ、妥協しないで、お気に入りのものを見つけてほしい。

■ イタリア・ローマ

映画『ローマの休日』の中で登場する「ブランカッチョ宮殿」での挙式。1880年に建築されたこの宮殿には、当時の上流階級の嗜好が散りばめられている。まさに貴族＆お姫様気分を味わえるエレガントなウエディング。

■ モナコ

世界で2番目に小さな国モナコ。地中海に面するこの国は、多くのセレブを魅了している。海に面した「マリンリゾートホテル・エルミタージュ」内のサロン「エクセルシオール」で、豪華な雰囲気に包まれながらのウエディング。南欧のセレブな風に吹かれてみては？

■ ドイツ・シュトゥットガルト

ドイツ南西部の大都会、シュトゥットガルト近郊にある田園地帯。そこの小高い丘の上に、天に向かってそびえる優雅な城「ホーエンツォレルン」がある。眠れる森の美女の城ノイシュバンシュタイン城と並ぶドイツ2大城のひとつで、まるで物語に出てくるかのようなお城。城内のチャベルで行うウエディングは、まさに王様、女王様気分を味わえる。

🔴 フランス・ノルマンディー

フランス西海岸に浮かぶ小島の上に建つ修道院「モン・サン・ミッシェル」。多くの人々の憧れのスポットだ。「最も美しい聖地」として世界遺産に登録されたフランスのこの修道院の中にある、中世の博物館内で夢のウエディング！ 前泊のホテルはモン・サン・ミッシェルを一望できる、素敵なホテルで。

🔴 チェコ・プラハ

黄金の都プラハの中心に位置する旧市街広場。そこに面する荘厳な「セント・ニコラス教会」でのウエディング。金で飾られたパイプ・オルガンやクリスタル・グラスのシャンデリアが、華麗な雰囲気へと誘う。中世の空気漂うプラハで、ロマンチック挙式を、ぜひ！

🔴 海外挙式の手配

本書でオススメするのは「アブロード シーイングトラベル」。いくつかの地域に特化するのではなく、世界中のウエディング会場を提案してくれる。本書で紹介した挙式会場は、ほんの一部。まだまだ他にも魅力溢れる挙式スポットはたくさん。ロケーション選びから予算、手続きに関する質問など、豊富な経験があるので、とても頼りになる。海外挙式を考えている人は、まずは気軽に相談してみよう！

🔴 フォトツアーの手配

「式は済ませちゃったけど、ウエディングドレスを着て、海外で写真を撮りたい！」「チャペル以外の場所でも、たくさん写真を撮りたい！」というふたりへオススメなのが、フォトツアー。ウエディングドレス、タキシードに身を包んで、希望の場所でプロに写真を撮ってもらえるものだ。一生に一度、思う存分に撮ってもらって、最高の想い出を残そう！
お問い合わせは、同じくアブロード シーイングトラベルまで。

Arranging the Wedding
「株式会社 アブロード シーイングトラベル」 www.sea-ing.com

「地球でデート！」
ツカえる旅情報ノート
Travel Information Note

まずは、これが基本！
航空券を安く買うための
テクニック集
TECHNIQUE FOR GETTING DISCOUNT TICKET
TECHNIQUE: 1 to 5

Technique : 1
旅のタイミングを見極めよう。
旅のタイミングは重要だ。当たり前だが、誰もが行きたい時は航空券の値段が高くなる。ピークからほんの少しずらすだけで、値段がガクッと下がったりする。そこがポイント。まずは週末。航空券の種類、方面、航空会社によって異なるが、追加料金がかかる「週末設定」というのがあるので、これは避けたいところだ。往路出発が土曜日・日曜日、または復路出発が金曜日・土曜日となる場合に追加料金がかかるケースが多い。往復共に週末設定になってしまうと、基本料金から1万円くらい高くなってしまう。よっぽどの事情がない限り、こういった曜日は避けるようにしよう。
また皆が休みになる夏休みやゴールデンウィーク、年末年始などは当然ながら料金が跳ね上がる。ここを避けて、少しだけタイミングをずらす。例えば春休みに旅に出るなら、できるだけ早く出る。夏休みなら7月中に出発するか、逆に9月まで待って出発するか。ピークの8月を外せば確実に料金は下がる。ピークから数日ずらすだけでも結構値段が下がることがある。有給休暇などをうまく使って、うまいタイミングで旅に出よう。節約できる金額を考えれば、多少の努力や犠牲も無駄ではないはずだ。

Technique : 2
早めのアクションを起こそう。
通常、旅の手配は早ければ早いほど割引が多く、間際になればなるほど正規値段になっていく。早めにスケジュールを決めてしまえば、他の予定も調整できるし、金額負担も軽くなる。一石二鳥だ。だから「行きたい！」と思ったら、すぐアクションを起こすべし！ いつか行けたら…という気持ちでは、実はなかなか行けない。気になったら、すぐにでも手配しちゃおう。例えば、自由人・高橋歩が「妻とふたりで世界一周に出る！」と決めた時は、即日オーストラリア行きの航空券を買っちゃったそうだ。それからスケジューリング＆資金貯蓄…そして2年間に及ぶ世界一周！ そう、決めてしまえば、すべては動き始める。夢の旅を実現したい。しかもなるべく安く…という人は、やる気になった瞬間に、すぐさまアクションを！

Technique : 3
見積もりは、必ず数社から取ろう。
今の情報社会、とにかく予算を下げるためには調査することが絶対必要だ。ひとつの旅行会社だけで航空券の見積もりを取って、そんなものかと決定…なんて論外！ 旅行会社によっては特定の航空会社との特別割引契約を持っていたり、方面での得意不

得意があったり、会社ごとの特色がある。また航空券に強い会社、ホテルに強い会社、パックに強い会社など、それぞれ得意部門が違っていたりする。だからこそ、ひとつでも多くの旅行会社から見積もりを取ってみて、見比べる必要があるのだ。
インターネットを駆使すれば、Yahooトラベルや楽天トラベルなどの大手サイトから、スカイゲート、フリーバードといった空席紹介から発券までをオンラインで一度にできてしまうサイトまで、有益なものがたくさん出てくる。本書でも「旅の準備に使えるリンク集」を用意したので、ぜひ参考に。情報を制する者が、安い旅を制する！　面倒くさがらず、とにかく情報を集めるべし！

Technique：4
航空会社のサイトも必ずチェックしよう。

安い航空券＝格安航空券というのはもう過去の話だ。航空会社自身の正規割引航空券や期間限定の割引キャンペーンなどは、時には格安航空券よりも安かったりする。また正規割引航空券はマイルの積算率、利用便の確定や復路変更の条件などが、格安航空券より断然いい場合がある。「値段」だけでなく旅のトータルな「価値」で見た時に、正規割引航空券は実はかなりお得な選択肢になるので、目的地に就航している航空会社のサイトは必ずチェックしよう。
どの航空会社が就航しているか探すには、それぞれの航空会社のサイトにあるルートマップを見ればわかるが、ひとつひとつ見ていくと、ちょっと大変。まず、行きたい空港をインターネットでウィキペディアなどを使って調べて、ある程度目星をつけてから航空会社のサイトで確認するとスムーズに探し出せる。

Technique：5
海外で航空券購入するのもあり!

ちょっと上級者コースだが、航空券の海外購入も忘れてはいけない。例えば「日本からタイに行き、タイから東南アジアを色々とまわりたい」と考えた場合。そんな時は、まずは日本からタイまでの往復航空券を購入し、その他の航空券はタイに渡ってから現地で購入する。物価は安いし、現地ならではの割引制度があることがあるので、日本で全行程の航空券をまとめて揃えるよりお得になることが多い。世界各地のバックパッカーが多く集まるエリアに行けば、必ず旅行代理店がいくつかあるし、「行きたいところ」と「日程・時間」さえ伝えられれば、言葉がペラペラじゃなくても何とかなる！　現地で航空券を手配できるようになれば、旅がさらに安く、そして楽しくなること間違いなし！

MEMO

若さを活かせ！
学生・若者限定のお得な割引情報
ONLY FOR YOUTH

これ、使ってる？
海外で得する、若者割引や学生割引って、意外とあるんです！
若いうちは知らなきゃ損、そんな代表的なものを紹介！

ユースフェア航空券

多くの航空会社が12～24歳までの人を対象とした「ユースフェア航空券」という割引航空券を発行している。通常の格安航空券よりも、さらにお得なケースが多い。しかも通常の格安航空券は、有効期間が1週間から1ヶ月と短いが、ユースフェア航空券だと期間が1年というのも存在するので、長期の旅にはもってこいだ。また格安航空券では「帰国便変更不可」というのが多いが、ユースフェア航空券なら、帰国便の日程変更が可能なものもあるので、旅の途中で「やっぱりもっとここにいたい！」と思っちゃったとしても、問題なし！
例えばエールフランスのユースフェア航空券（12～24歳対象）は、安い時だと6万円前後！　有効期間は1年で、帰国便の日付変更も1年以内ならOK。パリを含むヨーロッパ60カ所以上まで同料金で行ける。また、到着した空港から、帰りの飛行機も乗るのが普通だが、「オープン・ジョー」といって、違う空港から帰りの飛行機に乗ることも可能。例えば「行きは成田からパリへ。でも帰りはヨーロッパをいろいろと巡って、ローマから帰りたい！」なんてことができるわけだ。しかも「予定がズレちゃった。帰国便の日付を遅らせたい！」なんて時も無料で変更できる。
こんな便利でお得な航空券、若いうちは使わなきゃ損でしょ！

国際学生証・国際青年証

ユネスコ承認でWYSETC（世界青年学生教育旅行連盟）が発行する「国際学生証」という世界的な身分証明書がある。これがあれば、世界106カ国で史跡、博物館、美術館や鉄道やバスなどの公共交通機関、テーマパークやレストランまで割引が適用されるのだ。また学生でなくても、25歳までであれば同様の割引が適用される「国際青年証」というのもある。日本では大学生協や委託を受けている発行所で取得できるので、旅に出る前に、忘れずにゲットしておこう！

❶［発行所一覧］http://isic.univcoop.or.jp/hakko（都道府県別発行所の検索が可能）

☺ 割引例

交通
【イギリス～フランス】ユーロスター：学割料金あり
【アメリカ】AMTRAK：鉄道券15% OFF
【オーストラリア】COUTRYLINK：40% OFF

観光
【アメリカ】ユニバーサル・スタジオ：15% OFF（ピークシーズン除く）

【カナダ】CD TOWER：入場料15% OFF
【オーストラリア】DREAMWORLD：一日券AUD53ドル

レストラン・バー・ショップ・宿泊
【イギリス／北米】HARD ROCK CAFÉ：ISIC特別メニューあり
【イギリス】PICCADILLY BACKPACKERS：ホステル割引あり、無料アップグレード
【アメリカ】BLUE NOTE JAZZ CLUB：22:30からのショー、50% OFF

【割引詳細】http://test.isic.org/student-discounts/discounts-worldwide.aspx〔英語〕

学生専用のクレジットカード

海外に行く時にすべて現金で持って行くのは恐い！ とはいえ、トラベラーズチェックだけだと使えない店があって不便…。そういった意味ではクレジットカードは非常に便利だ。「クレジットカードって、社会人の特権でしょ？」。いやいや、そんなことはない。各カード会社では、学生専用のクレジットカードを発行している。学生は「学生」という確固たる身分があるので、審査は通りやすいのだ。学生証や身元を保証するパスポートや保険証、印鑑や銀行口座の情報を提出すれば、意外と簡単にクレジットカードは作れる。年会費も安めに設定されていて、学生向けの特典もあるので、1枚は持っておきたいところ。

オススメは「海外旅行障害保険」が付帯しているカード。カード会社にもよるが最高2,000万円の死亡後遺症保険、病気や怪我の治療、賠償責任、携行品損害などの補償サービスがついている。何かあった時、保険があれば安心。クレジットカードを持つなら一枚両得で保険つきのものに加入しよう。

【三井住友VISAクラシックカード（学生）】
www.smbc-card.com/nyukai/card/classic_student.jsp
【学生専用Life CARD】　www.lifecard.co.jp/card/credit/std
【国際学生証DCカード】　www.cr.mufg.jp/landing/dc/is

［協力：STA TRAVEL グローバルセンター高田馬場営業所］
www.statravel.co.jp / TEL：03-5287-3543

世界17カ国、375店舗以上の幅広いネットワークを持ち、若者が顧客層の中心という会社では世界最大。世界中の若者が得する情報を数多く提供している。ユースフェア航空券の取り扱いや国際学生証・国際青年証の発行も受けつけている。

MEMO

ツカえる旅情報はここで！
旅の準備に使えるリンク集
USEFUL WEB SITES

🙂 目的地への行き方・距離などを調べたい！
Googleの提供している地図＝Googleマップ。世界中の地図情報が入っていて、衛星写真などもあり非常に高性能である。「駅名」「住所」「施設名」「緯度経度」など様々な検索方法があり、ルート・乗換案内で出発地と到着地を入れて検索すれば、「徒歩」「車」「電車・飛行機」を利用した場合のルート、時間、金額が表示される。馴染みのない街へ行く際などに、あらかじめ調べて印刷しておくと便利。また全世界対応ではないが、多くの主要都市で「ストリートビュー」という機能が使える。これは、地図上で現地のサンプルパノラマ写真を見ることができるというもの。ストリートビューを使えば、現地の実際の景色を、まるでそこに場所に立っているかのように見ることができる。事前に世界をバーチャル散歩して、目印などを見つけておくのもいい。
［Googleマップ］　http://maps.google.com/

🙂 目的地への行き方・距離などを調べたい！
様々な旅行会社や格安航空券情報が集まるサイト。日程や行きたい場所を入力すると、取り扱っている旅行会社のツアーや、航空券、宿泊プランがずらっと出てくる。検索された、たくさんの情報を見比べながら、自分の希望や条件にあった旅行会社を探す。比較検討の上、最適な旅行会社を見つけたら、そのまま問い合わせ！　問い合わせる際は、前後の日程でより安くなる日がないかも確認した方がいい。パンフレットを集める手間が省けるし、ひょんなことから、予想もしなかった旅に出会えるかも！
［ヤフートラベル］　http://travel.yahoo.co.jp/
［トラベルコちゃん］　http://www.tour.ne.jp/

🙂 航空券を購入したい！
飛行機の空席照会から予約、発券までができるサイト。日程や行きたい場所を入力すると、リアルタイムで料金と空席情報が出てくるので、最もいい条件のフライトが見つかったら、その場で即購入！　また同時にホテルの手配も可能なので、すべて自分で手配する旅を考えているなら、非常に便利なサイトだ。
［スカイゲート］　http://www.skygate.co.jp/
［フリーバード］　http://www.free-bird.co.jp/

🙂 宿を予約したい！
「航空券の手配は自分でできるけど、現地に問い合わせして宿を予約するのは難しい」。そんなあなたにオススメなのがこちら。世界中のホテルの予約ができる、オンライン旅行サイト（日本語版）。滞在する都市名、日程、宿泊者人数を入れて検索すると、ずらっと宿が出てくる。ホテルの写真や説明、旅行者の評価も見られるので、金額とあわせて、豊富なラインアップの中から比較検討できる。最適な宿が見つかったら、そのままオンライン予約・決済へ。また、日本語コールセンターへ、電話で問い合わせることもできる。
［エクスペディア］　http://www.expedia.co.jp/
［BOOKING.COM］　http://www.booking.com/

Useful Web Sites

💡 名物料理を知りたい！ レストランを予約したい！
旅行先でレストラン予約をするとしたら、電話するのが一般的。ホテルのコンシェルジュに頼むのもひとつの手だが、地域は限られるが、オンラインで予約できるところがある。オープンテーブルはアメリカ、イギリスのほぼ全土に加え、合計17カ国（2009年現在）のレストラン予約が可能なサイトだ。訪れる国で予約が可能な場合は、非常に便利。
[オープンテーブル] http://www.opentable.com/（英語）

💡 スポーツやライブなどのチケットを買いたい！
アメリカを中心に世界18カ国でのスポーツやライブのチケットを販売しているサイト。チケットをオンラインで購入すると、ほとんどの場合、当日チケット販売所で購入時に利用したクレジットカードを掲示することでチケットとの引き換えになる。
[チケットマスター] http://www.ticketmaster.com/（英語）
+α [チケッツナウ] http://www.ticketsnow.com/（英語／アメリカのみ）

💡 天気予報を知りたい！
世界中の天気をオンタイムで予報しているサイト。正確な予報内容に定評があるので、行き先の都市名と、国名か空港コードを入力すると、5日先までの予報が一覧できる。
[ウェザーアンダーグラウンド] http://nihongo.wunderground.com/

💡 行き先やホテルの口コミを見てみたい！
行き先や泊まるホテルが、どんなところかは気になるところ。そんな時に便利なのが、口コミサイト。行き先やホテルの評価などを、様々な旅行者がそれぞれの視点で書き込んでいるので、いろいろと検討する際や情報が欲しい時には非常に役に立つ。
[トリップアドバイザー] http://www.tripadvisor.jp/
[4トラベル] http://4travel.jp/

💡 通貨の両替レートを知りたい！
世界中の通貨の両替レートが、リアルタイムにわかるサイト。ドルや円からだけでなく、どの通貨からのレートでも計算できるので、国をまたぐ旅をする上で、非常に便利。このサイトで出てくるレートは、あくまでその時点での取引レートなので、実際に街の両替商や銀行で両替する時のレートとは異なるが、参考にするといいだろう。
[Bloomberg／為替レート計算]
http://www.bloomberg.co.jp/tools/calculators/currency.html
[世界の通貨レート] http://quote.yahoo.co.jp/m3

💡 その他お役立ちサイト
[世界の時計] http://www.timeanddate.com/worldclock/
[外務省 海外安全HP] http://www.anzen.mofa.go.jp/
[ヤフー 旅の準備と手続き] http://abroad.travel.yahoo.co.jp/tif/prepare/
[世界の観光地情報] http://abroad.travel.yahoo.co.jp/tif/
[ヤフー 航空会社プロフィール] http://abroad.travel.yahoo.co.jp/tif/airline/
[各航空会社のおすすめの座席検索サイト] http://www.seatguru.com/（英語）

「地球でデート!」ツカえる旅情報ノート

挨拶と笑顔があれば大丈夫！
世界8言語の挨拶集
GREETINGS

英語・フランス語・スペイン語・アラビア語・中国語・ロシア語・ヒンディー語・スワヒリ語
※アラビア語、ヒンディー語は、現地語の表記ではなくローマ字で表記してあります。

旅先で、現地の人との交流を楽しもう!

もちろん、語学力はあるに越したことはないが、なくてもビビることはない。たったこれだけの言葉を使うだけでも、現地の人とのコミュニケーションは大きく広がり、旅がさらに面白くなるはずだ。さぁ、まずはここから。ぜひ、旅先で!

MEMO
_____
_____

_____

▶英　語
- ☺こんにちは　HELLO（ハロー）
- ☺ありがとう　THANK YOU（サンキュー）
- ☺サイコー!!　GREAT!! / COOL!!（グレイト!!／クール!!）
- ☺また逢おう　SEE YOU AGAIN（シー・ユー・アゲイン）
- ☺愛してるよ　I LOVE YOU（アイ・ラブ・ユー）
- ☺友達だぜ　FRIENDS（フレンズ）
- ☺日本　JAPAN / JAPANESE（ジャパン／ジャパニーズ）

▶フランス語
- ☺こんにちは　SALUT（サリュツ）
- ☺ありがとう　MERCI（メルシー）
- ☺サイコー!!　GRAND!! / SUPER!!（グランド!!／スペー!!）
- ☺また逢おう　AU REVOIR（オルヴォワー）
- ☺愛してるよ　JE T'AIME（ジュテーム）
- ☺友達だぜ　AMIS（アミ）
- ☺日本　JAPON / JAPONAIS（ジャポン／ジャポネー）

▶スペイン語
- ☺こんにちは　HOLA（オラ）
- ☺ありがとう　GRACIAS（グラシアス）
- ☺サイコー!!　GRANDE!! / BRAVO!!（グランデ!!／ブラボー!!）
- ☺また逢おう　HASTA LUEGO（アスタ ルエゴ）
- ☺愛してるよ　TE QUIERO / TE AMO（テ・キエロ／テ・アモ）
- ☺友達だぜ　AMIGOS（アミーゴス）
- ☺日本　JAPÓN / JAPONÉS（ハポン／ハポネ）

Greetings

▶アラビア語

- 😊こんにちは　SAIDA / AS SALAMU ALAYKUM（サイーダ／アッサラーム アライクム）
- 😊ありがとう　SHUKRAN（シュクラン）
- 😊サイコー !!　KWAYYIS（クワイイス）
- 😊また逢おう　MA'AS SALEMA（マッサラーマー）
- 😊愛してるよ　AHABA（アハッバ）
- 😊友達だぜ　SADEEK（サディーグ）
- 😊日本　ELYABAN / YABANI（ル・ヤーパーン／ヤーバーニー）

▶中国語

- 😊こんにちは　你好（ニーハオ）
- 😊ありがとう　謝謝（シェイシェイ）
- 😊サイコー !!　了不起（リアオプチー）
- 😊また逢おう　再見（ツァイジェン）
- 😊愛してるよ　我愛你（ウォー・アイ・ニー）
- 😊友達だぜ　朋友（ポンヨウ）
- 😊日本　日本／日本人（リーベン／リーベンレン）

▶ロシア語

- 😊こんにちは　ЗДРАВСТВУЙТЕ!（ズドラストヴィチェ）
- 😊ありがとう　Спасибо（スパスィーバ）
- 😊サイコー !!　ХОРОЩО/МОЛОДЕЦ（ハラショー!!／マラデッツ!!）
- 😊また逢おう　Hy Пoka（ヌー パカー）
- 😊愛してるよ　Я ЛЮБЛЮ ВАС（ヤー リュブリュー バス）
- 😊友達だぜ　ДРУЗЬЯ（ドルウジア）
- 😊日本　ЯПОНИЯ /ЯПОНСКО（イポーニヤ／イポーンスコ）

▶ヒンディー語

- 😊こんにちは　NAMASTE（ナマステ）
- 😊ありがとう　DNANNYAWAD（ダンヤクド）
- 😊サイコー !!　ACHYA（アッチャー!!）
- 😊また逢おう　PHIR MILEGE（ピィルミレンゲ）
- 😊愛してるよ　MUJE PASAND AP（ムジェ パサンド アペ）
- 😊友達だぜ　DOOSTO（ドースト）
- 😊日本　JAPAN / JAPANI（ジャーパーン／ジャーバーニ）

▶スワヒリ語

- 😊こんにちは　JAMBO（ジャンボ）
- 😊ありがとう　ASANTE（アサンテ）
- 😊サイコー !!　NZURI!!（ヌズーリ!!）
- 😊また逢おう　KWAHERI（クワヘリ）
- 😊愛してるよ　NI NA PENDA（ニナペンダ）
- 😊友達だぜ　RAFIKI（ラフィキ）
- 😊日本　JAPAN / MJAPANI（ムジャバニ）

編集後記

本書で3作目となるA-Worksの旅ガイドシリーズ。毎度のことながら締め切りギリギリまで原稿執筆、写真集め、情報収集が続いたが、なんとか完成！　またしてもパワーのこもった、インパクト溢れるガイドブックが出来上がったと勝手にニヤニヤ。

巷では「カップルでの旅」というと、大半が南の島でのリゾートなイメージ。でもカップルでのオススメ旅って本当にそれだけ？　編集部では、「いや、絶対に違う！　リゾートも良いけど、リゾート以外にもカップルで行くべき旅は沢山あるはずだ！」と、バラエティに溢れるカップルガイドを作ることに挑戦することに。しかし調査難航。本当に苦労した！　だって、本当にリゾートの情報しか出てこないから！

でも探し続けたら、いろいろと出てくるものです。「秘境アマゾンをこんなゴージャスな船で?!」や「やっぱりオーロラはふたりで見たいよね！」、はたまた意外な「大自然溢れる所に、こんなロマンチックな宿が?!」と、驚くほど楽しそうで、でもロマンチックな空間が並んでいく。
編集部内でも「私だったらこれ！」、「いや、絶対こっちでしょ！」と意見が分かれること多し。やはりカップルで行きたいところ、やりたいことは、それぞれがどんな旅をしたいかで千差万別。アクティブ、ロマンチック、究極のリゾートなどなど、好みがわかれるのは当たり前。だからこそ、バラエティ溢れるガイドブックを目指した。

本書を手に取った読者がそれぞれひとつでも、「あ、これ、【大切な人の名前】と絶対に行きたい！」と思ってもらえることを願っています！

Have a nice Love Trip! ♡

A-Works 編集部

協力一覧（敬称略、順不同）

構成協力、写真提供：
COMO Hotels & Resorts, エス・ティー・ワールド, Journey in Style, フィンツアー, 道祖神, ATS Pacific, ミキ・ツーリスト, 西山ももこ, マゼラン・リゾーツ, メリディアン ジャパン, Ism, 廣瀬久美子, Prestige Italy, Planet Africa Tours, Egan House Boat Rentals, バリ島・日本人旅行情報センター, MAIKAI OHANA TOURS, Aman Resorts, Icc Travel, Travel Depot, 倭乃里, 上野祥法, Sea-ing Travel

写真提供：
Aqua Expeditions, Loisaba, Governors Camp, Royal Caribbean, Tourism Tasmania, Tree Hotel, 矢部洋一, スイス政府観光局, Kulala Desert Lodge, オンタリオスタイル/関 暁 www.ontariostyle.com, Blue Train, Virgin Limited Edition, ウォルト・ディズニー・ジャパン

本書は制作時(2011年)のデータをもとに作られています。掲載した情報は現地の状況などに伴い変化することもありますので、その点、ご注意ください。

また、あらためて言うまでもありませんが、旅はあくまで自己責任です。本書で描いている旅の見解や解釈については、個人的な体験を基に書かれていますので、すべてご自身の責任でご判断のうえ、旅を楽しんでください。
万が一、本書を利用して旅をし、何か問題や不都合などが生じた場合も、弊社では責任を負いかねますので、ご了承ください。

では、また世界のどこかで逢いましょう。
Have a Peace Trip！

2011年6月28日　株式会社 A-Works 編集部

地球でデート! LOVE TRIP GUIDE

2011年6月28日　初版発行
2013年6月14日　第4刷発行

編集　A-Works

デザイン　高橋 実（アシスト 大津祐子）
構成　高橋歩・伊知地亮・多賀秀行・小海もも子・滝本洋平
経理　二瓶明

発行者　高橋歩

発行・発売　株式会社A-Works
東京都世田谷区北沢2-33-5 下北沢TKSビル3階　〒155-0031
TEL：03-6683-8463 ／ FAX：03-6683-8466
URL：http://www.a-works.gr.jp/
E-MAIL：info@a-works.gr.jp

営業　株式会社サンクチュアリ・パブリッシング
東京都渋谷区千駄ヶ谷2-38-1　〒151-0051
TEL：03-5775-5192 ／ FAX：03-5775-5193

印刷・製本　中央精版印刷株式会社

ISBN978-4-902256-34-5
乱丁、落丁本は送料負担でお取り替えいたします。
本書の無断複写・複製・転載を禁じます。

©A-Works 2011　PRINTED IN JAPAN